高等院校电子商务专业规划教材

Theory and Application of Electronic Tourism

旅游电子商务理论及应用

杨路明　刘明　陈昱等　编著

第二版

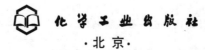

化学工业出版社

·北京·

内容简介

《旅游电子商务理论及应用》(第二版)以科教兴国战略为指引,系统介绍了旅游电子商务的基本知识、相关技术、实际应用及发展概况;通过对理论的讨论与概念的界定,针对性地提供实际的企业案例,使读者了解并熟悉旅游电子商务相关理论,掌握一定的实际应用技能,是学习旅游电子商务的基础性与应用性读物。

《旅游电子商务理论及应用》(第二版)适合作为高等院校电子商务、旅游管理专业的本科生、研究生以及旅游电子商务开发者的学习用书,还适合从事旅游电子商务开发、旅游管理、旅游规划、旅游经营管理的单位及个人学习及参考。

图书在版编目(CIP)数据

旅游电子商务理论及应用 / 杨路明等编著. — 2 版
. — 北京 : 化学工业出版社,2024.4
高等院校电子商务专业规划教材
ISBN 978-7-122-45161-3

Ⅰ. ①旅… Ⅱ. ①杨… Ⅲ. ①旅游业-电子商务-高
等学校-教材 Ⅳ. ①F590. 6-39

中国国家版本馆 CIP 数据核字（2024）第 046239 号

责任编辑: 王淑燕　宋湘玲
责任校对: 李雨晴　　　　　　　　　装帧设计: 韩　飞

出版发行: 化学工业出版社
　　　　　(北京市东城区青年湖南街 13 号　邮政编码 100011)
印　装: 三河市双峰印刷装订有限公司
787mm×1092mm　1/16　印张 17¾　字数 447 千字
2024 年 6 月北京第 2 版第 1 次印刷

购书咨询: 010-64518888　　　　　　售后服务: 010-64518899
网　址: http://www.cip.com.cn
凡购买本书,如有缺损质量问题,本社销售中心负责调换。

定　价: 68.00 元　　　　　　　　　　版权所有　违者必究

  互联网技术的不断进步和普及，推动了电子商务在全球范围内的广泛应用。电子商务的市场规模在近十年来得到了快速增长，越来越多的人开始接受和使用电子商务，同时也吸引了更多的企业加入到这个领域中来。这一增长得益于互联网技术的进步以及消费者对方便、快捷的购物体验的需求。近年来，随着大数据、人工智能、云计算等技术的应用，为电子商务带来了更多的发展机遇。社交电子商务的兴起为电子商务的发展带来了新的机遇。通过将社交与电子商务相结合，企业可以在社交平台上实现流量变现，提高销售转化率。同时，社交电子商务还能够更好地满足消费者的个性化需求，提高客户黏性。跨境电子商务的发展为电子商务开辟了新的发展空间。随着全球化的加速和跨境贸易的增多，越来越多的企业开始涉足跨境电子商务领域。通过跨境电子商务平台，企业可以拓展海外市场，增加销售渠道，提高品牌影响力。移动电子商务的普及为电子商务带来了更多的便利性。随着智能手机和平板电脑等移动设备的普及，越来越多的人开始使用移动设备进行网购。移动电子商务使得企业更好地满足消费者的购物需求，提高购物体验。

  随着电子商务应用的普及，电子商务已经对工业、农业的原材料采购、产成品销售、企业的营销及商业的零售、国际贸易以及各类服务业产生了巨大的影响。电子商务正在从微观到中观再到宏观对经济发展产生巨大的作用，已经直接影响到国家经济的发展环境。

  随着互联网以及信息技术的进一步发展，特别是网络技术、信息技术、通信技术的发展，使得电子商务更能有效呈现出广泛性、虚拟性、个人性、社会性及数据海量性等特征，电子商务已经从深入各行各业，到真正改变着各行各业的现状，并在快速发展的数字经济中呈现重要的作用。

  旅游电子商务就是把电子商务与旅游进行结合的一种应用，是互联网＋旅游的一种应用形式。旅游企业及各种旅游组织机构在电子商务的支撑下，管理模型、运营模式、营销模式已经开始发生巨大的变化。速度、知识、网络正在改变着市场竞争规则。旅游企业之间、旅游组织之间，甚至于国家之间的竞争已经从过去的质量、价格、管理为中心的竞争，转变为以信息为基础的管理方式的竞争。

旅游电子商务近年来发展迅速，成为推动旅游消费、降低旅游门槛的重要方式。一方面，旅游电子商务的快捷、便利、个性化定制等特点为游客和景区之间架构起一条旅游消费的快速通道，引领景区进入网络新时代。

另一方面，随着新一代信息技术的蓬勃发展和大众旅游时代的来临，我国旅游电子商务将加速变革，呈现出五大发展趋势，其中酒店是当前在线旅游服务代理商（Online Tourism Agent，OTA）的竞争焦点，景区门票和租车成为收益增长点。

同时，随着高速、海运、交通网络的构建及信息数字化，通过网络实现快速传递、交易、交换，已经越来越依赖于电子商务。

党的二十大报告指出，加快发展数字经济，促进数字经济和实体经济深度融合，打造具有国际竞争力的数字产业集群。随着数字经济的快速发展，数字文旅也开始在世界范围内快速改变着传统旅游的形式及运营。旅游电子商务和数字文旅是相互关联的领域，它们都在推动旅游业的发展。

数字文旅是将数字技术应用于文化旅游领域，以创造更加沉浸式、直观、高效的旅游体验，这包括虚拟现实、增强现实、3D 建模、人工智能等技术的应用。数字文旅不仅提供了更加生动的游览体验，同时也使得文化遗址和历史遗迹等旅游资源能够得到更好的保护和传承。因此，旅游电子商务和数字文旅是相互促进、共同发展的。

旅游电子商务为数字文旅提供了便捷的购买和预订渠道，同时也为数字文旅提供了更广泛的市场覆盖。而数字文旅则通过创新的技术手段，提升了旅游体验的品质和效率，同时也为旅游电子商务提供了更多的商业机会和竞争优势。

可以说旅游电子商务是一种手段，而数字文旅是一种方式。旅游电子商务是通过互联网平台进行旅游产品的销售和服务的提供，是一种商业手段，旨在提高旅游业的效率和便捷性。数字文旅则是一种以数字技术为手段的文化旅游方式。

因此，可以说旅游电子商务是一种实现旅游业商业目标和提高效率的手段，而数字文旅则是一种利用数字技术提供更加生动、直观、高效的旅游体验的方式，两者在推动旅游业发展方面都有重要作用。

旅游电子商务已经不是单纯的企业运作问题，而是一种从传统走向新的管理方式的转变。它把旅游企业、旅游组织有效实现数据集成、管理集成、运营集成作为竞争手段，对旅游业的发展起到更大的促进作用。

《旅游电子商务理论及应用》（第二版）是笔者近20年旅游电子商务研究与教学的最新成果的又一次更新与迭代，也是旅游电子商务的理论研究、应用及实施的新的全面总结。2021年12月，《旅游电子商务理论及应用》（第二版）列入高等学校电子商务类教学与教材发展中心第三批规划教材。

《旅游电子商务理论及应用》（第二版）把互联网、无线网络与旅游业紧密结合，用互联网思维突破传统旅游业发展的思考与应用。为了提高学习效果，本书增加了理论方面的讨论、实战的分析、网络的应用练习，以期望通过学习本书后，能对旅游电子商务的理论及其应用有一个新的突破，使得读者能结合实际来解决旅游电子商务方面的问题。

《旅游电子商务理论与实践》（第二版）是杨路明教授进行的总体设计，并根据使用者及业内专家的建议，进行了大幅度的修改及重写，包括：第1章，旅游电子商务概述及发展趋势；第2章，电子商务环境下的旅游市场；第3章，旅游电子商务的技术基础；第4章，旅游电子商务体系；第5章，旅游移动电子商务；第6章，旅游服务的电子商务；第7章，旅游产品网上中间商电子商务；第8章，旅游电子商务管理；第9章，智慧旅游；第10章，人工智能旅游。

《旅游电子商务理论及应用》（第二版）的特色如下。

（1）真实的案例。每一章结尾部分介绍一个真实的企业在旅游电子商务方面的运营及管理的案例，并提出了相应的分析内容，以期让读者通过学习及分析，由表及里探究旅游电子商务发展过程、成功要素、改进空间。

（2）明确的目标。在每一章的开头，列出了本章的学习目标，希望读者在完成了一章的学习之后，能够达到预期的目标。读者按照目标去学习与复习，能够达到较佳效果。每章后小结内容可对照检验学习效果。

（3）丰富的练习。在大部分章的结尾处，设计了至少20个问题，包括复习思考题（10个），讨论题（6个）和网络实践题（4个）。这些问题，一方面是有效帮助读者理解相应的概念和内容，利于通过讨论来实现思维的碰撞，完成对内容的掌握。通过网络实践题，解决读者的实际动手能力，真正知道相应的操作方式，并通过网络实践来了解或掌握更多的扩展内容。

（4）不断的迭代。通过在教学及实践中的不断尝试，读者及师生的不断反馈，而不断优化内容，调整结构，不断在教学中改进，达到最好的教学及实践效果。

《旅游电子商务理论及应用》（第二版）由杨路明（上海外国语学院贤达经济人文学院教授、阳光学院特聘教授、云南大学教授、博士生导师）进行总体设计、内容选取、组织、写作、最后审核。具体参与本书写作的还有：刘明（云南大学副教授、博士）、陈昱（云南警官学院教授、博士）、王衍宇（阳光学院教授、博士）、陈丽萍（云南中医药大学、博士）、刘阳阳（云南大学研究生）、陈玉玲（云南大学研究生）。

《旅游电子商务理论及应用》（第二版）参考了大量学人的研究成果，在此谨对所有的旅游电子商务的研究及实践人员、旅游工作者、旅游网站及我们所获得信息的网站表示最衷心的谢意。

感谢教育部高等学校电子商务类专业教学指导委员会及所有委员，由于你们的支持及建议，使得《旅游电子商务理论及应用》（第二版）

能够更加完善，更能体现旅游电子商务的理论与应用。

感谢阅读《旅游电子商务理论及应用》（第二版）的读者，由于你们的阅读与学习，使得本书能真正发挥价值，在此希望各位读者对本书提出宝贵的意见，使得本书能更加完善，更有效地发挥作用。

杨路明

2023 年 10 月

目录
Contents

1 旅游电子商务概述及发展趋势

2 电子商务环境下的旅游市场

3 旅游电子商务的技术基础

4 旅游电子商务体系

5 旅游移动电子商务

6 旅游服务的电子商务

7 旅游产品网上中间商电子商务

8 旅游电子商务管理

9 智慧旅游

10　人工智能旅游

参考文献

旅游电子商务概述及发展趋势

学前导读

　　随着新兴网络技术的发展，电子商务+旅游形成了一个新兴产业——旅游电子商务。消费者对信息的依赖性、旅游产品不依赖物流等特点使得电子商务与旅游业的融合发展成为水到渠成之事，电子商务技术优化提升了旅游业的整体素质和行业竞争力，使旅游业从以往科技含量低、劳动密集型的生产方式向科技含量高、知识密集型的生产方式过渡，实现旅游产业的跨越增长、转型增长。本章以电子商务发展环境为背景，从电子商务概念、旅游电子商务概念、旅游电子商务特点与作用、旅游电子商务的发展现状、旅游电子商务发展趋势等多方面对旅游电子商务进行细致探究。

学习目标

- 学习并掌握电子商务和旅游电子商务的内涵与基本概念；
- 学习并了解旅游电子商务的发展历程；
- 学习并掌握旅游电子商务的特点和作用；
- 学习并了解旅游电子商务的基本功能以及分类；
- 学习并了解当前旅游电子商务在中国的发展现状；
- 学习并探讨旅游电子商务未来的发展趋势。

导入案例

携程旅行网品牌创立于 1999 年，总部设在中国上海，目前已在北京、天津、广州、深圳、成都、杭州、厦门、青岛、南京、武汉、沈阳、三亚、南通等 17 个城市设立分公司，员工超过 2.5 万人。携程旅行网于 2003 年 12 月 9 日在美国纳斯达克上市。作为在线旅行服务公司，携程旅行网成功整合了高科技产业与传统旅行业，向超过 9000 万会员提供集酒店预订、机票预订、旅游度假、商旅管理、特约商户及旅游资讯在内的全方位旅行服务，为互联网和传统旅游无缝结合的典范。目前，携程旅行网拥有国内外 60 余万家会员酒店可供预订，是中国领先的酒店预订服务中心，每月酒店预订量达到 60 万余间。在机票预订方面，携程旅行网是中国领先机票预订服务平台，覆盖国内外所有航线，向超过 9000 万用户提供国内外航班信息查询。

分析：

① 携程旅行网发展面临的优势和劣势。

② 电子商务对携程旅行网的影响。

③ 探讨未来携程旅行网的发展方向。

④ 讨论在后疫情时代下，旅游电子商务的重要性。

1.1 电子商务与旅游电子商务的概念

1.1.1 电子商务的定义与内涵

电子商务，英文翻译为 E-Commerce（简称 EC）或者 E-Business（简称 EB），不同的学者对其有不同的理解。在国内学术研究中，学者使用 EB 来描述"电子商务"的频率要高于 EC；从实际含义上，普遍认为 EB 所包含的范围要远高于 EC，因为 EC 一般被描述为与商业活动直接相关的电子商务行为，而 EB 除了包含商业活动，还包括一切与商业相关的政府、组织等其他参与主体的所有活动。

从 20 世纪 60 年代的 EDI（Electronic Data Interchange，电子数据交换）开始，电子商务已经走过了约 60 年的路程，它已经渗透进个人和社会的方方面面，正改变着我们的社会、经济、思维方式。

无论是在线购物人数，还是在线交易规模，我国的电子商务在近 15 年中有了井喷式的发展。根据 CNNIC（中国互联网络信息中心）2023 年 5 月发布的《中国互联网络发展状况统计报告》显示，截至 2022 年 12 月，我国网民规模已经达到 10.67 亿，互联网普及率达 75.6%，我国在线旅行预订用户规模达 4.23 亿，占网民整体的 39.6%，是增长最为快速的移动商务类应用。按照此趋势，电子商务将继续给我们的社会带来更加深远的变革，旅游电子商务也将迎来井喷式发展。

1.1.1.1 电子商务的定义

目前，对于电子商务的概念仍然没有统一的定义，以下是几个被大家所熟知的定义。

国际商会于 1997 年 11 月在巴黎举行了世界电子商务会议（the World Business Agenda for Electronic Commerce），会上各国代表和专家对电子商务的概念进行了以下阐述：电子商务是指实现整个贸易过程中各阶段的贸易活动的电子化。从涵盖范围方面可以定义为：交易各方以电子交易方式而不是通过当面交换或直接面谈方式进行的任何形式的商业交易；从技术方面可以定义为：电子商务是一种多技术的集合体，包括交换数据（如电子数据交换、电子邮件）、获得数据（共享数据库、电子公告牌）以及自动捕获数据（条形码）等。电子商务涵盖的业务包括：信息交换、售前售后服务（提供产品和服务的细节、产品使用技术指南、回答顾客意见）、销售、电子支付（使用电子资金转账、信用卡、电子支票、电子现金）、运输（包括商品的发送管理和运输跟踪，以及可以电子化传送的产品的实际发送）、组建虚拟企业（组建一个物理上不存在的企业，集中一批独立的中小公司的权限，提供比任何单独公司多得多的产品和服务）、公司和贸易伙伴可以共同拥有和运营共享的商业方法等。

联合国经合组织（Organization for Economic Cooperation Development，OECD）是较早对电子商务进行系统研究的机构，它将电子商务定义为：电子商务是利用电子化手段从事的商业活动，它基于电子处理和信息技术，如文本、声音和图像等数据传输。其主要是遵循 TCP/IP 协议通信传输标准，遵循 Web 信息交换标准，提供安全保密技术。

瑞维·卡拉克塔（Ravi Kalakota）和安德鲁·B. 惠斯顿（Andrew B. Whinston）在《电子商务的前沿》一书中提出："广义地讲，电子商务是一种现代商业方法。这种方法通过改善产品和服务质量、提高服务传递速度，满足政府组织、厂商和消费者的降低成本的需求。这一概念也用于通过计算机网络寻找信息以支持决策。一般地讲，今天的电子商务通过计算机网络将买方和卖方的信息、产品和服务联系起来，而未来的电子商务则通过构成信息高速公路的无数计算机网络中的一条线将买方和卖方联系起来。"

杰弗里·雷波特（Jeffrey F. Rayport）和伯纳德·杰沃斯基（Bernard J. Jaworski）在《电子商务导论》里提到，"所谓电子商务，是指相关各方利用技术作为中介进行的交易，以及在组织内部和组织之间利用电子技术开展的活动。"

西安交通大学李琪在专著《中国电子商务》一书中指出："客观上存在着两类或三类依据内在要素不同而对电子商务的定义。第一，广义的电子商务指电子工具在商务活动中的应用。电子工具包括从初级的电报、电话到 NII（national information infrastructure）、GII（global information infrastructure）和 Internet 等。现代系统商务活动是从泛商品（实物与非实物，商品与商品化的生产要素等）的需求活动到商品的合理、合法的消费除去典型的生产过程后的所有活动。第二，狭义的电子商务指在技术、经济高度发达的现代社会里，掌握信息技术和商务规则的人，系统化地运用电子工具，高效率、低成本地从事以商品交换为中心的各种活动的全过程。第一个定义可以简称为商务电子化，第二个定义可以简称为电子化商务系统……如果再考察一下第一个定义和第二个定义的关系，我们可以说，第一个定义是基本范畴，第二个定义则是具有现代特征、现实意义的电子商务系统定义。"

武汉大学黄敏学在教材《电子商务》（第三版）中指出："电子商务是在利用现代电子工具（包括现代通信工具和计算机网络）的基础上进行的企业的经营管理和市场贸易等现代商务活动。这一定义将电子商务的内涵由原来局限于市场贸易方面的商务活动扩展到包括企业内部的经营管理活动。"

综上所述，无论是政府、组织、企业或者是学者个人对于电子商务的认识或解释，都强调了新技术或方法的应用，以及在此基础上与商务直接或间接相关的各项活动。在本教材中，采用杨路明在其《电子商务概论》中对于电子商务的定义："电子商务是以信息技术、网络技术、通信技术为基础，高效率、低成本地从事以商品交换为中心的各种商务活动；电子商务过程就是利用各种电子工具和电子技术从事各种商务活动的过程。其中，电子工具是指计算机硬件和网络基础设施（包括 Internet、Intranet、各种局域网等）；电子技术是指处理、传递、交换和获得数据的多技术集合。"

1.1.1.2　电子商务的内涵

在对电子商务内涵的各种理解中，基本都强调了技术的工具性和商务的目的性。但从电子商务的具体应用来看，电子商务涵盖的范围更加具体。以旅游电子商务为例，旅游者首先通过搜索引擎或旅游电子商务平台接触感兴趣的旅游信息（这些信息包括旅游者主动搜寻和在线旅游企业的主动推送），然后通过网络或电话等渠道与企业进一步沟通咨询，确定购买产品后进行在线支付，产生的票据再通过电子邮件或邮递等形式送达旅游者，旅游者旅行结束后还可以进行在线评价（涉及旅游企业的售后服务）。这一系列的活动包括了商务信息交换、售前售后服务（提供产品和服务的细节、产品使用技术指南、回答顾客意见）、广告、销售、电子支付（电子资金转账、信用卡、电子支票、电子现金）、配送（包括有形商品的配送管理和运输跟踪，以及可以电子化传送的产品的实际发送）等。

因此，电子商务的内涵可以概括为：通过信息运营、集成信息资源、商务贸易、协作交流等活动实现的电子化的贸易过程。

（1）信息运营

在过去，那些核心商务系统中的信息很难为更多的人所使用。而现在，通过通用的 Internet 界面，解决了信息系统的开放问题。信息的收集、发布、处理、分析可以更高效率地进行。

（2）集成信息资源

企业数据包括客户数据、库存记录、银行账号、安全密码等最有价值的信息，这些宝贵的信息财富支撑着一个企业的运作。将这些信息与自己的网络站点集成起来，就可以把成千上万的雇员和商业伙伴连接起来，并由此引来了更多的客户。可以说，此时的信息就能使公司雇员工作效率更高，供货渠道更畅通，客户也更满意。如果把企业的事务处理系统与网络集成在一起，那么企业就开始进入了电子商务。在此，客户不仅可以从企业数据库中获得 Internet 当前的产品信息，还可以实时购买并进行支付。目前，国内外许多公司正在利用自己的后台资源与信息网络进行集成，直接投入商业应用，从而扩大全球的商业合作伙伴和客户范围。

（3）商务贸易

基于互联网的商务贸易并不仅是在线购物，还应该是一个为各个企业间建立起一个协同营销的网络提供服务的平台。电子商务的发展方向之一就是网上在线交易，这是一种全新的贸易方式。1997 年出现的亚马逊在一夜之间成为全球最大的、陈列书籍最多的书店，有全球成千上万个出版商在此平台上营销产品，可同时提供超过百万种英文图书。这种模式是新技术下电子商务企业与传统企业协同营销的范例，也为传统企业间形成战略合作提供了新的途径。应当说，在科学快速发展的今天，商业贸易的新模式每天都在不断涌现。因此，要利用最新的科技方式进行商务贸易的更新才是最好的方式。

（4）协作交流

电子化的商业贸易正在快速发展，而电子商务最强有力的方面正是协作交流。Internet 为企业提供了高速、便捷的信息传输通道，极大提升了信息流的运行效率，从而也加快了资金流、商流、物流的速度。此速度的提升必然会增强企业间关系的紧密程度，同时将这种关系从传统企业间扩展至线上和线下企业范围。这也要求参与的各企业只有与供应链上的各个环节紧密协作，才能够发挥电子商务的最大优势。

1.1.2　电子商务发展历程

广义电子商务的发展阶段基本有两种划分方法，第一种"二分法"是把电子商务的发展划分为基于 EDI 的电子商务和基于 Internet 的电子商务两个阶段；而"三分法"是除了以上两个阶段，还在之前加入了基于电报、电话、传真以及电视等传统电子方式的电子商务阶段。

（1）20 世纪 60 年代以前：基于传统电子方式的电子商务

众所周知，电报是人们较早用以通信的重要工具，在发展的中后期，甚至出现了智能用户电报以满足不断增长的用户需求，商务信息借助电报大大提高了便捷性，但此时的商务活动仍然较为单一。随着电话、传真以及电视的出现，人们进行商务活动的渠道越来越丰富，沟通的实时性和直接性不断催生出新的市场营销思想和理念。在此期间，出现了电话营销和电视营销等多种营销方式，时至今日，电视等媒体工具也仍然在商务活动中发挥着重要作用。

（2）20 世纪 60 年代至 90 年代：基于 EDI 的电子商务

EDI 是将业务文件按一个公认的标准从一台计算机传输到另一台计算机上去的电子传输方法。由于 EDI 大大减少了纸张票据，因此，人们形象地称之为"无纸贸易"或"无纸交易"。

EDI 在 20 世纪 60 年代末期 70 年代初期产生于美国，当时的贸易商们在使用计算机处理各类商务文件的时候发现，由人工输入到一台计算机中的数据 70% 是来源于另一台计算机输出的文件，由于过多的人为因素，影响了数据的准确性和工作效率的提高，人们开始尝试在贸易伙伴之间的计算机上使数据能够自动交换，EDI 便应运而生。20 世纪 70 年代，美国运输数据协调委员会（Transportation Data Coordinating Committee，TDCC）发表了第一个 EDI 标准，同时，美国银行家协会（American Bankers Association）提出了无纸金融信息传递的行业标准，开始了美国信息的电子交换。不过，EDI 始终只是一种为满足企业需要而发展起来的先进技术手段，与普通公众一直无缘，而且由于网络在那时还没有得到充分发展，使很多商务活动的电子化仅仅处于一种理论研究的阶段。

随着美国政府的参与和各行业的加入，美国全国性的 EDI 委员会于 20 世纪 80 年代初出版了第一套全国性的 EDI 标准，接着，在 80 年代末期联合国公布了 EDI 运作标准 UN/EDIFACT（United Nations Rules for Electronic Data Interchange for Administration，Commerce and Transport），并于 1990 年由国际标准化组织正式接受为国际标准 IDO9735。随着这一系列的 EDI 标准的推出，人们开始通过网络进行诸如产品交换、订购等活动，EDI 也得到广泛的使用和认可。

（3）20 世纪 90 年代以来：基于 Internet 的电子商务

由于使用 VAN 的费用很高，只有大型企业才会使用，所以限制了基于 EDI 的电子商务应用范围的扩大。20 世纪 90 年代中期后，Internet 迅速走向普及化，逐步从大学、科研机构走向企业和百姓家庭，其功能从信息共享演变为一种大众化的信息传播工具。从 1991 年起，一直排斥在 Internet 之外的商业贸易活动正式进入到 Internet 王国，电子商务成为 Internet 应用的最大热点。

随着基于 www 的 Internet 技术的飞速发展，Internet 网络开始真正应用于商业交易，这时电子商务才日益蓬勃发展起来，并成为 20 世纪 90 年代初期美国、加拿大等发达国家的一种崭新的企业经营方式。因此，我们可以说，电子商务在今天成为继电子出版和电子邮件之后出现在 Internet 上的又一焦点的主要原因就是 Internet 技术的成熟、个人计算机互联性的增强和能力的提高。电子商务改变了传统的买卖双方面对面的交流方式，也打破了传统的企业经营模式，它通过网络使企业面对整个世界，为用户提供每周 7 天、每天 24 小时的全天候服务。电子商务的规模正在逐年迅速增长，它的飞速增长为世界带来了无限商机，也为世界带来一场深刻的变革，全面推动整个社会向信息化的方向发展。

现在，以手机为代表的移动互联网终端正在普通消费者中快速普及，根据 CNNIC（中国互联网络信息中心）发布的第 51 次《中国移动互联网发展状况报告》，截至 2022 年 12 月底，我国手机网民规模为 10.65 亿，较 2020 年 12 月增加 2585 万人。网民中使用手机上网的比例为 99.8%，基本实现全民移动化入网，基于移动终端的硬件及电子商务软件开发和应用也如火如荼，电子商务的发展正进入了一个全新"移动"时代。

1.1.3 旅游电子商务的定义和内涵

为了明晰对旅游电子商务的认识并便于展开对旅游电子商务的详细分析与介绍，首先界定旅游电子商务的概念及内涵。

（1）旅游电子商务的定义

如前所述，电子商务至今也没有一个明确而统一的定义，这导致对旅游电子商务的概念的阐述缺乏统一的依据。目前比较权威的定义是由世界旅游组织在《E-Business for Tourism》中给出："旅游电子商务就是通过先进的信息技术手段改进旅游机构内部和对外的连通性，即改进旅游企业之间、旅游企业与供应商之间、旅游企业与旅游者之间的交流与交易，改进企业内部流程，增进知识共享。"

在国内，学者巫宁、杨路明对旅游电子商务做了如下定义："旅游电子商务是通过先进的网络信息技术手段实现旅游商务活动各环节的电子化，包括通过网络发布、交流旅游基本信息和旅游商务信息，以电子手段进行旅游宣传促销、开展旅游售前售后服务；通过网络查询、预订旅游产品并进行支付，以及旅游企业内部流程的电子化及管理信息系统的应用等。"

除此之外，王欣认为"旅游电子商务是指以网络为主体，以旅游信息库、电子化商务银行为基础，利用最先进的电子手段运作旅游业及其分销系统的商务体系"。唐超将旅游电子商务定义为"在全球范围内通过各种现代信息技术尤其是信息化网络所进行并完成的各种旅游相关的商务活动、交易活动、金融活动和综合服务活动"。杜鑫坤的阐释是，"旅游电子商务就是旅游业以网络、数据库等信息手段进行旅游系统中各个部门的运营与管理"。刘四青对旅游电子商务的定义是"买卖双方通过网络订单的方式进行网络和电子的服务产品交易，是一种没有物流配送的预约型电子商务"。刘笑诵给出的定义则是，"旅游电子商务是指同旅游业相关的各行业，以网络为主体，以旅游信息库为基础，利用最先进的电子手段，开展旅游产品信息服务、产品交易等旅游商务活动的一种新型的旅游运营方式"。杨宏伟认为可以从两个方面来认识旅游电子商务，"一是互联网上在线销售，即旅游网站即时在线为每一位旅游者提供专门的服务；二是以整个旅游市场为基础的电子商务，泛指一切与数字化处理有关的商务活动"。

在本书中，结合以上的各种解释以及旅游电子商务自身的特性，对其做如下的定义：旅游电子商务是通过国际互联网（Internet）、企业内部网（Intranet）等基础网络，借助于有线或无线网络终端，在旅行者、在线旅游服务提供商、旅行社、旅游交通、景区景点、酒店饭店等各主体间实现的旅行信息咨询、产品预订、支付与结算以及服务评价等一系列电子化的服务与交易过程。

（2）旅游电子商务的内涵

首先，从技术层面看，旅游电子商务要依托 Internet 和 Intranet 等基础网络，借助于有线和无线终端来实现。计算机网络的无边界、开放性等特征保证了网络上各主体间的互联互通，是进行信息存储、传输及处理的物理基础，是包括旅游电子商务在内的各种互联网应用得以实现的前提；终端设备是连接网络与各主体的节点，尤其是近年来以手机、平板电脑为主要发展潮流的无线终端设备，其便携性和易用性更加促进了在线旅游应用的推广，使旅游者真正进入到了"无处不在"的旅游信息时代。

其次，从应用和服务层面看，旅游电子商务实现的是服务与交易的全程电子化过程。这个过程大致可以分为两个层次：一是较低层次的旅游电子商务，可以实现诸如旅游信息查询、在线航班预订等应用；二是较高层次的旅游电子商务，这个过程可以实现除旅游现场活动（如就餐、乘车、观光等）以外的所有商务活动，在网上将旅游信息流、商流、资金流进行完整的实现。

最后，从商务活动实现层面来看，旅游电子商务可分为三个层次：一是面向市场，以市场活动为中心，包括促成旅游交易实现的各种商业行为（如网上发布旅游信息、网上公关促销、旅游市场调研）和实现旅游交易的电子贸易活动（如网上旅游企业洽谈、售前咨询、网上旅游交易、网上支付、售后服务等）；二是利用网络重组和整合旅游企业内部的经营管理活动，实现旅游企业内部电子商务，包括旅游企业建设内部网，利用饭店客户管理系统、旅行社业务管理系统、客户关系管理系统和财务管理系统等实现旅游企业内部管理信息化；三是旅游经济活动能基于互联网开展还需要具体环境的支持，包括旅游电子商务的通行规范，旅游行业管理机构对旅游电子商务活动的引导、协调和管理，旅游电子商务的支付与安全环境等。

1.1.4 旅游电子商务的产生与发展

我国旅游电子商务的发展与电子商务的发展息息相关，正是在20世纪90年代末电子商务起步的大背景下，我国旅游电子商务才真正进入了萌芽并高速发展的时期。由于起步较晚，要在如此短时间内为我国旅游电子商务划分成长阶段是非常困难的。粗略地说，把我国旅游电子商务从产生到现在全都划分为"起步成长"阶段也不无道理。为让读者有更深入的了解，本书只能根据我国主要在线旅游电子服务提供商的发展轨迹，尝试将我国旅游电子商务的发展划分为如下几个阶段。

（1）萌芽起步阶段（1997—2001年）

我国的旅游电子商务发展起步较晚。1997年由国旅总社参与投资的华夏旅游网成立，标志着我国旅游业与互联网开始融合。1999年10月，携程接受美国国际数据集团（International Data Group，IDG）投资并开通，又在2000年3月和11月分别接受软件银行（Soft Bank）和凯雷集团（Carlyle Group）的资金注入。同年11月，携程收购现代运通，成为当时中国最大的宾馆分销商。也是在1999年，艺龙网在美国特拉华州成立。此后，国内各种小型旅游电子商务网站也纷纷出现，呈现出"欣欣向荣"的景象。

借助于强劲的萌芽态势，我国旅游电子商务本可以早早地顺利进入发展阶段，但事与愿违，过热的市场投资与过于乐观的市场预测导致了2000年电子商务泡沫的破裂。与其他电子商务领域一样，我国旅游电子商务也进入了调整期。

（2）快速增长阶段（2002—2004年）

在经历了一年多的互联网泡沫破裂痛楚后，我国电子商务的发展因为"非典"迎来了快速成长期。2002年5月，全国机票中央预订系统启动，这为我国旅游电子商务发展奠定至关重要的基础，它标志着以在线预订为主要核心的早期旅游电子商务交易行为全面展开。这一阶段的重要事件有很多，比如2002年3月携程并购北京海岸航空服务有限公司；10月，携程的总收入突破1亿元人民币；次年12月登陆纳斯达克。2004年7月，美国的Expedia入股艺龙，同年10月艺龙在纳斯达克上市。与此同时，2002年11月同程旅行社1.0版本研发成功；以淘宝和腾讯为首的传统电子商务巨头也纷纷进入旅游业，"淘宝旅行"和"QQ旅游"凭借多年的客户积累和品牌塑造迅速在旅游电子商务市场中占有一席之地。

在这个阶段里，最典型的特征莫过于携程和艺龙这两大旅游电子服务提供商竞争格局的形成，此时的应用服务主要以在线预订为主要盈利模式。

（3）转型升级阶段（2005—2009 年）

2005 年 5 月，"去哪儿"成立，这个与携程和艺龙具有完全不同盈利模式的企业成为我国第一家旅游搜索引擎网站，实现了网民在线比较国内机票和酒店价格的功能。两个月后，著名的硅谷风险投资商 Mayfield 和 GSR Ventures 完成对"去哪儿"的第一轮投资。2006 年，芒果网和途牛网正式成立；5 月至 12 月，同程网 CEO 吴志祥代表公司参加 CCTV "赢在中国"创业大赛进入五强，获得美国国际数据集团、软件银行、今日资本（Capital Today）等风险投资机构投资。

由于看到中国旅游电子商务市场的巨大潜力，2007 年 9 月，Mayfield 和 GSR Ventures，以及 Tenaya Capital 完成对"去哪儿"的第二轮投资。2008 年 11 月，南方航空、新浪网与芒果网达成全面的商旅业务战略合作，次年 3 月，芒果网与易休网完成并购，整合出全新子品牌。2008 年 11 月，欣欣旅游网正式组建，三个月后其旅行社联盟正式上线。

2009 年，旅游电子商务市场竞争更加激烈。全球最大旅游网站之一的 TripAdvisor 的中国官方网站——到到网正式上线。2009 年 1 月，途牛网与扬子晚报达成战略合作伙伴关系，在 3 月宣布完成数百万美金的 A 轮融资。同年 11 月，同程网进入租车市场。

除"去哪儿"逐渐变成了携程的最大竞争对手外，这个阶段最明显的特征是各种风险投资开始大举进入在线旅游市场，为我国旅游电子商务的发展提供了充足的资金动力。除此之外，O2O（Online To Offline，线上到线下）模式开始在旅游电子商务中出现，在线预订已不是 OTA 的唯一利润来源。当然，2005 年支付宝的出现也是我国旅游电子商务发展不可忽视的重要因素之一。

（4）高速发展阶段（2010 至今）

进入 2010 年，我国的旅游电子商务发展更加如火如荼。2010 年 2 月，携程投资永安旅游（控股）有限公司旗下旅游业务；3 月收购汉庭连锁酒店集团和首旅建国酒店的部分股份。2011 年，腾讯入股艺龙，以 16% 的股份成为艺龙第二大股东。2011 年 5 月，"去哪儿"与中国旅游研究院建立战略合作伙伴关系；6 月，"去哪儿"与百度共同宣布双方达成战略合作协议，百度成为"去哪儿"第一大机构股东。2013 年 11 月，"去哪儿"于 2013 年 11 月 1 日在美国纳斯达克上市。

除此之外，还有一个比较特殊的事件发生在 2011 年 6 月，这就是 12306 网站（中国铁路客户服务中心）开始试行网络售票。由于特殊的铁路售票管理体制，虽然起步较晚，它还是以极快的速度成为我国最大的在线预订网站之一。据中国铁路客票系统监控中心发布的消息，2023 年春运火车票售卖最高峰出现在 1 月 28 日，当天 12306 网站售票量达到 1325 万张创历年新高。"科技＋旅游"持续打造智慧旅游新生态，如携程通过大数据、人工智能、AR 等技术，积极发展沉浸式、体验式、互动式消费新场景，推动旅游产业转型升级，打造智慧旅游新生态。其次企业加快推进对旅游产业链上下游的数字化改造，致力提升产业链各环节效率，更好满足多层次、多样化、个性化的消费需求。

在这个阶段中，线上和线下的结合愈发紧密，网络门户企业之间的合作愈加频繁。以手机为首的网络移动终端迅速在我国普及，移动旅游电子商务的应用全面展开。由于旅游业具有的泛产业特性和强产业关联性，其与电子商务产业之间具有较强适应性。旅游业是一个综合性的经济产业，为旅游者提供食、宿、行、游、购、娱等多种服务。现代社会经济的发展，人均收入的提高，交通方式的改进，大众闲暇时间的增多促进了旅游业这个重要新兴产业的蓬勃发展。早在 1996 年，世界旅游理事会（WTTC）就指出，"无论用哪一种经济指标

（总产值、附加值、资本投资、就业和税收贡献）来衡量，旅游都是世界上最大的产业"。与其他产业相比，电子商务在旅游业中的地位和作用尤为突出。这和旅游业本身的性质和特征是分不开的。旅游业与电子商务的适应性表现在如下几点。

（1）旅游业是信息密集型和信息依托型产业

① 旅游产品的产地消费性和事前决策性。从旅游活动的实现方式来看，在旅游市场流通领域活动的不是商品，而是有关旅游产品的信息传递引起旅游者的流动。从这个意义上来讲，旅游业的核心是信息。因此，很少有其他领域能像旅游业那样把信息搜集、加工、传递和利用放到如此重要的地位。形成这一事实的根本原因在于旅游产品的产地消费性和事前决策性。旅游产品不能移动，它不像其他实物产品一样，可以被消费者预先试用、观察并检验质量。无形的旅游服务在销售时是无法展示的，而且通常在远离消费地点被预先销售。而游客到陌生的旅游目的地之前，总希望对旅游地的自然文化环境、旅游资源、旅游设施与服务有所了解。游客企图通过信息搜寻手段、减少有关的不确定因素来提高他们的旅游质量。这种事前了解只可能靠无形的信息传递来实现。

随着旅游者的日趋成熟，旅游者的要求更加多样，客观上就使得旅游信息的提供越来越重要，也愈发困难。如果旅游信息容易获得，就可以降低旅游者在计划旅游行程时所需的成本，从而也使得旅游市场交易容易达成。除此之外，旅游产品满足人类的精神需求，它复杂、综合，具有丰富的内涵和审美特征，如何使信息充分表现旅游产品的特征是值得研究的问题。

② 旅游业务对互动信息流的依赖性。信息是旅游业内部各环节得以联结的纽带。在外出旅行之前，人们首先要收集各种旅游信息，然后根据自己的主观偏好，做出决策。旅游机构开展营销的过程，也就是有意图地向目标旅游客源市场传递旅游产品信息的过程。

旅游服务包括对旅客所提供的涉及从一个地理位置到另一个地理位置的交通运输、住宿、娱乐等诸方面的服务。在实际运作过程中，这些服务必须根据旅游者复杂多变的需求加以包装和组合。然而，旅游住宿、汽车出租、航空预订并不是在物质上传送给旅行代理商，并且将它们贮存并出售给游客。相反，其间交流和加工的是有关服务的可获得性、价格、质量、位置、便利性等方面的信息。

同样，电子商务环境下的支付通常不是通过旅游代理商传送给供应商，佣金也并非从旅游供应商直接传送至旅游代理商，而是通过信用卡或其他电子货币支付手段将借贷的信息传输出去。旅游经营管理者之间的联系也不是通过产品，而是通过信息流，同时伴随着数据流和资金流开展的。

③ 旅游业的动态性。从旅游产业运行来看，旅游业会受到外部自然因素、政治因素和经济因素的影响和冲击。产业内部，由于构成旅游商品的成分多种多样，它们之间的比例关系错综复杂，这就要求旅游业内部各组成部分之间以及旅游业同其他行业之间必须保持协调，否则，任何一部分脱节都会造成整个旅游业的失调。因此，不管是对旅游管理部门还是旅游企业，有效地获取信息以辅助科学决策都显得特别重要，旅游产业运行对信息具有很强的依赖性。

旅游业的信息密集性和信息依赖性，正是现代信息技术手段在旅游业中迅速普及运用的基础。旅游电子商务的发展，信息平台、沟通平台、交易平台、支付平台的建构，改善了过去旅游业中信息流的多层分流及断裂状况。旅游在更大程度上实现了信息畅达，运行效率得到提高。

（2）旅游业是跨国界合作和跨空间运作的典型产业

① 电子商务能有效降低跨地域信息交流成本。利用互联网跨国交流信息的平均成本和

边际成本极为低廉。目的地营销组织在运用其他手段进行营销时，预算会随着地理覆盖范围的增加而增加，而互联网与地理因素毫无关系，在全球宣传、销售的成本与在本地销售的成本并无差别。国际旅游业通过互联网直接传递和处理电子单证，既节约了纸单证的制作费用，又可以缩短交单结汇的时间，加快资金周转，节省利息开支。电子商务为国际旅游交易带来的便利体现在：首先，参与交易的各方只需支付较低的网络通信和管理费用就可以获得、存储、交换和处理信息，节省了资金，降低了成本；其次，通过网络进行信息传递的成本相对于信件、电话、传真的成本是很低的，距离越远，成本的节约就越明显。

② 电子商务能有效提高跨地域信息交流效率。互联网是一个全球性媒体。它是宣传旅行和旅游产品的一个理想媒介，集合了宣传册的鲜艳色彩、多媒体技术的动态效果、实时更新的信息效率和检索查询的交互功能。如今，许多旅游电子商务网站都建设了多语言版本，旅游者能毫不费力地访问世界各国的旅游网站，获取大量的、纵深的信息，是国际旅游信息交流的理想渠道。

通过电子商务方式处理国际旅游业务，交易双方可以采用标准格式文件，例如标准化的合同、单据、发票等进行即时传递和自动处理，在网上直接办理预订，进行谈判、签约、支付结算等手续，从而缩短交易时间。

(3) 旅游电子商务较少涉及物流问题

物流问题常是电子商务发展的瓶颈之一。实物产品的电子商务，不可避免地涉及货物从供方向需方配送的问题。电子商务中的需求往往来自不同的地域，也常常面临小而分散的需求。物流问题极大地影响着电子商务的交易成本，且常需依托强大的第三方物流服务体系的支持。在现有社会经济环境下，特别是社会物流体系尚未发展成熟之时，物流仍是制约电子商务发展的重要问题。

与实物产品贸易不同，旅游电子商务交易中，对物流环节的需求相对较少。交易的确认可以通过信息流的形式实现，以旅游者的流动完成旅游消费而实现整个交易过程。这是由旅游生产与消费同时性的特点所决定的。

(4) 电子商务平台的特性，能较好地解决满足旅游者个性化需求与实现旅游业运作规模优势的矛盾

过去居于主流的团队旅游，正被个性化、零散化的旅游消费代替。仅从信息服务一点来看，散客旅游使得传统旅游经营者必须要面对剧增的咨询业务，这样的状况带来的后果是效率的降低和成本的增高。而旅游电子商务可以为消费者提供目的地预览和决策参考信息，这种服务可是全天候跨地域的。旅游电子商务依托容量巨大的旅游信息库，信息的提供基本没有边际成本。

通过旅游电子商务，可以根据旅游者需求的不同完成散客成团，将团队接待委托给旅行社；将批量客人信息传递给饭店，简化传统旅游操作流程。传统旅行社在散客接待上的力不从心，根本原因是单个旅行社的客源量和信息流量有限，造成无法使购买个性旅游线路的旅游者聚集到发挥旅行社规模经营优势的程度。而通过互联网提供可视、可查询、可实时更新的信息平台，通过旅游经营者和旅游者的共同参与，网上成团和网上拼团得以实现。

在旅游需求个性化的今天，电子商务的出现丰富了旅游产品结构，在更大程度上匹配了旅游供需，激发了潜在的购买，扩大了整个行业的市场。总之，旅游服务活动具有多种鲜明的特点：跨行业（异质性）、跨地区（异地性）、时间连续和空间散布（网络性）、想象推销（无形性）、动态不稳定（实时性），因此旅游业既离不开信息网络的技术支持，又能充分体现信息网络的应用价值，不难看出旅游业与电子商务具有天然的结合性与适应性。

1.2 旅游电子商务的特点与作用

旅游产品具有信息性、无形性、不可储藏等特点，产品包括食、住、行、游、购、娱等诸多要素，它的销售过程实际上是产品信息的传递过程，消费者必须到产品供应商的场所进行消费。互联网在信息高速传输方面所扮演的角色无人可及，所以旅游产品对电子商务有天然的适应性，发展旅游电子商务更具广泛的实用性和舒适性。旅游与互联网同样有着跨地区、跨时间、无形、无质的特性，两者形成的完美结合，必将促成旅游产业的加速发展，成为对传统旅游业的革命性推动力量。

1.2.1 旅游电子商务的特点

旅游业是典型的服务性行业，旅游电子商务也以服务为本。旅游电子商务的特点既有计算机网络的特征，又包含旅游业及服务业的诸多特性。具体总结有以下四点。

（1）旅游信息数字化

在电子商务的环境下，要让旅游者在旅游活动实施以前，得到最大限度的旅游服务；在旅游者消费进行及完成后，使线上、线下旅游企业跨地区、快速高效地进行资金流和商流的流动，这些都离不开旅游信息的数字化。

（2）旅游服务的个性化

在传统旅游服务中，受到自身条件及资源的限制，旅游产品往往是旅行社等企业根据之前消费者需求高低预先设计，产品价格也是企业依据往年市场经验提前设定的，服务模式基本以企业面向团队客户为主。然而，由于地域和时间的限制，这种旅游企业的经验性决策并不总能充分满足旅游者的消费体验。旅游电子商务的出现大大缓解了这种矛盾，旅游企业与旅游者之间"多对一"的服务模式和便捷的沟通渠道既使企业及时掌握消费者的个性化、定制化旅游需求，又使其能够快速地进行资源调配以适应市场变化。旅游电子商务的该特点在"自由行"市场火热的今天显得尤为突出。

（3）旅游产品的聚合化

旅游产品是一个纷繁复杂、多个部分组成的结构实体。旅游电子商务像一张大网，把众多的旅游供应商、旅游中介、旅游者联系在一起。不同景区、旅行社、旅游饭店及其他旅游相关行业，可借助同一网络平台招徕更多的顾客。新兴的"在线旅游服务提供商"成为旅游行业的"多面手"，它们将原来旅游市场分散的利润点集中起来，提高了资源的利用效率。

（4）旅游企业合作的整体性

旅游体验过程是一个连续的过程，它涉及旅游的所有要素，需要各旅游企业密切配合、无缝衔接，为旅行者提供完整、优质的旅游产品。传统旅游企业一般在国内或洲内从事经营活动，由旅行社、宾馆旅店、餐饮店、商店、娱乐机构和运输公司等不同类型的企业各自承担相应的旅游服务环节，形成招徕、组织、客运、观光、住宿、餐饮、娱乐、购物等旅游服务链。在科技现代化、经济全球化、区域一体化，尤其是旅游电子商务深度推进的背景下，现代旅游业逐步形成了跨地区、跨国家、跨洲界、跨行业（旅行商、饭店、航空公司、游船公司、娱乐公司、度假村等）的全球性新业态，产生了一大批各有专长、各具特色的著名国际、国家旅游品牌企业。在这些著名企业的主导下，形成了由批发、代理、零售组成的全球性旅游产销体系。

1.2.2　旅游电子商务的功能

旅游电子商务可以提供在线旅游服务与交易的全部过程。因此它具有旅游信息发布、在线预订、网上支付、电子账户、旅游服务评价、旅游交易管理等各项功能。

（1）旅游信息发布

不同的旅游企业可在自己的官方网站或第三方在线旅游服务平台上发布各类旅游信息，客户也可借助网站自身的搜索功能或互联网上的搜索引擎迅速地找到所需商品信息。随着互联网应用服务的不断创新，利用新的营销模式，如微信营销和微博营销，也可以使旅游企业在极短的时间内取得更高的广告效应。与传统的旅游宣传方式和效果相比，网上的旅游信息发布成本更为低廉，而给顾客的信息量却更为丰富。

（2）在线预订

在线预订是旅游电子商务中应用时间最长、范围最广的功能。根据 CNNIC（中国互联网络信息中心）《2021 年中国在线旅游预订行业发展报告》显示，受到新型冠状病毒感染影响冲击，截至 2020 年 12 月中国在线旅行预订用户规模达到 34244 万人，较 2020 年 3 月下降 3052 万，较 2020 年 6 月提升 5596 万，占网民整体的 34.6%。另一方面，疫情的发生也在一定程度上改变了人们出游的消费模式：无人酒店、电子机票、AI 机器人服务等减少接触的旅游服务更被消费者所看重。消费需求升级叠加互联网技术日益成熟的背景下，在线旅游呈现较快的发展态势。我国目前已经形成了较为成熟的在线旅游预订产业链，包括上游产品供应商、中游渠道商和下游媒体营销平台三个部分，每一部分的末端均指向用户。上游产品供应商指航空公司、酒店、景区、旅行社等，其中前三者又是旅行社的供应商。中游渠道商包括批发商（如上海不夜城）和代理商（如艺龙和携程）。下游媒体营销平台包括综合搜索引擎（如百度和谷歌）、垂直搜索引擎（如去哪儿、酷讯）、社交媒体（如新浪微博、腾讯微博）、点评攻略（如马蜂窝、豆瓣）、门户网站（如新浪、腾讯的旅游频道）、营销平台（如淘宝旅行、京东旅行）。

（3）网上支付

旅游电子商务要成为一个完整的过程，网上支付是非常重要的环节。客户和线上、线下旅游企业之间可采用的支付方式有很多，比如电子现金、信用卡在线支付、手机支付等。对参与交易的各方身份的有效性进行认证，通过认证机构或注册机构向参与各方发放数字证书等，以证实其身份的合法性，防止支付欺诈。通过网络数据的快速传输实现支付效率的提高。

（4）电子账户

网上支付必须要有电子金融来支持，即银行、信用卡公司及保险公司等金融单位要为金融服务提供网上操作的服务。电子账户管理是其基本的组成部分，信用卡号或银行账号都是电子账户的一种标志，其可信度需配以必要技术措施来保证，如数字凭证、数字签名、加密等手段的应用提高了电子账户操作的安全性。

（5）旅游服务评价

旅游服务评价有两层含义，一是旅游电子商务能十分方便地采用网页上的"选择""填空"等格式文件来收集用户对销售服务的反馈意见，这样，使旅游企业的市场运营能形成一个封闭的回路。客户的反馈意见不仅能提高旅游服务的水平，更使企业获得改进产品、发现市场的商业机会。二是旅游者能够在行程结束后，对旅游体验进行评述，这种评述既针对某一种旅游服务（如入住的酒店），也可以针对整个旅游行程。这些评述对其他旅游者具有重要的参考价值。

（6）旅游交易管理

整个旅游交易的管理将涉及人、财、物多个方面，企业和企业、企业和客户及企业内部等各方面的协调和管理。因此，旅游交易管理是涉及商务活动全过程的管理。这需要政府和社会为旅游电子商务的发展提供安全的网络交易环境，保障旅游电子商务获得更广泛的应用。

1.2.3 旅游电子商务的分类

站在不同的观察角度或者按照不同的标准，旅游电子商务可划分为不同的类型。

1.2.3.1 按照旅游活动在互联网上的实施程度分类

按照旅游活动在互联网上的实施程度来分类，电子商务可分为完全旅游电子商务和非完全旅游电子商务。这种分类方式可直接反映旅游活动参与各方信息化的实施情况和互联互通的实现程度。

完全旅游电子商务是指除旅游观光、食宿、乘坐交通工具等实地活动外，其他都通过电子商务方式实现和完成完整旅游交易的交易行为和过程，这些行为和过程包括旅游前的信息检索和收集，网上参团或自由行行程设计，酒店、交通、门票预订，在线支付，甚至旅行后对旅游商品或服务的在线评价等。完全旅游电子商务能使双方超越地理空间的障碍进行电子交易，可以充分挖掘全球市场的潜力。

非完全旅游电子商务是指不能完全依靠电子商务方式实现和完成完整旅游交易的交易行为和过程。例如，有些景区景点并未开通网上预订服务，旅行者到达后需要实地购买门票。

1.2.3.2 按照旅游服务对象分类

按照旅游服务对象的不同，可以将旅游电子商务分为面向自由行客户的电子商务与面向团体的电子商务。前一种面向旅游散客，他们往往以个人为出行单位，旅游需求带有高度个性化；后一种面向传统旅游团体或散客成团客户，团队人数较多，往往可通过旅游产品标准化满足旅游需求。

传统的旅游活动过程中，受自身资源及服务能力的限制，旅行社往往借助于较为成熟的旅游产品，通过既定的旅游服务模式，向团队游客进行推介和服务，团队的大小往往直接反映了旅行社一次经营活动的规模效益；而对于那些对旅行时间、景区景点等有个性需求的自由行散客来说，在传统旅游服务条件下无论是自己出行还是散客成团，除非付出更高的费用，否则就不得不面临散客拼团或被旅行社放弃的结果。

在网络环境下，旅游电子商务不仅使拼团的可行性以及团队服务的效率大大提高，更使得自由行的市场规模迅速增长。旅游者可以根据自己的需求避开旅行社，直接面向旅游电子商务平台、航空公司、酒店及景区景点等，电子商务充分满足了具有新特征的现代旅游者的个性化、定制化需求。

1.2.3.3 按照交易对象分类

按照交易对象分类，旅游电子商务可以分为五类：商业机构对商业机构（Business-to-Business，B2B）的旅游电子商务，商业机构对消费者（Business-to-Consumer，B2C）的旅游电子商务，商业机构对政府（Business-to-Government，B2G）的旅游电子商务，消费者对消费者（Consumer-to-Consumer，C2C）的旅游电子商务，消费者对商业机构（Consumer-to-Business，C2B）的旅游电子商务。

（1）B2B旅游电子商务

B2B是指企业和企业之间进行的电子商务活动，B2B旅游电子商务可以大大减少电子商务平台、旅行社、酒店、景区景点、旅游交通等企业在办公、采购等方面成本，并在树立品牌形象、增加企业竞争力等方面提高企业效率。这种类型是电子商务的主流，也是各类企业在面临激烈的市场竞争时，改善竞争条件、建立竞争优势的主要方法。

（2）B2C 旅游电子商务

B2C 是指企业与消费者之间进行的电子商务活动。B2C 旅游电子商务主要是借助于 Internet 开展的在线销售活动，可看作是旅游的网上零售业。近年来，随着 Internet 为企业和消费者开辟了新的交易平台，使得这类旅游电子商务得到了较快发展。另外，Internet 上提供的搜索浏览功能和多媒体界面，又使得消费者更容易寻找和深入了解所需的旅游产品。因此，开展 B2C 电子商务具有巨大的潜力，是今后旅游电子商务发展的主要动力。

（3）B2G 旅游电子商务

B2G 是指企业与政府机构之间进行的电子商务活动。B2G 旅游电子商务涉及的商业活动包括旅游企业网上交税、政府主导的旅游结算、政府旅游信息发布等。通过 B2G 旅游电子商务，加强了政府对旅游企业的监管，提高了税收缴纳的效率。除此之外，全国一些旅游大省正在试行的旅游结算平台（如云南省的丽江市），一定程度上解决了困扰旅游产业发展的"三角债"问题，规范了旅游市场，促进了旅游产业的健康发展。

（4）C2C 旅游电子商务

C2C 是将大量的个人买主和卖主联系起来，以便进行商品的在线交易。C2C 旅游电子商务的发展离不开旅游电子商务平台的高速发展，携程、艺龙、去哪儿等网站都是该市场的有力推动者。目前，C2C 旅游电子商务主要涉及的业务有旅游商品的销售、个人所有但对外经营的房间预订，以及个人农家乐、渔家乐的产品服务等。但值得注意的是，与其他 C2C 电子商务相似，消费者信任、税收、交易安全性等也成为了制约 C2C 旅游电子商务发展的重要因素。

（5）C2B 旅游电子商务

C2B 模式的核心，是通过网络将数量庞大的用户形成一个强大的采购集团，以此来改变 C2B 模式中用户一对一出价的弱势地位，使之享受到以大批发商的价格买单件商品的利益。在这种模式下，可由旅游者首先提出服务需求，再由旅游企业按需求组织"生产"。通常情况为旅游者根据自身需求定制旅游产品，或主动参与旅游产品设计、组合，甚至是旅游产品的定价，这同时彰显了旅游者的个性化需求和旅游企业的定制化加工。虽然这种形式还没有在旅游业大面积推广，但其将成为旅游电子商务的重要发展方向。

1.2.4 旅游电子商务的作用

无论是对旅游者、旅游企业，还是对旅游产品和旅游市场，旅游电子商务都给传统旅游业带来巨大影响。

（1）对旅游者，旅游电子商务提供丰富的信息资讯和个性化服务

互联网被称为继报刊、电视、广播后的第四大媒体，其信息容量、传播范围、传播速度、开放性都具有其他媒体无可比拟的优势。借助于互联网，旅游电子商务应用可以为旅游者提供任何其想获取的信息。

伴随着自助游、散客游的兴起，旅游者的旅游需求趋向于个性化、零散化。传统旅行社由于客源量和信息量有限，成本高昂，无法满足旅游者的个性化需求。电子商务依托着容量巨大的旅游信息库，可以为旅游者提供目的地预览和出行的决策信息参考。

（2）对旅游企业，旅游电子商务降低运营成本、提高运营效率

电子商务环境下，要求旅游业在回应消费者的要求方面变得更灵活、更有效和更快捷。

电子商务为全行业带来了一系列工具和机制创新，这使得旅游企业直接能与全球市场接触，强化了动态的企业竞争力，同时也能更经济、更快捷地与世界各地的其他企业形成合作。同时，旅行社通过可查询和实时更新的信息平台，在网上设计产品，聚集客源，使得网上成团和网上拼团得以实现。另外，通过电子商务，旅行社还可以保持与旅游者的良好关系，实现一对一网上营销，提供优质的售后服务，为旅行社塑造良好的品牌形象。

在市场营销方面，旅游企业需要收集各类的信息，并尽可能广泛地传播出去。因此，对于旅游企业而言，电子商务可以为旅游企业提供最具时效的国内外动态信息，帮助企业及时调整规划方向和营销策略。同时，电子商务也可以使旅游企业能够随时了解上下游企业和旅游者的需求，迅速调整产品开发和营销重点。另外，在线交易和支付系统不仅能够减少交易的中间环节、降低成本，还能避免在交易过程中因信息不对称造成的意外损失。

（3）对旅游产品，旅游电子商务增加产品透明度

旅游企业的一般业务过程是将酒店、景区等供应厂商的旅游产品采购之后，进行优化组合，形成特色的旅游线路或旅游项目产品，再销售给旅游者。在此过程中，旅行社需要与众多的旅游供应商、旅游者进行信息交换。而电子商务由于其开放性、交互性等特性成为旅游企业对外信息宣传的最佳平台。电子商务可以打破时空的限制，最大限度地将各种旅游资源和旅游信息有效地结合一起。通过电子商务，旅游公司可以及时发布最新旅游线路和产品的信息、动态，为旅游者提供最全面、最准确的旅游产品和旅游信息。以上行为产生的最终结果，就是旅游者可以直接享受到各旅游类企业提供的服务（没有或少量中间环节），还可以在线直接与企业进行信息咨询或者讨价还价，实现旅游服务细节的透明化，特别是价格透明化。

（4）对旅游市场，旅游电子商务增加交易机会

首先，企业利用网络可以突破时间和空间限制。利用互联网可以实行每周 7 天、每天24 小时的营销模式，不需要增加额外的营销费用。其次，利用网络可以突破传统市场中地理位置的分割。在传统条件下，旅游企业要拓展国际市场，必须与海外旅游企业建立合作或设立海外办事处，其耗资大、风险高。在网络时代，互联网代表了一个开放性的大市场，旅游企业只需要将旅游目的地信息和旅游产品信息搬上网站，做好搜索引擎注册和网站推广，就能达到较好的信息宣传效果。

另外，旅游电子商务创造的虚拟市场空间，集中体现在旅游电子商务平台或网上旅游交易市场上。由网络服务商建设的旅游电子商务平台，将售前信息发布、订购、支付、售后服务等多种商务功能集成于一个互联网站上，节省了传统旅游销售和分销的人财物费用，促进了买卖双方共建"双赢"的价值体系。对中小旅游企业来说，旅游电子商务极大地弥补了其在传统市场上网络少、知名度低的弱势，为其提供了更为广泛的发展机遇和更为平等的竞争手段。

1.3 旅游电子商务的发展现状

现代信息技术的发展，为旅游业的跨空间信息传递、供求匹配和效率提高提供了良好的解决方案，信息产业与传统产业的结合已在旅游业中得到代表性的实践。旅游电子商务作为新兴的旅游商务活动方式，其增长势头、应用范围和产生的交易额数量已不可忽视。旅游产业以其持续增长的消费需求、快速扩张的市场规模和普遍看好的发展前景，成为促进现代经济社会繁荣和发展的新兴产业。

1.3.1　中国旅游电子商务的发展现状

旅游电子商务作为信息技术和电子商务在旅游产业的运用，是以我国产业信息化的整体环境和发展状况为背景的。我国的旅游电子商务是发展较早、发展速度较快的领域。

（1）宏观环境

从政策环境来看，国家提出"文化旅游"的理念，并将其写入《国家"十二五"时期文化改革发展规划纲要》，指出要"积极发展文化旅游，促进非物质文化遗产保护传承与旅游相结合，提升旅游的文化内涵，发挥旅游对文化消费的促进作用，支持海南等重点旅游区建设"。国家大力发展旅游业并将其上升到战略高度，将对旅游市场的发展起到重要推动作用。旅游电子商务作为现代旅游业新的发展方向，将受到政策的积极影响。

从经济环境来看，国家统计局发布数据显示，我国城乡居民可支配收入也有较大提升。由于旅游非日常消费品，而是满足人们娱乐休闲需要的更高层次精神消费，所以旅游市场的发展与居民的生活水平息息相关。

从社会环境来看，以手机为首的移动终端设备正渗透至大众的日常生活，针对移动终端而开发的社会化媒体为旅游电子商务注入新的市场活力。社会化媒体贯穿于旅游电子商务以及旅游行程的始终，对在线旅游预订决策、在线旅游营销和旅途中见闻分享具有重要作用。社会化媒体互动在促进在线旅游预订方面功不可没，但其目前的影响力仍然有限，其商业价值有待进一步发掘。

从技术环境来看，大数据时代赋予旅游电子商务更大的商业价值，是在线旅游企业在新时代面临的最大机遇。旅游电子商务参与各方必须借助于先进的技术手段，对获取的海量数据进行有效的数据存储和挖掘，通过科学的分析和预测追求更大的市场价值。

（2）市场格局

目前，去哪儿、驴妈妈等垂直旅游平台带来的价格竞争，淘宝、京东等大型电商平台的介入，以及航空公司和酒店大力发展的直销业务都在侵蚀着携程、艺龙等传统OTA的市场份额。此外，途牛旅游网、乐途旅游网、悠哉旅行网等新兴网站正在借助资本力量迅速崛起，深耕市场打造品牌。从整体上看，整个旅游电子商务行业的市场竞争愈演愈烈。

（3）用户行为

根据CNNIC的调查数据显示，2021年在线旅游网站可分为三个梯队，第一梯队有携程、去哪儿、飞猪，继续保持高位运行；第二梯队由同程旅游、艺龙、美团、途牛、驴妈妈等现代旅游组成。第三梯队为其他在线旅游平台。

总之，我国旅游电子商务的发展正处于一个高速增长时期，这不仅得益于国家政策的宏观导向，社会化媒体交互作用刺激消费也成为重要行业催化剂；另外，移动终端的应用普及和消费者成熟度的不断提高也成为旅游电子商务发展的前提要素。毫无疑问，借助于技术的进步和庞大的用户群体，我国旅游电子商务已经显示出强势增长的势头。

1.3.2　旅游电子商务对社会经济的影响

旅游电子商务对传统旅游业的影响远远超出了其本身活动的价值。随着网络的发展，全球旅游业市场的不断扩大，越来越多的企业和个人已经能够接受电子化的交易手段。无论是发达国家还是发展中国家，旅游电子商务都正在社会经济活动中起着极其重要的作用。

（1）旅游电子商务让旅游企业和旅游者间实现信息沟通无屏障

旅游本身包含食、住、行、游、购、娱等多项要素，其产品和服务的提供带有连贯性，旅游者的体验具有整体性。旅行中任何一个环节中的失误都有可能极大地影响旅游者的满意度，其中一个很大的原因在于旅游企业和旅游信息对消费者的屏蔽性。在传统旅游业中，旅游者在旅行开始之前唯一或最主要获取信息的来源就是旅行社，所有行程中的信息，如景区景点的优劣、酒店的好坏、行程的合理与否等，全部依靠旅行社的宣传来传递。这种信息的屏蔽和不对称极大阻碍了旅游者消费需求的提高。

在电子商务环境中，上述情况完全改变。旅游者可以绕过所有的中间环节，通过互联网面对所有旅游产品和服务提供商，直接向目的地各类产品供应商进行预订。这不仅使旅游者的成本大大降低，更让旅游从一种只能听从旅行社安排的被动行为变成旅游者的主动行为，刺激了旅游者的消费兴趣。

（2）旅游电子商务改变了旅游业的传统分工

旅游电子商务的出现对传统旅游业的分工带来了巨大影响。一方面它直接催生了在线旅游服务提供商的出现，另一方面也削弱了传统旅行社的基本职能。

传统经济下，由于信息不畅通，具有庞大销售网络的大型旅行社（批发商）主导着整个旅游行业资源的配置，旅行社"带领"旅游交通、饭店、景区景点等其他行业发展。而电子商务对传统旅游产业分工带来最明显的影响，是催生了拥有更强电子商务技术和更多信息资源的电子商务中间商（如携程、艺龙等），它们已经成为我国旅游电子商务市场的主角。虽然不少旅游企业都建立了自己的网站，但信息化、电子商务并不是只建立一个网站那么简单。旅游企业只有对内加强信息化建设，对外加强互联网应用，强化自身企业的网站建设，才能真正适应电子商务发展的需要，赢得新经济环境下的竞争优势。携程和艺龙的兴起正在告诉人们，技术创新已成为获取竞争优势或保持竞争优势的重要保证。

除此之外，云计算、物联网等新技术、新理念的出现，也让传统旅游企业在实施电子商务活动中将商务和技术分离。利用这些技术和理念，旅行社、酒店、景点等传统市场参与者没有必要完全依靠自身实力设计和开发各类信息系统和软件，一大批软件或在线系统服务提供商可以为他们提供安全、可靠以及定制化的服务，使他们摆脱了技术方面的劣势。

（3）旅游电子商务改变了旅游业的价值链

旅游产业价值链是旅游产品从供应到最终消费的一系列传递的过程，它一般由旅游产品供应商、旅游中间商及旅游消费者组成。旅游价值链传递的过程也就是旅游产品不断增值的过程。在这一条价值链中，不同层次的旅游企业通过其职能划分和专业优势为旅游产品注入价值，最终使旅游产品实现价值增值。例如，在旅游供应商环节，旅游目的地供应商提供旅游吸引物的开发与建设；目的地接待方（旅行社、导游公司）提供接待与导游服务；旅游运输商提供运输服务；旅游饭店提供餐饮与住宿服务；旅游娱乐企业提供娱乐享受；旅游购物企业提供旅游纪念品等。可以把旅游供应商提供的产品看作是个别产品，旅游个别产品经过旅游中间商的组合包装后形成旅游组合产品并传递给旅游消费者，其中，旅游批发商对旅游产品进行整合与包装，旅游零售商或代理商提供接待、咨询与代理服务。

在电子商务条件下，信息沟通的优势使旅游供应商通过互联网络可以便捷地与客源地旅游者直接沟通，这时供应商可以通过网络直接向旅游者销售产品，从而形成新的旅游产业价值链结构。

（4）旅游电子商务推进了我国旅游相关法律法规的完善

近年来，我国在线旅游市场成长迅速，造就了一批诸如携程网、去哪儿网以及途牛旅游网等在线旅游企业。同时，许多旅行社也将业务逐渐扩展至线上，官网成为其吸引客源的重要途径。越来越多的游客也开始习惯于在网上查询相关信息、预订产品线路，并作出相应的评价。但与此同时，目前旅游电子商务交易也存在着一些问题，部分企业在互联网上发布一些不实的旅游信息，有些涉嫌违反《旅游法》《旅行社条例》等。原国家旅游局发布《旅行社产品第三方网络交易平台经营和服务要求》《旅行社服务网点服务要求》等 5 项旅游业行业标准。其中第一项新规是对在线旅游经营服务首次作出的规范，对治理当前在线旅游乱象具有很强的针对性。新规规定，"（第三方网络交易）平台应取得工商营业执照、电信与信息服务业务经营许可证，完成经营性网站备案，并在网站主页面显著位置公示相关信息""应与合作的旅行社订立进场经营合同，监督旅行社发布的旅行社产品及其相关信息""可设立信用评价制度以对旅行社进行信用评价和管理，信用等级评价制度应提前公示，并为旅游者提供信用等级查询服务"。这些规定均为进一步规范在线旅游经营、维护消费者权益提供了保障，也使"黑户"企业再难以立足。

（5）旅游电子商务为出境游带来新的机遇

根据 2019 年中国旅游业统计公报显示，2019 年国内旅游市场和出境旅游市场稳步增长，入境旅游市场基础更加牢固。全年国内旅游人数 60.06 亿人次，比上年同期增长 8.4%；入境旅游人数 14531 万人次，比上年同期增长 2.9%；出境旅游人数 15463 万人次，比上年同期增长 3.3%；全年实现旅游总收入 6.63 万亿元，同比增长 11.1%。

这些数据增长的重要原因是旅游企业借助网络营销的优势不断扩大海外市场，为国内旅游者出境游提供诸多便利，加快了中国境外游市场的成熟。可以预测到，在旅游市场不断扩大、竞争日益加剧的形势下，在线旅游企业通过电子商务渠道将可获得比以往更广阔的营销空间，跨地域营销不再受到成本及人员的限制；借助电子支付，可以把全部的旅游产品销售向在线转移，这对于在线旅游企业获得更广大的市场空间奠定了良好的基础。

目前，中国已成为世界第四大入境旅游接待国，跃居世界第一大出境旅游消费国。据专家预测，未来 3 年我国出境游人数将持续保持平均 15% 的增长率，而在线旅游的网络覆盖优势，势必助力出境游市场持续保持更高比例的增长幅度。

1.4 旅游电子商务发展趋势

国内旅游电子商务经过十几年的探索，已形成一批具有资讯服务实力的旅游网站，主要包括地区性网站、专业网站和门户网站三类。这些网站可以提供比较全面的网上资讯服务，涉及旅游的食、住、行、游、购、娱等方面，成为旅游服务的重要媒介。随着国内旅游市场逐步向国外开放，国际旅游企业将携带观念、管理、网络、资金、人才等多方面的优势，以各种方式进入中国旅游市场。旅游市场竞争得日益激烈，旅游者的需求越来越高，传统旅游市场必须转向以互联网技术为核心服务的旅游电子商务。

1.4.1 旅游物联网

物联网是以互联网为基础，借助信息传感设备，通过信息交换与通信实现对物品的智能化识别、定位、跟踪、监控和管理的网络体系。随着技术的不断成熟，物联网已经被广泛地运用于各种实践，其中就包括旅游业的发展。

1.4.1.1 物联网的概念

物联网（Internet of Things，IOT）的实践最早可以追溯到 1990 年施乐公司的网络可乐贩售机，其概念最早在 1991 年由美国麻省理工学院（MIT）的 Kevin Ashton 教授提出。1999 年 MIT 建立了"自动识别中心（Auto-ID）"，提出"万物皆可通过网络互联"，阐明了物联网的基本含义。早期的物联网是依托射频识别（Radio Frequency Identification，RFID）技术的物流网络，随着技术和应用的发展，物联网的内涵已经发生了较大变化。

根据国际电信联盟（ITU）的定义，物联网主要解决物品与物品（Thing to Thing，T2T）、人与物品（Human to Thing，H2T）、人与人（Human to Human，H2H）之间的互联。但是与传统互联网不同的是，H2T是指人利用通用装置与物品之间的连接，从而使得物品连接更加地简化，而H2H是指人之间不依赖于PC而进行的互连。因为互联网并没有考虑到对于任何物品连接的问题，故我们使用物联网来解决这个传统意义上的问题。物联网顾名思义就是连接物品的网络，许多学者讨论物联网时，经常会引入一个M2M的概念，可以解释成为人到人（Man to Man）、人到机器（Man to Machine）、机器到机器（Machine to Machine）。从本质上而言，人与机器、机器与机器的交互大部分是为了实现人与人之间的信息交互。

业内专家认为，物联网一方面可以提高经济效益，大大节约成本；另一方面可以为全球经济的复苏提供技术动力。美国、欧盟等都在投入巨资深入研究探索物联网。我国也正在高度关注、重视物联网的研究，工业和信息化部会同有关部门，在新一代信息技术方面正在开展研究，以形成支持新一代信息技术发展的政策措施。

此外，物联网普及以后，用于动物、植物和机器、物品的传感器与电子标签及配套的接口装置的数量将大大超过手机的数量。物联网的推广将会是促进经济发展的又一个驱动器，为产业开拓了又一个潜力无穷的发展机会。按照对物联网的需求，需要按亿计的传感器和电子标签，这将大大推进信息技术元件的生产，同时增加大量的就业机会。

1.4.1.2 物联网与旅游业的结合

旅游业作为服务业的龙头产业，信息技术前进的每一步都影响到旅游业发展。目前，国内外各地都努力尝试通过物联网技术进而达成旅游活动全过程、旅游经营全流程和旅游产业全链条的全面数字化、智能化应用。

（1）物联网可以更好地为旅游者服务

旅游者是旅游活动的主体，随着旅游者消费行为不断成熟，旅游者对旅游信息、旅游体验等的需求不断增高，物联网能有针对性地为旅游者提供综合信息查询、在线预订、行程规划、线路选择等服务，为旅游者出行前提供充分的信息参考和选择。

物联网强大的信息储存和处理功能可以使旅游产业链上的吃、住、行、游、购、娱等相关信息实现互联互通，为旅游者整个旅游活动提供"全程式"的服务，如，餐饮、住宿、娱乐、购物的资讯信息查询与订购；列车，航班时刻表及票价查询与订购；景区线路信息；景区实时人流量；医疗服务等日常的旅游信息服务。在参观游览过程中，还可以为旅游者提供智能化的导览服务，借助精准的定位技术，结合旅游者的个人喜好，通过文字、图片、声音、视频等多种形式，生动详细地为旅游者展示景区内的自然风光、人文景观，完善的旅游基础设施、项目以及多姿多彩的民俗民风，同时可以开启语音导游服务，为旅游者提供详细的讲解，给旅游者带来丰富的旅游体验。

旅游活动结束后，可以为旅游者发表景点评论、攻略、分享旅游过程中的感受提供便捷、及时的渠道。借助Web2.0技术、旅游网站、论坛、微博等互动平台，可以实现旅游者之间、旅游者与旅游企业之间、旅游者与管理部门之间互动沟通，以及对旅游过程中的旅游投诉进行及时处理等。

（2）物联网改变了旅游企业运营方式

旅游企业为旅游者提供旅游资源信息和相关服务，同时也接受旅游管理部门的监督管理。物联网能聚合IT资源与存储、计算能力，形成一定范围内的虚拟资源池，实现旅游企业信息化的集约建设、按照旅游者的需求提供相关服务。同时通过供应链、企业资源管理、在线营销、在线订购等专业化服务系统，可为旅游企业提供基于网络共享的软件和硬件的应用服务，有效降低中小型旅游企业利用信息化手段开展经营活动的资源和技术障碍，有效地提升旅游企业信息化建设、应用和服务效率。

物联网以其强大的网络渠道作为营销的载体，针对其服务的客户群体的特征组织相应的在线旅游营销活动，提高营销内容的辐射力和影响力，降低企业的运营成本。对客户进行细分，建立客户忠诚度，管理旅游产品目录，为客户提供量身定制的个性化旅游产品和服务，满足其个性化的需求，改变旅游服务的增值化方向，建立新的竞争优势。

（3）物联网有利于实现科学的旅游行业管理

旅游管理部门具有经济调节、市场监管、公共服务和社会管理的职能。在物联网技术的支持下，旅游管理部门将实现传统旅游管理方式向现代管理方式转变。旅游管理部门可以实现更加及时的监管和实时管理；可以更好地维持旅游秩序，有效处理旅游质量问题，实现与交通、卫生、公安等部门的信息共享和协作；旅游创新系统加强了旅游管理部门、旅游者、旅游企业和旅游景区的联系，高效整合了旅游资源，实现科学的旅游管理。

此外，物联网技术的运用将进一步推进旅游电子政务的建设，实现区域间的互联互通，提高各地各级旅游管理部门的办公自动化水平，提高行政效率，降低行政成本；为公众提供畅通的旅游投诉和评价反馈渠道，强化对旅游市场的运行监测，提升对旅游市场主体的服务能力和管理能力；实现对旅游资源的监控保护与智能化管理，提高旅游宏观决策的有效性和科学性。

1.4.2 旅游云计算

现代化信息技术和网络技术的发展和应用正在促进经济社会各个领域发生革命性的变化。作为新兴的现代信息技术重要代表，近年来，云计算的兴起和发展引起了广泛的关注。云计算是电信与 IT 融合创新的产物，是通过虚拟化技术、自助管理运算能力整合 IT 资源，形成高效资源池，以按需分配的形式提供运算服务的一种信息化技术。在旅游行业国际化、现代化、低碳化的升级改造中，云计算的应用将具有深远和广阔的空间。

1.4.2.1 云计算的概念

2006 年 8 月 9 日，Google 首席执行官埃里克·施密特（Eric Schmidt）在全球搜索引擎大会上首次提出云计算（Cloud Computing）的概念。2007 年 10 月，Google 与 IBM 开始在美国大学校园（包括卡内基梅隆大学、麻省理工学院、斯坦福大学、加州大学伯克利分校及马里兰大学等）实施推广云计算的计划，这项计划希望能降低分布式计算技术在学术研究方面的成本，并为这些大学提供相关的软硬件设备及技术支持。

云计算是分布式计算技术的一种，其透过网络将庞大的计算处理程序自动拆成无数个较小的子程序，再交由多部服务器所组成的庞大系统，经搜寻、计算分析之后将处理结果回传给用户。通过这项技术，网络服务提供者可以在数秒之内，达成处理数以千万计甚至亿计的信息，达到和"超级计算机"同样强大效能的网络服务。

美国国家标准与技术研究院（NIST）对云计算的定义是：云计算是一种按使用量付费的模式，这种模式提供可用的、便捷的、按需的网络访问，进入可配置的计算资源共享池（资源包括网络、服务器、存储、应用软件、服务），这些资源能够被快速提供，只需投入很少的管理工作，或与服务供应商进行很少的交互。

云计算包括以下几个层次的服务：基础设施即服务（Infrastructure-as-a-Service，IaaS）、平台即服务（Platform-as-a-Service，PaaS）和软件即服务（Software-as-a-Service，SaaS）。

IaaS 可以让消费者通过 Internet 从完善的计算机基础设施获得服务，如服务器的租用等；PaaS 是指将软件研发的平台作为一种服务，以 SaaS 的模式提交给用户。因此，PaaS 也是 SaaS 模式的一种应用，如软件的个性化定制开发等。SaaS 是一种通过 Internet 提供软件的模式，用户无须购买软件，而是向提供商租用基于 Web 的软件，来管理企业经营活动。

1.4.2.2　云计算与旅游业的结合

进入互联网时代后，我国旅游业正在从传统的劳动、服务密集型向现代的知识、信息密集型方向转变。尤其是在旅游电子商务蓬勃发展的今天，海量的旅游信息和数据更加需要云计算等先进的思想和技术来应对。总体来说，云计算在旅游业中应用的优势有以下几点：

（1）加快旅游数据资源整合，提高旅游信息利用率

现代旅游业是以信息密集型为重要特征的服务业，需要处理海量的数据和信息，而对大多数旅游服务企业来说，仅仅依靠自身的力量往往显得力不从心。云计算能实现高效快速的数据存储和分析，对海量数据的快速处理和智能挖掘具有独特优势，可以为旅游业的发展提供存储能力和计算能力的保障。

运用云计算技术可以使线上和线下、虚拟与现实有机结合，形成对旅游全过程的服务整合，可根据游客的位置、行为以及其他个性化的信息，全方位提供专业化和多样化的服务，更好地满足游客多方面的需要。云计算中心采用分布式来进行数据存储，采用冗余存储的方式来确保存储数据的可靠性，这种存储技术的高吞吐率和高传输率可以满足旅游行业访问量大、数据资源丰富繁杂的行业应用需要。

（2）让商务和技术分离，形成弹性基础架构服务

"云"概念的出现，催生了一批以服务旅游业为主的各类高新技术企业，比如旅游软件服务提供商，它们可以为旅游企业设计和开发网站、各类管理信息系统等；甚至可以向旅游企业承担外包业务，如客户服务中心功能等。这些新企业的出现可以让传统旅游企业不再局限于自身较弱的技术问题，做到术业专攻、强强联合。

此外，云服务还可以根据旅游企业的自身需求提供定制化的服务，比如可以随时调整服务器租用的时间、空间容量的大小等，形成弹性基础架构服务，降低企业的软硬件设备投入，减少在信息化管理和服务方面的资源消耗。

（3）有效配置资源，实现可持续发展

旅游行业是一个具有明显淡旺季的行业，在重要节假日的时候各个旅游景区往往人满为患，而在非节假日期间游客寥寥无几，对旅游服务提供商来说，如何平衡服务资源是一项极其困难的任务。利用旅游云服务，可使旅游服务企业根据实际需要动态调度和平衡各种服务资源，做到伸缩自如、保障有力，确保各项业务活动实现可持续发展。

1.4.3　智慧旅游

智慧旅游来源于"智慧地球（Smarter Planet）"及其在中国实践的"智慧城市（Smarter Cities）"。2008 年 IBM 首先提出了"智慧地球"概念，指出智慧地球的核心是以一种更智慧的方法通过利用新一代信息技术来改变政府、公司和人们相互交互的方式，以便提高交互的明确性、效率、灵活性和响应速度。

1.4.3.1　智慧旅游的概念

从字面上看来，智慧旅游的英文表述有 Smarter Tourism、Intelligent Tourism、Wisdom of Tourism。从技术角度来说，Intelligent 对应的是智能，即针对不同的需求、不同的状态或者是不同的历史经验产生合适的输出反应；而 Smarter 对应的是智慧，智慧包含了更

多、更广泛的内容，同时也对于输出结果有着更高的要求。简而言之，智能是技术范畴，而智慧则更多的是强调技术对人们产生的效果。

目前对于智慧旅游还没有统一的概念。叶铁伟认为，"智慧旅游是利用云计算、物联网等新技术，通过互联网或移动互联网，借助便携的终端上网设备，主要感知旅游资源、经济、活动和旅游者等方面的信息并及时发布，让人们能够及时了解这些信息，及时安排和调整工作与旅游计划，从而达到对各类旅游信息的智能感知、方便利用的效果，通过便利的手段实现更加优质的服务。"张凌云等认为，"智慧旅游是基于新一代信息技术（也称信息通信技术，ICT），为满足游客个性化需求，提供高品质、高满意度服务，而实现旅游资源及社会资源的共享与有效利用的系统化、集约化的管理变革。从内涵来看，智慧旅游的本质是指包括信息通信技术在内的智能技术在旅游业中的应用，是以提升旅游服务、改善旅游体验、创新旅游管理、优化旅游资源利用为目标，增强旅游企业竞争力、提高旅游行业管理水平、扩大行业规模的现代化工程。智慧旅游是智慧地球及智慧城市的一部分。"目前我国有 18 个城市入选首批"国家智慧旅游试点城市"，分别是：北京、武汉、福州、大连、厦门、洛阳、苏州、成都、南京、黄山、温州、烟台、无锡、常州、南通、扬州、镇江、武夷山。

智慧旅游的概念可以追溯到 2000 年 12 月 5 日，加拿大旅游协会的戈登·菲利普斯在他的演讲中提到，"智慧旅游就是简单地采取全面的、长期的、可持续的方式来进行规划、开发、营销旅游产品和经营旅游业务，这就要求在旅游所承担的经济、环境、文化、社会等每个方面进行卓越努力。"在他看来智慧旅游需要两个方面的技术：一是智慧的需求和使用管理技术；二是需要智慧的营销技巧。2009 年 1 月，在西班牙举行的联合国世界旅游组织的第一次委员会会议上，秘书长杰弗利·李普曼将智慧旅游定义为服务链的各个环节，包括清洁、绿色、道德和质量四个层面。2011 年，英国的"智慧旅游组织"给出的定义是：在旅游部门使用和应用技术称为"数字"或"智慧"旅游。2011 年，台湾学者黄等在其论著中提出了智慧旅行系统（Smart-Travelsystem）——这是一个基于 SNS、物联网、UGC 的一个新的泛在化的旅游系统，基于云服务的需求，设计一个查找旅游信息的新方式，整合了智能手机、GPS、谷歌地图和 AR（虚拟现实技术），为手机使用者提供了一个全新的体验平台。2012 年 3 月，Molz 教授在其著作中将智慧旅游定义成使用移动数字连接技术创造更智慧、有意义和可持续的游客与城市之间的关联，其认为智慧旅游代表的是更为广泛的公民深度参与旅游的形式，而不仅是一种消费形式。同时，台湾服务系统技术中心、CIC-tourCUNE、Brennan、Wöber 以及默罕默德·塔里克都对智慧旅游提出了各类概念方法、解决方案。国内方面，2012 年北京联合大学的张凌云教授提出，"智慧旅游是基于新一代信息技术，为满足游客个性化需求，提供高品质、高满意度服务，而实现旅游资源及社会资源的共享与有效利用的系统化、集约化的管理变革。"2011 年，王咏红对智慧旅游的定义是"智慧旅游是旅游信息化的延伸与发展，是高智能的旅游信息化，以游客为中心，以物联网、云计算、下一代通信网络、高性能信息处理、智能数据挖掘等技术为支撑并将这些技术应用于旅游体验、产业发展、行政管理等诸多方面，使游客、企业、部门与自然、社会相互关联，提升游客在旅游活动中的主动性、互动性，为游客带来超出预期的旅游体验，让旅游管理更加高效、便捷，为旅游企业创造更大的价值"。2016 年，李云鹏认为"智慧旅游是旅游者个体在旅游活动过程中所接受的泛在化的旅游信息服务。旅游信息服务是对智慧旅游共同属性的概括，但并不是所有的旅游信息服务都是智慧旅游，只有那些为单个旅游者提供的、无处不在的旅游信息服务，也就是基于旅游者个体特殊需求而主动提供的旅游信息服务才算是智慧旅游"。百度百科中，智慧旅游也称为智能旅游，就是利用云计算、物联网等新技术通过互联网/移动互联网，借助便携的终端上网设备，主动感知旅游资源、旅游经济、旅游活动、旅游者等方面的信息，及时发布，让人们能够及时了解这些信息，及时安排和调整工作与旅游计划，从而达到对各类旅游信息的智能感知、方便利用的效果。

智慧旅游是通过现代信息技术和旅游服务、旅游管理、旅游营销的融合，以游客互动体验为中心，使旅游资源和旅游信息得到系统化整合和深度开发应用，并服务于公众、企业和政府的旅游信息化的新阶段。

1.4.3.2 智慧旅游的框架体系

学者张凌云认为，智慧旅游的框架体系包括智慧旅游的能力、属性以及应用构成（见图 1-1）。

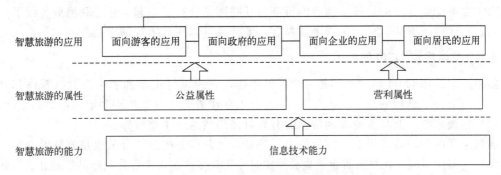

图 1-1 智慧旅游的框架体系

能力是指智慧旅游所具有的先进信息技术能力，属性是指智慧旅游的应用是公益性的还是营利性的，应用是指智慧旅游能够向应用各方利益主体提供的具体功能。公益性指智慧旅游的应用由政府或第三方组织提供，以公共管理与服务为目的，具有非营利性。营利性应用由市场化机制来决定服务提供商。智慧旅游的属性能够决定其开发主体、应用主体以及运营主体。

1.4.3.3 智慧旅游框架体系的内涵

智慧旅游的框架体系的内涵可归结为以下三点。

① 以智慧旅游目的地的概念来明确应用主体。因此，除一般智慧旅游所涵盖的旅游者、政府、企业之外，还包含了目的地居民，即智慧旅游面向涵盖了景区、城市（街区、社区等）、区域性旅游目的地概念。

② 公益和营利属性是信息技术能力和应用的连接层，即纵向可建立起具有公益或营利性质的具有某种（某些）信息技术能力，面向某个（某些）应用主体的智慧旅游解决方案。

③ 公益性智慧旅游和营利性智慧旅游的各种应用以及两者之间具有某种程度的兼容性和连通性，可最大程度地避免信息孤岛和填补信息鸿沟。

面对越来越激烈的市场竞争，越来越多的旅游产品，越来越高的旅游需求水准，要想实现旅游业的良好发展，必须依靠现代科技的力量。要加快智慧旅游基础设施建设，发展智慧旅游的相关产业，促进旅游信息化融合发展，整合旅游资源、激励创新应用，动员全社会积极参与，推进智慧旅游建设。从而可以为游客提供智慧化的旅游服务和旅游体验，为管理部门提供智能化的管理手段，为旅游企业提供更高效的营销平台和广阔的客源市场。智慧旅游是发展现代旅游业的关键，也是旅游业发展的重要趋势，加快智慧旅游的发展，利于我国向旅游强国迈进。

1.4.4　旅游 O2O

O2O 模式，早在团购网站兴起时就已经开始出现，只不过消费者更熟知团购的概念。旅游业 O2O 的出现不仅使线上销售与线下旅游业融合度更高、更便捷，还以 O2O 特有的线上交易数据，统计每一份订单的详细数据。

1.4.4.1　O2O 的概念

O2O 是指将线下的商务机会与互联网结合，让互联网成为线下交易的前台。O2O 的概念非常广泛，一般只要产业链中既可涉及线上，又可涉及线下，就可通称为 O2O。线上，互联网是交易的前台。消费者可以在线上筛选服务，还有成交可以在线结算。线下，消费者可以自主去享受服务。即将线下商务的机会与互联网结合在了一起，让互联网成为线下交易的前台。这样线下服务就可以用线上来揽客，消费者可以用线上来筛选服务。

1.4.4.2　发展旅游 O2O 的障碍

旅游业中采用 O2O 模式并不是一个新鲜事物，在线预订机票和酒店都可以看作其具体应用。虽然取得了迅猛的发展，但是旅游 O2O 也存在着一些发展障碍和亟须拓展的空间。

（1）在线旅游企业与旅游者间信息的有效对接仍然是一个重要障碍

虽然互联网为旅游者提供了海量的出行信息，但是信息的过于分散也是旅游者不得不面对的问题。与此对应，在线旅游企业也必须实时搜集众多旅游者个性化的产品需求并及时作出反应。目前，一些大型在线旅游网站已经对旅游信息尽可能地进行细化、重组，并贴上标签，便于消费者查找。比如，现在的旅游者可以轻易找到一家位于某城市的某条地铁线的某个站点附近的某一家五星级的酒店。这需要网站及时地迎合消费者需求，对网站信息进行结构化和再梳理，虽然大大增加了企业的运营成本，但以此可以换得访问流量和投资者对网站的关注。

（2）在线门票 2014 年初成为各大旅游电商 O2O 争抢的蛋糕

数据显示，2013 年景区门票销售总收入在 1300 亿～1400 亿元之间，但在线预订比例仅占约 2%。门票预订市场蕴藏着巨大的发展潜力与空间，特别是随着移动时代的到来，各大旅游电商都更为重视门票业务。有业内人士分析，旅游电商对门票 O2O 的重视程度远超酒店、机票，并打算将其作为整合旅游产业链的抓手，这也是旅游电商抢占移动终端市场的关键一战。可以看到，在线门票销售将是未来在线旅游业发展的重要方向之一。食、住、行、游、购、娱是旅游业的六大要素，当前的 OTO 应用只涉及其中一小部分，随着旅游电子商务的不断向前发展，旅游业的其他内容将越来越多地向线上转移。

1.4.5　移动旅游电子商务

移动智能终端的发展和应用拓展了在线旅游预订渠道，朋友间的交互作用极大地刺激了旅游需求和旅游消费。未来随着智能手机的普及和旅游预订 APP 的不断完善，线下用户和潜在旅游用户可能直接转化为手机在线旅游预订用户。

1.4.5.1　移动旅游电子商务的发展现状

互联网的普及促进了线下订票到线上订票的转变，线上服务的便利使得在线旅游服务平台在很大程度上取代了线下旅行社，成为人们有出行需求时的优先选择。2020 年以来，由于新冠病毒的出现，全球防疫政策对整个旅游业产生了巨大冲击。进入 2022 年，国内疫情整体可控且向常态化方向发展，国人旅游消费意愿再度觉醒，我国旅游业渐趋回暖。

与此同时，随着线上渠道在消费中渗透率逐渐提升，在线旅游市场也迎来扩容新机遇。

以在线出行这一细分赛道为例，据艾瑞咨询数据，2021年我国机票和火车票的在线化率为89%和80%，相较2017年分别上升了14.1和6.1个百分点，体现出我国在线旅游行业向好的发展势头。2021年国内旅游行业收入达2.92万亿元，同比增长30.94%，其中在线旅游市场规模约为1.33万亿元，同比增长34.8%，线下旅游市场规模约为1.59万亿元，同比增长54.4%。在线旅游市场占比由2016的23%增长至2021年的46%，增长趋势显著。

同时，在线旅游平台也积极自救推出"超值套餐"活动，如美团启动"一千零一夜"旅行直播、携程推出"2020旅游复兴V计划"启动10亿元复苏基金、飞猪推出"随心飞"产品等，我国在线旅游行业逐渐复苏。数据显示，截至2021年12月，我国在线旅行预订用户规模达3.97亿，较2020年12月增加5466万，占网民整体的38.5%。

1.4.5.2　移动旅游电子商务的优势

移动终端应用在旅游业中具有诸多优势。

① 可以通过移动终端进行位置定位。ComScore（全球性互联网信息服务提供商，总部在美国）2013年发布的数据显示，美国地区有82%的地图操作发生在平板电脑或智能手机上。但是地理位置信息服务（Location-based services，LBS），比如应用内搜索，则正变得更加个性化。

② 移动终端可以整合摄像功能。拍照对于社交媒体来说无比重要，社交媒体照片里面比较受欢迎的是分享旅行照片。社交、移动、照片和旅行之间有着天然的联系，Pinterest公司最近就在产品中加入了一个针对旅行的图片分享功能，叫作"地址标注（Place Pins）"。

③ 加强现实技术（Augmented Reality，AR）将会与可穿戴设备紧密相连。AR作为技术爱好者们的心头好，一直以来都在吸引着人们的想象力。加强现实技术指的是，当通过手机查看的时候，信息或虚拟化图像叠加在真实世界的画面之上。例如，你刚刚抵达了泰姬陵，你所佩戴的Google Glass就有可能在不同建筑旁滚动显示有解释文字。目前，Google Glass上已经有几个和旅游相关的应用出现，包括记录自行车骑行路线和能够实时翻译外语的功能应用。

1.4.5.3　普及移动旅游电子商务的障碍

一些调查也显示，在全球范围内，移动旅游服务的普及仍旧非常有限。

① 跨设备的无缝切换问题。Expedia（全球最大的在线旅游公司，总部在美国）的首席执行官Dara Khosrowshahi在接受媒体Jamaica Observer的采访时称"研究显示90%的在线消费者最先使用的是手持设备或者PC，之后才转向平板电脑，接着才使用另外一款设备。我们一定要确保在这些设备上的体验是一致的。"

② 就移动端和桌面端转化率之比来说，旅游行业已经是好很多了，但是移动渠道仍旧没有实现桌面端的转化率。在小屏幕上输入信用卡号码这一困难操作可能是导致转化率不佳的一个原因。为了解决这个问题，旅游企业正在想办法用内置或第三方工具，免除输入操作，调整支付流程。

③ 旅行还会涉及大额支付，所以安全也是一个问题。在线旅行代理、航空公司和连锁酒店需要确保旅行者不仅能轻松完成交易，而且他们的信息被安全地存储。

④ 缺少数据网络覆盖是移动旅游电子商务发展必须解决的。虽然国际数据漫游费用已经降低，而且一些电信运营商还推出了吸引人的国际数据流量套餐，实际情况是移动数据网络覆盖对于旅行者来说仍旧是一个难题。去到海外国家的旅行者常常在使用移动设备和旅游App应用上受到限制，需要待在酒店房间或是带有Wi-Fi的咖啡厅里。有时候酒店收取高昂的Wi-Fi费用，让旅行者对使用移动设备望而却步。现在需要的是运营商之间更好地协作，

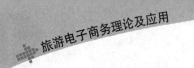

这样国与国间便捷的数据服务会更主流，而不是成为特例。

总之，虽然通过移动终端实现旅游电子商务还存在诸多障碍，但随着移动终端的进一步普及和移动应用的丰富，它是推动旅游业发展的强劲动力毋庸置疑。

1.4.6　旅游区块链

1.4.6.1　区块链的概念

区块链技术是一种去中心化、去信任化的分布式数据库技术方案。该数据库由参与系统的所有节点集体维护，具有去中心化、不可篡改、透明、安全等特性。能够通过运用数据加密、时间戳、分布式共识和经济激励等手段，在节点无须互相信任的分布式系统中实现基于去中心化信用的点对点交易、协调与协作，从而为解决中心化机构普遍存在的高成本、低效率和数据存储不安全等问题提供了解决方案。

2008年中本聪第一次提出了区块链的概念，随后几年中，区块链逐渐成为电子货币交易的核心组成部分。区块链的迅速发展引起了政府和金融机构的广泛关注，2016年，中国央行表态，要积极推进官方发布的数字货币；2019年1月10日，国家互联信息办公室发布《区块链信息服务管理规定》；2019年10月24日，在中央政治局第十八次集体学习时，习近平总书记强调，"要把区块链作为核心技术自主创新的重要突破口""加快推动区块链技术和产业创新发展"，区块链已走进大众视野，成为社会的关注焦点。国家层面高度重视区块链行业发展，各部委推行多项政策助力区块链的实行，区块链不仅被写入"十四五"规划纲要中，也是各行业领域积极探索发展的方向。

1.4.6.2　区块链与旅游的结合

（1）旅游行业发展存在问题

旅游是一个由多方主体共同参与进行的活动，按照旅游产业链的视角，旅游产业链主要分为：旅游者、旅游供给商、旅游资源。在不同的环节中也存在诸多痛点亟待解决。

① 旅游业信息不对称。

在过去的旅游市场中，旅行社是旅游供给环节的主体，游客与旅行社之间是一种代理关系，旅行社与消费者之间信息不对等，存在旅行社店大欺客的问题。随着美团、飞猪、携程等OTA平台的介入，虽然旅行社的地位逐渐被取代，但相应的旅游信息也逐渐向中心化聚集，垄断现象明显，旅游信息不对称现象越来越严重。例如线上平台掌握了大部分的酒店价格数据，会根据不同消费者的消费行为以及消费者肖像刻画推出特定价格——即"大数据杀熟"，造成消费者旅游体验低下。

② 低价团现象明显。

部分旅行社在推广其旅游产品的过程中，会故意夸大其旅游产品的优势特征，模糊相关信息以博取消费者的关注。特别以"低价团"现象明显，通过相应的营销技巧，把握消费者心理，特别针对中老年消费者，利用旅客基本信息和旅游习惯对旅客进行针对化定价，且旅游过程中会存在较多附加购物环节，消费者体验并不好，旅游的持续性发展能力较弱。

③ 消费者的旅游偏好改变。

随着整体生活水平的提高，以及互联网平台的应用，消费者选择通过OTA平台进行旅游产品消费方式的人数越来越多，且市场供给能力增强，消费者选择性增多。消费者的旅游偏好也发生改变，从以往大众跟团游到现在小群体自助规划旅游路线，旅游的"个性化"定制也变得明显，并且对旅游服务的品质要求越来越高。旅游供应商们需要进一步开发自己的旅游产品，提升自己的服务供给能力。

（2）区块链在旅游业中的应用

① 利用区块链的去中心化特性，可以去掉旅游业中过多中间环节，去除多余差价，让旅游价格变得更加透明合理，提升旅游产品性价比。

②利用区块链的防篡改特性，可以构建去中心化的共享数据库，共同存储交易信息和交易状态，旅游信息主要来源于旅游供应商和旅客，每一笔旅游交易产生的信息都可以通过区块链实现透明化，每一个交易节点都可以追溯到过去的所有交易信息。

③通过区块链构建旅游市场的规范化交易机制，对整个旅游区域和旅游交易过程实现全方位监控，建立智能监控网络，助推旅游市场持续健康发展。

区块链的引入，大大提高了旅游管理的效率，破除旅游市场因为信息不对称不透明引起的各类问题，成为了当下发展的新需求痛点，随着区块链技术的成熟以及在旅游业的推广应用，将在促进数据共享、优化业务流程、降低运营成本、提高协同效率、构建信任体系等方面赋能文旅产业转型升级。

1.4.7 人工智能旅游

1.4.7.1 人工智能的概念

人工智能（Artificial Intelligence，AI）是研究、开发用于模拟、延伸和扩展人的智能的理论、方法、技术及应用系统的一门新的技术科学。通过计算机模拟人的某些思维过程和智能行为（思考、推理、学习、规划等），能完成一些更复杂更繁琐的任务，且能够做得比人脑更快、更准确。人工智能这门科学的具体目标也自然随着时代的变化而发展。它一方面不断获得新的进展，另一方面又转向更有意义、更加困难的目标。

目前人工智能主要包括四个方面的技术：①智能感知，包括自然语言处理、模式识别和计算机视觉。②机器学习，也是机器获得知识的最基本手段，是人工智能的核心，通过设计和开发学习算法使得计算器能够从传感器数据或者数据库等先验数据获得进化。③智能行动，包括数据挖掘和智能控制两个方面，数据挖掘是通过数据分析自动从大量数据中寻找规律并抽取知识的技术，智能控制则是驱动智能机器自主实现其目标的过程。④智能推理，对一般问题的底层逻辑和求解过程的推理。

人工智能基本的应用可分为四大部分。

① 感知能力（Perception）。指的是人类透过感官所收到环境的刺激、察觉消息的能力，简单说就是人类五官的看、听、读、写、说等能力，学习人类的感知能力是 AI 当前主要的焦点领域，包括："看"：电脑视觉、图像识别、人脸识别、对象侦测；"听"：语音识别；"读"：语音转换文本、自然语言处理；"写"：机器翻译；"说"：语音生成、文本转换语音。

② 认知能力（Cognition）。指的是人类通过学习、判断、分析等心理活动来了解消息、获取知识的过程与能力，对人类认知的模仿与学习也是当前 AI 第二个焦点领域，主要包括：分析识别能力，如医学图像分析、产品推荐、垃圾邮件识别、法律案件分析、犯罪侦测、信用风险分析、消费行为分析等；预测能力，如 AI 运行的预防性维修、智能天然灾害预测与防治；判断能力，如 AI 下围棋、自动驾驶车、健保诈骗判断、癌症判断等；学习能力，如机器学习、深度学习、增强式学习等各种学习方法。

③ 创造力（Creativity）。指的是人类产生新思想、新发现、新方法、新理论、新设计，创造新事物的能力，它是结合知识、智力、能力、个性及潜意识等各种因素优化而成，主要领域包括：AI 作曲、AI 作诗、AI 小说、AI 绘画、AI 设计等。

④ 智能（Wisdom）。指的是人类深刻了解人、事、物的真相，能探求真实真理、明辨

是非，指导人类可以过着有意义生活的一种能力，这个领域牵涉人类自我意识、自我认知与价值观，是当前 AI 尚未触及的一部分，也是人类最难以模仿的一个领域。

1.4.7.2　人工智能与旅游的结合

（1）人工智能在旅游业中的应用

人工智能旅游始于智慧旅游（Smart Tourism）。智慧旅游的概念于 2010 年被提出，它服务于公众、企业、政府等，以数据挖掘、物联网、云计算等技术为基础，是一种深度开发激活和高度系统整合旅游物理资源和信息资源的全新旅游形态。而智慧旅游总的发展方向是人工智能。旅游市场正因人工智能而发生"智变"。人工智能将极大地改变旅游、酒店及相关产业，在旅游社区的路线设计、酒店的云端系统技术、OTA 的在线搜索、酒店收益管理等方面都已经有很大的进展。同时，人工智能可以提高旅游企业和酒店的顾客识别和预订效率。人工智能时代的酒店高度依赖云端系统进行精准营销吸引顾客，简化预订流程，提升顾客体验，提高预订决策效率。尤其是使用人工智能软件有效识别处于选择期的游客，通过在线预订引擎推送产品，提高购买率和流量的转化率。人工智能可以提高旅游企业和酒店的市场营销、客户服务、收益管理、产品设计等各个环节。人工智能的数据深度分析能提供口碑管理，提升产品服务，进行市场预测和竞争分析，影响战略布局决策，介入收益管理环节，帮助酒店和旅游企业完成价格与渠道策略制定、分发库存等收益管理活动。

人工智能技术在构建智慧旅游体系中具有广泛的应用前景，可以利用数据挖掘和机器学习等技术自动分析旅游信息，可以通过预测和推理技术对消费者的旅游需求进行分析，利用智能控制技术对提供自助型旅游供给服务等，具体的应用表现在以下几个方面。

① 有利于游客数量预测以及个性化的服务推送。目前人工智能技术完全可以满足旅游目的地、旅游景区游客数量的预测功能，通过遗传算法、人工神经网络模型等方法可以智能分析区域范围内的景区人流量情况，进而根据实际情况和预测模型做出合理的管理决策。同时，利用聚类、预测、回归等方法对旅客信息进行分析，推出针对不同旅客的个性化服务。

② 有利于旅游信息的检索收集与分析。利用人工智能中的模式识别和自然语言处理技术收集旅游活动过程中的各种事物信息及图片、语言信息，再利用智能推理和视觉信息对比技术对收集的信息进行统一处理，为游客的个性化服务提供分析的数据基础。人工智能最大的优势在于其处理数据的准确性和高效性，特别在面对旅游业时有巨大的信息处理优势。旅游业中每一位旅游者完成每一次旅游，在每个节点都会产生与消费、行程、住宿相关的信息，整个旅游行业中每日产生的数据是巨量的，传统的半人工半智能数据收集方式已经无法满足，人工智能的数据处理优势在旅游业的发展应用中能实现最大化。

③ 有利于推动旅游景区服务设施的智能化。人工智能可以帮助景区自动监控区域范围内的游客数量、游客密度、游客分布空间特征，以及景区饱和度情况，合理安排入园人数，且提前做出人数预测，提供相应门票预订服务。此外，大部分自然景区，面积广，旅游基础服务设施分布较散，在每一个设施节点都安排工作人员提供服务或是管理服务设施，会大大提升人工成本，且一些设施节点上交通不便，通过人工智能技术，设计专门的自助服务设备，能降低人工成本的同时还能提升旅客的游玩体验，在后疫情时代，旅游服务的自助式与智能化也是消费者的必然需求。

④ 有利于提升旅游线路的个性化和智慧化。在现实旅游活动中，人们通常使用电子地图服务中的线路搜索功能，通过输入始发点和终点的方式来获得交通建议。但由于在实际旅行过程中交通线路选择面临汽车、高铁、飞机等出行方式的航班排布问题，如何选择合适的线路并安排出行时间，变成一个较为棘手的问题。但随着人工智能技术的发展，一些智能算

法的推进应用，现在的电子服务地图或 OTA 平台能针对消费者的特征、需求、消费习惯等推出专门的个性化的旅游线路。

（2）人工智能旅游未来的发展趋势

信息技术的快速发展及旅游者对信息服务需求的大幅上升推动着智慧旅游的迅猛发展。人工智能技术是智慧旅游的核心技术，在推动智慧旅游发展中起着重要作用。人工智能技术有利于旅游者信息的收集、搜索，有利于旅游经营商旅游信息的推送；有助于促进旅游解说系统的智能化和推动酒店呼叫服务方式的变革，同时人工智能技术对于游客数量预测、景区管理质量提升、旅游行政管理效能提升和旅游线路智能化都具有重要促进作用。未来人工智能旅游的发展将从智能化向智慧化方向发展。主要可以分为：旅游服务智慧化、旅游管理智慧化、旅游营销智慧化。

① 旅游服务智慧化。智慧旅游从游客出发，通过信息技术提升旅游体验和旅游品质。游客在旅游信息获取、旅游计划决策、旅游产品预订支付、享受旅游和回顾评价旅游的整个过程中都能感受到智慧旅游带来的全新服务体验。智慧旅游通过科学的信息组织和呈现形式让游客方便快捷地获取旅游信息，帮助游客更好地安排旅游计划并形成旅游决策。智慧旅游还将推动传统的旅游消费方式向现代的旅游消费方式转变，并引导游客产生新的旅游习惯，创造新的旅游文化。

② 旅游管理智慧化。智慧旅游将实现传统旅游管理方式向现代管理方式转变。通过信息技术，可以及时准确地掌握游客的旅游活动信息和旅游企业的经营信息，实现旅游行业监管从传统的被动处理、事后管理向过程管理和实时管理转变。智慧旅游依托信息技术，主动获取游客信息，形成游客数据积累和分析体系，全面了解游客的需求变化、意见建议以及旅游企业的相关信息，实现科学决策和科学管理。智慧旅游还鼓励和支持旅游企业广泛运用信息技术，改善经营流程，提高管理水平，提升产品和服务竞争力，增强游客、旅游资源、旅游企业和旅游主管部门之间的互动，高效整合旅游资源，推动旅游产业整体发展。智慧旅游将通过与公安、交通、工商、卫生、质检等部门形成信息共享和协作联动，结合旅游信息数据形成旅游预测预警机制，提高应急管理能力，保障旅游安全。实现对旅游投诉以及旅游质量问题的有效处理，维护旅游市场秩序。

③ 旅游营销智慧化。智慧旅游通过量化分析和判断营销渠道，筛选效果明显、可以长期合作的营销渠道。智慧旅游还充分利用新媒体传播特性，吸引游客主动参与旅游的传播和营销，并通过积累游客数据和旅游产品消费数据，逐步形成自媒体营销平台。智慧旅游通过旅游舆情监控和数据分析，挖掘旅游热点和游客兴趣点，引导旅游企业策划对应的旅游产品，制定对应的营销主题，从而推动旅游行业的产品创新和营销创新。

本章案例

"智慧"旅游集散中心

旅游集散中心是一个集旅游咨询、旅游交通、旅游休闲、旅游购物、智慧服务等多功能于一体的一站式、综合性公共服务平台。旅游集散中心最早源于对散客咨询和出游的集中服务，随着旅游市场的迅猛发展和出游方式的转变，后来逐渐演变为旅游目的地综合性服务平台。其核心是通过整合相关旅游环节从而达到整合地区旅游资源，并进行有效市场供给，实现全域统筹、服务优化、产品提升、末端带动，成为地方旅游产品体系化建设与公共服务品质提升的重要抓手。旅游集散中心是对零散游客进行"集聚—扩散"的枢纽。

杭州旅游集散中心地处杭州黄龙商圈黄金地段，坐落于杭州规模最大、功能最齐全的体育场馆——黄龙体育中心内，是长三角地区规模最大的集散客自助旅游、单位团队旅游、旅游信息咨询、旅游集散换乘、景点大型活动、客房预订、票务预订等多种功能于一体的"旅游超市"。

运营模式为政府主导型，由杭州旅游集团和杭州市政府共同投资兴建，由杭州旅游集团公司控股，杭州市公交集团有限公司和杭州市外事旅游汽车有限公司参股。其中，政府主要对集散中心发展前期的支持、正常运营后对公益性服务的资金补助以及大项目的专项资金投入，还有国土、旅游等相关部门间的协调。

杭州旅游集散中心以"咨询服务点、呼叫中心和网上咨询"为主线，打造三位一体的旅游咨询公共服务平台。

公共服务：以旅游服务热线"96123"为纽带、以遍布全市机场、车站、广场、景点（区）等11处旅游咨询网点为实体操作，以电子商务为网络载体，同时以便民、利民为服务宗旨而形成的一个多功能、全方位的杭州旅游咨询、宣传、服务网络，为游客提供全方位的旅游信息咨询服务和公共服务。

旅游集散：依托体育馆配备停车场，开通长三角区域重点城市班车以及杭州市内及周边区域的旅游直通车，为游客提供旅游集散服务。

旅游换乘：打造由黄龙、省人民大会堂、紫金港、之江四个换乘点和武林广场、吴山广场两个短驳区间站组成城市换乘系统，把主要景区和核心商贸圈以四个换乘点和两个短驳区间站、13条观光巴士和公交线路有效地贯穿起来，组成了一个换乘网络，兼顾游客"游"与"购"两个主要需求。

旅游定制：凭借集散中心散客自助旅游电子商务平台，为游客提供一站式服务；在线订票、在线付款、免费送票以及网站会员优惠折扣等服务，协助定制个性化旅游行程。

行业服务：常年定期推出自助游、全程导游、团队旅游、社区旅游、专题旅游、旅游直通车以及周末平价旅游等特色行业服务，并将特价活动常态化。

商业配套：内设候车大厅、售票窗、公用电话、自行车租赁、小卖场、停车场、茶水室、公共洗手间等配套设施；提供免费资料取阅、现场旅游线路咨询及预订销售、现场公益咨询服务、机票代订服务、客房代订服务等。

智慧旅游：推进智慧旅游建设，设置手机官方网站，可通过中心手机官网，直接预订各类旅游产品、自助游产品及客运班车产品。同时，在咨询点、旅游大巴上均有免费 Wi-Fi，丰富游客体验。

区域联动：中心并与周边城市合作，涵盖长三角区域所有景区，创建长三角无障碍旅游区。目前，中心已通过网络化交易平台，与上海、南京、苏州、无锡等城市联网，实现了实时出票，游客在杭州旅游集散中心可以购买到区域内任何一个景点门票，亦可从杭州旅游集散中心的各客运站直抵长三角所有景区，真正实现"一票到底"。

（案例来源：中国旅游规划设计与建筑设计.旅游集散中心选址、设计与运营.[2018-06-26]. http://mp.weixin.qq.com.）

:::::::::::::::::::::::::::::::: **本章小结** ::::::::::::::::::::::::::::::::

电子商务通过信息技术对传统旅游活动中的信息载体进行了彻底改造，使得旅游产品和服务的交易管理活动真正实现高效、低成本、数字化、网络化、全球化等目的，催生了现代旅游业。为适应这种发展趋势，旅游企业必须利用这一优势，增加旅游服务手段，促进旅游服务的发展。现代信息技术的发展，为旅游业的跨空间信息传递、供求匹配和效率提高提供了良好的解决方案，旅游电子商务应运而生。

目前，电子商务的飞速增长，为旅游业带来的商机巨大而深远。电子商务依托的 Internet 的全球性和开放性，对旅游业的影响将是全面的，它不但在微观上影响旅游企业的经营行为和消费者的消费行为，而且在宏观上影响到国际贸易关系和国家未来竞争力。信息产业与传统产业的结合已在旅游业中得到代表性的实践，旅游电子商务作为新兴的旅游商务活动方式，其增长势头、应用范围和产生的交易量已不可忽视；但这同样也存在着各种问题，这要求现代信息社会中的每一个旅游业者关注新方向，认识、研究、利用这种为旅游业创造崭新发展机遇的趋势。

复习思考题

1. 电子商务的定义与内涵是什么？
2. 电子商务与旅游业的适应性有哪些？
3. 旅游电子商务的定义与内涵是什么？
4. 旅游电子商务的特点有哪些？
5. 旅游电子商务的功能有哪些？
6. 旅游电子商务如何分类？
7. 旅游电子商务的作用有哪些？
8. 云计算给旅游电子商务带来了哪些改变？
9. 物联网给旅游电子商务带来了哪些改变？
10. 什么是智慧旅游？

讨论题

1. 就某种旅游电子商务的新趋势讨论其发展潜力。
2. 旅游电子商务对社会经济的深层次影响有哪些？
3. 旅游电子商务现在对你的旅游出行有没有产生影响？
4. 传统旅行社是否会在未来消失？O2O 模式对其功能带来哪些改变？
5. 移动旅游电子商务是否会成为今后旅游电子商务的主流模式？
6. 旅游电子商务今后还会向哪些新方向发展？

网络实践题

1. 登录中国互联网络信息中心网站，查询最新的中国在线旅游预订行业发展报告，掌握最新动态。

2. 通过互联网信息搜索，拟定你的一个假期旅游目的地并制订旅行计划。

3. 登录 tripadvisor 中国官网地址：到到网，通过查看别人的点评选择你准备入住的酒店和就餐的餐厅。

4. 通过携程或艺龙对以上确定的酒店进行模拟预订并同时模拟预订往返机票。

电子商务环境下的旅游市场

学前导读

　　旅游电子商务的兴起是全球经济信息一体化的必然产物，其为旅游业带来了一场真正的变革。它从根本上改变了旅游业原有的运作模式，提高了旅游服务产品的交易效率，降低了交易过程中的成本，传递了旅游信息资源，使这一领域的竞争更加激烈。本章从介绍电子商务对旅游市场供给和需求的影响开始，分析电子商务对旅游市场的结构和运行带来的影响，对电子商务环境下旅游消费的变化进行阐述，最后对旅游产品和服务如何采用网络营销进行分析。

学习目标

- 了解电子商务对旅游市场供给和需求的影响；
- 掌握旅游市场结构的概念；
- 了解电子商务对旅游市场结构的影响；
- 了解电子商务对旅游市场运行的影响；
- 了解电子商务对旅游消费的影响；
- 掌握旅游产品与服务的网络营销策略。

2023年第三季度出境旅游政策愈趋开放和友好，出入境游供需两端齐增长

自2023年以来，文化和旅游部先后发布多个促进出境旅游业务恢复的政策：自2月6日起，恢复旅行社及在线旅游企业经营内地与香港、澳门入出境团队旅游和"机票＋酒店"业务并公布了第一批国家和地区名单（20个）；自3月15日起，试点恢复全国旅行社及在线旅游企业经营中国公民赴有关国家（第二批名单40个）出境团队旅游和"机票＋酒店"业务；8月10日公布恢复出境团队游第三批名单（78个国家和地区），至此，出境团队游目的地扩展至138个，出境游的进一步放开，有利于进一步释放旅游消费潜力。

第三季度，出入境人数迎来大幅增长。据国家移民管理局公布数据显示：第三季度全国移民管理机构共查验出入境人员1.23亿人次，同比增长454.4％，达到2019年同期的73％；签发普通护照466万本，同比增长超13倍；签发外国人签证证件60.8万张，同比增长268.5％；签发往来港澳台出入境证件签注2544.6万本，同比增长超20倍，超2019年同期水平。从出境旅游供给情况分析，以春秋旅游、众信旅游集团、途牛等以出入境旅游为主营业务的企业为代表，纷纷采取增加出境旅游产品供给、落实对客服和领队培训工作、积极修复出境游供应链等应对措施，全面布局、抢占出境游市场。

（案例来源：邢晶晶.2023年三季度中国旅游市场分析报告.［2023-11-03］.http：//www.meadin.com/report/259786.html.）

2.1 电子商务环境下的旅游市场供给和需求

广义的旅游市场是指在旅游产品交换过程中所反映出来的旅游者与旅游经营者之间各种经济行为和经济关系的总和。而狭义的旅游市场是指在一定时间、一定地点和条件下对旅游产品具有支付能力的现实和潜在的旅游消费者群体，也就是一般所说的旅游需求市场或旅游客源市场。狭义旅游市场主要是由旅游者、旅游购买力、旅游购买欲望和旅游购买权利所构成。现代旅游市场作为旅游经济运行的基础，其与一般商品市场、服务市场和生产要素市场相比，既有一定的共性，又有不同于其他市场的多样性、季节性、波动性等特点。

2.1.1 电子商务环境下的旅游市场供给

旅游市场中的供给方是由除旅游者之外的旅游供应商、经营商以及代理商等旅游企业组成的。

2.1.1.1 传统经济环境下的旅游市场供给

传统经济环境下，旅游企业一般根据自身的实际与掌握的资源状况生产和加工产品，源于资源的稀缺性和信息不对称等因素，其地位远远高于需求方（即旅游者），传统的旅游市场是一个供方市场。旅游企业只要规模足够大、成本足够低、质量足够好，企业就可以在市场竞争中取得竞争优势，最终形成规模经济。但是按照企业发展的一般规律，在传统经济运行中，规模经济随着旅游企业规模的不断扩大将会受到制约，当企业规模的扩大到一定程度，规模经济就可能会消失，从而形成规模不经济。

2.1.1.2 电子商务环境下旅游企业如何取得竞争优势

在电子商务环境中，供给方规模经济将不再适用，规模经济将向需求方转化。

① 旅游企业要取得竞争优势，首先要吸引消费者的注意，让消费者了解企业的产品。在电子商务时代，信息的海量增长一方面为旅游者带来了丰富的可选资源，也同时带来了由于信息泛滥而产生的负面影响。这使得消费者的注意力过于分散，企业需要通过各种方式方法去吸引消费者的注意力才能产生商业价值，这时注意力就成了稀缺要素。对于电子商务环境下的旅游企业来说，要想使更多的旅游者使用自己企业的产品和服务，首先要解决的问题就是通过针对性的营销手段吸引客户的注意。

② 旅游企业要重视旅游者间信息传递的价值，尤其是旅游者评价。在传统经济时代，由于传递信息的渠道有限，人们通常只能将对产品的评价信息传递给自己身边的亲朋好友，而在电子商务条件下，人们通过网络不但可以向更多的人传递对企业的产品和服务的评价信息，而且还可以将信息储存起来反复传递去影响更多的人。通常旅游目的地距离旅游者常住地比较远，在这种情况下，旅游者对旅游目的地的相关信息、旅游目的地旅游服务企业的产品和质量就不太清楚，而网络正好为人们获得相关的信息提供了最好的平台。

2.1.2 电子商务环境下的旅游市场需求

旅游市场中的需求方就是旅游者。电子商务环境下，旅游市场产生明显的需求方规模经济。需求方规模经济是指企业产品在投入到市场中以后，因为消费者对该企业产品的认可并对此进行评价，当这种评价不断上升后，就会影响其他消费者的认可和购买意愿，而促使需求方的数量急速增长，这就会使企业产品规模不断扩大和市场份额迅速增长，从而迅速取得竞争优势。

对于旅游企业来说，需求方即旅游消费者数量的增长既可以降低企业的成本，又能够通过网络提供的旅游服务对更多的旅游者产生更大的吸引力，从而进一步增加旅游消费者的需求。国内的各旅游电子商务运营商都在通过构建网络平台，向旅游者传递更多的旅游产品信息，再通过提供点评服务使旅游消费者的评价对其他旅游者构成影响，这样接受服务的消费者越多，使得企业获得的价值评判就越高，就会吸引更多的消费者。而需求方规模经济产生的同时又会引发供给方规模经济，产生正反馈效应，使得总规模经济效益远高于传统经济的规模经济效益。

此外，旅游者的需求也正向个性化、定制化方向进一步发展。随着旅游产业的发展和升级，以及游客旅行活动的频率、深度不断增加，人们对旅游的需求呈多样化发展趋势，很多人外出旅游的方式正在悄然改变，越来越多的人追求自主化、个性化、深度化的旅游体验。而在线旅游的目标客户群更年轻化，对这部分消费群体来说，针对旅游者自身个性化需求而设计行程的定制旅游产品需求旺盛。定制旅游区别于一般的跟团游和自由行，它的特点是产品的提供和组织方式发生了改变。定制旅游根据旅游者的个性需求，以旅游者为主导而不是以产品提供方为主导进行旅游行程的设计，通俗点讲就是游客可以根据自己的喜好和需求定制行程。这是国外非常流行的旅游方式，但国内的发展才刚刚起步。这种模式的特点就是弱化了或者去除了中间商的作用，能够给旅游者带来最个性化的服务。目前，欣欣旅行网、驴妈妈等企业已经推出了一系列的旅游产品以满足消费者的个性化、定制化的需求。

2.2 电子商务环境下的旅游市场结构

2.2.1 旅游市场结构

这里所指的旅游市场结构，是指不同类别的旅游企业在各个市场区域和旅游产品流通环节中所扮演的角色、发挥的职能及其相互之间的关系。由于经济体制环境的不同和旅游发展阶段的差异，旅游业的现存市场结构也会存在一定的差异。在旅游业发展的过程中，市场结构又是不断变化的。

从垂直分工体系的角度划分旅游市场，旅游市场由旅游者、旅游中间商和旅游供应商三层结构组成，如图 2-1 所示。这种分工是在市场经济体制下依据旅游者的消费流程自然形成的。

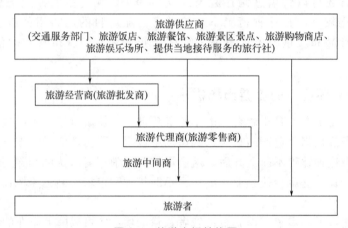

图 2-1　旅游市场结构图

（1）旅游供应商

旅游供应商是各种具体旅游服务的提供者，包括旅游交通服务部门、旅游饭店、旅游餐馆、旅游景区景点、旅游购物商店、旅游娱乐场所和提供当地接待服务的旅行社。旅游活动涉及吃、住、行、游、购、娱六个方面的产业，旅游业是一个综合性的产业，这从旅游供应商的多元性上能充分地体现出来。旅游者旅游活动的完成，需要不同地区、类型众多的旅游产品供应商提供服务，并与它们发生各种经济关系。

（2）旅游中间商

旅游中间商则在旅游供应商和旅游者之间起中介作用，它实现了沟通供需的重要功能。旅游中间商又分为旅游经营商（旅游批发商）和旅游代理商（旅游零售商），这是按照垂直分工原则对旅游中间商的再一次划分。旅游经营商是指以组合及批发旅游产品为主要业务、兼营旅游产品零售业务的旅行社。旅游经营商通过对旅游者旅游需求、爱好、消费水平的调查，预测旅游市场及旅游产品需求的发展趋势，设计满足市场需求的产品组合，并通过旅游代理商在旅游市场销售。旅游代理商是旅游经营商与旅游者之间联系的纽带，其主要业务是向旅游者提供旅游咨询，销售旅游经营商组合的旅游产品。

（3）旅游者

旅游者是旅游的构成主体，是旅游三大要素的基本要素，没有旅游者，旅游活动就无法实现。旅游者的类型可以分为消遣型旅游者、差旅型旅游者和家庭及个人事务型旅游者。

2.2.2　电子商务对旅游市场结构的影响

电子商务的发展不仅便利了市场交易本身，而且正改变着市场交易的参与各方——它们的职能、地位、生存空间和选择。正如诺贝尔经济学奖获得者库兹涅茨（Kuznets）在其著作《现代经济增长：总产值和生产结构》中通过大量历史资料和实证分析指出，技术对经济的影响是通过影响技术结构、市场微观组织，进而影响市场结构、产业结构这一路径发生的。无论是结构形态，还是参与者的竞争力量，电子商务都对旅游市场结构产生了激烈而深远的影响。

（1）市场结构更趋扁平化

在传统旅游市场中，从旅游供应商到旅游消费者之间呈"哑铃"形状，市场结构层级化特征明显。这些特征与传统旅游市场的运行模式密不可分。

在旅游供应商和最终消费者之间存在着天然的信息屏障，信息不对称现象非常严重。首先，由于旅游产品带有强烈的属地性特点，众多旅游供应商无法提供统一的产品信息，旅游者只能亲身体验后才能对某一个产品有直观的了解；其次，旅游活动本身就是一次旅游产品的集中消费行为，一次旅游会涉及食、住、行、游、购、娱的方方面面，旅游活动必须全部考虑；最后，旅游供应商与旅游者之间信息传递的路径和成本因素也加剧了这种信息不对称。以上的因素直接导致了在整个传统旅游市场结构中旅游经营商和代理商占有绝对的主导地位。它们既面向所有的旅游供应商，将产品信息在其内部集中，又面向庞大消费群体，把掌握的资源进行合理分配，进行旅游产品的组合和设计，最终出售给旅游者。从市场参与者数量上形成了两端多中间少的"哑铃"形状。

在实际旅游商品交易过程中，旅游者一般要先向旅行社支付费用，双方签订旅游协议合同，但协议条款的内容一般是由旅行社事先确定。旅行社在接到并确定消费者的约定信息之后，将信息传递给旅游生产商如旅馆、饭店、航空公司或其他运输部门等，并向其支付相关费用。由此我们可以看出，传统旅游市场信息传递的环节较多，层级性特点明显。

电子商务的出现改变了这种情况。第一，信息传递的便捷极大拉近了旅游供应商与旅游者之间的距离，旅游者足不出户就可以查阅所有旅游产品信息，对一位旅行者而言，他所享受的是所有旅游供应商提供的服务，而对于一个旅游供应商，其面对的是整个旅游者群体。第二，价格的逐步透明以及在线交易的出现，也使得旅游者可以主动组合旅游产品，自行设计旅游线路，直接与不同旅游供应商进行交易。这些情况使旅游产品交易路径得到缩短，市场结构更趋扁平化。

（2）减小旅游产品价格离散水平，增强旅游者议价能力

在旅游市场中，旅游产品的质量和价格存在离散性。这种离散性表现为完全相同产品在不同市场的价格不同，或者质量不同的同种商品在不同的市场上以同样的价格销售。一般来说，旅游者在购买旅游产品之前，都盼望得到直接的信息，对不同或相同的旅游产品和目的地进行比较和选择，以合理的价格换取产品和服务。互联网作为一种强大且经济的工具，可以帮助消费者快速、准确地掌握他们感兴趣的目的地和相关活动的信息。另一方面在线销售通过降低搜寻成本使更多的消费者加入到网上搜寻的行列中，从而促使那些销售同质产品和服务却索要高价的卖主不得不降价。由此，电子商务可以减小旅游产品的价格离散水平，并增加旅游市场的竞争性。

旅游产品买卖双方的讨价还价是十分普遍的。讨价还价就会带来成本，这种成本可认为是一种磋商成本。在电子交易市场中，讨价还价还存在着信息传递问题，即讨价还价同样存在信息内容。所谓价格的信息内容，就是市场参与者提出的价格隐含的市场知识。电子商务

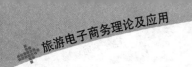

使消费者具有较为全面的市场价格知识，改善谈判磋商中的被动地位，增加议价能力。

（3）削弱了传统旅游经营商和代理商的地位

在传统旅游市场中，旅游经营商和代理商通常与其他参与企业协同工作，运用它对旅游预订信息和支付转账的垄断，可以把相应的条件和条款强加给旅游生产商和消费者双方。经营商和代理商因而具有信息流动的专卖权，地位举足轻重。随着信息技术和互联网的迅速普及和发展，许多旅游生产商可以绕过旅游经营商和代理商，直接与消费者接触产生经济收益，节约以往支付给旅游经营商和代理商的费用与佣金，从而简化分销过程，降低成本。

与传统旅游经营商和代理商相比，网上旅游代理商更有竞争力。他们可以提供全球 24 小时全天候接入服务，具备最新的内容、强大的聚合能力（方便消费者能在几个品牌和产品之间的选择）和低价承诺。传统旅行社市场仍然处于严重的分割状态，而同时为数不多的大型网上旅游中介商做出了高额的投入以在消费者心目中建立强大的品牌意识，这使得这批网上旅游中介商迅速崛起，而且也让他们成功地从传统街头旅行社那里夺取并增加了自己的市场份额。

除此之外，网上旅游代理商相较旅游生产商更具有影响力。他们简化了搜索旅游产品的程序，使旅游者可以在众多品牌和产品范围中进行选择（例如航班、客房、租车等）。旅游生产商（航空公司、酒店、旅游经营商等）则只是鼓励消费者直接从他们的网站预订旅游产品，取消给传统旅游代理商的佣金，以减少分销成本，但品牌或产品种类的缺乏限制了这些单一品牌网站的影响力。

随着网上旅游市场的不断增长，网上旅游代理商之间的竞争也将加剧。由于网上代理商之间缺乏明显的区别特征，网上代理商正通过提供附加服务以开发和保持现有的客户群。在今天日益激烈的竞争环境中，一些正在使用的竞争手段包括：①提供辅助旅游服务，包括个人旅游概述、目的地导游、实时旅游新闻、天气预报、地图、外汇交换处；②针对客户需求喜好定制旅游产品等。因此，自我满足或低质服务不大可能在现有网上旅游代理商中存在。近几年，少数大型网上中介商的发展为他们自己创造了大量竞争优势，借助强大的规模经济、强大的品牌、雄厚的客户群以及与旅游提供商建立起来的良好关系，并不断引进新的产品，通过增强的技术能力，以吸引更多顾客并开发销售机会。

2.3 电子商务环境下的旅游市场运行

旅游电子商务的兴起是全球经济信息一体化的必然趋势，为旅游业带来一场真正的变革。从根本上改变了旅游业原有的运作模式，提高了旅游服务产品的交易效率，降低了交易过程中的成本，传递了旅游信息资源，使这一领域的竞争更加激烈。

2.3.1 电子商务对旅游市场运行的作用

随着旅游电子商务的发展，旅游业不再是简单的劳动密集型或资金密集型产业，而信息技术的运用增加了旅游业的科技含量，增加了作为重要生产资料的信息资源在旅游业的投入，并且提高了旅游业对劳动从业人员素质的要求，提高了旅游劳动生产率。旅游电子商务的发展，改变了旅游交易的方式，改造了传统旅游市场的运作方式，提升了旅游市场运行效率。

2.3.1.1 新技术的不断引入给市场格局带来变数

① 直接服务于游客的技术。例如自助语音导游服务、3G 无线网的应用服务，都给旅游

业带来新契机。

② 服务于旅游企业和旅游目的地的技术。例如基于 SOA（Service-Oriented Architecture，面向服务的体系结构）架构的旅游网站和旅游信息管理系统、基于 SaaS（Software-as-a-Service，软件即服务）的旅游企业信息系统，这些技术的运用为企业（目的地）优化业务流程、提高业务效率，进而更好地为游客服务，为旅游企业规模不断扩大奠定了一定的基础，客观上加剧了旅游企业（旅游目的地）之间的竞争。

2.3.1.2　新的应用将引领旅游电子商务的深度发展

① 以旅游 APP 为代表的旅游移动商务引领发展的新趋向。随着各种移动终端的普及、移动通信网络的完善、移动服务提供商的增多，以旅游 APP 为代表的旅游移动商务将成为一个新的切入点，结合智能网络技术，真正实现以人为中心的旅游电子商务应用。移动支付、短信息服务、全球定位系统等移动商务技术的全面应用将给旅游业乃至旅游电子商务带来一场新的旅游革命。顾客无论在何时何地，通过移动电话等终端就能完成对企业或对个人的安全的资金支付，移动商务可以随时随地将顾客、旅游中间商和旅游服务企业联系在一起，预订的结果、航班的延迟等信息皆可随时通知旅游者。移动电子商务技术的应用将使旅游电子商务服务功能更加完善，应用更加普及。

② Web2.0 应用。我国旅游网络的建设在网络技术、配套设施、人员素质以及网站有效性和技术功能等方面存在很大差距。缺乏能满足不同需求层次的动态信息整合，难以完成个性化的定制服务，旅游产品重复、单一、缺乏创新和无针对性等弱点成为制约我国旅游网站发展的瓶颈。Web2.0 网站以其独特的优势迅速崛起，成为未来旅游网站发展的方向：网站信息提供方式不再采用由网站编辑提供，而是让用户变成网站信息的提供者和使用者；直接获取用户的需求和习惯，征求用户的意见，加强用户的互动，用户在网站上的时间越长，参与的程度越高，用户就越不易流失。

2.3.1.3　新的整合将推进旅游电子商务体系的演进

国内的旅游电子商务还处于发展初期，具有"中国特色"的旅游电子商务体系和业务模式逐步在一些企业获得成功。从国外发展的经验看，随着企业的发展壮大，规模扩张与效益最大化的矛盾也会逐渐显现，这时就会出现行业内部的并购与整合，产生若干个拥有资金和资源优势的大型企业。

未来，信息技术的支撑可更好地为旅游企业整合奠定良好的基础。旅游电子商务行业内将形成覆盖范围广、成本低廉的旅游业通信交流平台，使旅游企业之间增进交流与合作，为游客提供一体化的旅游服务感受；来自众多旅游企业的动态旅游产品信息将更多地通过大型旅游电子商务平台、全球分销系统（Global Distribution System，GDS）、中央预订系统（Central Reservation System，CRS）等系统汇聚、共享、传播，企业建网形成"信息孤岛"（相互之间在功能上不关联互助、信息不共享互换以及信息与业务流程和应用相互脱节的计算机应用系统）的不成熟模式将得到改观；旅游分销渠道将更加多样化，会有众多的非旅游机构成为旅游产品的分销渠道。

2.3.2　电子商务对旅游市场运行的影响

电子商务技术的应用改造着传统产业，其具有广泛的渗透性和增值作用，能够迅速渗透到各行各业，调整着产业中原有的技术结构、劳动力结构，直接或间接地提高着企业直至整个产业的工作效率和经济效益。电子商务环境对旅游市场的运行产生了积极的影响，主要体现在交易成本降低、交易效率提高、交易机会增多、内部竞争加剧等几个方面。

2.3.2.1 降低了市场交易的成本

① 利用互联网可以降低交通和通信费用。一些业务涉及全球的公司，业务人员和管理人员必须与各地业务相关者保持密切联系，他们必须不停地在世界各地了解业务进展情况。现在他们通过网上低廉的沟通工具如 E-mail、网上电话、网上会议等方式就可进行沟通。据统计，互联网出现后可减少企业的传统交通和通信费用的 30% 左右。

② 电子商务降低了市场信息传播成本。信息传播成本（广告成本）构成市场成本的重要组成部分。作为第四类媒体，互联网具有传统媒体无法比拟的交互性和多媒体性，可以实现实时传送声音、图像和文字信息，可直接为信息发布方和接收方架设沟通桥梁。

③ 电子商务节省了市场信息搜寻成本。按经济学家斯蒂格利茨的理论，交易费用的最大部分是交易双方的信息搜寻费用，而旅游电子商务是节省信息搜寻费用的一个重要途径。旅游消费者获得信息的过程就是"寻找"的过程。寻找的收益是得到价廉物美的商品和服务，寻找所花的时间就是获得信息的成本。但是，一般随着寻找次数的增加，旅游消费者的收益递减，最后在边际成本等于边际收益处停止寻找。而旅游互联网的介入大大地降低了信息的寻找成本，使旅游者可直接从旅游目的地和相关企业中获得更多更有用的信息，使他们有更多的选择机会。

④ 电子商务减少了旅游中间环节市场的中介成本。互联网络形成的"媒体空间"取代了"物质空间"，"虚拟市场"取代了"传统市场"，中间商、代理商、批发商、零售商的作用弱化，生产者和消费者可进行直接交易，节约了市场成本。

2.3.2.2 提高了市场交易的效率

① 电子商务提高了信息流的效率。市场交易双方信息的快速传递对缩短商务周期有显著的作用，电子商务使旅游企业获取、传递、分析和管理市场信息更加方便，提高了企业的市场反应速度。

旅游市场是一个分散多元的市场，在这样一个庞大的、错综复杂的关系网中，买卖双方之间很可能存在以下问题：一是信息沟通不畅必然造成生产和需求的不对称，出现商品短缺或者过剩的局面；二是由于一个卖家对应的买家有限，众多买家和卖家选择余地有限，造成买卖竞价不充分，既影响交易效率又不能营造一个公平的市场环境。电子商务的出现，使信息在旅游中实现实时畅达、广域连通，市场参与者更多地发掘潜在的合作和竞争机会，促进旅游市场流通，提高市场效率。

② 电子商务促进了信息流对资金流和物流的替代效应，提高了市场交易效率。对于资金流来说，网上金融业的发展可通过数字化技术实现网上支付，不但可以大大节约资金在途中占用的时间，而且数字化资金是对传统实物货币的一种替代，可大大减少对实物货币的需求。对于实物来说，旅游业本身的实物流不多，而旅游电子商务创造的一系列物流替代解决方案，如电子客票、电子票据的推行，使旅游者能更方便地完成购票，也方便了旅游企业和旅游代理商等的运作。

2.3.2.3 增加了旅游市场的交易机会

① 电子商务突破了传统商务交易的时空限制。互联网代表了一个开放性的大市场，企业利用网络可以突破时间、地理位置限制，旅游企业只需要将旅游目的地信息和旅游产品信息搬上网站，做好搜索引擎注册和网站推广，就能达到较好的宣传效果。

② 电子商务为旅游业创造了新的市场交易空间。旅游电子商务创造的虚拟市场空间，集中体现在旅游电子商务平台或网上旅游交易市场上。由网络服务商建设的旅游电子商务平

台，将售前信息发布、订购、支付、售后服务等多种商务功能集成于一个互联网网站上，节省了传统旅游销售和分销的人财物等，促进了买卖双方共建"双赢"的价值体系。

③ 电子商务增加了旅游企业的市场机会。旅游企业利用网络可以吸引新顾客，进一步细分和深化市场，同时实现与旅游者的交互式沟通。旅游者可以根据自身需要对旅游企业提出新的需求，旅游企业可以及时根据自身情况针对旅游者需求设计新的旅游线路或提供个性化服务，这种旅游经营方式的改进也为旅游企业创造了更多的市场机会。

2.3.2.4 加剧了旅游市场的内部竞争

① 电子商务的透明度和比价特性加剧了旅游市场竞争。在传统旅游经营中，旅游者信息的不完备和不对称往往是旅游中间商盈利的基础。在电子商务环境下，各种旅游产品和价格信息在网上随手可得，千篇一律、缺乏特色的旅游产品将无法获得竞争优势，这迫使旅游经营者不得不从营造特殊优势、提供附加值方面考虑。

② 电子商务降低了旅游市场的准入条件，使旅游企业可以以相近的成本进入全球电子化市场，中小企业也有可能拥有和大企业一样的信息资源，提高了中小旅游企业，特别是特色型中小旅游企业的竞争能力。这是因为在电子商务时代，客户在交易中的地位从被动变为主动；而在交易过程中，客户比较的不是企业的规模和办公环境，而是企业的产品、价格、特色等是否合适，以及企业的服务理念怎样。因此，在网络中无论是中小旅游企业还是大型旅游企业，都在相对公开、公平的竞争环境中进行，这样就加剧了市场竞争，迫使传统的大型旅游企业反思自己的竞争地位和竞争优势。

旅游电子商务对改造传统旅游市场的运作方式、提升旅游市场效率具有重要意义。它增加了旅游交易的机会，降低了旅游交易的成本，并且打破了中小旅游企业走向国际市场的壁垒，这些对于旅游市场的发展和成熟有着深远的重要意义。

2.4 电子商务环境下的旅游消费

世界旅游组织将旅游消费定义为"由旅游单位（游客）使用或为他们而生产的产品和服务的价值"。旅游消费是旅游者通过购买旅游产品来满足个人发展和享受需要的行为和活动，它是由旅游者休闲、度假、游览、观光等旅游欲望推动的一种经济行为。旅游消费是社会经济发展的产物。随着经济的发展、信息技术的快速发展、环境的变化，旅游消费的特点在不断发生着变化。

2.4.1 电子商务对旅游消费方式的影响

（1）电子商务对普通消费方式的影响

电子商务的出现对消费者消费方式的转变是革命性的。根据 CNNIC 第 47 次《互联网络发展状况统计报告》，截至 2021 年 2 月，我国网民规模达 9.89 亿人，较 2020 年同期增加 8540 万人；互联网普及率为 70.4%，较 2020 年同期提升了 5.9 个百分点。与此同时，手机网民规模达 9.86 亿人，较 2020 年同期增加 8885 万人，手机上网比例达 99.7%。

伴随互联网的完善和网民的激增，以网上支付为主要特征的在线消费方式发展迅猛。我国网络购物用户目前规模已达到 8.12 亿人，较 2020 年底增加 2965 万人，占网民整体的 80.3%（见图 2-2）。中国人民银行发布的数据显示，截至 2021 年第一季度，银行共处理网络支付业务 225.3 亿笔，金额 553.5 万亿元，同比分别增长 27.4% 和 13.5%。

以上数据均清楚地表明，我国消费者对电子商务的认知程度正迅速增加，在线交易已经

图 2-2　2018.6—2021.6 网络购物用户规模及使用率

成为超过半数网民的网络行为之一。在此宏观环境下，旅游电子商务的迅速发展也顺理成章。

网络购物用户规模的增长主要得益于以下五个方面：其一，商务部等相关部门联合企业加大力度整顿市场、打击假货，使网络诚信环境得到改善；其二，新《消费者权益保护法》规定网购 7 天无理由退货，加强对消费者的保障力度；其三，电商平台和快递企业推出预约配送和当日送达等服务提升物流效率，物流服务比拼升级到配送时间的精准度；其四，企业大力推广移动端购物，移动端便捷的支付功能和比 PC 端更大的优惠幅度推动移动端购物的快速发展；其五，企业基于大数据应用推出 C2B 定制化创新模式，更好地匹配了用户个性化需求，实现精准销售。

（2）电子商务对旅行消费方式的影响

截至 2021 年 6 月，我国在线旅行预订用户规模达 3.67 亿人，较 2020 年 12 月增长 2411万人，占网民整体的 36.3%（见图 2-3）。文化和旅游部数据中心数据显示，2021 年清明节和"五一"假期，全国国内旅游出游人次分别恢复至 2019 年同期的 94.5% 和 103.2%。在此背景下，旅行预订企业业绩反弹程度明显好于市场预期。

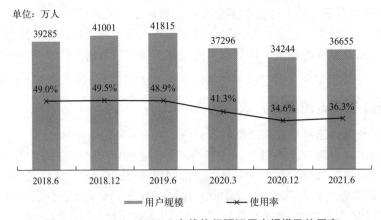

图 2-3　2018.6—2021.6 在线旅行预订用户规模及使用率

在线旅行预订用户规模的增长主要归结为以下三个因素：第一，政府相关部门的大力支持。原国家旅游局将 2014 年确定为"智慧旅游年"，鼓励企业借助云计算技术、互联网/移动互联网、智能终端等先进手段，提升在线旅行预订的服务品质和用户体验。第二，社会资本对旅游较高的投资热度，以及行业内部投资并购活跃，促进旅游行业整体环境的改善和服务质量的提升。第三，旅游产品的完善、企业宣传促销力度加大、移动 APP 的推广应用激发消费者的旅行需求，并促使大量线下旅行预订用户向线上转移。

总之，互联网以及电子商务为旅游者带来的是海量的产品信息、丰富的在线体验、个性化的定制服务、便捷的支付过程，这些都是旅游消费方式带来革命性改变的根本动力。随着安全性以及数据分析能力的进一步提升，旅游消费方式必定向更为合理的方向发展。

2.4.2 电子商务对旅游消费行为的影响

自 20 世纪 90 年代以来，旅游者的消费行为呈现个性化、信息化的特点。电子商务对不同收入水平旅游者的消费行为、购买行为的过程、使用信息渠道的偏好程度、决策行为产生不同的影响。旅游者的消费行为趋于理性，对旅游者购后评价的影响宽度和深度发生变化。

传统的消费者购买过程分为认知需要、搜寻信息、判断选择、购买决策和购后评价五个阶段。与传统的购买过程类似，电子商务环境下的网络旅游消费行为也要经过一系列的阶段来完成，但每个阶段中的影响因素和由此导致的行为反应不同。

（1）认知需要阶段

需要的引发是内部驱动和外部刺激共同作用的结果，即一方面有旅游的愿望，另一方面受外部因素的刺激。在电子商务环境下，外部刺激主要来自旅游网站的营销刺激和社会参照群体的刺激。前者表现为旅游供应商网站、旅游中间商网站、旅游目的地网站以及门户网站旅游频道上的宣传文字、景点图片、折扣信息、视频短片等；后者表现为微博、播客、小红书、社区和论坛上旅游者发布的文章、照片、视频和音频文件等。网络旅游消费者依托微博、播客、小红书、社区、论坛等虚拟空间构成旅游社会性网络。

（2）搜寻信息阶段

由于旅游产品的特质，旅游者在消费前很难对产品和服务的质量作出全面的判断，在购买旅游产品之前将会感知到较高的风险，由此产生更多的信息需求。在电子商务环境下，网络旅游消费者获取信息的主要外部渠道是通过旅游搜索引擎，发现有价值的旅游企业网站、目的地营销网站等，通过标签、RSS 来快速地浏览最新的旅游资讯。另外，旅游消费者不仅在网上收集商家信息、产品信息和服务信息，而且会通过播客、社区、小红书等平台去了解其他旅游者的计划或体验，从中发现更加可靠的信息。

（3）判断选择阶段

在获取一定数量和质量的旅游信息后，旅游者对这些信息进行处理，形成购买意图。在电子商务环境下，网络旅游消费者的信息处理过程将主动或被动地受到旅游社区、旅游论坛、个人或企业博客、播客、小红书、短视频受其他网络旅游消费者及旅游经营者的影响，逐步修正自己的信息处理方式和信息处理结果。在产品的判断选择过程中，其他人的旅游体验信息和个性化推荐系统对网络旅游消费者的影响力更大。

（4）购买决策阶段

在购买意图产生后，将形成购买决策。网络旅游消费者需要决策的问题除了是否出游、选择哪个旅游目的地、选择单项旅游产品还是组团旅游产品、选择哪些旅游服务供应商之外，还要对购买方式做决策，如是在线预订还是网下预订，是在线支付还是网下支付等。在电子商务环境下，网络旅游消费者产品购买决策既受到现实环境中经济状况、闲暇时间等因素影响，也受到虚拟的旅游社会性网络中其他的旅游消费体验和服务质量评价的影响。网络旅游消费者对购买方式的决策，更多取决于消费者对网络信息服务质量的感知。网站提供的信息和服务不仅要具有实用功能，还要满足消费者的情感、社交等的需要，最终刺激购买决策。

（5）购后评价阶段

在购买和消费产品之后，消费者会衡量产品和服务是否达到预期，并反馈评价结果。在电子商务环境下，网络旅游消费者的购后评价主要通过旅游网站上的播客、社区、论坛，以及小红书、短视频来传播，这些反馈信息最终通过搜索引擎的映射链接，为旅游产品进行营销和对旅游产品的完善提供宝贵意见。

显然，在电子商务环境下，旅游消费者的行为特征发生了许多变化，如更多地受到网络环境因素刺激；信息搜寻路径发生变化，通过搜索引擎、标签、网站等，信息获取量更大；更关注体验信息和个性化的信息源；购后评价对其他网络旅游消费者的影响范围更广，影响程度更高。

2.5 电子商务环境下旅游产品与服务的营销

旅游电子商务极大地扩大了旅游产品和服务消费需求，也改变了旅游业的运作方式。现代信息技术及旅游电子商务代表了目前旅游发展的一个主要方向，以互联网技术为支撑的旅游市场营销已经成为现代旅游业参与国际国内竞争的关键技术和手段。传统的旅游营销面临着信息化的变革，面临着如何运用信息技术来收集信息、沟通市场、降低成本、改善服务，以此提高企业竞争力的问题。网络营销已经成为国内旅游企业增强竞争力的关键。

2.5.1 电子商务环境下旅游产品与服务的特点

旅游产品是指旅游经营者凭借旅游景点和旅游设施向旅游者提供的用以满足其旅游需求的全部产品和服务。旅游产品不是以物质形态表现出来的一个具体的劳动产品，而是以多种服务表现出来的无形产品，其特点主要体现在以下三个方面。

（1）在线旅游产品的载体是网站

网站是在线旅游产品的载体，是网民访问的门户，网站可以获取有关旅游产品的各种信息，产品内容是吸引网民的关键。为确保网民能够在短时间内捕捉到旅游产品的核心信息，网站内容必须准确、精练，同时还要对产品的最新动态、企业重大活动、客户服务举措等信息进行及时更新和延伸扩展。网站作为企业和客户之间新的沟通渠道和沟通方式，具有以下功能。

① 电子邮件链接，便于客户和网站管理者通过邮件联系。

② 电子公告板，供客户在网上公开发表意见。

③ 网络社区，培养稳定的客户群。

④ 网上论坛，对感兴趣的问题进行探讨、评论。

⑤ 邮件列表，定期或不定期向不同的客户群体发送不同的信息。

⑥ 网上调查，了解市场需求和客户消费倾向的变化。

⑦ 网上呼叫服务，及时解答客户的问题和投诉。

⑧ 客户购物专区，存放每一个客户的购物信息，便于跟踪客户。

（2）在线旅游交易的途径是人机界面

人机界面（Human-Machine Interaction，HMI），指人和机器在信息交换和功能上接触或互相影响的平台和对话接口，用户使用机器系统的综合操作环境，是计算机系统的重要组成部分。在人机交互过程中，机器的各种显示都"作用"于人，实现人机信息传递；人通过视觉和听觉等感官接收来自机器的信息，经过大脑的加工、决策，然后作出反应，实现人机的信息传递和操作。

网络系统是最为常见的人机系统，它由网站、软件和人三者组成。按通常的理解，人与硬件、软件的交叉部分构成人机界面。人机界面介于人与网站之间，是人与网站之间传递、交换信息的媒介，是用户操作的环境。通过人机界面，用户向网站系统提供命令数据等输入信息，这些信息经网站处理后，又通过人机界面把反馈信息回送给用户。人机界面集中体现了网站输入输出功能，以及用户对系统的各个部件进行操作和控制功能，是人机交互的桥梁。

在线旅游的整个过程时刻都离不开人机间的交互界面。从旅行前的信息搜索查询、与旅游企业间的顺利沟通，到旅行中的费用支付、自助旅游信息查询，直到旅行结束后的评价及建议等，人机界面的人性化与否是旅游者能否取得良好旅游体验的最直接因素。

（3）产品及服务的个性化日趋明显

信息时代，人类在充分体验信息、网络等高新技术带来的科技成果的同时，比以往更加注重人文关怀，强调人性回归，关注人的精神需求和个性得到充分满足。旅游需求作为满足人类高层次精神需求的特殊形式，其人性化、个性化发展趋势体现得更为明显。为此，作为满足个性化需求最佳方式的旅游定制营销，也将成为新时期旅游企业市场营销的必然选择。

在传统的大众旅游时期，旅游消费者的个性化需求受经济技术水平、旅游业发展水平和旅游消费者自身成熟程度的制约，而呈现隐性状态。旅游企业仅需要制作大批量、易于操作的旅游产品，提供统一的规范化服务，即可满足大多数旅游者的需求。互联网时代，旅游消费者不仅要求享受高质量的旅游产品和服务，而且要参与到旅游产品的设计制作和信息服务中，获得"我喜欢的"或"单独为我定制"的个性化产品与服务，从而使自身的个性化需求得到最大满足。

2.5.2 电子商务对旅游产品与服务网络营销的影响

随着电子商务的发展，旅游产品与服务的网络营销为旅游者提供了大量的旅游信息和虚拟旅游产品，网络多媒体给旅游产品提供了"身临其境"的展示效果。这种全新的旅游体验，扩大了旅游市场规模，缩短了旅游产品与服务分销的空间距离，减少了旅游产品与服务的销售环节，降低了成本。

（1）降低信息发布的成本

信息是网络营销的基本职能之一。网络营销的基本思想是通过各种互联网手段，将企业营销信息以高效的手段向目标用户、合作伙伴、公众等群体传递。互联网为企业发布信息创造了优越的条件。一方面，它不仅可以将信息发布在企业网站上，利用各种网络营销工具和网络服务商的信息发布渠道向更大的范围传播信息。另一方面，互联网具有渠道、促销、电子交易、互动客户服务以及市场调查与分析等多种营销服务功能，在线预订、在线支付以及反馈市场信息可在瞬间完成，极大地降低了信息传递和获取信息的成本。与网络营销相比，广告、公共关系和人员促销等是传统的旅游市场营销方式。从接触成本和传递信息的丰富程度看，广告的成本花费最低，但信息的丰富程度也最低；人员促销的成本花费最高，但信息的丰富程度也最高；公共关系营销的成本花费、信息的丰富程度介于这两者之间。从营销成本看，互联网仅仅高于广告，但信息的丰富程度最高，如图2-4所示。旅游营销信息的发散程度和丰富程度也是决定旅游市场营销效果的重要因素。信息的发散能力越强，意味着信息传播的范围越广，受到此信息影响的受众也越多；旅游营销传递的信息越丰富，旅游营销受众对旅游目的地或旅游企业的认知也就越清晰，传播的形象也就越突出。从信息的发散程度来说，广告在4种传统营销方式中的发散能力最强，人员促销的发散能力最差，公共关系营销的发散能力介于两者之间，而具有全球传播特性的互联网的发散能力是其他3种传统营销方式所不能比拟的，如图2-5所示。

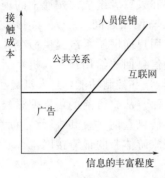

图 2-4　信息的丰富程度与成本

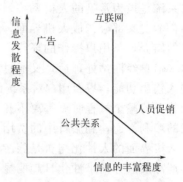

图 2-5　信息的发散与丰富程度

（2）延伸旅游企业营销渠道

旅游营销渠道是与提供旅游产品相关的一系列相互依赖、相互联系的机构，它涉及信息流、资金流、商流、物流等多方面，是旅游产品从旅游企业向旅游者转移过程的具体通道。网上销售是旅游企业销售渠道在网上的延伸。一个具备网上交易功能的旅游网站本身就是一个网上交易场所。网上销售渠道建设并不限于网站本身，还包括与其他电子商务网站不同形式的战略合作等，不同规模的旅游企业可以拥有适合自己需要的在线销售渠道。网络渠道跨越时空限制，可以实现每天 24 小时、每年 365 天全天候覆盖全球市场，不受地域、国别、时间等的影响。不论旅游者身在何处，只要能上网，旅游营销者就能与之沟通。由于网络渠道相对简单，流通环节大大减少，降低了交易费用和销售成本，提高了营销活动的效率。

（3）提升旅游企业客户关系管理水平

客户关系对于开发客户的长期价值具有至关重要的作用。以客户关系为核心的营销方式成为企业创造和保持竞争优势的重要策略。电子商务为建立客户关系管理、提高客户满意度和客户忠诚度提供了更为有效的手段。通过网络营销的交互性和良好的客户服务手段，增进客户关系成为网络营销取得长期效果的必要条件。

2.5.3　旅游产品与服务网络营销的策略

旅游产品与服务网络营销是指根据旅游产品的特性和旅游者的需求，利用电子网络载体进行的营销活动；利用互联网的特点和基础服务，对旅游市场进行更有效的细分和目标定位，对分销、产品定价等进行更为有效的策划和实施，实现满足旅游者需求的交易。在旅游产品网络营销过程中，遵循 4Cs 营销理论，即 Customer（顾客）、Cost（成本）、Convenience（便利）和 Communication（沟通），其营销决策是在满足 4Cs 要求下达到企业利润最大化，最终实现顾客满足和企业利润的最大化。

（1）顾客

旅游网络营销首先必须了解和研究顾客，根据顾客的需求来提供适当的旅游产品。同时，网络营销提供的不仅仅是产品和服务，更重要的是由此产生的顾客价值。针对顾客的网络营销的常见方法有 3 种。

① 会员注册与管理。以会员注册与管理为中心的网络化客户关系管理是电子商务网络营销中普遍应用的营销方式，通过对客户资料的有效掌握，从而有针对性进行产品设计和服务，使一对一营销成为可能，以此精确地掌握和锁定目标客户，有的放矢地宣传和推销产品，最大限度地实现了客户个性化营销。

② 网络市场调查。网上调查是掌握游客需求的最理想方式。在传统的营销过程中，由

于受制于人员、成本等诸因素，传统的顾客调查结果与真实情况有较大偏差，不能准确掌握顾客需求、市场动态，就可能产生错误的运营决策。与传统的调查方式相比，网上调查在组织实施、信息采集、信息处理、调查结果等方面具有明显的优势。

③ 旅游市场细分。每个旅游网站都有针对的目标客户群和目标客户市场。在传统的旅游产品营销过程中，由于信息的不对称，要实现精确地细分旅游市场，满足不同目标客户的需求是相当困难的。同时，在传统的营销活动中，实现旅游产品细分也会增加宣传和管理成本。

（2）成本

在4Cs营销理论中，成本（Cost）不仅指旅游企业的生产成本，还包括顾客的购买成本（回避成本、时间成本、体力和精力成本）。

① 网上折扣。旅游者在网络上搜索旅游产品，最主要的目的就是寻找价格低廉的旅游产品。旅游网站在制定网上旅游产品的价格时要充分考虑到游客的想法，针对不同的服务、不同的产品采用不同的折扣定价策略。

② 积分促销。这种方式在网络上的应用比传统营销方式更简单、更易操作。网络营销积分活动很容易通过编程和数据库来实现，并且结果可信度高，操作相对简便。在注册成网站会员后，网站根据会员在网站的消费情况，转换成相应积分。积分促销是旅游电子商务网站采用最多的一种促销方式，利用计算机网络管理，做到针对每个会员积分的积累，可以增加旅客访问网站和参与活动的次数，以此提高网站的知名度，相应地增加宣传力度。

③ 精心的信息组织和表现。除了旅游产品和价格等优惠因素，旅游电子商务网站还应该降低游客获取产品信息的搜索成本，减少游客为掌握产品信息花费的经历和时间成本，使游客建立起对网站的良好印象。

旅游产品的表述涉及旅游信息的组织结果和表现形式，旅游者对产品的关注包括旅游景点、住宿节点、旅游时间、各种价格、行程安排等诸多内容，合理的旅游信息组织和发布就是让旅游者在打开尽可能少的页面的基础上清楚地了解产品。

多媒体技术为旅游产品的多样化、全方位展示提供了强大的支持，旅游景点的风光图片、旅游途中纪实图片等为游客了解旅游产品提供有形的网上体验。在高新技术的支持下，动画、视频、虚拟现实等形式广泛地运用到了旅游产品的展示中，增加了游客的虚拟旅游体验。

（3）便利

便利（Convenience）就是为顾客提供最大的购物便利和使用便利，要更多地考虑顾客方便而不是企业自己方便。要通过更好的服务使顾客不仅购物愉快，同时享受其便利性。

① 分类导航服务。游客通过网络寻找的旅游产品大部分集中在酒店、机票和旅游线路上，众多旅游网站在首页醒目位置上，按照客户的需求目标或旅游产品设置了众多栏目，方便游客查找自己关心的旅游信息。

② 产品查询预订服务。网络营销的目的就是推销产品，为游客提供方便的用户体验是旅游电子商务网站建设的宗旨。在整个产品查询预订服务中，应始终遵循用户体验原则，提升游客在使用过程中的舒适感、易用感、友好度和吸引力，从而为旅游产品的销售开辟出快速服务通道。一方面，网络营销弥补了在传统旅游产品营销中费时费力、游客获取信息不全面的缺陷；另一方面，它也集合了网络各项服务的优势，实现了一站式服务，减少了游客受到干扰的机会。

（4）沟通

沟通（Communication）指企业应该通过与顾客进行积极有效的双向沟通，建立基于共

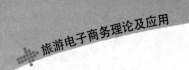

同利益的新型企业，增进与顾客的关系。这不再是企业单向地促销和劝导顾客，而是在双方的沟通中找到能同时实现各自目标的途径。

网络沟通是互联网的强项，旅游电子商务网站与游客可以通过即时通信工具、电子邮件、留言板、交流论坛等进行多方面沟通。

① 旅游网站的联系热线和在线视频。旅游电子商务网站在醒目位置标注旅游企业的联系电话和在线视频，方便游客通过电话或者视频方式与旅游企业沟通。

② 网上旅游咨询服务。旅游咨询服务在传统的旅游活动中就是一项重要服务，强调游客与旅游企业之间的信息交流是游客制订旅游计划的依据。游客对旅游产品的需求是多样的，在网站不能够找到满意答案时，游客希望通过某种快捷方式向网站或其他游客寻求咨询，以获得满意的答案。旅游电子商务网站为实现与游客之间的交互性，利用了各种网络通信工具，如 QQ、微信等与游客进行即时性的文字、语音或视频形式的沟通，让游客能够尽快获得满意的答复，增加了游客对网站和产品的信心。

③ 在线信息反馈及评价。信息反馈及评价机制是目前电子商务环境下消费者获取企业和产品的最重要渠道之一。旅游者可以通过该渠道及时地向旅游企业反馈其对旅游产品的感知，提出相应的建议和意见，为旅游企业提升服务质量提供宝贵的借鉴；同时，旅游者也可在网上将旅行体验和感受进行发布，为其他旅游者在选择相同或相似旅游产品时提供决策支持。

本章案例

今日头条商务模式分析（节选）

亚历山大·奥斯特瓦德和伊夫·皮尼厄在《商业模式新生代》一书中介绍了商务模式画布的九大要素，描述了企业价值的创造、传递和获取。本案例将根据商务模式画布的九要素分析今日头条的商务模式。

（1）价值创造维度

关键业务（KA）、与内容生产者的重要合作（KP）、结合内容运营核心资源（KR）成为今日头条商务价值创造的来源。"今日头条"是张一鸣在创办字节跳动科技有限公司后推出的第一款内容聚合类新闻客户端，主张以用户兴趣点为基础进行精准投放，关键业务（KA）为通过专业的大数据挖掘技术和精准分析用户技术为用户推荐其感兴趣的话题内容。新闻内容的核心资源（KR）有两种。一是加强与媒体的合作。"今日头条"引入主流媒体和自媒体人的内容创作，为用户提供高质量的新闻资讯。二是创建自媒体平台——头条号。目前，"今日头条"已入驻超过 160 万个头条号自媒体，覆盖经济、政治、科技、旅游、娱乐、文化、短视频等栏目。为保护内容创作者的合法权益，"今日头条"上线了国内首家短视频版权保护系统"灵石"，合作的制作机构超过 400 家。

（2）价值传递维度

明确的用户群体细分（CS）、共同合作型的客户关系（CR）、高效的内容分发渠道（CH）成为"今日头条"商务价值传递的关键。一般的移动新闻客户端平台大多忽略利基市场上的长尾用户需求，以满足大众化用户需求进行信息内容的生产来创造价值。而"今日头条"并不注重对内容的生产，而更关注通过数据抓取对信息资源的聚合和对用户个性化需求的满足。因此，"今日头条"的个性化推荐模式能够很好地解决长尾端的用户需求，使得更多的长尾信息在与用户的连接中实现价值传递。通过个性化推荐技术，"今日头条"根据每个用户的兴趣、年龄、性别、位置等多个维度进行细分，推荐内容以个体用户感兴趣的话题为主，涉及音乐、电影、游戏、购物、母婴、时政等资讯。高效的内容分发渠道使它能在0.1秒内计算推荐结果，3秒完成文章提取、挖掘、消重、分类，5秒计算出新用户兴趣分配，10秒内更新用户模型。精准投放新闻的模式有效提高了用户对于平台的忠诚度，将用户需求从大众化拓展到个体化，将信息发布的服务对象拓展到用户个人。

（3）价值获取维度

价值主张（VP）的确立直接影响成本结构（C$）和收入来源（R$），这三者的结合成为今日头条商务价值获取的重要影响因素。"今日头条"最初的价值主张为"你关心的才是头条"，后调整为"信息创造价值"。"今日头条"以精准投放为出发点，落脚点是用信息服务用户、创造价值。从商务化角度，"今日头条"为不同规模的企业群体提供不同类型的广告宣传方案，中小型企业的广告宣传集中在公司所在的城市，大规模企业则从公司所在地辐射到全省乃至全国。"今日头条"的成本结构主要为线上的技术创新支出、平台管理支出、侵权赔偿支出等，线下主要有人力资源管理支出、公司日常管理支出及其他固定成本等。

"今日头条"成立商务化公司负责商务化运营，商务化的目标市场群体分为三部分：中小企业客户、大客户和关键客户。售卖广告位是"今日头条"最核心的盈利业务，目前以信息流广告为主，同时包括开屏广告和详情页广告等广告形式。此外，"今日头条"通过自身个性化推荐技术，为企业精准挖掘目标用户，并利用自身的平台优势为电商平台进行引流，从而更好地实现盈利。

[案例来源：孙雯雯.移动新闻客户端商业模式探究——以"今日头条"为例，人文天下，2021（1）：36-39.]

案例分析题：

① 请简要概括以字节跳动为代表的移动新闻客户端采用的是什么样的商务模式。

② 请联系实际分析"今日头条"商务模式存在的问题及优化思路。

:::::::::::::::::::::::::::: **本章小结** ::::::::::::::::::::::::::::

电子商务作为一种新的经济形态，影响着不同行业领域的经济发展。旅游业更是与其息息相关。作为现代服务业的旅游行业，电子商务以其自身的特点，对传统的旅游市场作出了新的阐释。电子商务环境下的旅游消费行为有着明显的网络特征，新技术的出现，对旅游市场的运行产生着重要影响。以互联网为技术支撑的电子商务，改变着传统的旅游服务供应链，也改变着旅游产品与服务的营销，成为现代旅游业参与市场竞争的关键技术和手段。传统的旅游营销面临着信息化的变革，运用信息技术来收集顾客信息、沟通市场、降低成本、改善服务，已成为国内旅游企业提高竞争力的关键。

:::::::::::::::::::::::::::: **复习思考题** ::::::::::::::::::::::::::::

1. 什么是旅游市场？

2. 现代旅游市场的特点有哪些？

3. 什么是旅游市场结构？

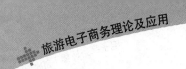

4. 电子商务对旅游市场结构的影响有哪些？

5. 电子商务对旅游市场结构运行的作用有哪些？

6. 电子商务对旅游市场结构运行的影响有哪些？

7. 电子商务对旅游市场消费方式的影响有哪些？

8. 电子商务对旅游市场消费行为的影响有哪些？

9. 电子商务环境下旅游产品与服务的特点有哪些？

10. 电子商务对旅游产品与服务网络营销的作用是什么？

讨论题

1. 结合目前电子商务发展的趋势，探讨旅游市场结构今后变化的方向。

2. 电子商务环境下旅游消费行为显示出哪些特征？

3. 电子商务下旅游消费需求将向什么方向发生改变？

4. 随着网络技术的发展，旅游产品与服务的创新可能会在哪些方面？

5. 对于旅游产品与服务，现代网络营销应通过哪些方式进行？

6. 网络环境下，旅游企业应如何提升客户关系管理水平？

网络实践题

1. 通过了解传统旅行社在网络环境下的业务拓展，分析当前旅游市场细分的情况。

2. 登录携程和艺龙，分析两家企业提供的在线旅游服务与产品的异同点。

3. 通过收集近些年的相关统计数据，找出该时期内旅游消费需求的变化。

4. 通过体验某一个旅游企业的微信营销服务，讨论该服务的优缺点。

旅游电子商务的技术基础

学前导读

    电子商务的发展已经影响到各行各业，旅游行业也不例外。大量的旅游企业已经意识到旅游产品与电子商务相结合，可以有效地创造企业的核心竞争力。有效地开展旅游电子商务，除应具有可靠的旅游电子商务模式设计外，关键是要选对技术工具加以实现，才能做到事半功倍。本章主要讲述了旅游电子商务中常用到的基本信息技术，同时也兼顾介绍了一些引用到旅游服务中的前沿技术，目的是帮助旅游企业管理者能够做出正确、科学的技术决策，选对技术，以创造价值。本章主要介绍网络技术、网络数据库技术、虚拟现实技术、多媒体技术、电子支付技术、物流网技术和移动商务技术等，从技术概念、基本原理、功能和应用三个方面来诠释不同技术在旅游业中的价值。

学习目标

- 掌握旅游电子商务的网络技术；
- 掌握旅游电子商务的网络数据库技术；
- 了解旅游电子商务的虚拟现实技术；
- 了解旅游电子商务的GIS、GPS技术；
- 理解旅游电子商务的网络金融技术；
- 了解旅游物联网技术；
- 掌握旅游电子商务的移动网络技术。

旅游行业首个 AI 大模型问世

AI 时代来临，旅游业如何利用智能技术统筹数据资源、重塑供需关系、提供可靠优质的产品服务和内容，并平衡好技术赋能与产业发展的关系？2023 年 7 月 17 日，携程集团发布的首个旅游行业垂直大模型"携程问道"提供了新的选择。

"我们投入了巨大人力对旅行通用回复内容进行生成和校验，才让我们提供的推荐可靠性要优于基础大模型。"携程集团董事局主席梁建章介绍，"携程问道"作为垂直大模型，筛选了 200 亿高质量非结构性旅游数据，结合携程现有精确的结构性实时数据，以及携程历史训练的机器人和搜索算法，进行了自研垂直模型训练。

数据要素是建立大模型的关键和基础，携程在旅游行业数字化改造中积累多年，庞大的用户数据、多种多样的内容需求和功能需求，为携程发布旅游行业首个垂直大模型"携程问道"创造了条件。

记者从"携程问道"发布会上了解到，"携程问道"目前具备的功能包括：在用户需求尚未确定时，为其提供出行推荐服务；在用户提出想法时，可从地域、主题特色等维度，推荐旅行目的地、酒店、景点、行程规划和实时优惠等选项；在用户需求相对明确时，能提供智能查询结果。在使用中，用户可用文字和语音，以自然语言长句的形式，进行复杂条件的机票和酒店产品查询。

除"携程问道"外，携程也在积极推进人工智能、数据分析及云技术等研发和应用，以技术驱动业务增长，实现经营效率提升，并赋能行业上下游。"携程将积极拥抱智能社会，坚持聚焦全球旅游行业，利用 AI，做好行前、行中、行后的智能助手服务。"梁建章介绍。

据了解，2018 年至 2022 年，携程在产品研发费用上的投入占净收入超四成。2023 年 5 月，携程斥资千万元打造的"旅行足迹"系统发布，以物联网终端技术为基础，通过 AI 智能及数字化系统，可记录服务全过程，快速解决游客问题。基于携程开发的智能客票综合解决方案，2023 年第二季度，国内中转人次较 2019 年同期增长超过 40% 的机场有 38 个。2021 年，该方案累计帮助 31 个机场提升客运中转效能、24 个机场客运吞吐量同比增长两位数。

（案例来源：携程发布首个旅游行业垂直大模型"携程问道" AI 赋能
打开旅游业无限可能．[2023-07-21]．云南经济新闻网．）

3.1 旅游电子商务的网络技术

3.1.1 互联网起源及发展

3.1.1.1 互联网的起源

计算机网络是实现数据通信和资源共享的重要手段，而互联网属于计算机网络，所以互联网主要的功能是资源共享和数据通信。随着互联网商业价值的发现，现在大多数企业都在网络上宣传自己的产品或服务，这些企业已经涵盖大部分的行业，旅游业也在其中。WWW（World Wide Web，Web，万维网）是互联网的一部分，它是一些计算机按照一种特定方式互相连接起来构成的互联网的子集，这些计算机很容易实现信息内容的互访。Web 最重要的特点就是使用标准图形界面，从而使那些对计算机不很精通的人也可以通过 Web 页面访问大量的互联网资源。

20 世纪 60 年代初期，美国国防部担心核攻击可能对其计算机设施带来严重破坏，同时，国防部意识到将来的武器需要功能强大的计算机来进行协调和控制，但当时功能强大的计算机都是大型机，所以国防部就想把这些计算机连接在一起，并把它们和遍布全球的武器装置连在一起。国防部雇用了很多顶尖的通信技术专家，花了多年时间委托一些著名大学和研究所进行研究，目的是创造一种全球性的网络。即使该网络的一部分被敌人的军事活动等破坏活动所摧毁，整个网络依然可以运行。专家们研究各种可以建立独立运行网络的方法，即不需要一个中央计算机来控制网络的运行。

1969 年，国防部用这种网络模型把四台分别位于加州大学洛杉矶分校、斯坦福大学国际研究所、加州大学圣巴巴拉分校和犹他大学的计算机连接到一起。在接下来的几年内，更多的专家进入该网络（ARPANet）进行研究，他们为网络的建设出谋划策，提高网络运行的速度和效率。与此同时，其他大学的研究者也在用同样的技术创建学校的网络。

3.1.1.2 互联网的快速发展

1994 年 4 月 20 日，中国科学院一条 64K 国际专线连接国际互联网，中国从此接入互联网。如今的互联网早已实现了广泛渗透：根据我国第 47 次《中国互联网络发展状况统计报告》，自 2013 年起，我国已连续八年成为全球最大的网络零售市场，2020 年，我国网上零售额达 11.76 万亿元，较 2019 年增长 10.9%。其中，实物商品网上零售额为 9.76 万亿元，占社会消费品零售总额的 24.9%。中国网站数量增长情况如图 3-1 所示。

图 3-1　2014—2020 年中国网站数量

3.1.1.3 互联网发展新趋势

根据第 47 次《中国互联网络发展状况统计报告》显示，我国互联网当前呈现诸多发展新趋势：

首先，随着以国内大循环为主体、国内国际双循环的发展格局加快形成，网络零售不断培育消费市场新动能，通过助力消费"质""量"双升级，推动消费"双循环"。直播电商成为广受用户喜爱的购物方式，66.2% 的直播电商用户购买过直播商品。

其次，网络支付通过聚合供应链服务，辅助商户精准推送信息，助力我国中小企业数字化转型，推动数字经济发展；移动支付与普惠金融深度融合，通过普及化应用缩小我国东西部和城乡差距，促使数字红利普惠大众，提升金融服务可得性。

再次，2020 年，我国在量子科技、区块链、人工智能等前沿技术领域不断取得突破，

53

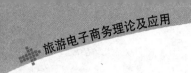

应用成果丰硕。

除此之外，借助互联网，疫情防控期间"健康码"助 9 亿人通畅出行，网络扶贫成效显著，互联网上市企业市值再创新高，集群化发展态势明显。

3.1.2 网络协议及技术

互联网技术可以分为硬件技术和软件技术，主要包括数据分组交换技术、互联网协议、网站技术、网络构建技术和网络接入技术，它们是构成互联网的基础技术，也是开展电子商务的技术基础。互联网技术既适用于局域网（LAN❶）也同样适用于广域网（WAN❷）。

（1）TCP/IP 协议

TCP/IP 协议❸是互联网连接的标准协议，该协议主要由四层协议层构成，分别是网络接口层、网络层（IP 协议）、传输层（TCP 协议）和应用层。TCP 协议主要处理数据打包和重组，IP 协议主要处理数据包的寻址和传输路径选择。该协议可用于互联网，也可用于局域网，在目前各种个人计算机操作系统中都被支持。

（2）IP 地址

IP 地址是用来唯一标识互联网计算机的二进制数，互联网上的计算机能够相互识别，必须拥有唯一的 IP 地址，目前有 IPv4 和 IPv6 两种版本。IPv4 由一个 32 位的二进制数构成（可以表示 4000 多亿个地址），为了方便人们记忆，将 32 位二进制数分成四组，每组 8 位，中间用小数点隔开，并将每组二进制数翻译为十进制，从而就有了人们能够直接识别的十进制 IP 地址的表示，如 202.203.208.33，每个十进制数的取值范围为 0～255。IP 地址被分为 ABCDE 五类，其中用于互联网的只有 ABC 三类，DE 用于广播电视网络。IPv6 用 128 位的二进制数表示主机地址，与 IPv4 地址兼容。

（3）域名

虽然 IP 地址可以唯一标识互联网中的计算机，但是并不方便人们记忆。于是，人们发明了域名，即利用层次命名法为互联网中的每一台计算机取一个唯一的名字。域名由字符构成，每一个层次称为一个域，两个域之间用小数点隔开。如 www.sina.com.cn，此域名的理解应从右到左，最右边的部分 cn 是顶级域名，表示中国，com 表示商业类网站，sina 表示公司名称，www 是服务器名称，这个域名完整的表述是"中国商业新浪公司中一台称为 www 的计算机"。利用层次命名法，可以唯一为网络中的计算机确定一个名称，但是所有域名必须先注册后使用❹。域名是所有企业网站在网络中的品牌标识，具有品牌价值，好的域名将成为企业在网络中新的品牌形象，所以域名保护对于企业来说至关重要。

（4）HTTP 协议

HTTP（Hyper Text Transfer Protocol）为超文本传输协议，主要用来在互联网上传输 HTML 文档，网站由若干 HTML 文档组成，网站工作在远程的服务器上，客户端的浏览器输入远程服务器上所查找的 HTML 文档的地址（该地址利用统一资源定位符表示❺），HTTP 协议就能将所请求的 HTML 文档从服务器上下载到客户端，再通过浏览器对该 HTML 文档进行解释执行，这样用户就看到了丰富多彩的网页。

---

❶ 局域网是由距离较近的计算机所组成的网络，一般覆盖范围在 10 公里以内。

❷ 广域网是由距离较远的计算机互联在一起所组成的网络，一般覆盖范围在几百公里以上。

❸ TCP/IP 协议由文森特·瑟夫和罗伯特·卡恩开发。

❹ 我国域名注册和管理机构为中国互联网络信息中心。

❺ 统一资源定位符 URL，是描述互联网上文件位置的一种方法。

（5）电子邮件协议

电子邮件服务是互联网上使用最多的服务之一，用户通过远程电子邮件服务器来交换电子邮件，并可以利用邮件客户端软件和网页邮箱的方式来使用和管理邮件服务器上的电子邮件信息。SMTP（简单邮件传输协议）和 POP（邮局协议）是两个用于发送和检索电子邮件的常用协议。SMTP 规定了邮件信息的具体格式、邮件服务器上邮件的管理方式以及互联网上电子邮件传输方式。POP 完成邮件客户端软件向邮件服务器请求电子邮件，通知邮件服务器将电子邮件发送到用户计算机上并从服务器上删除该邮件（或者不删除），询问新邮件是否到达。IMAP（交互式邮件访问协议）是一种新的电子邮件协议，可以实现与 POP 协议一样的功能，同时还有很多附加功能，如只下载选中的邮件而不是全部邮件，查看邮件标题再决定是否下载全部邮件内容等。

3.1.3 互联网的接入技术

2013 年是中国宽带建设实现跨越性发展的一年，工信部正式启动"宽带中国 2013 专项行动"，发布《关于实施宽带中国 2013 专项行动的意见》。随后，国务院印发《"宽带中国"战略及实施方案》，提出宽带网络成为新时期我国经济社会发展的战略性公共基础设施，并提出了具体的发展目标与发展时间表。宽带建设工作的持续深入开展，不仅能够带动网民互联网应用的发展，且对企业的互联网应用也具有极大的推动作用。一方面，宽带基础建设对互联网在优化产业结构、提高企业运营效率方面具有促进作用。《"宽带中国"战略及实施方案的通知》中具体提出要不断拓展和深化宽带在生产经营中的应用，加快企业宽带联网和基于网络的流程再造与业务创新，利用信息技术改造提升传统产业，实现网络化、智能化、集约化、绿色化发展，促进产业优化升级。另一方面，以宽带基础建设带动高新技术产业不断发展，具体提出要不断创新宽带应用模式，培育新市场新业态，加快电子商务、现代物流、网络金融等现代服务业发展，壮大云计算、物联网、移动互联网、智能终端等新一代信息技术产业。

2016 年 1 月，中国 5G 技术研发试验正式启动，于 2016—2018 年实施，分为 5G 关键技术试验、5G 技术方案验证和 5G 系统验证三个阶段。2018 年 2 月 27 日，华为在 MWC2018 大展上发布了首款 3GPP 标准 5G 商用芯片巴龙 5G01 和 5G 商用终端，同年 6 月 13 日，3GPP 5G NR 标准 SA 方案在 3GPP 第 80 次 TSG RAN 全会正式完成并发布，标志着首个真正完整意义的国际 5G 标准正式出炉。2019 年 6 月 6 日，工信部正式向中国电信、中国移动、中国联通、中国广电发放 5G 商用牌照，中国正式进入 5G 商用元年。根据工信部最新发布的"2023 年 1—7 月份通信业经济运行情况"显示，截至 2023 年 7 月底，中国累计建成 5G 基站 305.5 万个，占移动基站总数的 26.9%。中国 5G 移动电话用户达 6.95 亿户，占移动电话用户总数的 40.6%；千兆宽带接入用户达 1.34 亿户，占用户总数的 21.7%。当前，5G 技术凭借超高的速率、极低的时延和极大的连接能力等特点，正为人们的生产和生活方式带来革命性的变化，为经济社会的发展注入强劲动力。

3.1.4 移动互联网的技术

（1）物联网

物联网是新一代信息技术的重要组成部分。其英文名称是"The Internet of things"。由此，顾名思义，"物联网就是物物相连的互联网"。这有两层意思：第一，物联网的核心和基础仍然是互联网，是在互联网基础上的延伸和扩展的网络；第二，其用户端延伸和扩展到了任何物品与物品之间，进行信息交换和通信。因此，物联网的定义是通过射频识别（RFID）、红外感应器、全球定位系统、激光扫描器等信息传感设备，按约定的协议，把任何物品与互联网相连接，进行信息交换和通信，以实现对物品的智能化识别、定位、跟踪、监控和管理的一种网络。

（2）LBS

基于位置的服务（Location Based Service，LBS），它是通过电信移动运营商的无线电通信网络（如 GSM 网、CDMA 网）或外部定位方式（如 GPS）获取移动终端用户的位置信息（地理坐标，或大地坐标），在 GIS（Geographic Information System，地理信息系统）平台的支持下，为用户提供相应服务的一种增值业务。

（3）HTML5

HTML5 是用于取代 1999 年所制定的 HTML4.01 和 XHTML1.0 标准的 HTML 标准版本，现在仍处于发展阶段，但大部分浏览器已经支持某些 HTML5 技术。HTML5 有两大特点：首先，强化了 Web 网页的表现性能；其次，追加了本地数据库等 Web 应用的功能。广义论及 HTML5 时，实际指的是包括 HTML、CSS 和 JavaScript 在内的一套技术组合。它希望能够减少浏览器对于需要插件的丰富性网络应用服务（plug-in-base drich internet application，RIA），如 Adobe Flash、Microsoft Silver light，与 OracleJavaFX 的需求，并且提供更多能有效增强网络应用的标准集。

（4）NFC

NFC 是 Near Field Communication 缩写，即近距离无线通信技术。由飞利浦公司和索尼公司共同开发的 NFC 是一种非接触式识别和互联技术，可以在移动设备、消费类电子产品、PC 和智能控件工具间进行近距离无线通信。NFC 提供了一种简单、触控式的解决方案，可以让消费者简单直观地交换信息、访问内容与服务。

（5）LTE

LTE（Long Term Evolution，长期演进）项目是 3G 的演进，始于 2004 年 3GPP 的多伦多会议。LTE 并非人们普遍误解的 4G 技术，而是 3G 与 4G 技术之间的一个过渡，是 3.9G 的全球标准，它改进并增强了 3G 的空中接入技术，采用 OFDM 和 MIMO 作为其无线网络演进的唯一标准。在 20MHz 频谱带宽下能够提供下行 326Mbit/s 与上行 86Mbit/s 的峰值速率。改善了小区边缘用户的性能，提高小区容量和降低系统延迟。

（6）light weigh tradio

Light weigh tradio 是由阿尔卡特朗讯等公司推出的一种新的无线系统，该系统采用单一的、体积更小、功能更强大的多频、多标准（2G、3G、LTE）的有源天线矩阵设备来代替传统基站，使得移动网络部署更灵活、成本更低，也更加环保。

3.2 旅游电子商务的网络数据库技术

旅游电子商务的服务功能概括为四类。①旅游信息的汇集、传播、检索和导航。这些内容一般都涉及景点、饭店、交通旅游线路等方面的介绍，旅游常识，旅游注意事项，旅游新闻，货币兑换，旅游目的地，天气，环境，人文等信息以及旅游观感等。②旅游产品（服务）的价格公示。网站提供旅游及其相关产品（服务）的各种折扣、优惠，航空、饭店、游船、汽车租赁服务的价格公示等。③个性化的定制服务。从网上订车票、预订酒店、查阅电子地图到完全依靠网站的指导在陌生环境中观光、购物。这种以自定行程、自助价格为主要特征的网络旅游在不久的将来会成为人们旅游的主导方式。提供个性化定制服务（特别是在线预订）已成为旅游必备的功能。旅游者足不出户，在家中就可通过旅游电子商务系统查询到欲往城市的相关旅游信息，并根据自己的需要预订酒店、旅游线路和往返机票，不仅方便快捷，而且价格优惠。④其他功能。如广告征订、网上交互、导游服务、客户服务、投资服务和在线招聘。

3.2.1 网络数据库结构

网络数据库的结构也属于 B/S（Browser/Server）结构的一种，即基于三层的浏览器/服务器模式。一个典型的网络数据库应用系统，有一个 Web 浏览器作为用户界面、一个数据库服务器作为信息存储和采集的平台和一个连接两者的 Web 服务器（该服务器运行网络应用服务程序）。网络数据库应用架构如图 3-2 所示。

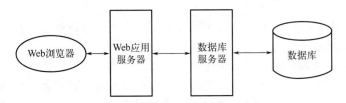

图 3-2　网络数据库应用架构

目前，商品化的数据库管理系统以关系型数据库为主导产品，技术比较成熟。面向对象的数据库管理系统虽然技术先进，数据库易于开发、维护，但尚未有成熟的产品。国际国内的主导关系型数据库管理系统有 Oracle、Sybase、INFORMIX 和 INGRES。这些产品都支持多平台，如 UNIX、VMS、Windows，但支持的程度不一样。IBM 的 DB2 也是成熟的关系型数据库，但是 DB2 是内嵌于 IBM 的 AS/400 系列机中，只支持 OS/400 操作系统。

（1）Oracle

Oracle（甲骨文）成立于 1977 年，最初是一家专门开发数据库的公司。Oracle 在数据库领域一直处于领先地位。1984 年，首先将关系数据库转到了桌面计算机上。然后，Oracle5 率先推出了分布式数据库、客户/服务器结构等崭新的概念。Oracle6 首创锁定模式以及对称多处理计算机的支持。最新版本主要增加了对象技术，成为关系—对象数据库系统。目前，Oracle 产品覆盖了大、中、小型机等几十种机型，Oracle 数据库成为世界上使用最广泛的关系数据系统之一。

Oracle 数据库产品具有以下优良特性。①兼容性，Oracle 产品采用标准 SQL，并经过美国国家标准技术所（NIST）测试，与 IBM SQL/DS、DB2、INGRES、IDMS/R 等兼容。②可移植性，Oracle 的产品可运行于很宽范围的硬件与操作系统平台上；可以安装在 70 种以上不同的大、中、小型机上；可在 VMS、DOS、UNIX、Windows 等多种操作系统下工作。③可联结性，Oracle 能与多种通信网络相连，支持各种协议（TCP/IP、DECnet、LU6.2 等）。④高生产率，Oracle 产品提供了多种开发工具，能极大地方便用户进行进一步的开发。⑤开放性，Oracle 良好的兼容性、可移植性、可连接性和高生产率使 Oracle RD-BMS 具有良好的开放性。

（2）Sybase

1984 年，Mark B. Hiffman 和 Robert Epstern 创建了 Sybase 公司，并在 1987 年推出了 Sybase 数据库产品。Sybase 主要有三种版本：一是 UNIX 操作系统下运行的版本；二是 Novell Netware 环境下运行的版本；三是 Windows NT 环境下运行的版本。对 UNIX 操作系统，目前应用最广泛的是 SYBASE 10 及 SYABSE 11 for SCOUNIX。

Sybase 数据库的特点：①它是基于客户/服务器体系结构的数据库；②它是真正开放的数据库；③它是一种高性能的数据库。

（3）DB2

DB2 是内嵌于 IBM 的 AS/400 系统上的数据库管理系统，直接由硬件支持。它支持标准的 SQL 语言，具有与异种数据库相连的 GATEWAY；因此它具有速度快、可靠性好的优点。但是，只有硬件平台选择了 IBM 的 AS/400，才能选择使用 DB2 数据库管理系统。

DB2 能在所有主流平台上运行（包括 Windows），最适于海量数据。

DB2 在企业级的应用最为广泛，在全球的 500 家最大的企业中，几乎 85％以上都用 DB2 数据库服务器。

3.2.2　网络数据库的特点

网络数据库是重要的电子资源，与印刷型文献及光盘、磁盘等电子出版物相比，网络版数据库有着独特的优势。

（1）数据量大、增长迅速、更新速度快

在国外，数据库生产已形成规模，走向产业化和商业化，这就使得网络数据库的整体发展呈现出以下两个特点。一是数据库规模大、数据量多、增长迅速。二是数据更新速度快、周期短。

（2）数据的存储

网络数据库采用字表多维处理、变长存储以及面向对象等技术，使数据库应用转变为全面基于互联网的应用。这些技术方便了不同类型的数据存储，同时满足实时响应的要求。

（3）数据类型

网络数据库采用字表多维处理方式，支持结构化数据和非结构化的多媒体数据类型，使用户业务处理中的各种类型数据可以存储在同一个数据库中，使执行业务处理的时间缩短。

（4）支持新的编程技术

网络数据库支持新的编程技术，如 ActiveX、XML 等，将网络技术和数据库技术结合在一起，加快了对网络数据库的操作。同时，还支持能够快速开发复杂的事务处理系统应用程序，大大简化了系统开发和管理的难度。

3.2.3　数据库系统的选择

数据库系统的选择和应用直接体现旅游电子商务系统数据存储的效率和服务质量，因此，应根据旅游电子商务网站的规模、功能、应用环境、资金等因素，为网站选择合适的数据库系统。网络数据库所选择的数据库系统主要以关系型数据库为主，关系型数据库是目前功能完善、运行可靠的数据库系统，目前大多数商业应用都依赖此类系统。现在比较流行的关系型数据库是 IBM 公司的 DB2 系列、Sybase 公司的 Adaptive Server 系列、微软公司的 SQL Server 系列和 Oracle 公司的 Oracle Server 系列。选择数据库时，应考虑以下原则。

（1）易用性

旅游电子商务系统因其具有跨行业的特点，需要对多个行业部门的数据进行调用，并进行处理，按照用户需求进行信息的重新组织和显示，所以需要考虑多个行业部门信息数据库之间简单高效地对接，方便数据的传输，遵循统一的数据传输标准，即考虑数据库的易用性。易用性是指数据库管理系统的管理语法应符合通用的 SQL 标准，以便于系统的维护、开发和移植；要有面向用户的简易开发工具；要有计算机辅助软件工程工具（CASE）来帮助开发者根据软件工程的方法，提供各开发阶段的维护、编码，便于复杂软件的开发和维护；要有非过程语言的设计方法，用户不需要编写复杂的过程性代码，易学、易用、易维护；还要有对多媒体数据类型的支持。

（2）分布性

旅游电子商务系统需要多方参与并交互才能完成旅游活动，其中涉及多种旅游信息的交换。这些旅游信息是旅游资源、旅游活动和旅游经济现象等客观事物的反映，包括旅游目的地、旅游企业信息、旅游产品信息、旅游者信息、旅游供求信息五大类。这些信息在物理位置上通常是分散存储的，选择数据库存储这些数据时，应考虑数据库对于分布性数据处理的能力。分布性数据库管理系统应对分布式应用进行支持，因为大多数电子商务系统都属于多用户参与的分布式应用系统，包括数据透明和网络透明。数据透明指用户在应用中不需要指出数据在网络什么节点上，数据库管理系统可以自动搜索网络，提取数据；网络透明指用户在应用中无须指出网络所使用的协议，管理系统将自动转换数据包以适应通信协议。

（3）并发性

对于分布式应用，数据库管理系统面临多任务分布环境，可能存在多个用户在同一时刻对同一数据进行读或者写的操作，为了保证数据的一致性，需要由数据库管理系统并发控制来完成以上的同时操作。能够控制的并发数越多，数据库的性能越高。例如电子客票系统，对于同一航班的座位数是固定的，每成功完成一张电子机票的预订，剩余座位数会减少 1 个，但同时会有很多客户订购机票，客户数量可能在某一时间点上会超过座位数，因此对于客户的请求，数据库系统应能公平处理这类数据业务。

（4）数据完整性

旅游电子商务系统需要多个不同行业部门的数据库作为支撑，同时旅游信息的种类多种多样，用户会在不同的时间登录网站进行业务的处理，不同的业务需要调用的数据库不一样，对数据库的读写操作也不相同。保证用户业务过程中所涉及的数据库中的数据一致性，是数据库完整性的要求。数据完整性指对数据的正确性和一致性的保护，包括实体完整性、参照完整性、复杂的事务规则等。

（5）可移植性

旅游电子商务系统是一个动态的系统，不是一次性或在短时间内就能建成，随着旅游业务的发展，可能会超过最初系统设计的容量和性能，这就需要对原有系统进行扩展，关键是需要对数据库进行升级，软件升级必然带来硬件性能的升级。将原来的旧数据库系统移植到新的数据库系统中，即数据库的可移植性。可移植性指垂直扩展和水平扩展能力。垂直扩展要求新数据库系统能够支持低版本的数据库，数据库客户机服务器支持集中式管理模式，保证用户以前的投资和系统可用；水平扩展要求满足数据库硬件上的扩展，支持从单 CPU 模式转换成多 CPU 并行模式等。

（6）安全性

在旅游电子商务系统中，需要对五大类旅游信息进行处理，而这些信息的安全性关系到业务能否被处理成功以及旅游企业经营风险和旅游者消费风险的大小。如何能够以最小的成本控制住各参与方数据处理过程中的风险，是数据库安全性的要求。安全性数据安全保密的程度，包括账户管理、用户权限管理、网络安全控制、数据约束等。

（7）容错性

数据库系统包括硬件和软件两部分，旅游电子商务系统在运行过程中，不可避免地会出现硬件或软件方面的故障。硬件故障主要依靠硬件的冗余来降低故障率，软件故障主要考虑数据的恢复能力。选择数据库系统时，应考虑这两个方面的容错性。容错性指在异常情况下系统对数据的容错处理能力。

3.2.4　网络数据库备份

网络数据库因需要全天候地提供用户实时的数据访问可能会出现系统故障，同时有可能遭到网络黑客的攻击，其中存放的电子商务信息可能涉及企业的商业机密，所以需要对数据库中存放的各类旅游业务信息进行定期的备份，以便在出现故障和攻击后能够快速恢复受损数据，保证电子商务系统能够可靠持续地提供服务，从而提高电子商务系统的可靠性和安全性。数据备份方式主要有完全备份、事务日志备份、差异备份和文件备份。

（1）完全备份

这是常用的方式，它可以备份整个数据库，包含用户表、系统表、索引、视图和存储过程等所有数据库对象。但是需要花费更多的时间和空间，所以，一般一周做一次完全备份即可。

（2）事务日志备份

事务日志是一个单独的文件，它记录数据库的改变，备份的时候只需要复制自上一次备份以来对数据库所做的改变，所以只需要很短的时间。为了使数据库具有可靠性，推荐每小时甚至更短时间进行事务日志备份。

（3）差异备份

差异备份也称增量备份，它是只备份数据库的一部分的一种方法，它不使用事务日志。相反，它使用整个数据库的一种新映象。它比最初的完全备份小，因为它只包含自上一次完全备份以来所改变的数据库。它的优点是存储和恢复速度快，推荐每天做一次差异备份。

（4）文件备份

数据库可以由硬盘上的许多文件构成。如果这个数据库非常大，并且一天也不能将它备份完，那么可以使用文件备份每天备份数据库的一部分。由于一般情况下数据库不会大到必须使用多个文件存储，所以这种备份不是很常用。

3.2.5　网络数据库在旅游电子商务中的应用

乐旅旅游网站系统是一套面向中小型旅游企业一体化管理旅游系统，在稳定性、代码优化、运行效率、负载能力、安全等级、功能可操控性和权限严密性等方面都居国内外同类产品领先地位。该网站帮助中小型旅游企业实现管理功能，应用了新一代的 B/S 结构，集酒店、机票、线路、景区、会员等多种功能于一体，它以浏览器进行软件界面的导航式操作，快速完成日常管理中的会员、订单等操作，并结合准确、高效的统计和业务分析功能，通过交互式的数据中心与一目了然的统计，使企业决策者最关心的往来订单、会员状况等能够即点即现。

该旅游网站系统由前台旅游信息服务系统和后台旅游业务管理系统组成，通过网络数据库实现前后台系统的信息共享和信息的动态更新，使得前后台的信息可以实现无缝对接。其前台信息服务功能有会员注册、酒店餐饮信息发布、旅游线路信息发布、景区旅游信息发布、汽车租赁预订、航空机票预订、旅游新闻发布等。

该网站后台管理系统主要由系统配置、用户管理、新闻管理、酒店管理、机票管理、线路管理、租车管理、景点管理等功能组成。

该网站的数据库包含 30 个表格，对网站所涉及的各个栏目的信息内容及配置进行存储，其数据库的部分表格及表格字段的组成如图 3-3 所示。

例如，表格 lelv_w_xo 主要用于存储旅游线路信息，表格 lelv_w_xo_price 主要用于旅游线路报价信息的存储。后台管理人员可以通过线路管理功能对以上表格记录进行修

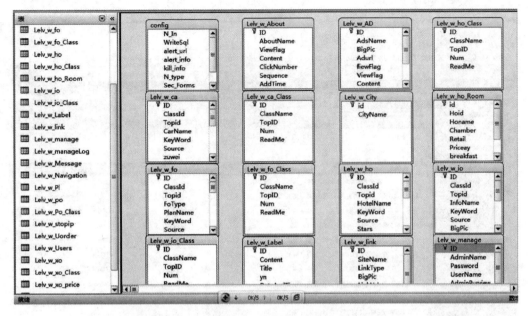

图 3-3　数据库的部分表格及表格字段的组成

改、添加和删除。旅游线路记录在数据库中的存储视图如图 3-4 所示，旅游线路记录在后台管理系统中的编辑视图如图 3-5 所示。

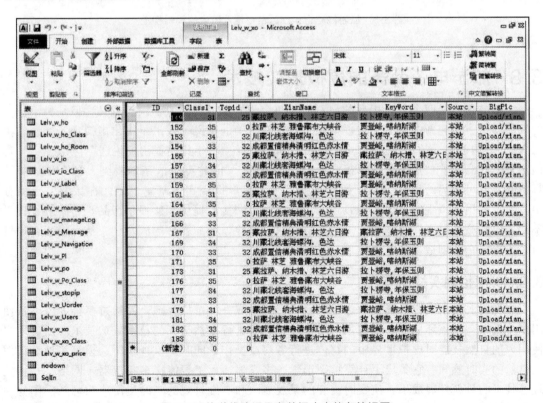

图 3-4　旅游线路记录在数据库中的存储视图

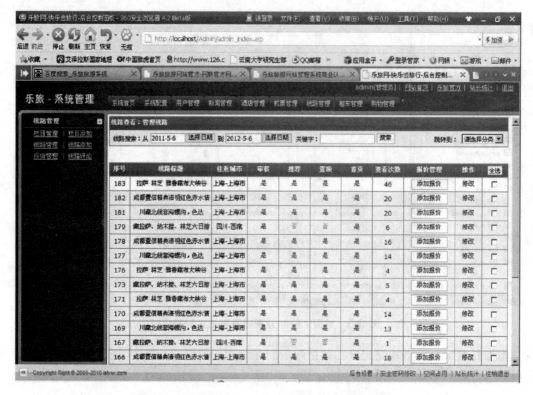

图 3-5 旅游线路记录在后台管理系统中的编辑视图

3.3 旅游电子商务的虚拟现实技术

虚拟与现实是两个意思相反的词，把这两个词放在一起，似乎没有意义，但是科学技术的发展却赋予了它新的含义。对虚拟现实并没有明确的定义，按最早提出虚拟现实概念的美国 VPL 公司创建人拉尼尔（Jaron Lanier）在 20 世纪 80 年代初提出的说法，虚拟现实又称假想现实，意味着"用电子计算机合成的人工世界"。由此可以清楚地看到，这个领域与计算机有着不可分离的密切关系，而信息技术是合成虚拟现实的基本前提。在旅游电子商务中，主要利用虚拟现实技术实现景点的"画中游"功能、提供 VR 娱乐产品，为旅游者提供不同于传统旅游的新体验，通过提升客户的旅游体验，增加客户的满意度，从而提高客户价值，为旅游企业创造新的经济价值。

3.3.1 虚拟现实技术简介

虚拟现实技术又称灵境技术，是利用计算机生成一种模拟环境，并通过多种专用设备使用户"投入"到该环境中，实现用户与该环境直接进行自然交互的技术。该技术可以让用户使用人的自然技能对虚拟世界中的物体进行考察或操作，同时提供视、听、摸等多种直观而又自然的实时感知。它集成了计算机图形学、多媒体、人工智能、多传感器、网络、并行处理等技术的最新发展成果，使实时交互的景观展示和三维景观的实时漫游成为可能。作为一门崭新的综合性信息技术，虚拟现实技术已经应用于当今的旅游行业，并将对其产生深远的影响。

3.3.1.1　虚拟现实技术的特征

（1）多感知性

所谓多感知是指除了一般计算机技术所具有的视觉和听觉感知、力觉感知、触觉感知、运动感知，甚至包括味觉感知、嗅觉感知等。理想的虚拟现实技术应该具有一切人所具有的感知功能。由于相关技术，特别是传感技术的限制，目前虚拟现实技术所具有的感知功能仅限于视觉、听觉、力觉、触觉、运动等几种。

（2）浸没感

又称临场感或存在感，指用户感到作为主角存在于模拟环境中的真实程度。理想的模拟环境应该使用户难以分辨真假，使用户全身心地投入计算机创建的三维虚拟环境中，该环境中的一切看上去是真的，听上去是真的，动起来是真的，甚至闻起来、尝起来等一切感觉都是真的，如同在现实世界中的感觉一样。

（3）交互性

指用户对模拟环境内物体的可操作程度和从环境得到反馈的自然程度（包括实时性）。例如，用户可以用手去直接抓取模拟环境中虚拟的物体，这时手有握着东西的感觉，并可以感觉物体的重量，视野中被抓的物体也能立刻随着手的移动而移动。

（4）构想性

又称为自主性，强调虚拟现实技术应具有广阔的可想象空间，可拓宽人类认知范围，不仅可再现真实存在的环境，也可以随意构想客观不存在的甚至是不可能发生的环境。

3.3.1.2　虚拟现实技术分类

虚拟现实技术根据对现实世界的仿真程度和用户参与程度不同，主要分为桌面虚拟现实、投入的虚拟现实、增强现实性的虚拟现实和分布式虚拟现实。

（1）桌面虚拟现实

利用个人计算机和低级工作站进行仿真，计算机的屏幕用来作为用户观察虚拟境界的一个窗口，各种外部设备一般用来驾驭虚拟境界，并且有助于操纵在虚拟情景中的各种物体。它要求参与者使用输入设备，如鼠标、追踪球等，坐在屏幕前，通过计算机屏幕观察360°范围内的虚拟境界，并操纵其中的物体，很多旅游网站都采用此法来仿真景点环境。

（2）投入的虚拟现实

高级虚拟现实系统提供完全投入的功能，使用户有一种置身于虚拟境界之中的感觉。它利用头盔式显示器或其他设备，把参与者的视觉、听觉和其他感觉封闭起来，并提供一个新的、虚拟的感觉空间，并利用位置跟踪器、数据手套、其他手控输入设备及声音等使得参与者产生一种身在虚拟环境中、并能全心投入和沉浸其中的感觉。常见的沉浸式系统有基于头盔式显示器的系统、投影式虚拟现实系统、远程存在系统。

（3）增强现实性的虚拟现实

增强现实性的虚拟现实不仅是利用虚拟现实技术来模拟现实世界、仿真现实世界，而且要利用它来增强参与者对真实环境的感受，也就是增强现实中无法感知或不方便感知感受。这种类型虚拟现实典型的实例是战机飞行员的平视显示器，它可以将仪表读数和武器瞄准数据投射到安装在飞行员面前的穿透式屏幕上，它可以使飞行员不必低头读座舱中仪表的数据，从而可集中精力盯着其他飞机和导航偏差。

（4）分布式虚拟现实

如果多个用户通过计算机网络连接在一起，同时参加一个虚拟空间，共同体验虚拟经历，虚拟现实则提升到一个更高的境界。

3.3.2 虚拟现实的关键技术

虚拟现实是多种技术的综合，其关键技术包括以下五个方面：环境建模技术、立体声合成和立体显示技术、触觉反馈技术、交互技术、系统集成技术。

（1）环境建模技术

这是指虚拟环境的建模，目的是获取实际三维环境的三维数据，并根据应用的需要，利用获取的三维数据建立相应的虚拟环境模型，生成类似于真实环境的计算机影像。

（2）立体声合成和立体显示技术

立体声合成是在虚拟现实系统中消除声音的方向与用户头部运动的相关性，保证在任何位置听到的声音是一致的；立体显示技术是在复杂的场景中实时生成立体图形。

（3）触觉反馈技术

在虚拟现实系统中，让用户能够直接操作虚拟物体并感觉到虚拟物体的反作用力，从而产生身临其境的感觉。

（4）交互技术

虚拟现实中的人机交互是利用数字头盔、数字手套等复杂的传感器设备，利用三维交互技术与语音识别、语音输入技术等实现。

（5）系统集成技术

由于虚拟现实系统中包括大量的感知信息和模型，因此系统的集成技术包括信息同步技术、模型标定技术、数据转换技术、识别和合成技术等。

3.3.3 虚拟现实关键设备

虚拟现实技术具有超越现实的虚拟性，虚拟现实系统的核心设备仍然是计算机，因它的一个主要功能是生成虚拟境界的图形，故又称为图形工作站。图像显示设备是用于产生立体视觉效果的关键外设，目前常见的产品包括光阀眼镜、三维投影仪和头盔显示器等，其中高档的头盔显示器在屏蔽现实世界的同时，提供高分辨率、大视场角的虚拟场景，并带有立体声耳机，可以使人产生强烈的浸没感。其他外设主要用于实现与虚拟现实的交互功能，包括数据手套、三维鼠标、运动跟踪器、力反馈装置、语音识别与合成系统等。

3.3.4 虚拟现实技术在旅游业的应用

虚拟现实的最大优势在于把一个不在身边存在的场景空间展示在观众面前，让观众不用去现场就能体验到现场的氛围与环境，结合友好的人机交互界面，观众可以根据自己的意愿进行互动式的观看浏览。正是因为虚拟现实的这一强大优势，使得它在远程教育、科学计算可视化、建筑、电子商务、交互式娱乐、艺术等领域都有着极其广泛的应用前景，而作为全球经济中发展势头最强劲、规模最大的产业之一的旅游业，也正是虚拟现实技术大放异彩的重要领域。以全景客为例，简单介绍虚拟现实技术在旅游业中的应用。

（1）全景客简介

全景客虚拟旅游网（全景客）成立于2009年，是中国领先的智慧旅游解决方案供应商，拥有海内外400多个城市，10万多个景区高清720度三维全景，独创全景虚拟拍照，一键微博分享等功能，提供景点大全，目的地指南等旅游信息，全景线路、云全景等垂直旅游服务。

全景客率先提出720°三维全景的概念，利用新颖的三维全景技术，以实景、三维、立体、高清的效果，全视角展现旅游目的地、景区的风光以及周边商业信息，相比普通的360

度全景，720°全景可以实现上、下、左、右的全方位操作，可以展现天、地、前、后、左、右的全部景色，带给用户身临其境般感受。

截至目前，全景客已经拥有海内外400多个城市，10万多个景区高清720度三维全景。拥有吉林朱雀山国家森林公园，湖北清江画廊，湖北武当等多个精品3D实景虚拟漫游景区。

2013年1月27日13点14分，全景客虚拟旅游网全新改版上线。新版全景客以"宣扬旅游文化、共建美丽中国"为宗旨，推出虚拟旅游，全景目的地，全景社区等三款重量级产品，为有钱没时间、没钱有时间、没钱没时间等三类热爱旅游、爱摄影的用户，提供一站式服务。

（2）全景客

注册成为全景客网站用户，将自己拍摄的全景照片上传，并写下旅行心得与体验，就可以和不同地区、不同国家的广大旅游、摄影爱好者共享全景漫游图片带来的独特乐趣。这里将您去过的地方、想去的地方和暂时去不了的地方进行虚拟全景漫游，说不定还会找到与你同行的或接待您的朋友。

（3）"全景游"系列手机客户端

全景客网站已推出"故宫全景游""全景游北京""美丽中国"高清晰720°三维全景旅游应用。以三维立体形式将旅游目的地名胜古迹、文化民俗、吃喝玩乐及周边信息在手机上呈现，并提供虚拟漫游体验、语音解说、地图及定位导航功能，是名副其实的掌上旅游"小秘书"，苹果、安卓手机登录各大应用商店，即可免费下载。虚拟旅游3D实景见图3-6。

图 3-6　虚拟旅游 3D 实景

3.4　旅游电子商务的 GIS、GPS 技术

基于 Internet/Intranet 的 WebGIS 是 GIS 技术发展的新趋势。WebGIS 可以简单定义为在 Web 上的 GIS。考虑到虚拟旅游的需求，以基于 WebGIS 结构实现电子地图库的动态服务，由应用服务器完成电子地图与空间景观的空间关联，由 Web 服务器应答 Client 端的请求。

3.4.1 GIS 简介

地理信息系统（Geographic Information System，GIS）是以地理空间数据为基础，按照地理特征的关联，将多方面的数据以不同层次联系起来，构成现实世界模型，并在此基础上采用模型分析方法，提供多种动态的地理信息，为辅助决策而建立起来的计算机技术系统。GIS 具有其他信息管理系统所不可比拟的优点，其最大的特点就是具备对空间数据的管理功能，具体包括如下几个方面。

① 共同管理空间数据和属性数据：GIS 不仅具有管理属性数据的功能，还能采集、管理、分析和输出多种地理空间信息，并且将属性数据集成到空间数据之上，不仅直观而且可实现两者互相查询。这是 GIS 最显著的特点之一。

② 具备强大的空间分析能力：由于空间数据和属性数据的集成以及地理空间模型方法的应用，使 GIS 具备空间分析、多要素综合分析和动态预测等功能，能够满足地理研究和辅助决策。

③ 具有丰富的信息：GIS 数据库中不仅包含丰富的地理信息，还包含与地理信息有关的其他信息，如人口分布、环境污染、区域经济情况、交通情况等。

3.4.2 GPS 简介

全球定位系统（Global Positioning System，GPS）是美国从 20 世纪 70 年代开始研制，于 1994 年全面建成，具有海、陆、空全方位实时三维导航与定位能力的新一代卫星导航与定位系统。GPS 是由空间星座、地面控制和用户设备三部分构成的。GPS 测量技术能够快速、高效、准确地提供点、线、面要素的精确三维坐标以及其他相关信息，具有全天候、高精度、自动化、高效益等显著特点，广泛应用于军事、民用交通（船舶、飞机、汽车等）导航、大地测量、摄影测量、野外考察探险、土地利用调查、精确农业以及日常生活（人员跟踪、休闲娱乐）等不同领域。现在 GPS 与现代通信技术相结合，使得测定地球表面三维坐标的方法从静态发展到动态，从数据后处理发展到实时的定位与导航，极大地扩展了它的应用广度和深度。载波相位差分法 GPS 技术可以极大提高相对定位精度，在小范围内可以达到厘米级精度。此外，由于 GPS 测量技术对测点间的通视和几何图形等方面的要求比常规测量方法更加灵活、方便，已完全可以用来施测各种等级的控制网。GPS 全站仪的发展在地形和土地测量以及各种工程、变形、地表沉陷监测中已经得到广泛应用，在精度、效率、成本等方面显示出巨大的优越性。

3.4.3 GIS、GPS 在旅游电子商务的应用

随着互联网技术的迅速发展，自助游、休闲游、商务游的不断出现，传统旅游观念正在经受挑战和改变，旅游行业的".com 时代"已经到来。传统旅行社一旦具备了网上服务能力，优势就会现出来。在这样的机遇下，开发基于 GIS 的旅游信息系统具有很大的必要性和广阔的应用前景。利用 MapControl、ToolbarControl、TocControl 等控件嵌入到".net"环境中，利用采集的数据（包括文本、视频、音频数据等），进行数据整理和格式转换，引入可量化旅游因子，通过 Engine 开发，形成一套完整的旅游信息系统。为了便于管理和应用开发，整个系统被划分成若干个子系统，与此相对应，数据也被划分成若干子库，按照"纵向分层，横向分幅"的方式组织。纵向分层指按数据的性质分类，性质相同或相近的归并一起，形成一个数据层。横向分幅是指按数据空间分布将数据划分为规则或不规则的块。分层时为了考虑数据更新的问题，将变更频繁的数据分离出来，各层数据的数据量尽可能平

衡，尽量减少冗余数据；属性数据的描述严格按国家有关规范、用户的习惯设置使用要求确定；数据按地图分幅单位处理。基础空间数据的分层包括：点（旅游点、旅游设施等）、线（交通路线、旅游路线等）、面（景区规划区、行政区、保护区、生态类型区等）。点、线、面各自有其唯一的 ID 标识号，与属性数据库中相应的 ID 对应，可以通过 ID 将空间数据与属性数据相关联。属性数据与基础空间数据层关系复杂，大多是一对多。因此，空间数据与属性数据不是用固定形式生成一个综合的数据库，而是通过程序来控制，为了实现某模块的某个功能临时通过 ID 编码将空间数据与属性数据连接在一起，该功能完成后就立即释放，这将节约大量的磁盘空间，而且运行速度可以大大加快。属性数据之间通过关键字段进行关联，从而使整个数据库形成一个有机的整体。系统中的属性信息按类采用分级编码，配以顺序编码保存在各自的数据库中对于地图可以通过扫描数字化的方法，二次加工，按图层存储。图片、图像扫描或转换，以单个文件形式存储。通过采用 GPS、扫描仪等设备进行数据库的输入工作。数据库的内容包括旅游资源、服务设施（涉外机关、旅行社团、旅馆、交通、邮电、医疗、娱乐场所、商场等）、气候特点等各方面的图形数据、图像数据、属性数据、多媒体数据、文字资料、图片资料等。其功能包括数据资料的采集、存储、处理、查询、检索、更新及输出等。

随着 GIS 与 RS、GPS、三维技术、网络技术的结合发展，以及专家系统、人工智能等现代技术方法的引入，GIS 将会更加成熟实用，对旅游业的发展也会起到巨大的促进作用。在旅游领域采用 GIS 技术，是旅游业发展的需要。通过对旅游地理信息系统的研究，有助于改变目前其应用范围不广、应用层次较浅的状况。旅游业的发展不仅需要自身的信息交流与管理，也需要融入全社会的经济信息与技术发展中。随着 GIS 与 RS、GPS、三维技术、网络技术的结合发展，以及专家系统、人工智能等现代技术方法的引入，GIS 将会更加成熟、实用，对旅游业的发展也会起到巨大的促进作用。国际互联网正以传统媒体无法比拟的优越性在社会、经济、文化、生活等方面发挥着深刻的影响。GIS 和 Internet 联姻的 InternetGIS 正逐渐成为 GIS 领域的一个研究热点。InternetGIS 是利用互联网及完善和扩充传统 GIS 功能的一门新技术。它可使人们在一个极其广阔的范围对各种数据实现多向查询及进行在线分析。将它和 GIS 结合起来，发展网上 GIS，在旅游地理信息的发布、共享和传输等方面具有广阔的发展前景。

3.5　旅游电子商务的网络金融技术

3.5.1　网络金融

所谓网络金融，又称电子金融（e-finance），是指基于金融电子化建设成果在国际互联网上实现的金融活动，包括网络金融机构、网络金融交易、网络金融市场和网络金融监管等方面。从狭义上讲是指在国际互联网（Internet）上开展的金融业务，包括网络银行、网络证券、网络保险等金融服务及相关内容；从广义上讲，网络金融就是以网络技术为支撑，在全球范围内的所有金融活动的总称，它不仅包括狭义的内容，还包括网络金融安全、网络金融监管等诸多方面。它不同于传统的以物理形态存在的金融活动，是存在于电子空间中的金融活动，其存在形态是虚拟化的，运行方式是网络化的。它是信息技术特别是互联网技术飞速发展的产物，是适应电子商务（e-commerce）发展需要而产生的网络时代的金融运行模式。

在央行划定的互联网金融范围中，互联网支付、基金销售、P2P 网络借贷、网络小额贷款、众筹融资和金融机构的创新性互联网平台都属于其行列，尤其以融合了互联网、小额信贷等创新技术和金融运作模式的 P2P 金融更是创新的网络金融产品，它借助一个安全可靠的平台，让有钱要投资的人能直接找到需要钱想贷款的人，平台在提供相关的条件审核、安全监管和管理费用后，促成双方的合作，实现三方共赢，互惠互利。目前搜狐投资的搜易贷、中国平安投资的陆金所等均属于此类产品平台，中国的互联网金融已进入新的发展阶段。

3.5.2　网络金融安全技术

目前应用的技术主要有防火墙技术、物理隔离技术、入侵检测技术、安全扫描技术以及各种加密认证技术和安全协议。

① 防火墙技术，在内部网和外部网之间的界面上构造一个保护层，并强制所有的连接都必须经过此保护层，由其进行检查和连接。防火墙可以进行报文过滤、应用代理、内容检查、身份鉴别、加密通信、访问控制、日志分析与流量统计功能。

② 物理隔离、入侵检测及安全扫描技术，物理隔离技术是防止外部黑客攻击的有效手段。入侵检测系统是对传统安全产品的合理补充，帮助系统对付网络攻击，提高了信息安全基础结构的完整性，被认为是防火墙之后的第二道安全闸门，在不影响网络性能的情况下能对网络进行检测，从而提供对内部攻击、外部攻击和误操作的实时保护。安全扫描技术与防火墙、入侵检测系统相互配合，能够有效提高网络的安全性。

③ 密码体制及加密认证机制，当今社会上密码体制在电子商务活动中的应用也越来越完善。基于数学的密码理论与技术（包括公钥密码、分组密码、序列密码、认证码、数字签名、Hash 函数、身份识别、密钥管理、PKI 技术等）是电子商务安全应用技术的主流。当前最为人们所关注的实用技术是 PKI 技术。它可以支持多种形式的数字认证，例如数字加密、数字签名、不可否认、密钥管理以及交叉认证等，是由公开密钥密码技术、数字证书、认证机构和关于公开密钥的安全策略等基本部分所共同组成的有机系统。

④ SSL 和 SET 协议标准，SSL 协议采用公开密钥技术，其目标是保证两个应用程序之间的保密性和可靠性，可在服务器和客户机端同时实现支持。SSL 协议运行的基点是商家对客户信息保密的承诺。随着电子商务参与的厂商迅速增加，对厂商的认证问题越来越突出，SSL 协议的缺点便完全暴露出来。SET 安全电子交易规范主要是为了解决用户、商家和银行之间通过信用卡支付的交易而设计的，以保证支付信息的机密、支付过程的完整、商户及持卡人的合法身份以及可操作性。SET 解决了客户资料的安全性问题，解决了网上交易存在的客户与银行之间、客户与商家之间、商家与银行之间的多方认证问题；保障了网上交易的实时性问题等，这些都是 SSL 所无法解决的，SET 协议是目前进行电子金融与商务活动的最佳协议标准。

3.5.3　网络金融支付方式

（1）电子支付

电子支付是指单位、个人直接或授权他人通过电子终端发出支付指令，实现货币支付与资金转移的行为。电子支付的类型按照电子支付指令发起方式分为网上支付、电话支付、移动支付、销售点终端交易、自动柜员机交易和其他电子支付。简单来说电子支付是指电子交易的当事人，包括消费者、厂商和金融机构，使用安全电子支付手段，通过网络进行的货币支付或资金流转。电子支付是电子商务系统的重要组成部分。从技术角度上看，电子支付包括"在线支付"和"离线支付"两种方式。信用卡、借记卡、网上银行支付等支付方式由于需要实时与银行通信，所以被称为"在线支付"；而手机支付、校园中广泛使用的一卡通以及公交卡等，因为采用预存款方式，并不需要与银行账号相连，因此称为"离线支付"。我们在旅游电子商务中应用的往往是在线支付方式。

（2）基于 SSL 协议的信用卡支付

信用卡最早诞生于 1915 年的美国，它是银行或其他财务机构签发给资信状况良好人士的一种特制卡片，是一种特制的信用凭证，它具有现金的作用，是现金的替代品。我国 1985 年由中国银行发行了大陆的第一张信用卡，到目前为止，据统计，我国已有 27 亿张银行卡，持卡人超过 7 亿人。银行卡支付已经成为我国主要的电子支付方式。该模式主要是利用 SSL 协议的安全通信与控制机制，通过 SSL 协议实现信用卡信息、支付金额等信息即时、安全可靠地在线传输，最终通过 Internet 完成交易支付和资金的划拨。

（3）基于 SET 协议的信用卡支付

在 Internet 上基于 SET 协议的信用卡支付涉及多个参与方，包括持卡客户、商家、支付网关、收单银行、发卡银行和 CA 认证中心。持卡用户、商家和支付网关通过 Internet 进行交易通信，支付网关通过网络专线与收单银行之间传递交易信息，收单银行与发卡银行通过银行后台专用网络传递支付信息。该模式的安全核心为 CA 认证中心，它通过 Internet 向持卡客户、商家、支付网关发放数字证书并负责身份认证。可以看出，该模式涉及的参与方较 SSL 多，并且需要进行身份认证，系统开销大，流程复杂，支付速度较 SSL 慢，但比较安全。

（4）电子支票支付

电子支票是将纸制支票变为带有数字签名的电子报文，或利用其他数字电文代替传统支票的全部信息所得到的电子数据。电子支票具有与传统支票相同的支付功能，只是其表现形式不同而已。

（5）网络银行

网络银行是指银行利用网络技术，通过 Internet 或其他公用信息网，将客户的计算机终端连接至银行网站，实现将银行金融服务直接送到客户办公室或家中和手中的金融服务系统。按照其服务对象可以大致分为个人网络银行和企业网络银行，并通过互联网实现银行 3A 金融服务。

（6）第三方支付

第三方支付是具备一定实力和信誉保障的独立机构，采用与各大银行签约的方式，提供与银行支付结算系统接口的交易支持平台的网络支付模式。在第三方支付模式中，买方选购商品后，使用第三方平台提供的账户进行货款支付，并由第三方通知卖家货款到账、要求发货；买方收到货物，对检验商品进行确认后，就可以通知第三方付款给卖家，第三方再将款项转至卖家账户上。第三方支付公司通过与银行的商业合作，以银行的支付结算功能为基础，向政府、企业、事业单位和个人提供中立的、公正地面向其用户的个性化支付结算与增值服务。

（7）移动银行

移动银行也称为手机银行，是利用移动通信网络及终端办理相关银行业务的简称。作为一种结合了货币电子化与移动通信的崭新服务，移动银行业务不仅可以使人们在任何时间、任何地点处理多种金融业务，而且极大地丰富了银行服务的内涵，使银行能以便利、高效而又较为安全的方式为客户提供传统和创新的服务，而移动终端所独具的贴身特性，使之成为继 ATM、互联网、POS 之后银行开展业务的强有力工具，越来越受到国际银行业者的关注。目前，我国移动银行业务在经过先期预热后，逐渐进入了成长期，如何突破业务现有发

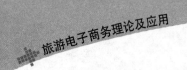

展瓶颈，增强客户的认知度和使用率成为移动银行业务产业链各方关注的焦点。

3.5.4　网络金融支付信息的安全

（1）网络支付的概念

网络支付是指单位或个人直接或授权他人使用通用终端，通过公共网络以网络应用协议规定的格式发出支付指令，实现货币支付与资金转移的行为。网络支付安全问题已成为电子商务支付体系的最大威胁，如何遏制机密窃取、权限滥用、网上欺诈和钓鱼等不法行为，是网络支付安全技术领域中亟待解决的关键问题。

从安全和信任关系来看，在传统交易过程中，销售者与消费者是面对面的，因此较容易保证交易过程的安全性，进而建立起互信关系。而在电子商务过程中，销售者与消费者通过Internet联系。Internet既不安全，也不可信，在网络支付过程中销售者和消费者都面临着不同的安全威胁，因此，交易双方难以建立安全和信任关系。

（2）网络支付信息面临的主要安全问题

销售者所面临的安全威胁主要包括：

① 入侵者假冒成合法用户，改变商品送达地等用户数据、解除用户订单或生成虚假订单。

② 恶意竞争者以他人的名义来订购商品，从而了解有关商品的递送状况及货物的库存情况。

③ 欺诈者通过伪造与销售者服务器域名类似的另一个服务器来假冒销售者。

④ 消费者提交订单后不付款或生成虚假订单等。

消费者所面临的安全威胁主要包括：

① 在客户付款后，销售内部人员不将订单和资金转发给执行部门，使客户无法收到商品。

② 客户的个人私密信息可能被攻击者通过窃听或冒充销售商等手段非法获取。

③ 攻击者可能向销售商的服务器发送大量的虚假订单来耗尽它的资源，使合法用户不能正常获取服务。

总而言之，网络支付信息存在如下安全问题：

① 支付账号和密码等隐私信息在网络上传送过程中被窃取或盗用。

② 支付金额被更改。

③ 支付方不知商家到底是谁，商家不能清晰确定如信用卡等网络支付工具是否真实、资金何时入账等。

④ 随意否认支付行为的发生及发生金额，或更改发生金额等，某方对支付行为及内容的随意抵赖、修改和否认。

⑤ 网络支付系统故意被攻击、网络支付被故意延迟等。

（3）网络支付信息的安全需求

① 保证网络上资金流数据信息的保密性。

② 保证网络上资金结算数据信息不被随意篡改，即保证相关网络支付结算数据的完整性。

③ 保证网络上资金结算双方身份信息的认定。

④ 保证网络上资金支付结算行为发生及发生内容的不可抵赖。

⑤ 保证网络支付系统的运行可靠、快捷，保证支付结算速度。

⑥ 建立共同的网络支付行为规范，进行相关立法，以强制力手段要求网络支付相关各

方严格遵守。

（4）网络支付信息安全措施

安全认证技术是网络安全的基础，认证是指验证所传输的消息和数据是否属实、是否有效的过程，即验证消息及数据的完整性。认证技术一般可分为身份认证和消息认证两种技术。

身份认证用于鉴别用户身份，是验证用户所声称身份与其真实身份是否一致的过程。在计算机网络系统中，常通过三种途径来对用户身份进行验证：①根据用户所掌握的信息来验证身份，如用户名和口令等。②通过用户所拥有的工具来验证身份，如 USBKey 等。③根据用户的某些生理特征来验证身份，如指纹和视网膜等。

消息认证是确保消息来源的真实性和消息内容的完整性的方法，通过对消息或者与消息有关的信息进行加密或签名变换来防止传输和存储的消息被篡改或伪造。目前，消息认证技术主要包括：数字指纹、数字签名、数字信封和数字时间戳等。

① 数字指纹。数字指纹也称为信息摘要，是 RonRivest 发明的一种单向加密算法。数字指纹技术利用哈希（Hash）函数对原信息进行数学变换，得到一个固定长度（128 位）的散列值。不同信息产生的散列值并不相同，相同信息产生的散列值必定相同，因此信息摘要类似人的"指纹"，可通过数字指纹鉴别原信息的真伪，验证信息的完整性。

② 数字签名。数字签名是利用非对称密码体系的特点，在数字指纹的基础上发展的一种技术。数字签名技术使用发送方的私钥加密数字指纹，并与原文一起发送给接收方。利用数字签名，一方面可通过数字指纹验证原信息是否被修改，另一方面可利用私钥私有的特点，用私钥加密来表明身份。因此，数字签名解决了信息传输过程中的冒充、伪造、篡改和发送者抵赖的问题。

③ 数字信封。数字信封的功能类似于普通信封，在法律的约束下，普通信封可保证只有收信人才能阅读信件的内容；数字信封则采用对称密码体制和公钥密码体制相结合的密码技术，保证只有规定的接收人才能阅读信息的内容。信息发送者首先利用随机产生的对称密码加密信息，再利用接收方的公钥加密对称密码，被公钥加密后的对称密码被称为数字信封。在传递信息时，信息接收方若要解密信息，必须先用自己的私钥解密数字信封，得到对称密码，才能利用对称密码解密所得到的信息，这样就保证了数据传输的真实性和完整性。

④ 数字时间戳。数字时间戳服务（DTS，Digital Time Stamp Server）利用数字指纹、数字签名等技术，为客户提供电子文件日期和时间信息的安全保护。如果在签名时加上时间标记，即是有数字时间戳的数字签名。数字时间戳是一个经 DTS 加密后形成的凭证文档，它包含加时间戳的文件的摘要、DTS 收到摘要的日期和时间、DTS 的数字签名 3 个部分。用户首先使用 Hash 编码加密生成需要加时间戳的文件的摘要，然后将该摘要发送到 DTS，DTS 在加入了收到该摘要的日期和时间信息后，对该文件进行数字签名，并返回给用户。

3.5.5 网络金融支付在旅游电子商务的应用

2006 年 10 月 26 日电子客票全面推行后，旅游消费者的消费方式和消费观念开始微妙转变，促使旅游电子商务企业也开始积极考虑应对方案。在旅游电子商务中，电子支付的需求是不断扩大的。随着电子客票的推行，越来越多的旅客会从"电话订票，送票付款"的传统方式，过渡到"网上支付，实时出票"的全数字化方式。在酒店预订方面，尽管旅游者大多在前台付款，而在旅游高峰期，多数酒店都要求旅游者有信用卡担保或付预订金，由此产生了电子支付的需求。与此同时，全国广泛推行的"交通一卡通"以及某些旅游景点推出的基于信息化技术的卡式门票或者数字门票，以及电子支付方式的多样化，也对旅游电子商务活动中对电子支付的需求产生了一定的推动作用。

目前，我国较大的旅游电子商务网站有携程、去哪儿、艺龙等知名网站，在酒店、票务等预订时，这些网站均可提供银行卡支付、支付宝支付、微信支付等当前主流的电子支付方式。由此可见，第三方支付平台为我国在线旅游的发展提供了极大的支持与保障。例如，在杭州亚运会期间，为完善外国用户的旅游体验，支付宝和微信均推出了最新的移动支付方案。2023 年 7 月 21 日，亚运会主办方宣布，目前已完成了对境外用户在中国使用移动支付的支持，用户在支付宝上绑定境外银行卡后，即可在全国使用，使用场景包括线下店消费、打车、坐地铁等。据支付宝官方介绍，境外用户使用支付宝流程与国内用户一致。下载安装注册支付宝后，用户需要绑定境外银行卡，目前已经支持主流的境外银行卡组织发行的银行卡，如 Visa、Mastercard、Diners Club、Discover 等，使用上也与国内用户同步，可以用支付宝消费的地方均支持外国游客手机支付。

3.6 旅游电子商务中的物联网技术

物联网是继计算机、互联网与移动通信网之后的世界信息产业第三次浪潮。物联网概念的问世，打破了之前的传统思维。过去的思路一直是将物理基础设施和 IT 基础设施分开：一方面是机场、公路、建筑物，而另一方面是数据中心、个人计算机、宽带等。在物联网时代，钢筋混凝土、电缆将与芯片、宽带整合为统一的基础设施，在此意义上，基础设施更像是一块新的地球工地，世界的运转就在它上面进行，其中包括经济管理、生产运行、社会管理乃至个人生活。

3.6.1 物联网定义及技术

3.6.1.1 物联网定义

1999 年，美国麻省理工学院 Auto-ID 中心最早提出物联网概念，将其定义为：把所有的物品通过 RFID 和条码等信息传感设备与互联网连接起来，实现智能化识别和管理功能的网络。实质上，等于 RFID 技术和互联网的结合应用。

2005 年，国际电信联盟（ITU）发布了《ITU 互联网报告 2005：物联网》，正式提出了物联网内涵：通过 RFID、传感器、全球定位系统和激光扫描器等信息传感设备，使得"物"具备自动标识、智能感知能力，实现物理世界与虚拟的数字世界的互联；通过"物"的智能接口实现了信息网络的无缝结合，进行信息交换与通信，从而达到智能化识别、定位、跟踪、监控和管理的目的；最终实现任何时刻、任何地点、任何物体之间的互联，成为无所不在的网络并进行无所不在的计算。

欧盟关于物联网的定义：物联网是未来互联网的一部分，是基于标准和交互通信协议，具有自配置能力的动态全球网络设施；在物联网内，物理和虚拟的"物件"具有身份、物理属性、拟人化、使用智能接口，并且可以无缝地综合到信息网络中。

在 2010 年我国的政府工作报告所附的注释中，对物联网有如下的说明：是指通过信息传感设备，按照约定的协议，把任何物品与互联网连接起来，进行信息交换和通信，以实现智能化识别、定位、跟踪、监控和管理的一种网络。这有两层意思：第一，物联网的核心和基础仍然是互联网，是在互联网基础上的延伸和扩展的网络；第二，其用户端延伸和扩展到了任何物品与物品之间，进行信息交换和通信。

3.6.1.2　物联网关键技术

2005年，国际电信联盟（ITU）发表了一份关于物联网的报告，报告中对于物联网提出了四大关键技术：标识事物的RFID、感知事物的传感网络技术、思考事物的智能技术、微缩事物的纳米技术。

（1）射频识别技术

RFID是一种非接触式的自动识别技术，它通过射频信号自动识别目标对象并获取相关数据，识别过程无须人工干预，可工作于各种恶劣环境。RFID技术可识别高速运动物体并可同时识别多个标签，操作快捷方便。RFID技术与互联网、通信等技术相结合，可实现全球范围内物品跟踪与信息共享。

RFID主要由电子标签、阅读器和天线三大部分组成。电子标签进入磁场后，接收阅读器发出的射频信号，凭借感应电流所获得的能量发送出存储在芯片中的产品信息，或者主动发送某一频率的信号，阅读器读取信息并解码后，送至中央信息系统进行有关数据处理。

目前，RFID的技术标准主要由ISO和IEC制定。可供射频卡使用的几种射频技术标准有ISO/IEC10536、ISO/IEC14443、ISO/IEC15693和ISO/IEC18000，应用最多的是ISO/IEC14443和ISO/IEC15693。

（2）传感网络技术

① 传感器与传感器网络。

传感器是机器感知物质世界的"感觉器官"，可以感知热、力、光、电、声、位移等信号，为网络系统的传输、分析、处理和反馈提供最原始的信息。随着科学技术的不断发展，传统传感器正逐步实现微型化、智能化、信息化、网络化，正经历着一个从传统传感器到智能传感器，再到嵌入式Web传感器的内涵不断丰富的发展过程。

传感器网络是由大量部署在作用区域内、具有无线通信与计算能力的微小传感器节点，通过自组织方式构成的能根据环境自主完成指定任务的分布式智能化网络系统。传感网络的节点间距离很短，一般采用多跳（Multi-hop）的无线通信方式进行通信。传感器网络可以在独立的环境下运行，也可以通过网关连接到Internet，使用户可以远程访问。传感器网络体系结构如图3-7所示。

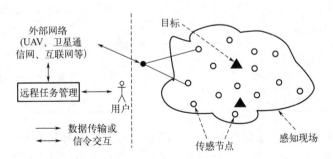

图3-7　传感器网络体系结构

在传感器网络中，节点通过各种方式大量部署在被感知对象内部或者附近。这些节点通过自组织方式构成无线网络，以协作的方式感知、采集和处理网络覆盖区域内特定的信息，可以实现对任意地点信息在任意时间的采集、处理和分析。

② 传感器网络与物联网。

通过感知识别技术，让物品"开口说话、发布信息"，是融合物理世界和信息世界的重要一环，是物联网区别于其他网络最独特的部分。物联网的"触手"是位于感知识别层的大

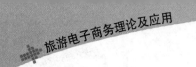

量信息生成设备，包括 RFID、传感器网络、定位系统等。传感器网络所感知的数据是物联网海量信息的重要来源之一。

（3）智能技术

智能技术是为了有效地达到某种预期的目的，利用知识而所采用的各种方法和手段。通过在物体中植入智能系统，可以使得物体具备一定的智能性，能够主动或被动地实现与用户的沟通，这是物联网的关键技术之一。智能技术主要包括人工智能技术、先进的人机交互技术与系统、智能控制技术与系统和智能信号处理。

3.6.2 物联网应用体系架构

目前，物联网还没有一个广泛认同的体系结构，最具代表性的物联网架构是欧美支持的 EPCglobal 物联网体系架构和日本的 Ubiquitous ID（UID）物联网体系框架。EPCglobal 和 UID 中心都是为推进 RFID 标准化而建立的国际标准化组织。我国也积极参与了上述物联网体系，并正在积极制定符合我国发展情况的物联网标准和架构。下面介绍 EPCglobal 物联网体系架构。

EPCglobal 是由美国统一代码协会（UCC）和国际物品编码协会（EAN）于 2003 年 9 月共同成立的非营利性组织，其前身是 1999 年 10 月 1 日在美国麻省理工学院成立的非营利性组织 Auto-ID 中心。Auto-ID 中心以创建物联网为使命，与众多成员企业❶共同制订一个统一的开放技术标准。

3.6.2.1 EPC 物联网架构

① EPC 系统结构：EPC 系统是一个非常先进的、综合性的复杂系统，其最终目标是为每一单品建立全球的、开放的标识标准。它由全球产品电子代码（EPC）的编码体系、射频识别系统及信息网络系统三个部分组成。EPC 系统构成如表 3-1 所示。

表 3-1　EPC 系统构成

系统构成	名称	注释
EPC 编码体系	EPC 代码	用来标识目标的特定代码
EPC 射频识别系统	EPC 标签	贴在物品之上或者内嵌在物品之中
	读写器	识读 EPC 标签
EPC 信息网络系统	EPC 中间件	
	对象名称解析服务（Object Naming Service，ONS）	EPC 系统的软件支持系统
	EPC 信息服务（EPCIS）	

② EPC 编码体系：EPC 编码体系是新一代的与 GTIN 兼容的编码标准，它是全球统一标识系统的延伸和拓展，是全球统一标识系统的重要组成部分，是 EPC 系统的核心与关键。EPC 代码是由标头、厂商识别代码、对象分类代码、序列号等数据字段组成的一组数字。EPC 编码结构如表 3-2 所示。

---

❶　EPCglobal 将系统成员大体分为两类：终端成员和系统服务商。终端成员包括制造商、零售商、批发商、运输企业和政府组织。系统服务商是指那些给终端成员提供供应链物流服务的组织机构，包括软件/硬件厂商、系统集成商和培训机构等。

表 3-2 EPC 编码结构

项目	标头	厂商识别代码	对象分类代码	序列号
EPC-96	8	28	24	36

③ EPC 射频识别系统：EPC 射频识别系统是实现 EPC 代码自动采集的功能模块，主要由射频标签和射频读写器组成。射频标签是产品电子代码（EPC）的物理载体，附着于可跟踪的物品上，可全球流通并对其进行识别和读写。射频读写器与信息系统相连，是读取标签中的 EPC 代码并将其输入网络信息系统的设备。EPC 系统射频标签与射频读写器之间利用无线感应方式进行信息交换，具有非接触识别、可以识别快速移动物品、可同时识别多个物品等特点。EPC 射频识别系统为数据采集最大限度地降低了人工干预，实现了完全自动化，是物联网形成的重要组成部分。

④ EPC 信息网络系统：EPC 信息网络系统由本地网络和全球互联网组成，是实现信息管理、信息流通的功能模块。EPC 信息网络系统是在全球互联网的基础上，通过 EPC 中间件、对象名称解析服务（ONS）和 EPC 信息服务（EPCIS）来实现全球"实物互联"。

3.6.2.2 UID 物联网系统架构

日本在电子标签方面的发展，始于 20 世纪 80 年代中期的实时嵌入式系统 TRON，T-Engine 是其中核心的体系架构。在 T-Engine 论坛领导下，UID 中心设立在东京大学，于 2003 年 3 月成立，并得到日本政府经产省和总务省以及大企业的支持，目前包括微软、索尼、三菱、日立、日电、东芝、夏普、富士通、NTT、DoCoMo、KDDI、J-Phone、伊藤忠、大日本印刷、凸版印刷、理光等重量级企业。UID 中心建立的目的是建立和普及自动识别"物品"所需的基础技术，最终实现"计算无处不在"的理想环境。

（1）UID 物联网体系建立的目的

普适计算（Pervasive Computing 或 Ubiquitous Computing，也称泛在计算）是一种支持更好的生活方式的技术，该技术为生活空间中的不同实体（例如，墙壁、家具、地板，以及家用电子电器）提供计算能力，并且能够在这些实体上装备自动控制，从而使它们能够相互交换信息和协同操作。普适计算室内环境如图 3-8 所示。

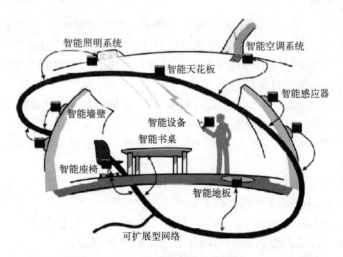

图 3-8 普适计算室内环境

此外，这项技术提供的计算能力支持更好的生活方式不仅在室内，而且还有室外对象，

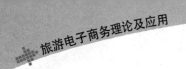

包括电线杆和招牌等设施，这些设施安装上自动控制器，能够进行相互信息交换和协同操作。普适计算室外环境如图 3-9 所示。

互联网、手机网络等

图 3-9　普适计算室外环境

为了实现这种无处不在的计算环境，重要的是要识别现实世界的环境，也就是所谓的环境认知。为了实现环境认知，必须识别现实世界中的各种对象、地点和概念，但是事前不可能列举所有在现实世界中的环境。

因此，由固定长度的整数作为唯一标识符，用来确定现实世界中的对象、空间和概念。同时提供一个框架，该框架能够将现实世界和它的环境映射成为一种可接收的数字化信息，这些信息展示了这些用唯一标识符确定的对象、空间和概念之间的联系。被标识的对象称为实体，标识实体的唯一标识符称为 UCODE（泛在编码）。总之，UCODE 模型是一种将现实世界环境表示为数字化信息的描述性模型。该模型将 UCODE 分配给单独的实体，并且使用 UCODE 之间的关系将现实世界和它的环境映射成为一种可以接收的数字化信息。UID 架构是一个为了实现 UCODE 模型而存在的系统体系结构。

UID 架构是一个通用的平台，该平台可以获得一个设备的状态并且控制设备，并通过使用 UCODE 标识提供信息和服务，这些标识作为触发器来确定现实世界中的实体。UID 是一种连接用实体表示的现实世界和用网络设备、信息服务表示的虚拟世界之间的基础设施。

（2）UID 体系架构的基本原则

① 标识一个实体。用 UCODE 标识现实世界中一个单独的实体，并且唯一标识。

② 假定网络环境。只将 UCODE 标识分配给不同的实体，已经分配 UCODE 标识的实体之间的信息通常存储在网络中的服务器上。通过分离来自信息管理中的实体标识，可以实现特定对象最新信息和相关对象信息的获取。

③ 提供一种安全机制。一个安全的广域分布式系统，能够确实考虑用户隐私的保护，它可以通过 eTRON 架构作为安全基础设施来建立。

④ 提供一个开放的平台。公开发布 UID 架构规范，使更多的企业可以应用此规范来构建无处不在的计算。

（3）UID 体系的基础技术

① UCODE 标签：存储泛在识别码的媒介。

② 泛在通信器（Ubiquitous Communicator，UC）：泛在通信器是用户终端设备，能够读取 UCODE 标签，向用户提供基于 UCODE 标签的各种服务。

③ UCODE 相关数据库：该数据库管理着 UCODE 标签所标识的实体对象的相关信息，数据库可以工作在分布式环境中。

④ UCODE 信息服务：UCODE 信息服务管理着 UC 显示的信息以及提供给 UC 的所有

数据服务。

基于 UID 架构的信息存取机制如图 3-10 所示。

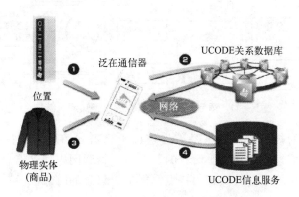

图 3-10　基于 UID 架构的信息存取机制

3.6.3　物联网情景感知技术及在旅游电子商务的应用

3.6.3.1　情景感知定义

情景是被用来标识一个实体状态的所有信息。实体可以是一个人、一个地点或者用户与应用之间相关的对象，包括用户和应用本身。情景的概念，强调了以计算机为中心的计算模式正在向以用户为中心转变，应以人为本，以人为中心。对情景进行划分，可以划分为计算情景、用户情景、物理情景、时间情景、社会情景。情景感知定义为：无论是用桌面计算机还是移动设备，普适计算环境中使用情景的所有应用。情景感知是获取情景信息并对其进行信息处理的操作。情景感知可以分为直接的显式感知和内部的蕴含感知，前者有位置信息、时间信息和设备环境信息等，后者有用户的特点、知识层次、行为习惯和喜好等。

例如，在旅游方面，应用了情景感知技术的导游助手可以根据游客的位置进行景点推荐、路线导游；在购物方面，可以根据顾客的位置进行商品推荐等。随着传感器技术的不断发展，传感器的种类不断丰富，获得的情景信息也随之丰富起来，情景感知处理的信息不再局限于用户的位置。

3.6.3.2　情景感知系统结构

在现有研究中，有两种常见的情景感知系统结构：直接访问传感器和基于中间件技术。对于物联网来说，随着规模的扩大及应用的增多，采用直接访问传感器的结构会造成感知系统的复杂化，限制了系统的灵活性及可扩展性。由于物联网使用的传感器数量巨大且种类繁多，同时传感器自身故障及网络传输问题导致信息空缺及噪声数据，多传感器协同感知不可避免会出现大量冗余和不确定信息，而基于中间件技术的情景感知系统结构，不能完全处理信息冗余和不确定性的问题。将以上两种架构结合起来，提出如图 3-11 所示的适合物联网环境的情景感知系统结构。

采集模块，用来驱动底层传感器进行信息采集，同时实现对底层传感器的管理；整合模块，对采集模块获得的情景信息进行预处理，包括去冗余和冲突处理等；推理模块，由采集模块得到的数据集挖掘出隐藏的知识，推理出应用可理解的高层情景信息，识别当前情景，并由此决定提供什么服务；学习模块，根据用户反馈，优化推理模块和整合模块；接入控制模块，用于传感器、应用及用户等的接入控制；隐私控制模块，必须给予使用者定义隐私策

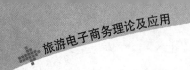
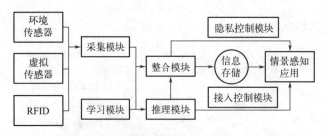

图 3-11　适合物联网环境的情景感知系统结构

略的机会，根据定义的规则控制数据是否发送以及发送到哪里，做到合理的隐私保护；此外，还应该包括存储情景信息和注册信息的数据库，物联网中情景信息的瞬时性、关联性特征等使得情景信息存储管理有其固有的特点，如情景信息的时效性。

3.6.3.3　情景感知处理流程

情景感知是利用环境中的情景信息辅助决策优化的一种计算模式，需要解决的问题主要是信息采集、信息建模和信息处理。

（1）情景信息采集

情景信息的采集可以分为用户主动输入和通过传感器采集等方式。情景感知的目标是通过普适的计算资源在用户较少参与或者根本不需要用户参与的情况下实现对用户的服务推荐。因此，情景感知系统需要用户个性化信息，如生活习惯、日程表等，来辅助系统做出正确的决策。此外，系统还需要通过部署在环境中的传感器和其他设备自动获取其他情景信息。

（2）情景信息建模

物联网的特性之一是海量设备，不同的传感器采集到的信息不同，如位置、时间或者光强等，显示方式也千差万别。为了达到语义互操作的目的，需要对这些多源异构信息进行有效的表示、传输和存储。因此，需要对这些数据进行统一形式的描述，或者称为定义标准的数据格式及协议，以方便计算机处理情景信息。

（3）情景信息处理

物联网环境下信息采集为多传感器协同感知，需要解决的主要问题是信息的预处理。信息预处理面临的问题是数据关联，即建立某一传感器测量数据与其他传感器测量数据的关系，以确定它们是否是关于同一个目标的测量的处理过程。选择的结果不仅可以减少信息处理的计算量，还可以提高信息处理的精确度。因此，得到传感器的底层信息还需要将其转化为应用可理解的高层信息。发现隐藏的知识涉及数据挖掘技术，即通过存储预处理后的传感器数据得到有关物联网环境信息的海量数据，从中可以挖掘出有用的知识，能够处理不确定信息。

3.6.3.4　物联网情景感知技术在旅游电子商务的应用

传统旅游市场中，旅游企业占有市场的绝对地位，创新活动绝大多数集中在旅游服务供应商、批发商、零售商间，属于产业上游。但在情景感知环境中，旅游者的地位被提升至空前的高度，"新顾客界面"的创新活动围绕在旅游企业与旅游者之间，明显向产业中下游转移。

一是客户参与模式的创新。在旅游业发展的初期，受限于信息传输的时间和空间障碍，旅游者是旅游信息的被动接收者，旅游者一般通过旅行社参与旅游活动。互联网出现后，旅游者获取旅游信息的途径从线下拓展到线上。旅游者从信息的被动接收转变为主动搜索，直接面对所有与食、住、行、游、购、娱相关的传统旅游企业以及在线旅游服务提供商。情景感知技术下，旅游者的角色进一步得到拓展。旅游者可以主动地将各类数据上传到云计算中心，成为云数据的创造者或合作生产者。

二是信息沟通渠道的创新。手机、平板电脑、智能手表等网络无线终端已经被旅游者广泛使用，其中手机更是成为旅游者参与旅游全程的必备工具，这为旅游云数据提供最便捷的信息采集方式；依托新的硬件平台，各类应用软件（如在线预订、GPS 导航、智能导游等）不断推陈出新，加之新的技术思想（如物联网等），使旅游过程中人—人、人—物、物—物间的信息实时传输成为现实。比如带健康监测功能的智能穿戴设备在旅游过程中的应用就备受关注。

三是决策和支持系统的创新。云计算下，互联网已经不再只是提供信息搜索的功能，旅游者可借助于云服务中的强大数据存储和处理能力分析这些数据，以得到想要决策支持。例如，某一游客在徒步登山前，可将当地的海拔、气温、气压以及自己的血压、心跳等实时上传至网上，借助于云服务判断当时情形下是否适合登山。

在此环境下，首先需要旅游企业正确认识旅游者的角色，要将旅游者不再仅仅看作服务方，而是合作者、互惠互利者。可以预见，以后的旅游服务或产品一定是在企业和旅游者双方共同努力下设计和完成的。其次，角色的转变使得旅游企业和旅游者间的沟通界面要坚持实时性、互动性，信息的单方向流动无法体现情景感知技术下的旅游服务优势。旅游企业要努力自主或与其他企业合作积极研发信息传输设备、拓展沟通渠道，在旅游企业和旅游者之间的关联和交互作用方面进行创新，充分挖掘自身的市场潜力。

3.7 旅游电子商务的移动网络技术

3.7.1 移动网络技术

移动通信是移动体之间的通信，或移动体与固定体之间的通信。移动体可以是人，也可以是汽车、火车、轮船、收音机等在移动状态中的物体。移动通信系统由空间系统和地面系统两部分组成。其中，地面系统包括：①卫星移动无线电台和天线；②关口站、基站。

移动通信系统从 20 世纪 80 年代诞生以来，到 2020 年大体经过 5 代的发展历程，而且到 2010 年，从第 3 代过渡到了第 4 代（4G）。4G 时代除蜂窝电话系统外，宽带无线接入系统、毫米波 LAN、智能传输系统（ITS）和同温层平台（HAPS）系统都投入使用。未来几代移动通信系统最明显的趋势是要求高数据速率、高机动性和无缝隙漫游。实现这些要求在技术上将面临更大的挑战。此外，系统性能（如蜂窝规模和传输速率）在很大程度上取决于频率的高低。考虑到这些技术问题，有的系统将侧重提供高数据速率，有的系统将侧重增强机动性或扩大覆盖范围。

从用户角度看，可以使用的接入技术包括：蜂窝移动无线系统，如 5G；无绳系统，如 DECT；近距离通信系统，如蓝牙和 DECT 数据系统；无线局域网（WLAN）系统；固定无线接入或无线本地环系统；卫星系统；广播系统，如 DAB 和 DVB-T；ADSL 和 CableModem。移动通信的特点如下。

① 移动性。就是要保持物体在移动状态中的通信，因而它必须是无线通信，或无线通信与有线通信的结合。

② 电波传播条件复杂。因移动体可能在各种环境中运动，电磁波在传播时会产生反射、

折射、绕射、多普勒效应等现象，产生多径干扰、信号传播延迟和展宽等效应。

③ 噪声和干扰严重。在城市环境中的汽车噪声、各种工业噪声，移动用户之间的互调干扰、邻道干扰、同频干扰等。

④ 系统和网络结构复杂。它是一个多用户通信系统和网络，必须使用户之间互不干扰，能协调一致地工作。此外，移动通信系统还应与市话网、卫星通信网、数据网等互连，整个网络结构是很复杂的。

⑤ 要求频带利用率高、设备性能好。

3.7.2 移动网络安全技术

移动商务可以实现在任何时间、任何地点以任何方式从事商务活动，在给人们带来交易方便的同时，也带来了很多安全隐患，移动技术的永远在线意味着永远恐慌。对于移动商务来说，与安全相关的问题有很多，但主要有以下四个方面：移动设备的物理安全、通信公司的安全、交易过程的安全、交易后的安全。解决以上问题的主要技术手段有 PKI 技术和无线传输层安全技术。

（1）公共密钥基础设施 PKI

利用 PKI 可以有效地解决交易过程中的数据机密性、完整性、身份真实性认证和交易不可否认性，能够让交易过程留下足够的交易凭证，从而保证交易的事后可审查性。PKI 是有线电子商务中常用的安全技术，可以保障交易的安全性，但它也不是万能的，它仅能解决部分安全问题。

PKI 是一种遵循既定标准的密钥管理平台，能够为所有网络应用提供加密和数字签名等密码服务及必需的密钥和证书管理体系。简单来说，PKI 就是利用公钥理论和技术建立的提供安全服务的基础设施。完整的 PKI 系统必须具有权威认证机构（CA）、数字证书库、密钥备份及恢复系统、证书作废系统、应用接口（API）等基本构成部分，构建 PKI 也将围绕着这五大系统来着手构建。PKI 技术是信息安全的核心，除此以外，PKI 还需要制定安全策略和相关法律来共同支撑 PKI 的运行。PKI 的基础技术包括加密、数字签名、数据完整性机制、数字信封、双重数字签名等。PKI 最基础的技术是公开密钥加密技术，该技术主要的关键是对公钥和私钥信息的管理。对公钥信息进行集中管理和保护，目前常采用数字证书来进行。

（2）无线传输层安全技术

使用 PKI 技术，要求设备拥有较强的计算能力，而由于移动设备本身的局限，为了节约空间和电源消耗，要使用有线网络的标准 PKI 证书是不现实的。因此，人们提出了无线传输层安全（Wireless Transport Layer Security，WTLS）的概念。同时，为了解决移动设备显示空间小的问题，采用无线应用协议（WAP❶），WTLS 嵌入 WAP 协议中。但 WAP 协议在使用中，给无线设备的应用带来了一系列的安全问题。有线设备和无线设备，因其处理速度和存储容量的差异，使得两者对于密钥的生成、保存以及认证都存在差别。移动设备不能直接与 SSL 协议直接协作，在互联网中利用 SSL 协议传输的数据，必须通过 PKI 网关实现转换，翻译为 WTLS 协议，才能识别和处理。

---

❶ WAP 技术可以将 Internet 的大量信息及各种各样的业务引入移动电话、PALM 等无线终端之中，无论用户在何地、何时，只要需要信息，就可以打开 WAP 手机，查找网上信息或者网上资源。

由于传统有线网络中应用的 PKI 系统无法完全移植到无线网络上，所以无线 PKI 系统结构应在有线 PKI 系统的基础上进行修改后形成。无线 PKI 组件包括 RA（Registration Authority，注册机构）、CA（Certification Authority，认证机构）、EA（EndEntity Application，最终申请者）、存放证书的目录、PKI 端口。无线 PKI 体系结构如图 3-12 所示。

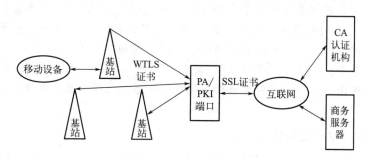

图 3-12　无线 PKI 体系结构

传统的 PKI 系统基于 ASN.1 标准 12 处理请求，对移动设备来说，这些标准算法的计算量太大，因此无线 PKI 使用 WML 和 WML 脚本符号函数进行计算。在传统 PKI 领域，人们认为 1024 位的密码就足够安全了，在同样的安全性能下，无线 PKI 利用 ECC 技术 13 的 163 位密码就可以实现，降低了加解密的计算量。同时，无线 PKI 证书只选取了 X.509 标准证书的一部分内容，并缩短了证书字段长度，从而有效节约移动设备存储容量。

（3）WAP 与 SIM 工具箱

GSM 网络利用 SIMSTK 来支持通信服务、人机接口控制、菜单管理、应用程序空间和附件管理等功能。通过 STK 卡可以使用户使用通信公司提供的个性化菜单。目前，不同通信公司的 SIM 卡之间还没有较强的交互能力，但 STK 具有处理公用密钥的能力。

WAP1.2 定义了一种支持 WAP 识别模块（WIM）的方法，利用 WIM 可以对移动用户进行身份验证，与 WTLS 相结合，可以提供较强的身份验证功能。WIM 是一种具有抗破坏能力的计算机芯片，可以嵌入到 WAP 设备或智能卡中，许多移动设备都设有 WIM 卡插槽。WIM 卡可以存储一些关键的信息，如初始化网络连接和进行安全身份验证的私钥和公钥等信息。WIM 的应用取决于 WAP 功能移动设备的市场应用广度，虽然目前 STK 非常流行，但由于 WAP 提供了跨越不同类型网络的标准，基于 WAP 技术的 WIM 将会得到越来越多的应用。

3.7.3　移动网络技术在旅游电子商务的应用

3.7.3.1　云南智慧旅游云端系统

云南智慧旅游云端系统集智慧旅游云端查询平台、智慧旅游壹旅图平台、云南旅游微信公共服务平台于一体，能全方位、多终端为游客提供最便捷的旅游服务，这也意味着，今后，游客到云南旅游将拥有自己的专属电子导游，能随时随地轻松获取旅游信息。系统上线后，省内各大旅游景区、火车站、机场等游客集中区及四星以上宾馆及品牌购物店，将设置 300 台智慧旅游云端查询终端机。这台终端机操作起来非常简单，就像使用智能手机一样，只需点击触摸屏上的"必体验""品美食""伴手礼""玩什么""怎么走"等选项，就能容易地查到景区地图、线路攻略、初识印象、景点解说、特色推荐等信息，还能获得酒店客房、餐饮、娱乐等资讯。找不到终端机也不用担心，只要有手机，就能通过智慧旅游壹旅图平台，获得一个专属自己的随身电子导游。"壹旅图探索系列——背着手机玩云南"是为云南量身打造的首张壹旅图，其内容涵盖"了解云南 16 个州市""TOP24 最美景区""带你走进云南 26 个民族""6 条线路玩转云南""行走云南必知秘籍"等十大板块。游客只需用手机扫描二维码，就能免费下载"壹旅游"客户端，之后对包含云南 23 个景点的"壹旅图"图标进行识别，就能获得关于这个景点的所有旅游信息，不仅有手绘地图"导航"，还有文字和图片的描述，更有视频和音频对景点的介绍，通过"壹旅游"APP 还可在线使用和免费下载景区 APP。游客购买景区门票将获赠一张"壹旅游随身导"微卡。根据微卡提示，微信关注"云南旅游"后，游客就能通过微信平台进入拥有"随身导""玩转云南""活动资讯"等栏目的智能平台。点击"随身导"，就有景区列表、景区搜索、景区地图以及我周边的景区等项目栏弹出。根据景点列表选择发送任一个微信代码，戴上耳机就能享受专属导游的解说。

3.7.3.2　智慧旅游 AR 应用软件

2013 年国际旅交会期间，盛策同辉数字科技公司举行的"智慧旅游 AR（Augmented Reality，增强实现）运用与新媒体数字旅游展示"主题发布会，为游客引介了一位能说各种外语的电子导游——AR 应用软件。2014 春节后，市民就能通过网络进行下载使用。游客只要将 AR 应用软件下载到手机，到某个地方旅游，只要拿手机镜头对着酒店、景点、景区等一扫描就能出现更多同类型的旅游信息供你选择。比如你想找一间价位适中的酒店，你要做的只是把手机镜头对着一家酒店，软件就会自动搜索周边同类型的更多酒店信息，提供给你选择，并且这些信息还会实时更新，十分方便。不仅如此，AR 应用软件还有翻译和文化历史重现两大功能。AR 应用软件的翻译功能，让旅游者无须再担心到国外旅游语言不通的问题。只要对着手机说中文，软件就能将这句中文翻译成不同国家的语言。如果游客到大理三塔寺旅游，只要将手机镜头对着三塔，手机屏幕上就会出现三塔 100 年前的样子，重现其历史文化。发布会上，围绕"智慧旅游"主题，线上，盛策同辉数字科技公司结合移动互联网创新技术，推出了智慧旅游 AR 应用软件；在线下，则针对旅游景区、城市文化推广等方面发布了新媒体产品、新颖的体验形式，从综合标准化解决方案到定制解决方案，可将丰富的城市旅游资源、风景美图、商家信息、导航地图等内容生动地呈现于游客眼前，并服务于游客，便于景区管理。

3.7.3.3　移动客户关系管理

CRM 已经成为移动应用中最热门、增长速度最快的一个市场，许多已经认识到 CRM 重要商业价值的企业正在寻求把无线技术应用于他们的客户管理。例如，Aberdeen 公司自 1998 年以来在 CRM 方面的投资已超过 300 亿美元；Siebel 等公司利用关键的 CRM 使得经济业绩成倍增长，获得了巨大的成功。由于所有的企业都想留住老客户、吸引新客户，因此，现代的商业模式越来越强调以客户为中心，并围绕客户来改进公司的商业模式。

由于移动客户关系管理（Mobile Customer Relationship Management，MCRM）具有极其重要的商业价值，也逐渐受到企业的关注和应用。MCRM 的商业模式就是客户利用掌上电脑等无线移动设备通过无线网络访问公司敏感的产品、金融数据。利用 MCRM，销售人员有了更强的移动性，显然这将增强销售的优势，增加客户满意度，但同时也带来了一定的安全问题。避免出现 MCRM 应用中安全问题的安全策略主要有三个方面。

① CRM 数据属于公司所有，对销售人员和客户访问数据的权限应该进行明确划分，限定访问数据方式，在销售人员和客户离开公司后，应对其对应访问权限进行撤销，明确客户对于数据的保护职责。

② 采用安全的同步技术和工具实现公司统一的数据同步工作，不允许整个公司网络的数据同步。

③ 实行有效的开机保护标准，如开机身份验证、有限次的密码尝试，开机不会泄露用户个人信息等。

手机可以采用移动商务应用，如客户关怀、客户关系管理以及基于信息、广告、交易、支付的一个无线接入点。对 MCRM 应用来说，移动设备已经成为客户和公司进行全天候接触的一个重要接触点，由于移动设备的私有性，可以根据移动设备对用户的身份进行验证和确认。在旅游业，MCRM 已经得到很多公司的重视。例如，移动商务应用可以帮助消费者选择一条旅游线路。从 CRM 的角度看，移动商务之所以能够在旅游业得到广泛应用，就是因为很多旅游公司能够在旅游者结束旅游之后，继续与旅游者保持联系，只有那些能够实时发送游客现场观光体验的旅游公司才能吸引游客，使游客得到最大程度的满足。旅游行业的 MCRM 价值链如表 3-3 所示。

表 3-3　旅游行业的 MCRM 价值链

旅游管理							
	旅游前	去机场	到达出发机场	在飞机上	到达目的机场	返回原出发地	旅游后	下一次旅游前
移动商务应用	市场开拓、客户预订、旅游日程安排、销售	把游客及行李运往机场、运输车辆、火车、出租车	检票、候机、安全检查、护照管理、游客购物、退税服务、登机	安全和建议、食物和饮料、娱乐休息、购物服务、通信档案	行李丢失、行李跟踪、运送游客、购物	把游客送到家或办公室或旅店	考核程序、保持与游客的联系、收集客户反馈的信息	下一次旅行、为下一步的市场开拓提供指导
用户界面	手持掌上型或袖珍型个人计算机	移动设备	机场休息厅（移动设备）	带靠背的显示屏	机场休息厅（移动设备）	移动设备	手持设备	手持设备

3.7.3.4　微信在旅游电子商务应用研究

传统的旅游电子商务主要通过旅游网站，为广大旅游者提供旅行资讯的查询、景点路线的介绍等服务，营销效率低下，服务相对单一。而新型的微信旅游服务则是在微信等微平台基础上，除提供产品及服务之外，更加注重旅游服务的体验和效果反馈。O2O 营销模式的成功应用，使得旅游者可以在线上下订单，然后通过线下去切身体验服务，其中最典型的应用即团购，旅行社团购业务往往利用其较低的价格优势，拓展市场空间、赢得游客认可。而 O2O 的最大优势在于线下产品和服务的进一步延伸，实现精准化营销。

随着人们消费水平的提高、生活水平的改善，单一的线上预订线下消费体验的这种旅行模式，已不能适应当下人们对旅游的需求。旅行应用 App 的开发与应用，正是为了迎合这种发展趋势，即能够随时随地获取相关的旅行资讯、景点介绍等服务，从而最大程度地保持游客对该应用及旅行社的用户黏性和忠诚度。而微信公众平台，则是传统旅游移动应用的进一步升级和创新，用户无须下载相关应用即可完成各种服务的体验，在客户推广及营销方面具有较强的优势。现有的微信旅游公众平台应用主要包含资讯服务、语音解说、导航、预订、分享等方面。

········· **本章案例** ·········

互联网＋背景下一部手机游云南的思考

随着人民生活水平的提高，对于旅游的需求日益旺盛，旅游业也因此得到了蓬勃发展。但在此过程中旅游业也存在着不少问题：强制消费以及"不合理低价游"经营模式；景区监管管理薄弱、秩序较乱。云南省作为旅游大省，具有丰富的旅游资源，然而随着大众旅游时代的到来，云南旅游行业屡禁不绝的"经营不合理低价游"等行为，严重影响了旅游市场秩序。针对各级政府在旅游市场监管中存在的责任不落实的情况，2017 年，云南省委、省政府下定决心重拳整治旅游市场秩序，同时积极探索"互联网＋旅游"实践。

2018 年 6 月，"游云南"App 正式上线，开始全面试运行。该应用程序是云南省政府与腾讯公司联合打造的国内首个省级全域旅游智慧化平台，着力重整旅游资源和产品、重构诚信和投诉体系、重建市场规则和秩序、重塑旅游品牌和形象，全力推动旅游业全面转型升级。

"一部手机游云南"的第一阶段成果标志着"带手机游云南——说走就走，全程无忧"已基本实现。"游云南"App 依托物联网、云计算、大数据、人工智能、人脸识别、小程序、腾讯云、微信支付等多项核心技术，打通酒店、餐饮、景区、商业等旅游产业全链条，为游客提供游前、游中、游后的全过程服务。到云南旅游前，游客可使用"游云南"App 订票、订酒店，通过"目的地"功能了解目的地信息，用"直播"功能观看景区美景，借助"自由行"功能规划旅游线路。在部分景区，提前通过 App 购票并录入人脸信息后，可实现"刷脸"入园。"导览"功能如同如影随形的讲解员，"找厕所"功能将把游客准确引导至附近卫生间。"无感支付"功能增加了便捷、快速的高速公路收费站缴费方式，降低因收费造成堵车的概率。"购物"功能为游客提供购买云南特产的渠道，平台的所有产品都经过相关部门严格审核，确保货真价实。旅途中，人工智能机器人"小云豆"将实时帮助游客制定个性化行程，省去了查资料、做攻略的麻烦。

"一部手机游云南"由"一中心两平台"组成，即旅游大数据中心、旅游综合管理平台、旅游综合服务平台，是全省旅游转型升级的重要内容，将成为云南省重构旅游行业投诉、诚信体系的抓手。投诉方面，游客在任何时间、地点，都能通过"游云南"App 的在线投诉、语音投诉和电话投诉 3 种渠道投诉。

"一部手机游云南"是互联网信息时代旅游业发展的全新探索实践。"游云南"App 上线运行，为旅游转型升级提供了重要支撑，必将推动云南旅游业产生质的飞跃和革命性变化，促进云南旅游向智慧旅游、生态旅游、文化旅游、休闲旅游发展，最终形成全域旅游，实现由观光游向体验游、组团游向自由行、景区游向生态游转变，打开云南省旅游的新局面。

［案例来源：陈宝琳．互联网＋背景下一部手机游云南的思考［C］//云南省科学技术协会，中共楚雄州委，楚雄州人民政府．第八届云南省科协学术年会论文集，云南：［出版者不详］，2018：6.］

案例分析题

1. "游云南"App 中运用了哪些电子商务技术？这些技术起到了怎样的作用？
2. 如何评价"游云南"App？其应用对于旅游电子商务有什么启示？

:::::::::::::::::::::::::::::::: **本章小结** ::::::::::::::::::::::::::::::::

　　本章主要对旅游电子商务中所用到的互联网技术、数据库技术、多媒体技术、虚拟现实技术、电子支付技术、物联网技术以及移动商务技术进行了简要介绍，并对以上技术在旅游活动中的应用进行了分析，在此基础上阐述了信息技术在旅游电子商务活动中所创造的经济价值。以上内容的介绍，仅仅是对应用于现代旅游业中大量信息技术的一瞥，主要关注了旅游电子商务中信息流、资金流、物流、客户体验、商务安全等方面的技术内容，使我们能够从技术原理、功能和应用三个角度去审视一项技术所能创造的经济价值，这对于旅游企业的管理者在开展旅游电子商务计划时，具有非常重要的现实意义。

:::::::::::::::::::::::::::::::: **复习思考题** ::::::::::::::::::::::::::::::::

　　1. 简述互联网接入方式有哪些。
　　2. 简述网络数据库的选择原则及其主要的数据备份方式。
　　3. 简述虚拟现实的含义及其特征。
　　4. 简述 GIS、GPS 的含义及其特征。
　　5. 简述多媒体技术的含义及其主要组成技术。
　　6. 简述基于 SSL 协议的信用卡支付流程。
　　7. 简述基于网络金融的电子支付方式。
　　8. 简述物联网概念及其关键技术。
　　9. 简述物联网情景感知技术及应用。
　　10. 简述移动商务的概念及其主要应用。

:::::::::::::::::::::::::::::::: **讨论题** ::::::::::::::::::::::::::::::::

　　1. 互联网具有哪些商业价值？并举例说明。
　　2. 一家小型旅行社想要接入互联网，如何选择接入方式？考虑的因素主要有哪些？
　　3. 选择两款主流的数据库软件，比较这两款数据库产品的优势和劣势，并给出比较结果。
　　4. 与基于 SET 协议的信用卡支付方式相比，为什么基于 SSL 协议的信用卡支付方式更受到用户的欢迎？请分析。
　　5. 物联网两大体系 EPC 和 UID 有何不同？
　　6. 移动网络技术在未来如何应用于旅游行业？请阐述你的设想。

:::::::::::::::::::::::::::::::: **网络实践题** ::::::::::::::::::::::::::::::::

　　1. 访问全景客有限公司网站，同时访问石林风景区景点漫游，描述虚拟现实技术给你带来的旅游新体验。
　　2. 访问淘宝网，参加淘宝新手学堂，模拟网上购物，操作信用卡支付流程和第三方支

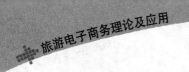

付流程，比较两者的区别。

3. 利用自己的手机，分别通过 GPRS 和 WLAN 方式连接进入互联网，并访问百度网站，和同学利用手机蓝牙功能构建蓝牙网络，相互交换电话名片。

4. 访问百度网站，下载百度手机地图，安装地图软件到自己的手机上，操作百度地图定位自己目前的位置，找到离自己最近的旅游景点，规划从当前位置到达购物商店的行车路线。

旅游电子商务体系

学前导读

　　由于旅游电子商务相关要素十分复杂，将这些相互关联的要素纳入一个系统中来讨论，更能突出旅游电子商务中各方的构成关系。本章着眼于旅游电子商务的多方关联性和复杂性，对旅游电子商务体系的内涵进行阐述，提出了对旅游电子商务体系的认识框架，并分析了旅游电子商务体系的构成、特点、功能、盈利模式以及交易模式。

学习目标

- 了解旅游电子商务体系；
- 掌握旅游电子商务体系的构成；
- 了解旅游电子商务体系的功能与特点；
- 理解旅游电子商务的交易模式；
- 掌握旅游电子商务网络支付与网络银行；
- 掌握旅游电子商务体系的安全。

运营旅游 B2B 电商平台的三种盈利模式

数据显示，口碑和饿了么一起在 676 个城市服务商家达到 350 万。在饿了么的网站上，有 66.7 万的月度活跃骑手为消费者服务，平均每个用户每年下单近 20 次；在口碑的网站上，1.67 亿月度活跃用户享受着到店服务。

随着几家旅游 B2B 同业网站先后获得亿元人民币以上融资，中国旅游市场燃起的熊熊烈火正越烧越旺，而 B2B 商城网站创建的快速崛起正是给在线旅游行业浇了桶油。HiShop 认为，旅游行业在未来仍然会有稳定的增长，下面就来看看旅游 B2B 网站的三种商业模式。

（1）旅游 B2B 电商渠道运营商业模式

是指通过入驻门市的方式聚集供应商和分销商形成分销系统，借助"互联网＋"发展渠道运营，用相对优质与国际领先的互联网力量加速旅游公司的效率、品质、创新、合作与营销能力的升级，以信息流带动物质流，创新渠道运营方式，使渠道扩大化，提高交易率。

（2）旅游 B2B 电商供应商或联盟自建商业模式

是指通过吸引原有的经销商在软件上查询下单。这种商业模式有利于发挥各个旅游公司的优点，凝聚力量实现共同目标，达到整合优化合理分配资源，使每个旅游公司获取最优信息，掌握最优技术，方便快捷查询下单，实现长期的合作发展。有利于达成旅游行业联盟高端互动，促进现代旅游公司精益供应链发展。

（3）旅游 B2B 电商开放网站商业模式

是指通过整合形成交易闭环和旅游生态圈，系统软件通过公开其应用程序编程接口（API）或函数（function）使外部的旅游公司可以增加该系统软件的功能或操作该系统软件的资源，而不需要更改该系统软件的源代码。在众多的开放网站之中，根据所服务的主体不同，也将开放网站分为两类：第一类是中心化开放网站；第二类是分布式开放网站。

（案例来源：http：//www.hishop.com.cn/hiscxt/show-59602.html.）

4.1　旅游电子商务体系

4.1.1　旅游电子商务体系的内涵

旅游电子商务体系的骨架和基础——网络信息系统；旅游电子商务的技术支持者——电子商务服务商；旅游电子商务的应用主体——旅游目的地营销机构、旅游企业和旅游者；旅游电子商务的推进者、规范者——旅游信息化组织；一些其他的重要支持要素，如电子支付体系、物流服务和旅游电子商务规范及安全体系。

旅游业作为一个复杂的、内外关联度高的庞大产业，有其特殊的产业内部分工、协作方式、价值链和产品形态。各类旅游企业、旅游营销机构和旅游者都可成为旅游电子商务的参与者。

市场活动有两个有机组成部分：一是进行信息沟通；二是进行市场交易。旅游电子商务的信息沟通是通过数字化的信息沟通渠道实现的，一个首要条件是参与各方必须拥有相应的信息技术工具，能够接入网络信息系统。通过旅游电子商务实现交易，由于交易双方在空间上是分离的，为保证交易的顺利进行，必须提供相应的支付结算手段和物流配送手段（虽然后者在旅游业中需求很少）。物流配送可依赖传统物流渠道。支付结算既可以利用传统手段，也可以利用先进的网上支付手段。此外，为保证旅游企业、旅游机构和旅游者能够畅通地利用数字化沟通渠道，使信息技术走进旅游业、服务于旅游业，需要有专业技术服务提供者，即电子商务服务商的参与。

图 4-1 显示了一个完整的旅游电子商务体系，它是在网络信息系统的基础上，由旅游机构〔旅游目的地营销机构（Destination Marketing Organization，DMO）和旅游企业〕、使用互联网的旅游者或潜在旅游者、旅游信息化组织、电子商务服务商和提供物流和支付服务的机构共同组成的信息化旅游市场运作系统，并受到一些外部环境的影响，包括旅游产业经济环境、技术环境、社会环境和法律法规环境等几个方面。

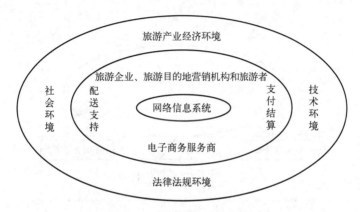

图 4-1 完整的旅游电子商务体系

4.1.2 旅游电子商务体系与旅游业

从旅游业务角度来看，信息网络系统广泛地实现旅游业各子行业间及旅游企业与旅游者之间的信息交流，它们之间复杂的合作与交易关系可以通过网络手段来实现。旅游电子商务的应用机构包括旅游服务企业（旅游饭店、旅游车船公司、从事接待服务的旅行社）、旅游中间商（旅游批发商、旅游代理商、订房中心）、旅游营销机构等。专业的旅游电子商务网站应运而生，他们通过凭借提供极其丰富的旅游信息，提供地区、全国以至世界范围内的旅游产品预订，并提供交流社区，成为网络时代新兴的旅游代理商。多方参与、多层次、网状沟通的旅游电子商务体系（如图 4-2 所示）开始形成，广泛地影响着旅游业沟通与协作的方式。

业内分销系统是针对旅游批发商和旅游代理商之间的业务往来而设计的电子交易系统，改变了传统的"电话＋传真"分销模式，做到实时的电子交易。航空公司的计算机预订系统、饭店集团的中央预订系统和全球分销系统在旅游运行中发挥着重要的作用。计算机预订系统（Computerized Reservation System，CRS）是指用于整个旅游活动（包括机票、饭店等预订在内）的预订网络，是一种开放的、面向多个供应商及客户的专业预订系统。计算机预订系统从其起源上主要可分为专门的中介系统和依托航空公司的系统。中央预订系统（Central Reservation System，CRS）主要是指酒店集团所采用的、由集团成员共用的预订网络，它使酒店集团利用中央资料库管理旗下酒店的房源、房价、促销等信息，并通过同其他各旅游分销系统连接，使成员酒店能在全球范围实现即时预订。随

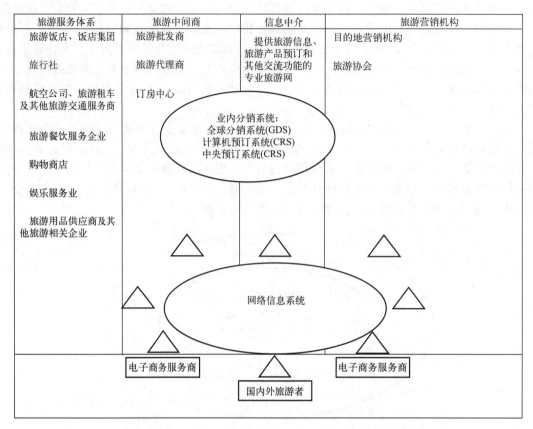

旅游服务体系	旅游中间商	信息中介	旅游营销机构
旅游饭店、饭店集团	旅游批发商	提供旅游信息、旅游产品预订和其他交流功能的专业旅游网	目的地营销机构
旅行社	旅游代理商		旅游协会
航空公司、旅游租车及其他旅游交通服务商	订房中心		
旅游餐饮服务企业			
购物商店			
娱乐服务业			
旅游用品供应商及其他旅游相关企业			

业内分销系统：
全球分销系统(GDS)
计算机预订系统(CRS)
中央预订系统(CRS)

网络信息系统

电子商务服务商　　　　　　电子商务服务商

国内外旅游者

图 4-2　多方参与、多层次、网状沟通的旅游电子商务体系

着计算机预订系统不断地发展壮大，形成了全球分销系统。全球分销系统（Global Distribution System，GDS）是近年来获得迅速发展的新型电子商务营销网络，是为代理人提供航空和旅游产品分销服务的计算机技术及网络服务系统相结合的系统总称。全球分销系统通常是以国际性航空公司为龙头，与连锁饭店、度假村、汽车租赁公司、铁路公司、旅游公司等旅游相关企业形成联盟共同建设的，提供航班订位、订房、旅游预订等综合服务的分销与信息服务系统。

电子商务是一种机制，一种动态性的发展机制，因此，需要不断地维护、促进和更新，才能使这种机制富有成效。内部控制要素包括商务模式优化、从业人员素质、客户关系管理与业务流程再造四个要素。首先，旅游电子商务存在着多种运营模式，而与企业运营环境最适合的模式只有一种，因此，旅游企业应最大程度地缩短现行商务模式与理想商务模式之间的距离，才能最大化地发挥商务模式的作用。其次，旅游电子商务的实施在很大程度上得益于专业人员的运作，因此，一定量的专业人员的存在是内部管理的根本性要素。专业人员不仅需要具备较高的 IT 能力，也应具有丰富的旅游管理经验。再次，客户关系管理是旅游企业近年来所实施的一项突出性管理战略，对旅游企业潜在竞争优势的培育具有至关重要的影响，而客户关系管理的实施离不开电子商务的支持。最后，在一定的电子商务模型下，业务流程仍呈现出动态性的特征。有些业务流程是适合于商务模式的，而有些业务流程是不适合于商务模式的，或者在一段时间适合而在另一段时间不适合，从而需要旅游企业谨慎地加以匹配。

4.2　旅游电子商务体系的构成

从上一节，旅游电子商务体系概念的提出中，了解到旅游电子商务是一个相互参与且各方相互关联、相互影响的复杂系统。在本节着重介绍旅游电子商务体系的构成，更清楚地阐述这些组成部分的功能以及它们是如何运作的。

4.2.1　网络信息系统

旅游电子商务体系的骨架和基础是网络信息系统，它是提供信息、实现交易的平台。旅游电子商务中涉及的信息流、资金流都和网络信息系统紧密相关。网络信息系统由旅游机构和电子商务服务商在计算机网络基础上开发设计，它可以成为旅游企业、机构及旅游者之间跨越时空进行信息交换的平台。在信息系统的安全和控制措施的保证下，旅游机构可在网站上发布信息，旅游者可搜寻和查看信息。交易双方能便捷地交流，通过网络支付系统可进行网上支付。旅游预订和交易信息可指示旅游企业组织旅游接待服务，最后保证旅游业务的顺利实现。网络信息系统的主要作用是提供一个通畅、安全和可控的信息交换平台，它是旅游电子商务体系的骨架和基础。

旅游电子商务所依托的网络信息系统可分为互联网（Internet）、内部网（Intranet）、电子交换数据（Electronic Data Interchange，EDI）与增值网（Value Added Network，VAN）、移动网络四种。

（1）互联网（Internet）

互联网，按照美国 Internet 协会的定义，是一种"组织松散、国际合作的互联网络"。通过 Internet，人们可以很容易地与另一联网地区进行联系，而且成本费用较低，可称为"信息超导体"。互联网的应用自 20 世纪 90 年代以来在世界各国发展很快。其全球化，得益于自身的开放性、共享性、协作性和费用低廉性等特点。在 Internet 上，任何人都是信息的创造者，也是消费者，网络的运作是相互协调决定的，可以自由连接和退网；信息流动不受限制，网络上的资源基本上是免费共享的。

基于 Internet 的信息系统，可以实现很多非常有用的功能，为旅游业务的开展提供便利。下面是基于互联网的一些网络应用服务信息系统。

① E-mail（电子邮件）。利用它可以收发电子邮件。现在许多电子单证（如电子合同）是通过电子邮件系统实现传输的。

② Mailing Lists（邮件列表）。它可以自动批量发送电子邮件，许多旅游企业通过邮件列表发送旅游信息、产品信息和促销活动信息，是主动营销和客户管理维护的重要手段。

③ News groups（新闻组）。查找、收发信息和有关某一固定主题词的新闻，许多企业通过新闻组进行宣传促销和获取市场情报。

④ World Wide Web（环球网）。能自动查询各类互联网资源、图形化浏览器的使用进一步提高了使用效率。旅游企业可以通过 WWW 建立网站，展示多媒体信息，发布供求信息，处理客户订单并提供旅游咨询服务，这是互联网信息系统中最重要的部分。

⑤ Chat（聊天）。能实时地与其他用户交谈，效果不受距离的影响，可用于业务洽谈。

⑥ BBS（公告栏）。用于与兴趣、爱好趋同的人进行交流，类似一块布告栏，任何人都可以就自己感兴趣的问题发表自己的观点，也可了解别人的观点。旅游者常用 BBS 征求结伴旅游，讨论旅游方式，旅行社也可以通过这个手段吸引参团者。

上述互联网上具有不同功能的应用系统构成了支持信息交换和资源共享的完整的 Internet 信息系统。

由于互联网有便捷、开放的信息处理和沟通优势，当它与旅游业结合时，能为旅游机构提供巨大的商业机会。互联网作为信息平台，是一个与传统媒体相并列的新媒体，它能 7 天 24 小时提供容量无限且层次更深的旅游信息，信息提供成本不随空间距离而增加，支持图片、声音、影像等多媒体表现的特性是传递旅游信息最理想的选择。互联网作为商业平台，为旅游商务活动跨空间的开展提供了支持，并为旅游企业的经营管理提供了一个全新的数字化信息系统平台。

（2）内部网（Intranet）

Intranet 是在 Internet 基础上发展起来的企业内部网，又称内联网。它是在原有的局域网上附加一些特定的软件，将局域网与互联网连接起来，从而形成企业内部的虚拟网络。内部网与互联网的最主要区别是，内部网中的信息受到企业防火墙安全网点的保护，它只允许授权者介入内部 Web 网点，外部人员只有在许可条件下（如拥有访问密码，通过指定的 IP 等）才可进入企业内部网。Intranet 能让旅游企业分布在各地的分支机构及企业内部各部门共享企业内部网站，使企业各级管理人员获取自己所需的信息。现在内部网在大型旅行社、饭店集团中被广泛使用，有效降低了通信成本，并推进了企业内部的无纸化办公。

（3）电子数据交换（EDI）与增值网（VAN）

EDI 电子商务，就是按照商定的协议，将商业文件标准化和格式化，并通过计算机网络，在商务伙伴的计算机网络系统之间进行数据交换和自动处理。

EDI 主要应用于旅游企业之间的商务活动。相对于传统的分销付款方式，EDI 节约了时间和费用；相对于互联网，EDI 较好地解决了安全保障问题。这是因为使用者均有较可靠的信用保证，并有严格的登记手续和准入制度，此外，还有多级权限的安全防范措施，能使包括付款在内的全部交易过程计算机化。

但是，EDI 必须租用 EDI 网络上的专线，即通过购买增值网（VAN）服务才能实现，费用较高。同时 EDI 需要专门的操作人员，需要业务伙伴同时使用 EDI，这也使 EDI 的企业应用受到一定制约。

EDI 是最早的旅游电子商务方式。早期由于计算机价格昂贵，网络速度慢，许多应用程序须自行开发，只有航空公司和大型饭店集团才有能力使用 EDI。由于成本的原因，EDI 至今在旅游业中仍未广泛普及。近年来，随着计算机降价、互联网的迅速普及，基于互联网、使用可扩展标记语言（XML）的 EDI，又称开放的 EDI 正逐步取代传统的 EDI。

（4）移动网络

移动网络，基于浏览器的 Web 服务，如万维网、WAP 和 I-MODE（日本）使用移动设备，如手机、掌上电脑或其他便携式工具连接到公共网络，不需要台式计算机。现代移动终端拥有极为强大的处理能力、内存、固化存储介质以及像计算机一样的操作系统，是一个完整的超小型计算机系统，可以完成复杂的处理任务。移动终端拥有非常丰富的通信方式，既可以通过 GSM、CDMA、WCDMA、EDGE、5G 等无线运营网进行通信，也可以通过无线局域网、蓝牙和红外进行通信。

4.2.2 电子商务服务商

旅游电子商务系统作为信息技术服务与旅游业的结合体系，需要有一大批专业化分工者进行相互协作，为旅游企业、旅游机构和旅游者在网络信息系统上进行商务活动提供支持。电子商务服务商便起着这种作用。根据服务内容和层次的不同，可以将电子商务服务商分为两大类：一类是系统支持服务商，即为旅游电子商务系统提供系统支持服务，为旅游电子商务参与方的网上商务活动提供技术和物质基础；另一类是专业的旅游行业电子商务平台运营商，它建设、运营旅游电子商务平台，为旅游企业、机构及旅游者之间提供沟通渠道、交易平台和相关服务。

（1）系统支持服务商

对于系统支持服务商，根据技术和应用层次的不同可分为三类。第一类是接入服务商（Internet Access Provider，IAP），它主要提供互联网通信和线路租借服务，如我国电信企业中国电信、中国联通提供的线路租借服务。第二类是互联网服务提供商（Internet Service Provider，ISP），它主要为旅游企业建立电子商务系统提供全面支持。一般旅游机构和旅游者上网时只通过 ISP 接入 Internet，由 ISP 向 IAP 租借线路。第三类是应用服务系统提供商（Application Service Provider，ASP），它主要为旅游企业、旅游营销机构建设电子商务系统时提供系统解决方案。这些服务一般都是由信息技术（IT）公司提供的，如 IBM 公司曾为一些大型旅游企业提供过电子商务解决方案。有的 IT 企业不但提供电子商务系统解决方案，还为企业提供电子商务系统租借服务，企业只需要租赁使用，无须创建自己的电子商务系统。旅游者主要通过 ISP 上网连接到 Internet，获取信息并订购旅游产品。对于旅游企业或旅游营销机构，根据自身的资金和条件，如果需要大规模发展的，可以通过 ISP 直接连接到 Internet；对于小规模的应用，则可通过租赁 ASP 电子商务服务系统来连接到 Internet。

（2）专业的旅游电子商务平台运营商

专业的旅游电子商务平台运营商起着中间商的作用。它不直接参与网上旅游商务活动。一方面，它为旅游电子商务活动的实现提供信息系统支持和配套的资源管理服务，是旅游企业、旅游营销机构和旅游者之间信息沟通的技术基础；另一方面，它为网上旅游交易提供商务平台，是旅游市场主体间进行交易的商务活动基础。

旅游企业成为网站的会员后，便可以成为网上市场的一员，发布供求信息并开展商务活动，网站则收取服务费和佣金。旅游电子商务平台运营商为旅游企业提供的商务服务形式有三种。一是面向旅游者的网上商厦，它出租一些空间给旅游企业，帮助旅游企业制作介绍其产品和服务的页面，并负责客户管理、预订管理和支付管理等。典型的例子是旅游者可以在专业旅游网站上预订机票和酒店。二是提供旅游企业间合作与交易的同业交易平台，它通过收集和整理旅游企业的供求信息，为供求双方提供一个开放的、自由的交易平台，并提供供求信息发布和管理服务。例如，饭店可对不同的旅行社报价，旅行社通过其注册权限登录后，可以查看报价，或对旅游饭店进行询价。旅行社间可以相互拼团，组团社和地接社间可议价并洽谈合作。三是提供旅游产品拍卖中介服务，如美国的著名旅游网站Bid4vacations.com，它针对美国的旅游饭店和游船旅游客舱普遍存在空房的现象，组织旅游企业将这些闲置资源公布到网上，组织旅游者之间竞价的拍卖服务，有效地均衡了旅游市场供求，从而成为一种有生命力的网上交易服务形式。另外，由于旅游电子商务平台能吸引众多有目的的访问者，它还能为各类旅游机构提供发布新闻和宣传促销信息的渠道，是一种有效的媒体。

专业旅游电子商务平台的特点是规模大、知名度高、访问量大，有巨大的用户群。它像一个虚拟的旅游交易市场，收集并整理旅游市场信息，提供虚拟的交易场所，为参与旅游商务活动的各个方面提供信息通畅的市场环境，降低交易成本，提高商务活动效率。由于专业旅游电子商务平台功能复杂，建设和运营的技术含量高，它通常由专业 IT 公司建设。另外旅游企业通过加盟专业的电子商务平台，可轻松地实现电子商务，而无须自行建设网站。在我国，携程网、中国假日旅游网等旅游电子商务平台的交易量已有一定规模。携程网拥有国内领先的酒店预订服务中心，为会员提供即时预订服务，合作酒店超过 32000 家，遍布全球

138 个国家和地区的 5900 余个城市，有 2000 余家酒店保留房。

4.2.3 旅游目的地营销机构、旅游企业和旅游者

现代旅游商务活动的主要参与者包括旅游目的地营销机构、旅游企业和旅游者。旅游目的地营销机构是目的地旅游形象的整体宣传者和旅游企业营销活动的统筹者。旅游企业包括旅游服务提供商和旅游中间商，生产、组织和销售旅游产品，开展跨地区、跨国度的旅游经营活动。旅游者购买旅游产品并到目的地进行旅游活动，是旅游产品的最终消费者。在信息技术发展的今天，电子商务能为旅游目的地营销机构、旅游企业和旅游者的各种商务活动提供支持，它们是旅游电子商务的应用主体。

4.2.3.1 旅游目的地营销机构

随着旅游目的地竞争的加剧，营销被摆在重要的议事日程之上。在许多国家，旅游目的地营销机构从国家旅游行政管理机构中独立出来，由专门组织负责。负责目的地旅游促销事务的组织是旅游目的地营销机构。这些组织一般都是依据法律成立的法定机构或非营利性组织，公私合营较为普遍，如加拿大旅游委员会、日本国家旅游组织、西班牙旅游促进会等。对于另一些国家和地区，目的地营销职能与管理职能等并列，由政府旅游管理部门统一承担。这时候，政府旅游管理部门的市场司就相当于旅游目的地营销机构。

旅游者之所以来到旅游目的地旅游，是被旅游目的地的形象所吸引。旅游目的地的形象由旅游资源、旅游环境、旅游项目与服务等多因素综合构成，目的地需要策划、塑造、传播积极的、富有吸引力的旅游目的地形象。着眼于此，通常旅游目的地营销机构承担的职能如下。

① 包装和旅行开发：增加新型旅游项目、增加度假地的数量、提高已有产品容量，使这些项目保持在最优数量和容量水平。

② 促销：确保旅游目的地产品与服务最大限度地为目标客户（包括异地代理商和旅游者）所了解。旅游企业的分散促销行为不易形成"合力"，目的地营销机构应该进行促销统筹，集结、整合这些分散的促销之力，使目的地旅游企业在目的地品牌之下开展有统一规划的营销活动。

③ 形象设计和提升作用：策划、塑造、传播旅游目的地形象，保持和提升旅游目的地的良好形象，形成目的地品牌。

④ 拓展分销渠道：使目的地服务与产品的代理分销渠道更为通畅便利，刺激代理商增加销售额。

⑤ 增加或强化旅游目的地旅游信息供应。旅游目的地营销机构是信息网络和旅游电子商务技术的重要应用者。发达国家的旅游目的地营销机构不断紧跟信息技术发展的步伐。20 世纪 70 年代，部分旅游目的地营销机构已率先应用信息技术；20 世纪 80 年代，信息技术主要被目的地营销机构应用于处理复杂的旅游产品数据、制作出版物等方面；20 世纪 90 年代，旅游目的地营销机构开始应用更复杂的硬件设施和软件系统，特别是 20 世纪 90 年代中期以来，多功能的旅游目的地信息系统（Digital Information System，DIS）和旅游目的地营销系统（DMS）已在越来越多的国家和地区被采用。旅游目的地信息系统主要通过网站向旅游者提供全面的旅游目的地信息，包括旅游资源、旅游设施、旅游节事活动、气象、交通、旅游企业、旅游产品及价格等，是旅游目的地宣传的有效手段。旅游目的地营销系统则提供从资讯服务到交流预订的更加完备的功能，比旅游目的地信息系统更具商务特性。它是政府主导、企业参与的旅游电子营销的一种较为成熟的模式，将在有关章节中对其做更详细

的介绍。旅游目的地信息系统和旅游目的地营销系统是旅游电子商务体系的重要组成部分。

4.2.3.2　旅游企业

　　旅游企业是旅游市场的主体。由于旅游产品本身的特点和网络信息手段商业应用的倍速增长趋势，电子商务为旅游企业提供了非常有吸引力的全新市场空间。旅游企业网上业务是非常重要且比较复杂的工作。这是因为：一方面，旅游企业作为旅游商务活动的一方，只有上网才能进行网上商务活动；另一方面，旅游企业作为市场主体，必须为其他参与交易方提供服务和支持，如提供产品信息查询服务、支付结算服务、相关递送服务等。图 4-3 是一个旅游企业电子商务系统结构图。电子商务系统由基于 Intranet（企业内部网）的旅游企业管理信息系统、电子商务站点和旅游企业网络系统组成。

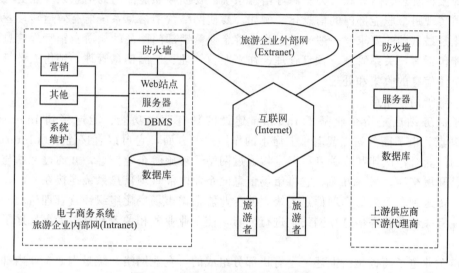

图 4-3　旅游企业电子商务系统结构图

　　（1）旅游企业网络系统

　　当今时代是信息时代，跨越时空的信息交流与传播需要通过一定的媒介来实现，计算机网络恰好充当了信息时代的"公路"。计算机网络是通过一定的媒体（如电线、光缆等）将单个计算机按照一定的拓扑结构连接起来，在网络管理软件的统一协调管理下，实现资源共享的网络系统。根据网络的覆盖范围，一般可分为局域网和广域网。由于不同计算机，其硬件不一样，为方便联网和信息共享，需要将互联网的联网技术应用到局域网中组建企业内部网（Intranet），它的组网方式和 Internet 一样，但使用范围局限在企业内部。为方便旅游企业同业务紧密的合作伙伴进行信息资源共享、保证交易安全，在 Internet 上通过防火墙来防止不相关人员或非法人员进入网络系统，只有那些经过授权的人员才可以进入网络，一般将这种网络称为企业外部网（Extranet）。如果企业的信息可以对外界公开，那么企业可以直接连接到 Internet 上，实现信息资源最大限度的开放与共享。

　　旅游企业在组建电子商务系统时，应该考虑采用不同的策略通过网络与其商务对象进行联系。一般来说，旅游企业可将商务活动对象分为三个层次并采取相应对策：对于特别重要的合作机构，如旅行社分布在不同地方的营业网点，可允许它们进入企业的内部网系统直接访问有关信息；对于与企业业务相关合作企业，企业与它们共同建设 Extranet，实现企业之间的信息共享；对普通的旅游者和一般合作企业，则可以直接连接到 Internet。由于 Internet 技术的开放、自由的特性，在 Internet 上进行交易容易受到外来的攻击，因此旅游企业

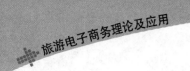

在建设电子商务系统时必须考虑到经营目标的需要，以及保障企业电子商务的安全。否则，就会影响企业电子商务系统的正常运转，甚至导致经营活动的风险。

（2）旅游企业管理信息系统

企业管理信息系统是功能完整的电子商务系统的重要组成部分，它的基础是企业内部信息化。企业管理信息系统是一个有机整体，在企业中收集、处理、存储和传输信息，以支持企业进行决策和控制。企业管理信息系统最基本的系统软件是数据库管理系统（Database Management System，DBMS），它负责收集、整理和存储与旅游企业经营相关的一切数据资料。

从不同的角度，可对信息系统进行不同的分类。根据功能差异，可将信息系统划分为营销、内部流程管理、财务和人力资源等信息系统。要使各职能部门的信息系统能更有效地运转，必须实现每个职能部门的信息化。例如，要使网络营销信息系统能有效运转，营销部门的信息化是最基础的要求。一般来说，为旅游企业营销部门服务的旅游营销管理信息系统的主要功能包括客户关系管理、预订管理、往来账款管理、产品信息管理、销售人员管理，以及有关市场信息的收集和处理。

（3）电子商务站点

电子商务站点是指企业基于 Intranet 建设的具有营销功能、能连接到 Internet 上的 WWW 站点。电子商务站点起着承上启下的作用。一方面，它可以直接连接到 Internet，旅游企业的同业合作伙伴和旅游者可以直接通过网站了解旅游企业信息，并通过网站与企业进行沟通、开展交易。另一方面，它将市场信息同企业内部管理信息系统连接在一起，将市场需求信息传送到企业内部管理信息系统，使企业能根据市场变化组织经营管理活动。它还可以将企业有关经营管理信息在网站上进行公布，使企业业务相关者和旅游者更好地了解旅游企业。

旅游企业电子商务是由上述三个有机部分组成的，企业网络系统是沟通企业内部信息传输的媒介，企业管理信息系统是信息加工处理的工具，电子商务站点是企业拓展网上市场的窗口。因此，旅游企业的信息化是一个复杂的系统工程。

当然，现阶段许多旅游企业对电子商务的实施还远未达到上述水平。一些旅游企业只建设了电子商务站点，而未实现外部电子商务与内部管理系统的衔接，有些旅游企业网站上只提供旅游信息，而无法实现预订和交易。但总的来说，信息技术与旅游行业的结合已为旅游饭店、旅游交通、旅行社、旅游景区景点等企业提供了比较完善的信息化解决方案，并正在推广普及。

4.2.3.3 旅游消费者

潜在的旅游消费者在产生旅游需求以后，首先要了解旅游的种种信息，之后才会有购买行为。对于旅游目的地，旅游者要了解其旅游资源特色、文化与风俗、节日与重大活动、基础设施和旅游服务水平；对于旅游组合产品，旅游者要了解组合产品的内容、旅游活动方式、旅游交通条件、旅游活动范围等，同时，还要了解旅游产品的特色、与其他旅游产品的区别，经过比较分析后，才会做出购买决策。

信息手段在旅游业中的运用为旅游者提供了更充分的信息服务并让旅游者享受查询、预订、咨询及服务等多方面的便利，节省了大量的时间和高额的费用。它也使旅游者从过去信息比较封闭和稀缺的状态进入信息完备而丰富的状态，了解更多的旅游景区景点和旅游产品，增加了选择性，最大限度地满足了消费者的需求。

① 旅行前：信息服务提供旅游目的地信息、与旅游相关的公共信息（包括天气、航班、

列车、公交、其他交通信息、汇率等)、旅游企业信息(如餐厅、酒店、旅行社等)、旅游产品信息;提供旅游者与旅游企业之间的交流渠道,旅游者可通过电子邮件、聊天窗、留言板等与旅游企业进行交流,进行旅游咨询,得到关于旅行安排的建议;提供旅游产品预订,旅游者可通过电子商务平台预订旅游产品,确认订单,进行网上支付即可。

② 旅行中:游客可了解目的地各种情况,查询旅游服务设施,还可以做下一站的行程安排。在旅行过程中,游客需要了解飞机检票、离港起飞的时间以及始发和终点港口的情况。旅游过程的每一个环节都可能导致旅游行程被中断或改变,如由于天气原因而导致飞机延误或取消,由于治理原因而导致行李被误递、交通事故,以及旅游者主动改变行程等。旅游移动电子商务提供商能够帮助用户既节约时间又节省费用地处理在旅途中的突发事件。旅游者在旅游活动过程中还需要各种与当前所处地理位置直接相关的服务内容,如安全救援服务、交通和导航服务、移动导游服务、移动广告服务、基于位置的信息查询服务等。另外,旅游者在旅游活动过程中,可能产生一些事先未设想到的消费欲望,如更改旅游线路、增加旅游景点、获得额外的信息和服务等。传统的旅游电子商务无法解决这些费用的支付问题,游客可能不得不放弃,造成游客的意见或遗憾。而移动电子商务能随时随地完成支付过程,使得旅游活动更加完美。

③ 旅行后:旅游电子商务网站提供了信息交流和反馈的渠道,游客可通过电子商务网站进行投诉、提出建议、填写调查问卷等。旅游企业可将过去接待的旅游者信息纳入客户关系数据库中,定期向其传递符合其偏好的旅游促销信息。

旅游者(潜在旅游者)对电子商务的应用包括获取信息和旅游预订,国外通常把使用旅游电子商务的旅游者分为浏览者和预订者。通常,浏览者是应用网络手段获取旅游信息的人,而预订者通过网络购买旅游产品。但浏览者可能不通过网上途径预订,或不立即购买旅游产品。通过对浏览者和预订者增长情况统计资料的掌握,可以了解旅游者对电子商务的使用和认同程度。

4.2.4 旅游信息化组织

信息化的优势在于互联。开展电子商务不是单个旅游企业的事。如果个别旅游企业建设了完备的电子商务系统,而其业务合作伙伴还没有实现信息化,旅游者对网络的应用也还比较陌生,那么这些企业的电子商务活动依然是难以开展的。只有信息化工作得到了旅游业各方面的参与,才能发挥出作用并得到效益。实施电子商务的旅游企业越多,利用电子商务手段的旅游者越多,旅游业务的信息网络化才能大规模实现,真正起到提高效率、降低成本、加强市场沟通的作用。

4.2.4.1 旅游信息化组织的职能

旅游业的运行涉及旅游目的地营销机构、旅行社、航空公司、酒店、主题公园、景点、汽车租赁、火车、游轮公司、文娱场所、旅游购物中心、展览业等各种旅游、文化、信息传播等多种机构和环节。这些机构分布在不同的地域,规模大小不一,对信息化的认识和应用程度不同,对电子商务的使用参差不齐。旅游电子商务在行业内的普及,需要专业的、广泛服务于行业的引导者、服务者、推动者、规范者。这些工作通常由政府旅游管理部门和旅游信息化方面的专业性机构来完成,在这里我们将其统称为旅游信息化组织。它们的职能如下。

① 推动旅游营销机构和旅游企业更好地在旅游电子商务体系中定位自己,从先进的高新通信技术中获益。包括举办各类交流研讨会,开展教育和培训,介绍旅游电子商务的发展

现状、应用技术、实践动态和实施效果；制作与旅游电子商务有关的出版物、专业期刊报纸和信息网站；致力于加强旅游业和专业信息技术公司之间的交流与合作，促进开发适合旅游业特点的电子商务解决方案；向旅游业界介绍旅游信息化技术，为旅游企业推荐资质优良的电子商务服务商。

② 推进旅游电子商务标准化。旅游电子商务的开展，要实现不同旅游机构之间的平台互联，进行产品信息和交易信息的传输，并要与国际旅游电子商务系统接口，需要开发并推广一套统一的信息格式标准。旅游电子商务标准化还包括旅游电子商务通行规范的制定和推行。

③ 制定旅游电子商务政策法规。政策法规是繁荣旅游电子商务的法律保证。旅游电子商务作为一种新生事物，需要给予政策法规的保护和扶持，在旅游信息网络建设、旅游信息开发、旅游信息网络上的电子交易等各个方面提供法律和政策的保障。旅游信息化组织可参与制定旅游业信息化发展的全局性和长远性的总体规划，确定其法律地位，以促进旅游信息网络建设和旅游信息开发；制定旅游电子商务活动的有关法规，促进旅游业电子商务的健康发展等。

4.2.4.2 主要的旅游信息化组织

（1）国际旅游信息标准化组织"开放旅游联盟"

"开放旅游联盟"（Open Travel Alliance，OTA）致力于帮助旅游行业更好地利用互联网。"开放旅游联盟"是一个自筹资金进行运营的非营利性组织，它联合主要的航空公司、旅游饭店、旅游租车公司、娱乐服务企业、旅行社、全球分销系统、电子商务技术提供商和其他相关机构，共同制定并推广适用于全行业的、开放的旅游电子商务标准。例如旅游电子商务网站建设可采用分布式数据库提供多下级机构或多营业点的分布式管理。在这种情况下，应至少满足以下要求之一。

① 各个分点的数据库应能独立运作，并能定时或人工启动复制到其他节点。

② 各个分点的数据库能独立运作，并能在在线时传递修改记录。

③ 各个分点的数据库在在线状态下能独立运作，并能于在线时将修改记录整合至其他节点。

④ 可以自由定义需要复制的信息。这些标准利用 XML（可扩展标记语言）可实现：不同国家和地区、不同旅游企业的电子商务系统之间的互联和信息互通。旅游者和旅游企业可以通过互联的旅游电子商务平台查到更多的旅游产品信息，便于选择。此标准的推广也能使旅游企业间更好地交换以旅游者行程为中心的信息。

（2）政府旅游业信息化机构和信息化工程

政府旅游业信息化机构，如我国文化和旅游部、地方旅游局的信息中心，负责旅游业信息化的规划、管理、组织和事业发展的职能，在全行业贯彻落实中央关于信息化工作的方针政策，推进旅游业的信息化工作，推进旅游业务处理的电子化、数字化；促进旅游业电子政务和电子商务的发展。在旅游电子商务方面，政府旅游业信息化机构的主要职责如下。

① 制定旅游信息化发展的长期和中短期发展目标和发展规划，指导新型信息化旅游产业的发展，指导各旅游机构在信息化过程中的推进步骤与协调配合，强调旅游业信息化的系统工程性质。

② 加快旅游信息基础设施建设：通过协调电信、广电等网络通信部门，积极推进"三网融合"，实现基础网络资源共享，突破带宽瓶颈。形成覆盖地区广、支持多种接入方式、满足各种网络互联需求的公共城域网。依托公共城域网，建立能满足各种旅游信息业务的多媒体信息服务平台。鼓励各级旅游管理部门、旅游企业以及旅游相关部门都要建立网络链接，鼓励旅游企业在 Internet 上建立主页或建立独立的网站，推动旅游行业电子化、数字化。

③ 强化旅游信息与网络资源开发：通过政府的支持，建立旅游公共信息基础数据库。通过高性能网络和先进网络服务技术，达到旅游信息优化传输和高效应用，促进信息资源的深度开发、有序流通和充分共享。

④ 构建旅游公众信息与旅游电子商务平台：在建设旅游公共信息基础数据库的同时，加快旅游企业经营时共享数据库建设，完善旅游企业业务信息服务体系。根据信息化经营服务的要求，通过网络平台和商务系统应用重新调整旅游企业之间、企业与旅游者之间的相互关系，实现真正意义上的市场平等。推进旅游企业自觉地参与旅游产业结构的优化调整，推动大、中、小型旅游企业的合理配套分工，形成市场环境下以产品和服务质量为核心的平等竞争，形成旅游产业内相互促进、共同发展的良性循环发展格局。

⑤ 营造良好的旅游信息化发展环境：旅游信息化是一项涉及方方面面的系统工程。政府旅游业信息化机构应成为旅游信息化的组织者，要对旅游信息化的建设过程进行管理和调控，形成一个公平、合理、有序的竞争环境。按照市场运作模式，指导、鼓励、扶持旅游企业、网络企业在旅游信息化建设方面发挥作用。加强旅游信息化方面的宣传力度，建立推进旅游信息化的机制，积极培育和扩大信息消费市场。

⑥ 制定旅游信息化的保障措施，包括政府调控，制定适当的优惠政策和措施，合理调控网络资费标准，倡导企业上网工程，促进旅游电子商务发展；拓宽融资渠道，改善投资环境，鼓励和引导在旅游信息化方面的多渠道融资、多元化投入、多形式运营；制定技术规范，建立健全的信息有序流通、资源开放共享的良性机制，建立旅游信息化实施和监督体系，促进信息交流网络化、信息交互规范化、信息管理制度化；加强应用研究，会同有关部门、旅游信息协会和旅游企业，组织有关专家和实际工作者，不断地对信息技术在旅游业中的应用进行总结和研究；强化法治管理，在信息安全、信息真实性、信息价值、信息使用权及不良信息处理，以及在旅游经营者、中介者、消费者、管理者和社会其他对象之间的权益关系等方面，要健全法规，以法律方式来界定、规范和处理。

旅游信息化工程是国家或地区推进旅游信息化、推进旅游电子商务的集中举措。我国的旅游信息化工程是由文化和旅游部信息中心主导建设的"金旅工程"。"金旅工程"是国家信息化工作在旅游部门的具体体现，也是国家信息网络系统的一个组成部分。"金旅工程"规划建设覆盖"全国—省（自治区、直辖市）—重点旅游城市—旅游景区"四级目的地信息系统，充分反映旅游目的地基本信息和旅游企业、产品信息，做到信息权威、准确、实时、通畅。

在促进电子商务方面，"金旅工程"依照国际旅游电子商务行业标准，提供一个全球范围的电子商务运作平台构建的行业标准，提供对旅游电子商务应用环境与网上安全、支付手段的支撑。一方面，它帮助国内旅游企业建立起自己的旅游电子商务，通过互联网络吸引国外用户进入中国进行旅游消费；另一方面，建立与国际电子旅游行业的数据接口，加速我国旅游产业的现代化发展。全国的旅游企业可以通过加入该系统实现电子商务，并在"金旅工程"的支持下获得面向国际营销的机会，拓展海外市场，全面提高中国旅游企业的国际竞争力，同时也让国外旅游者在入境旅游上享受到电子商务的便利。"金旅工程"系统远期目标部署完成后，预计加入电子商务平台的旅游企业将超过 8000 家。

4.2.4.3 其他

在国外，也有通过系统规划建设旅游业电子商务平台、带动旅游企业信息化的电子商务工程实践，例如欧洲的旅游业开放网络工程（Open Network for Tourism Project，On Tour Project），它是由欧洲共同体委员会（Commission of the European Communities，CEC）和其他参与机构共同投资的，其协调委员会由来自欧洲四个国家的六家正式机构和三家协作机构成员共同组成。参与规划和开发建设的机构主要来自旅游管理部门和大型旅游企业。在软件开发和平台建设上，旅游业开放网络工程则集合了著名的软件开发商 German Software、IT 咨询公司 VSS、Bremen 行业技术协会和希腊计算机科学研究院的技术力量。

旅游业开放网络工程的建设，主要目的是增进欧洲共同体各国旅游行业间的信息交流与协作，改善原来那种信息隔离、渠道狭窄的状况。旅游业的竞争力取决于向目标市场提供及时可靠的旅游信息的能力和适应市场变化调整战略的能力。旅游业开放网络工程致力于建设一个功能完备的、开放性的网络平台，使欧洲各国的旅游服务提供商、目的地营销机构、旅游批发商和旅游代理商能通过网络平台进行多渠道网状沟通。欧洲的旅游业开放网络工程如图 4-4 所示。

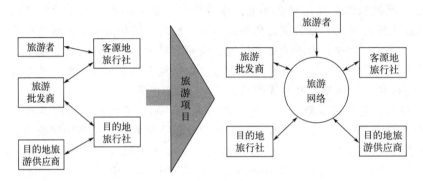

图 4-4　欧洲的旅游业开放网络工程

旅游业开放网络工程的具体目标：利用先进、开放的技术，实现欧洲旅游业的互联互通，增进信息的畅通传播和方便获取，将一对一信息交流转变为多对多信息交流，提高交流效率；建设各类旅游企业参与的电子商务交易平台，提供方便的信息发布、查询、预订、支付功能，提供旅游商务文件的先进传输方式，并保证能更安全地进行旅游电子交易。除此以外，工程还考虑了未来用户数量、功能和技术上的可扩展性。

4.2.5　支付、规范和物流配送体系

网络支付系统需要银行、旅游企业、旅游者和信息技术企业的共同参与，系统中缺少任何一个环节都无法正常进行。旅游业运行还有跨国家、跨地域的特点，需要不同地域电子商务支付系统之间的连通与合作。

4.2.5.1　支付结算体系

网上支付是指电子交易的当事人，包括消费者、厂商和金融机构，通过网络使用安全的电子支付手段进行的货币支付或现金流转。网上支付系统主要包括四个部分。

① 电子钱包，负责客户端的数据处理，包括处理客户开户信息、货币信息以及购买交易的历史记录。

② 电子通道，这里主要指从客户端电子钱包到收款银行网关之间的交易部分，包括商家业务操作处理（负责商家与客户的交流及订购信息的发出）、银行业务操作处理（负责把交易信息直接发给银行）、来往信息保密处理。

③ 电子银行，这里的电子银行不是完整意义上的电子银行，而是在网上交易过程中完成银行业务的银行网关，可以是网上银行、电话银行、手机银行等，主要包括接受转账卡、信用卡、电子现金、微电子支付等支付方式。

④ 认证机构，负责对网上旅游企业、旅游者、收款银行和发卡银行进行身份证明，以

保证交易的合法性。

支付结算是网上交易完整实现的很重要的一环，关系到购买方的信用、能否按时支付、旅游产品的销售方能否按时回收资金，并促进企业经营良性循环的问题。对于一个完整的网上交易活动，它的支付应该是电子化支付。但由于目前电子商务支付环境和社会认同程度不断变化的原因，网上交易还处于初级阶段，许多旅游企业和旅游者还没有接受网上支付这种方式。支付结算是脱离网络进行的，旅游者事先预订了旅游产品，再与旅游企业面对面支付费用。旅游企业之间的支付则采取月结和银行划账的方式。

近年来，各国的支付业务都经历了重大的变革。新的电子支付工具不断引进并投入使用，而且由于科技的发展，其使用成本持续降低。尽管纸质支票依然是最常使用的支付工具，但企业及客户正越来越多地采用电子支付工具，银行卡、网上支付等非现金零售支付业务发展迅速。我国支付体系建设虽然取得了巨大的成绩，但与社会经济发展的现实需要以及支付领域的国际标准相比，尚存在着一定差距，而且发展还不均衡。主要表现在支付体系本身各个要素，特别是大额支付与零售支付之间发展不均衡。我国大额支付系统设计先进、功能完善，接近或达到国际先进水平，但零售支付领域发展相对滞后，非现金支付工具使用率较低，电子化程度较差；城市支付服务与农村支付服务之间严重不均衡。我国在完善支付系统等金融基础设施，完善人民币跨境贸易结算的支付清算机制、支付监管和人民币跨境支付清算体系等方面还需进一步努力，同时还需建立符合我国国情的现代支付体系管理体制，从体制上完善支付体系。

4.2.5.2　电子商务规范

规范是对重复性事物和概念所做的统一规定，它以科学、技术和经验的综合成果为基础，以促进最大社会效益和获得最佳秩序为目的。电子商务规范是电子商务活动的各种标准、协议、技术范本、政府文件、法律文书等的集合，其中标准最重要。电子商务规范的绝大多数内容是以标准的形式存在的，有时规范指的就是标准，而标准也往往被称为规范，两者在许多场合相互混用，并无明显的差异。

影响电子商务发展的因素是多方面的，其中，有的来自于技术手段的可靠性，有的来自于国家法律的认同程度，有的来自于商务管理的严密程度，还有的来自于电子商务相关规范的完备程度等。在上述诸多因素中，电子商务相关规范的完备程度是影响电子商务发展的最基本的因素之一。电子商务规范为其顺利有序地开展提供了技术上的标准。从某种程度上讲，规范化是推动电子商务社会化发展的关键，其作用表现在以下方面。

（1）规范是电子商务整体框架的重要组成部分

在我国电子商务发展总体框架中，电子商务的相关规范被列在了整个结构的首位，与政策法规的地位并列，发挥着对框架中其他组成部分（如实施者和监督者、市场和应用、技术产品和产业、人才、基础设施等）的指导与规范作用，成为电子商务得以开展的前提条件。可以说，没有电子商务相关规范，社会化的电子商务根本无法形成与开展。制定电子商务规范、建立健全电子商务规范体系是当前电子商务发展对标准化工作的需求，也是进一步推动我国电子商务发展的具体措施。

（2）电子商务相关规范的目的是为电子商务提供统一平台

电子商务的建设是一项庞大的系统工程，它不但涉及计算机、通信、信息通信与编码、加密、认证等多种技术手段，还涉及企业、商家、银行、消费者，甚至于海关、法律等众多社会领域。为使构成电子商务系统的各组成部分能够协调一致地工作，确保电子商务健康、协调地发展，基础工作就是规范化，即通过对电子商务各个方面及环节制定、发布和实施各

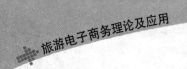

种规范。可以说，电子商务相关规范为建设电子商务提供了一个基础平台，对参与各方起到规范与指导的作用，是实现电子商务社会化发展的根本保证。

（3）电子商务规范是电子商务的基本安全屏障

电子商务规范为电子商务提供了最基本的安全保护。通过相关安全规范的制定，可以预先对那些对电子商务活动安全可能产生不利影响的潜在因素加以防范，做到未雨绸缪。即将一个事件（如技术）或过程（如管理）中所存在的多种形式，在比较与筛选之后，择优而用，确定最优化和最可靠的形式，以规范方式固定下来。在这个过程中，会将一些不稳定的因素排除在外，并在具体的实施中，有效地避免了其他不稳定性因素的影响，从而保证了事件/过程在实施中的最佳状态。电子商务相关规范同样可以起到安全屏蔽作用，为电子商务活动提供最基本的安全保障。

（4）电子商务规范关系到国家的安全及经济利益

规范具有主客观两重性。所谓电子商务规范的客观性是指规范的内容在理论上不存在歧视或不平等性，所反映的是具体技术及其指标、性能和要求；主观性则是指规范的制定者（如国家或组织等）由于具有不同的社会背景，从而在制定规范的过程中会或多或少地从本国的利益及安全方面出发，确定规范中具体有关的指标、参数和性能描述等。因此，不同国家、地区间的规范往往成为利益及安全冲突的一种隐蔽性手段。此外，尽管国外现已有十分成熟、相当完整的电子商务解决方案，但是作为应用级的电子商务系统，这些技术或解决方案未必都能适宜在我国应用。有关加密的算法和密钥的长度等关键技术应属于国家机密，不应由外国公司或政府控制；拥有自主版权的国产电子商务安全产品也极其重要。可见，充分发挥电子商务规范的这种防范功能，可以有效地保护我国电子商务发展的利益和安全。

4.2.5.3 物流配送体系

与其他行业不同，旅游电子商务对物流配送的需求相对较少。旅游产品具有异地购买、当地消费的特点，一个旅行社推广旅游线路，无论消费者身在何处，都需要亲临当地进行消费；消费者预订酒店时，可以在地球的另一端，但是只有亲自入住酒店才能完成这次消费。旅游产品的这种消费特点能够有效地避免电子商务实施过程中商品远距离配送等问题。随着旅游电子商务的纵深发展，旅游商品的展销、运输和仓储等物流配送问题也显得很重要。对于开展旅游电子商务的企业而言，有两种途径管理和控制物流。第一种是利用自己的力量建立自己的物流系统。第二种是通过选择合作伙伴，利用专业的物流公司（快递公司）提供票据递送服务，这是利用社会专业化分工节省资源和提高效率的方式。

建立完善的旅游商品物流体系是我国旅游电子商务发展的关键环节之一。在旅游电子商务环境下，相关旅游企业应建立健全旅游商品物流体系的完整架构，满足服务客户的需要，该物流体系主要包括旅游商品展销系统、旅游商品运输和仓储系统、现代化物流信息系统、递送网络四个子系统。协调好旅游商品的供应链、旅游连锁商业、旅游业虚拟经营与物流管理的关系对旅游商品物流体系的现代化和规模化建设有重要的作用。

总之，旅游电子商务体系是在网络信息系统的基础上由旅游组织（旅游企业与旅游目的地营销机构）、使用互联网的旅游者、旅游信息化组织、电子商务服务商与提供物流和支付服务的机构共同组成的信息化旅游市场运作系统。

4.3 旅游电子商务体系的功能

一般来说，商务活动的过程可被解构为信息流、资金流、物流和人员流。电子商务，是商务活动的电子化，是以现代信息网络手段提供信息流、资金流、物流等的电子化解决方案，提高其效益和效率的过程。信息流、资金流和物流是电子商务体系的核心功能。

4.3.1 旅游电子商务体系的信息流功能

旅游是信息依托型产业，信息流在旅游电子商务体系的三种功能中具有特别突出的重要性。我们将从旅游信息资源、旅游电子商务的信息媒介和信息流过程三个方面来探讨旅游电子商务体系的信息流功能，并认识旅游电子商务信息流的特性和重要意义。

4.3.1.1 旅游信息资源

旅游信息是旅游资源、旅游活动和旅游经济现象等客观事物的反映。旅游信息的范围很广，其中，旅游目的地信息、旅游企业信息、旅游产品信息、旅游者信息、旅游供求信息五大类信息，与旅游者的旅游决策和旅游活动，与旅游企业开展经营和旅游目的地营销机构的活动密切相关，它们是旅游电子商务的重要信息资源。

旅游是一个综合性极强的产业，涉及的信息也是极其综合与复杂的。表4-1、表4-2以旅游目的地和旅游企业为例，说明了旅游信息的复杂结构和复杂要素。表4-3则是旅游电子商务网站的旅游者信息记录，包括旅游者自己填写的项目和网站自动记录的项目。

表 4-1　旅游目的地信息结构

旅游地概况及地区旅游形象	省市概述,地区旅游形象主题,宣传语和形象标识,视觉形象设计,平面、音频和视频旅游宣传制品
旅游资源	山岳景观、江河、湖泊、溪流泉水、森林、草原草甸、雪山冰川、湿地、大漠戈壁、文物古迹、博物馆、洞穴奇石、摩崖石刻、城建雕塑、度假村区、游乐场所、观光农业、园林、历史文化名城、名人故居、历史遗迹、公园景区、寺庙古刹、纪念建筑、主题公园、人造景观等
地方文化	民俗风情(节日节庆、风俗民情、传说典故)、饮食文化、民间艺术、历史、宗教、地方文艺、名人、旅游文学
旅游企业	食、宿、行、游、购、娱各类旅游企业的黄页信息
旅游产品	旅游服务设施、特色旅游线路、单项旅游产品
旅游交通	交通概况：(就省而言)省际公路铁路网络,航空网状况,旅游区间的通达状况；(就城市而言)机场,火车站位置等 交通信息：列车时刻查询、公交车路线全表、其他交通各地发往该城市的航班
当地旅游须知	气候、季节、出游工具、出游交通注意事项、食宿行娱、健康、急救、出境入境、旅游管理方面的特殊规定、旅游常识咨询问答
旅游新闻、公告	旅游业新闻、旅游节事活动、地方重大活动、会议展览、旅游开发与建设、政府及企业活动、旅游行业动态、旅游管理、旅游政策、特殊新闻、招商引资

表 4-2　旅游企业信息结构（以旅行社为例）

旅行社基本信息	名称及类别	旅行社中文名、旅行社英文名、旅行社类别、旅行社业务范围、旅行社所在地
	标识与标志	旅行社形象标识、旅行社宣传语、旅行社简介、旅行社宣传图片
	企业注册	旅行社注册名称、工商营业执照号码、法定代表人、固定资产、开户行、银行账号
	联系方式	旅行社地址、邮政编码、联系人、联系电话、传真、电子信箱、企业网址、预订电话、预订传真

旅游产品信息	旅游线路信息	线路类型、线路销售方式、线路名称、线路广告名称、主题旅游线路类型、出发地、目的地、关键字、行程天数、行程安排、服务等级、相关图片、特别说明/游客须知/注意事项、线路咨询电话、公众价格、同行价、报价币种、出团时间及相关说明
	其他代理产品	客房预订、票务预订
动态事件	企业活动	活动名称、举办时间、活动内容简介、活动安排、备注
	优惠促销	促销产品、优惠价格、优惠时段、优惠宣传文字
宣传与广告	企业新闻和软性宣传	题名、作者、内容、稿件来源、版式设计
	促销广告	广告内容、附注信息、版式设计、广告批号

表 4-3 旅游电子商务网站的旅游者信息记录

信息类别	信息项	信息提取目的
网站注册信息	网站注册使用的用户名、密码、密码遗忘时的提醒	旅游者以注册用户名登录，可以避免在预订过程中重复填写相同的信息，提高预订效率
客户基本信息	姓名、身份证号码、护照/签证信息、年龄、职业、电话、电子邮件、住址等	旅游者概况的描述 市场细分的依据
旅游偏好	如旅游者最希望何时开始旅游；最想搭乘哪个航空公司的哪个航班，经常飞行的次数；最喜欢租用哪种类型的汽车；最愿意住在什么饭店等	服务器存储了旅游者的偏好信息之后，会自动跟踪，为有这些偏好的旅游者寻找符合条件的产品和服务，旅游机构也可利用信息数据库，更有针对性地进行主动营销
感兴趣的旅游目的地	旅游者最希望了解哪些旅游目的地的资讯	根据选择的目的地，提供当地的天气、人文环境、旅游特色和货币兑换等信息
积累客户的消费量	电子商务系统自动统计游客在网站上的预订量，如客房人数、住宿天数、飞行距离等	可作为积分、促销奖励的依据

　　网络信息技术构建了旅游电子商务体系的骨架，而旅游信息资源则是旅游电子商务体系的灵魂，是旅游业电子商务的主要内容和依据。因此，旅游电子商务的关键之一是强化旅游信息的开发。在旅游电子商务发展的初期，旅游网站纷纷建立，而旅游网站上真正能解决问题的信息却相对较少。中国社会科学院汪向东教授指出："在我国，从整体上看，信息资源开发落后于网络建设的现象仍很突出，尤其是信息加工处理、数据库及咨询等业务的发展严重滞后，信息资源开发投入不足，开发深度和广度不够。信息业务品种少、相关成本价格高、适用信息资源欠缺是近期大规模开发信息业务市场亟待克服的三大障碍；而信息资源开发所需标准化体系建设、市场培育和相关政策法规体系建立方面的不足，则是信息资源开发的长期性、基础性制约因素。"加强旅游电子商务体系的信息资源开发是一个长期的、多方参与的系统性工作。

　　旅游信息资源的开发，可以从以下几个方面来衡量。

　　（1）旅游信息的数量

　　旅游电子商务体系的信息应该是"丰富而纵深的"，强调信息的全面、详细程度和个性化程度。旅游信息越丰富，越能增进旅游者对旅游目的地的了解，进而发现旅游者所感兴趣的旅游设施和旅游节目。由于旅游行为日趋多样化，客观上也要求供应商提供全方位的、详细的旅游信息，以满足各类旅游者群体对各种不同旅游信息的需要，进而采取相应的旅游行为。旅游企业和旅游主管部门都应尽力满足旅游者对各种旅游信息的要求。旅游主管部门应提供所管辖区域的全方位的旅游信息，包括食宿、风景名胜区、公园、博物馆、艺术画廊、旅游节目以及出入境管理、卫生检查法律条款、公共交通、天气情况等；提供全方位与详细的信息，如公共交通信息方面提供方式、价格、时刻表、目的地等详细信息。旅游企业重点在于提供详细的信息，如客房方面提供设施、价格等详细信息。同时，信息受众广泛而有所区别，要满足旅游者的个性化需求。旅游信息提供必须同时承担更大范围的公众服务和更加细致有别的个性服务，提供不同旅游者群体和旅游企业所需的不同旅游信息。

（2）旅游信息的质量

旅游信息还应准确、及时，这是对旅游信息在质量上的要求。旅游设施、旅游节目、旅游交通时刻表、天气状况、出入境管理等旅游信息必须准确，以帮助旅游者确定相应的旅游计划或者完成预订的旅游活动。相反，旅游信息不准确，就可能影响到预订旅游计划的完成，例如无法按时抵达目的地。旅游信息的及时性也就是信息的现实性。旅游业是动态的，旅游产品要素、特征和价格随季节、时间而不断变化。房价、票价、旅游节目等旅游信息具有很强的时效性，容易过时，只有及时准确的信息才有应用价值。

（3）旅游信息的标准化

电子商务体系是互联的系统，为方便信息在不同用户间的共享和交互，利于信息的数据库储存和接口传输，需要实现旅游信息的标准化。

4.3.1.2 旅游电子商务的信息流程

旅游电子商务体系需要处理复杂的信息流程，为旅游业中的信息沟通、交易提供服务。其中，不仅包括旅游信息的有序传递，还包括信息的合理组织、再造、提供查询等功能。

旅游电子商务的信息流功能，包括提供旅游业中日常的、开放的信息发布与查询平台，使公共的、可公开的旅游信息能在平台上得到最充分的传播与共享，也包括处理涉及旅游交易的点对点信息沟通。旅游电子商务的信息流可分为基本信息流和交易信息流两大类。

（1）旅游电子商务中的基本信息流

基本信息流是开放的，不涉密的，多对多或一对多的，通常包括：旅游机构（旅游目的地营销机构、旅游企业）在其网站上发布介绍旅游地各种情况的资料、形象宣传以及旅游产品信息，供旅游者查询。旅游机构通过信息中介，即专业的旅游网站发布信息，供旅游者查询。旅游企业之间通过相互访问网站，了解产品和服务，发掘同业合作机遇。旅游者查询旅游信息，向旅游机构网站或信息中介反馈信息，包括登记个人资料、留言、响应市场调查等。旅游机构利用客户信息数据库，主动通过电子邮件等手段向潜在客户发送信息，实现主动营销等。

旅游电子商务中的基本信息流如图4-5所示。

（2）旅游电子商务中的交易信息流

与基本信息流不同，交易信息流是一对一的，封闭的，不作为公开信息发布的。旅游者的旅游产品预订、旅游企业之间的电子交易都是依赖于交易双方之间信息的传递而形成的。旅游电子交易的信息流程如图4-6所示。这些信息流程都可以通过旅游电子商务体系提供的功能实现，包括：权限管理和身份识别、电子商务认证、预订及后台管理系统、电子邮件、手机短信确认、网络信息自动转向传真、语音电话、打印设备等。

4.3.1.3 旅游电子商务信息流的功能特点

旅游电子商务体系不仅能容载、传递大量的信息，而且具有智能化的信息处理功能。正

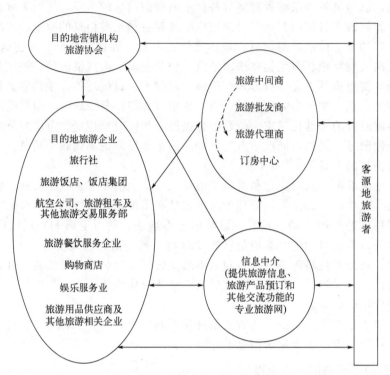

图 4-5　旅游电子商务中的基本信息流

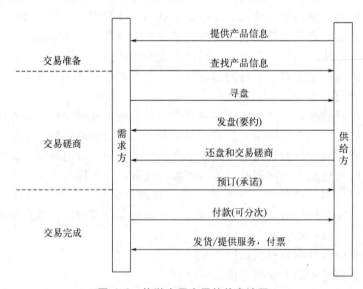

图 4-6　旅游电子交易的信息流程

因为如此，才使旅游电子商务体系具有非常广泛的应用性和生命力。

首先，旅游电子商务体系的信息流提供了便捷的全球化网络沟通联络方式。它的信息容量大，信息传输在瞬间完成且成本低廉。它能传递文字、图片、声音、视频等不同形式的信息，能通过计算机、移动信息终端、城市多媒体触摸屏等多种方式访问，信息沟通是双向的，非常适合旅游业跨地域运作的特点并适合流动中的旅游者使用。

其次，旅游电子商务体系的信息流包含对信息的智能化提取、组织和再造。由于旅游信息量巨大，并且是不断更新的，需要非常好的规划和组织，并且配合先进的计算机软硬件技术，才能实现旅游电子商务体系中信息的有效运营。具体来说，第一，旅游电子商务中信息的输入、存储、表现是有序的。旅游信息数据库采取树型分类结构存储旅游信息，每个信息项都有其时间、关联等属性定义。旅游网站的设计要分析浏览者的信息需求、认知和阅读习惯，以最有效的形式表现旅游信息，并能引导访问者。第二，旅游电子商务体系提供旅游信息的检索和导航，提供旅游服务查询、旅游景点查询、旅游路线查询、旅游企业黄页查询、关键词查询等功能，大大提高了用户获取目标信息的效率。第三，旅游电子商务体系向智能化发展，它能自动记录、分析、整理和反馈信息，如帮助游客进行行程规划并推荐旅游产品；为游客提供咨询，进行公开的产品与服务比较；根据访问者注册时提供的偏好信息，提供内容的个性化定制，定期发送按其偏好制作的电子杂志；自动统计内容访问和产品预订，指导旅游企业的市场策略等。这些功能使旅游信息的挖掘更充分，利用更有效，充分发挥了旅游信息资源在商务活动中的价值。

再次，旅游电子商务的信息流具有可统计性。通过传统的渠道如电视、报纸等传递旅游信息，无法精确监测信息的抵达及利用率。而电子商务网站的流量分析系统，可以对网站流量乃至任意页面的访问流量进行数据分析，分析出最受欢迎的信息栏目，甚至还能监测出访问者的来源地区。旅游电子商务网站的信息流统计分析如表 4-4 所示。

表 4-4 旅游电子商务网站的信息流统计分析

统计分析项目	具体指标
网站流量统计分析	• 站点日每小时进出流量统计 站点 24 小时每小时进出流量报告，以柱状图显示，可查询任意一天每小时的小时进出流量报告 • 站点周每日进出流量统计 站点一周每天的进出流量报告，以柱状图的形式显示，可查询任意一周每日的进出流量报告 • 站点月每日进出流量统计 站点一个月每日的进出流量报告，以柱状图的形式显示，可查询任意一个月每日的进出流量报告 • 站点年每月进出流量统计 站点一年每月进出流量报告，以柱状图的形式显示，可查询任意一年每月的流量统计报告 • 查询分析任意时间范围内的总流量、平均流量、最大流量
网站访问量统计分析	• 站点日每小时访问量统计 一日内每小时的访问人数，可查询任意一天每小时的访问量报告 • 站点周每日访问量统计 一周内每日访问人数统计，可查询任意一周每日的访问量报告 • 站点月每日访问量统计 站点一个月内每日访问量统计，可查询任意一个月每日的访问量报告 • 站点年每月访问量统计 站点一年内每个月访问量统计，可查询任意一年每月的访问量报告 • 分析任意时间范围内的总访问量、平均访问量、最大访问量
网站页面访问统计	查询站点任一页面访问次数 查询站点所有页面访问次数
浏览用户统计	访问站点的用户的浏览器统计 访问站点的用户的操作系统统计 访客的 IP 来自哪个省份 各个省份的访问量统计 最近 40 位访客资料：包括访问的访问时期、时间、IP、操作系统、浏览器、来自何方、访问的 URL
综合分析	分析电子商务网点最受欢迎栏目 各项统计分析报表，按多项查询条件自动生成

4.3.2 旅游电子商务体系中的资金流、物流和旅游流

前面已经介绍过旅游电子商务的支付结算体系和物流体系。在旅游电子商务中，通过信息流、资金流、物流和人员流的有机配合，覆盖完整的旅游业运作过程。

4.3.2.1 旅游商务过程

图 4-7 以旅游者购买旅游产品为例，是一个旅游电子商务过程中信息流、资金流、物流和人员流的完整模型。

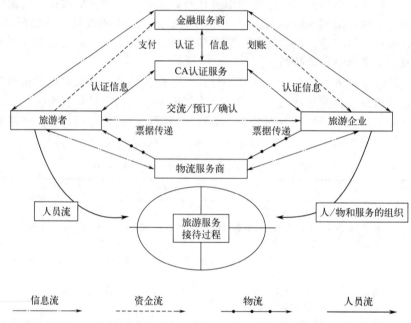

图 4-7 旅游商务过程中信息流、资金流、物流和人员流的完整模型

一个完整的旅游交易过程包括信息流、资金流、物流和人员流。电子商务不但要解决信息的网上交换，还要解决资金的网上交换（电子支付）。旅游商务中的支付可以采取几种途径，旅游者可以通过网站预付，也可以在接受旅游服务时现场支付，还可以采取部分预付、部分现场支付的方法；旅游企业之间可以采取与交易同步的电子支付，也可以采取传统手段，通过银行转账，按月结算。跨越空间实时完成的电子支付，是解决旅游业中预订失信问题和旅游企业之间的账务拖欠问题的最佳选择，是未来旅游支付的趋势。为保证电子支付的正常进行，必须有提供支付的金融机构参与，参与交易者的身份识别由统一的权威机构——CA 认证中心发放的数字证书实现。旅游商务活动中涉及的一些票据须通过相应的物流体系进行配送，承担物流功能的可以是旅游企业，也可借用专业化、社会化的第三方物流服务商的力量。在旅游消费过程中，旅游者向旅游地流动，形成人员流。需要注意的是，在旅游商务活动过程中，这四种流不是独立存在的，它们的关联性决定了整个旅游商务活动过程。其中，信息流与资金流、物流和人员流密切相关，它反映了资金、人和物在流动前、流动中和流动后的状况，记录整个旅游商务活动的流程。信息流是对资金流、物流和人员流的反映和控制，并且贯穿于开放的互联网电子商务系统、业内分销系统和旅游企业内部管理信息系统之中。例如，一个游客在互联网上预订了旅行社的旅游线路，该游客的个人信息和预订信息会存入旅行社组团业务系统中，他通过信用卡向旅游企业预付，资金和关于预付完成的信息

也会传向旅行社。旅行社又将旅游者信息传达给航空公司、饭店及旅游地接社来安排旅游活动，其中伴随着旅行社和旅游服务提供商之间的业务知会和资金支付关系。接下来旅行社将行程信息传递给旅游者，旅游者开始旅游行程。相关的食、宿、行、游等旅游服务企业在预订信息的指导下，做好接待准备并提供旅游服务，服务完成情况也将记录在内部管理系统中，与预订、变更、付款等记录一一对应，完成商务过程的闭环。旅游者的个人信息还可被存入旅游企业的客户数据库，方便今后的营销活动或再次接待。这一系列过程中，旅游电子商务体系发挥着重要的功能，实现旅游业务过程的电子化。

4.3.2.2 物流环节

旅游电子商务的物流主要涉及机票、票据的递送业务。例如我国经营机票业务较早的信天游网站，全国各地设立了 81 家配送商全天 24 小时为 35 个城市的旅客免费提供送票上门服务，这种物流服务构成了完整旅游电子商务体系功能的一部分。物流在旅游电子商务中的比重并不大，但也存在消费者的分布地区分散、递送批量小、频率高等问题，必然导致效率低、成本高的问题。

替代旅游电子商务物流环节的解决方案是电子票务。所谓电子票务，是指通过网络信息技术手段实现远程售票的电子化，包括票种或余量的即时网上查询、网上预订、网上支付、实时出票、本地打印、网下验票等功能。在旅游业中，最多的应用是电子机票和电子门票等。电子票务的出现，可简化旅游电子商务流程、降低成本，同时为客户提供了方便。

4.4 旅游电子商务网络支付与网络银行

4.4.1 旅游电子商务网络支付

电子支付是指以电子计算机及其网络为手段，将负载有特定信息的电子数据取代传统的支付工具用于资金流转，并具有实时支付效力的一种支付方式。从技术角度上看，电子支付包括"网上支付"和"离线支付"两种方式。网上支付方式包括：信用卡支付方式、电子支票支付方式、电子现金支付方式、第三方支付。而手机支付、一卡通、公交卡等因为采用预存款方式，并不需要与银行账号相连，因此称之为"离线支付"，旅游电子商务中应用的大多是网上支付方式。以下是网上支付的方式。

（1）信用卡支付方式

互联网针对消费者商务的交易（B2C 为主）的支付主要通过信用卡来完成。信用卡是银行或金融机构发行的，授权持卡人在指定的商店或场所进行记账消费的信用凭证，是一种特殊的金融商品和金融工具。功能包括：ID 身份功能，证明持卡人身份；结算功能，可用于支付购买商品、享受服务的款项；信息记录功能，将持卡人的属性、对卡的使用情况等各种数据记录在卡中。

（2）电子支票支付方式

电子支票是一种借鉴纸张支票转移支付的优点，利用数字传递将钱款从一个账户转移到另一个账户的电子付款形式。一般通过专用的网络、设备、软件及一整套的用户识别、标准报文、数据验证等规范化协议完成数据传输，从而控制安全性。在交易中，商家要验证支票的签发单位是否存在，支票的单位是否与购货单位一致，还要验证客户的签名。

（3）电子现金支付方式

又称数字现金，是一种以数据形式流通的、通过 Internet 购买商品或服务时使用的货币。即以电子方式存在的现金货币，其实质是代表价值的数字。这是一种储值型的支付工具，使用时与纸币类似，多用于小额支付，可以实现脱机处理。主要有两种形式：币值存储在 IC 卡上；以数据文件存储在计算机的硬盘上。电子现金具有人们手持现金的基本特点，同时又具有电脑网络化的方便性、安全性、秘密性，正逐步成为网上支付的主要手段之一。

（4）第三方支付

就是一些和产品所在国家以及国外各大银行签约、并具备一定实力和信誉保障的第三方独立机构提供的交易支持平台。在通过第三方支付平台的交易中，买方选购商品后，使用第三方平台提供的账户进行货款支付，由第三方通知卖家货款到达、进行发货；买方检验物品后，就可以通知付款给卖家，第三方再将款项转至卖家账户。在中国，第三方支付用得比较多的是"支付宝"支付。

4.4.2 电子支付在旅游电子商务中的应用现状

旅游消费者消费方式的转变促进电子支付的发展。在传统旅游业中，支付方式往往是通过前台支付来完成的，刚刚开始起步的旅游电子商务自然也往往采用这种方式。然而，2006年 10 月 26 日，电子客票全面推行后，旅游消费者的消费方式和消费观念开始微妙转变，促使旅游电子商务企业也开始积极考虑应对方案。在旅游电子商务中，电子支付的需求是不断扩大的。随着电子客票的推行，越来越多的旅客会从"电话订票，送票付款"的传统方式，过渡到"网上支付，实时出票"的全数字化方式。在酒店预订方面，尽管旅游者大多在前台付款，而在旅游高峰期，多数酒店都要求旅游者有信用卡担保或付预订金，由此产生了电子支付的需求。与此同时，全国广泛推行的"交通一卡通"、某些旅游景点推出的基于信息化技术的卡式门票或者数字门票，以及电子支付方式的多样化的迅速普及，也对旅游电子商务活动中对电子支付的需求产生了一定的推动作用。

当前，电子支付为旅游业带来了颠覆性的消费行为变革。借助于 PC、手机等网络平台，游客可以获得更为便捷的服务体验，尤其是第三方支付平台的使用，如支付宝、微信支付等，除为游客提供基础的货币支付作用外，随着功能的不断扩充，还发挥着游客间、景区间、游客与景区之间信息平台的作用。例如：一些第三方支付平台除预订支付功能外，添加了用户评价功能，对相类似的景点提供了排序功能，游客在出行前可以根据其他用户的反馈，预估游玩的时长以及消费，同时对景点内部去处有所了解，起到了提供旅游攻略的作用。

4.4.3 旅游电子商务网络银行

完整的旅游电子商务一般包括信息沟通、资金支付及商品配送三个环节，缺少资金支付，商品配送难以完成。因此，网上银行所提供的电子支付手段对旅游电子商务的发展具有关键的作用，直接关系到旅游电子商务的发展前景。1999 年以来，我国银行网上支付业务也有了重大发展，各大国有和商业银行均陆续推出了网上银行服务，实现了网上支付。截至2020 年底，我国网络支付用户规模达 8.54 亿，较 2020 年 3 月增长 8636 万，占网民整体的 86.4%。

旅游电子商务的发展一方面要求商家和消费者的开户银行提供资金支付支持，有效地实现支付手段的电子化和网络化；另一方面，电子商务的发展也给银行带来了机遇，电子商务技术为突破银行传统的业务模式、拓展和延伸银行的服务提供了有力的武器。它以优质、快捷、全面的服务为人们展现了利用网络银行完成在旅游电子商务的相关应用。

旅游电子商务流程有以下的几个步骤（如图 4-8 所示）。

① 客户在进行在线支付之前，要在自己的计算机里安装一个电子钱包，再到 CA 认证中心申请一个证书，用于在交易的时候和商家、银行做身份证明。做好了这些准备工作以后，客户便可以进行在线支付了。

② 客户通过浏览器连接到网络商店，在网上浏览商品、购物并选择电子钱包中的借记卡进行网上支付。此时，计算机上会出现一个窗口来确认商店，实际上这就是证书在起验证作用，表明这家商店是一家经过认证的真实的商店，这些信息则来自 CA 和支付网关。

③ 客户的订货信息通过 Internet 传递给商户，而支付信息（卡号、密码、金额）加密后通过 Internet 上传网络银行，经银行确认后，给客户和商户答复（批准或拒绝此笔交易）。

④ 银行同时从客户账户中扣除货款，然后把钱划到商户的账户里。

⑤ 商户得到银行肯定答复后，向客户供货。这样就实现了一次完整、保密、安全的网上交易过程。

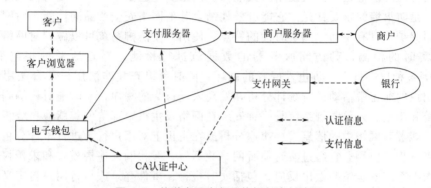

图 4-8　旅游电子商务网络银行支付流程

4.5　旅游电子商务安全体系

4.5.1　旅游电子商务网络访问控制的构建

当旅游电子商务网站接到 Internet 上时，一般是通过路由器连接起来的，在没有防护措施前整个服务器对于外部是完全透明的。攻击者可以通过各类扫描及踩点工具对系统或网站进行扫描和远程探测，搜索被探测网络的安全态势剖析图，根据其安全弱点、端口和一切可利用环节发起攻击。为了保证电子商务网络的安全，最有效的措施就是在企业网和外部网之间建立网络访问控制。

① 防火墙的建立：在建立访问控制过程中，防火墙作为第一道安全防线，起着非常重要的作用。防火墙是一种综合技术，涉及计算机网络技术、密码技术、安全技术、软件技术等多方面。它通常是一种软件和硬件的组合体，用于加强网络间的访问控制。通过部署防火墙，可以使电子商务网络受攻击的可能性降低到最低限度，可以限定被授权的外部主机访问内部网络的有限 IP 地址，保证外部网络只能访问内部网络中的必要资源，与业务无关的操作将被拒绝。由于外部网络对内部网络的所有访问都要经过防火墙，所以防火墙可以监视外部网络对内部网络的访问活动，并记录详细的日志信息，通过分析可以得出可疑的攻击行为。同时防火墙可以进行地址转换工作，使外部网络用户不能看到内部网络的结构，使外部攻击者失去目标。同时可以通过防火墙建立隔离区（DMZ）区域，将电子商务网站服务器放置在 DMZ 中，企业内部用户访问园区内的服务也必须通过防火墙来进行访问，提供更深

一层的防御。

② 用户认证和虚拟专用网（VPN）技术：互联网上的信息传递是利用公众网络进行传递的，无法掌握信息在网络传送过程中是否遭遇到别人的拦截，也无法确认是否有人利用数据或身份传递一些参数，所以企业和交易人的身份认证就显得极为重要，通过建立认证和审核机制可以确认接收到信息的真伪，监视和记录对电子网络的访问。而对于企业内部网或扩展的访问，可以部署 VPN 保证访问的安全性，VPN 技术是通过一个公用网络建立一个临时并安全的连接，是一条穿过混乱的公用网络中临时存在的稳定和安全的隧道。

VPN 的建立可以满足企业内部网的扩展，通过它可以帮助远程用户、企业分支机构、商业伙伴及供应商的内部网络间建立可信的安全连接，VPN 通过加密和建立专有隧道保证数据传输的安全性，非信任区域不通过 VPN 认证，无法访问电子商务网站。

③ 入侵防御技术（IPS）：利用防火墙技术可以为内外网之间提供安全的网络保护，降低了网络安全风险。但是，仅仅使用防火墙保护网络安全还是不够。入侵防御系统是安全技术的核心，是防火墙的重要补充。它能有效地结合其他网络安全产品的性能，对网络安全进行全方位的保护，具有主动性和实时性的特点。使用入侵防御系统可以做到对网络边界点的数据进行实时的检测，对访问服务器的数据流进行检测，有效地发现拒绝服务攻击（DDOS）等各种攻击行为，防止入侵者的破坏。同时可以查找非法用户和合法用户的越权操作，对用户的非正常活动进行统计分析，发现入侵行为的规律，实时地对检测到的入侵行为进行报警和阻断。入侵防御系统是一种安装在网络及主机中部署的集感应、分析和响应的实时装置，能够对网络中的信息进行快速分析或在主机上对用户行为进行审计分析，通过集中控制台来管理、监测。它通过实时侦听网络数据流，寻找网络违规模式和未授权的网络访问行为，根据系统安全策略做出反应，包括实时报警、事件登录或执行用户自定义的安全策略，提供实时的入侵检测记录证据用于跟踪和恢复、断开网络连接等。入侵防御系统能够对付来自内外网络的攻击，缩短发现入侵的时间，主动地去了解入侵者的行为及目的，及早发现来自外部、内部和主机的可疑信息或攻击信号，在系统受到危害前发出警告，并将警告信息记录下来并做出一定的响应。通过使用检测和响应过程可以实现数据资料和系统的保护。

4.5.2　旅游电子商务网站系统安全的构建

旅游电子商务应用的防护：由于攻击手段的日益成熟和改进，即使做了周密的程序安全设计，电子商务网站也无法保证没有安全漏洞，如何保障在新的攻击方式下电子商务网站的安全性，是企业需要面对的重要问题。建立一套自防御的网站防护体系可以最大程度地对电子商务网站进行防范和保护。

自防御的网站防护体系通过建立一种事先、事中、事后的防范机制，不仅可以防范大量的恶意攻击，也能够增加应用的自我防范和修复能力。事先机制需要有一个准确、快速的扫描机制，通过建立自我学习的专家知识库，及时发现电子商务网站应用中的新的各种漏洞、木马、间谍等信息，以便能够及时进行完善和修复；事中机制可以对已经产生的攻击和破坏进行自主的防护和恢复，从而避免攻击带来的严重后果；事后机制可以通过跟踪攻击日志，在安全事件发生前后，通过对用户上网端口、时间、访问地的记录，全面提高用户上网的追溯能力，从而为后期的安全审计分析提供第一手的资料。日志记录、地址簿等功能是一个非常好的追溯手段，在出现问题时可以根据记录迅速查找源头，防止事态进一步扩大，并快速地确认问题，找到问题源，解决问题。

对于整个安全防护体系来讲，安全审计是非常重要的一环。安全审计是保证系统安全审查能力的重要技术支持因素，主要是对网络系统中发生的所有网络事件进行审查，并分析出哪些事件是正常事件，哪些是安全事件。在安全事件中根据威胁程度的不同再进行细分，并提供解决建议，最后生成一个审计报表提供给网络安全管理员。这需要管理员利用网络中的防火墙、IPS以及用户认证系统记录的日志进行分析、比对。

操作系统的防护：服务器作为网络结构中的一个重要组成部分，其安装的操作系统、应用系统的缺陷也是需要引起注意的部分。服务器采用的操作系统平台大部分是 LNIUX、WINDOWS SEVER，这些系统平台早已被发现存在大量的安全隐患，若没有针对这些隐患作相应的处理，会带来许多安全问题。除及时进行系统升级外，还需要从其他方面进行处理，例如关闭不需要的端口、严格控制账号、设置虚拟主机、调整目录和文件的用户访问权限等。定期检查，根据情况进行相应的调整。考虑到病毒在网络中存储、传播、感染的方式各异且途径多种多样，需要构建可靠的防病毒系统进行全方位、多层次的防毒系统配置。

数据灾备保护：在系统运行过程中，由于硬件、软件在发生断电、火灾等各种意外事故，甚至在洪水、地震等严重自然灾害发生时，系统面临着被毁坏的风险，需要考虑数据的灾难恢复问题。通过部署网络存储系统，重要数据可以放置在网络存储上，通过备份软件将数据备份到磁带设备，一旦系统崩溃，其数据可以完整的保留，这样可以在系统硬件和应用受到破坏后及时有效的恢复数据，对于电子商务中非常重要的数据，可以实施异地容灾的方式给予最可靠的保护。

4.5.3　旅游电子商务安全体系的基本协议

旅游电子商务的运行的平台是国际互联网。国际互联网是一个开放性的网络，企业连入互联网开展电子商务的门槛很低，正因如此，电子商务才能得到蓬勃发展。但也同样因为开放性，互联网的安全性相对比较脆弱，网络中充斥着各种风险，威胁着电子商务交易信息，尤其是电子支付信息的安全。如何保证网络中传递的这些敏感信息的安全，是决定电子商务能否普及的一个重要因素。近年来，国际上一些企业和组织相继开发出一系列的网络安全协议，其中电子商务中应用最为广泛的是 SSL 协议和 SET 协议。

SSL（Secure Sockets Layer）协议又称安全套接层协议，是由网景公司推出的一种安全通信协议，它能够对网络中传输的数据提供较强的保护。SSL 是对计算机之间整个会话过程进行加密的协议。在 SSL 中，采用了公开密钥和私有密钥两种加密方法：在建立连接过程中采用公开密钥，在会话过程中使用私有密钥。SSL 协议已成为事实上的工业标准，独立于应用层，可加载任何高层应用协议，适合为各类 C/S 模式产品提供安全传输服务。

SET（Secure Electronic Transaction）协议又称安全电子交易协议，是由 VISA 和 MasterCard 两大信用卡公司联合推出的。SET 主要是为了解决用户、商家和银行之间通过信用卡支付的交易而设计的，以保证支付信息的机密、支付过程的完整、商户及持卡人的合法身份以及可操作性。SET 支付系统主要由持卡人、商家、发卡银行、收单银行、支付网关、认证中心六个部分组成。SET 中的核心技术主要有公开密钥加密、数字签名、数字摘要、数字信封、数字证书等。

4.5.4　旅游电子商务网络安全管理

旅游电子商务网络安全问题归根结底还是属于人的问题，在确定了网络安全技术方案后，必须通过规范的管理来实施安全工作，将安全组织、安全策略和安全技术有机地结合起来，最终实现安全工作的目标。

① 整体考虑，统一规划。安全管理要从整体考虑，大处着手，各个部分相互协调，因为其中最薄弱的部分往往会给整体网络带来致命的问题。

② 以防为主，防治结合。电子商务安全应考虑到各种可能出现的问题而采取相应措施，从根源上防止问题出现，如若出现问题，再进行针对性解决。

③ 集中管理，重点防护。统一设计安全总体架构，建立规范、有序的安全管理流程，集中管理各系统的安全问题，避免安全"孤岛"的出现。

④ 三分设备，七分管理。管理是网络安全的核心，技术是安全管理的保证。没有切实可行的安全保障体系和制度，电子商务的安全就变成空谈。除建立起一套严格的安全管理制度外，还必须培养一支具有安全管理意识的管理队伍。

⑤ 建立中小型旅游企业信用体系。旅游产品往往不能够直观地通过互联网展示，因此旅游电子商务企业的信用问题就开始凸显出来。因此，完善旅游电子商务企业信用发布查询系统，建立中小企业基本信用制度，建立中小企业信用担保体系等，通过构建旅游电子商务市场信用，促进网络支付发展。

⑥ 加强旅游电子商务企业网络支付的安全建设，推动网上支付在旅游业的有效发展与普及，必须从增强"信用保障"入手。一方面，政府应制订旅游电子商务网上支付的相关法律规范；另一方面，企业需要面向市场积极探索各种信用保障机制与措施。下面主要从企业方面进行阐述。首先，旅游企业应积极与知名度、信誉度较高的银行合作，普及信用、电子现金、电子支票等电子支付方式。保证游客所使用的电子支付工具必须由其账户所在的银行发行，游客到与旅行社有业务关系的银行去使用现金购买货币卡，当游客进行网上支付时可以向旅行社和银行同时发通知，将资金从银行的账户上转移到旅行社的账户上。其次，旅游企业的网站应安装防火墙，防止"黑客"攻击，保障网民的隐私权和财产安全，促进网上支付的实施。

4.6　旅游电子商务盈利模式

4.6.1　电子商务盈利模式的内涵及其基本特征

在电子商务中，网络应用技术作为一种实现路径对于整体而言并不是最为关键的，盈利模式才是影响企业生死存亡的举足轻重的首位因素。盈利模式所注重的方面是企业利润的根本来源、形成方式及生成形式。对于运用盈利模式的主体而言，产品和服务是其基础，品牌是其工具，营销是其方法，而盈利则是其根本。

（1）盈利模式的概念

探究"盈利模式"这一概念的理论渊源，主要来自于美国著名的战略管理专家迈克尔·波特的"价值链"概念，以及美国的亚德里安·斯莱沃斯基等四位学者在其合著的《发现利润区》一书中所表达的观点。我国学者石盛林在《优化企业物流系统———一种盈利模式的分析》一文中指出："盈利模式是基于战略层面的以客户和利润为导向的企业资源运营方式，其本质是企业竞争优势的体现，是实现企业理论和价值的最大化。"北卡罗来纳州立大学知名教授米歇尔·拉帕从网络经济学的视角出发阐述了盈利模式的概念，认为盈利模式就其最基本的意义而言，是指做生意的方法，是一个公司赖以生存的模式———一种能够为企业带来收益的模式。盈利模式规定了公司在价值链中的位置，并指导其如何去获利。

盈利模式是企业在市场竞争中逐步形成的企业特有的赖以盈利的商务结构及其对应的业务结构。盈利模式决定任何行业企业的生死，盈利模式决定企业财富价值的等级，盈利模式决定企业核心竞争力价值的高低。迄今为止还没有找到一个明确的盈利模式的企业是没有任何前途可言的，无论企业的规模有多大，只要找不到正确的盈利模式注定会是过眼烟云、昙花一现。在传统经营理念中，大多数的企业高层领导关注较多的是如何建立企业的愿景、制订计划与战略，并强调对人力资源、财务资源和实物资源的管理，而忽略了公司的价值创造过程。然而，在充分竞争的全球化时代，企业的生存和发展不再单单由一个好的朝阳行业、大的市场份额和规范的管理流程来决定，而是取决于企业内以及企业与外部环境的耦合关系，即企业的盈利模式。只有具有独特盈利模式的企业才可能在企业内部环境与企业外部环境的耦合过程中获得持续长久的发展。

关于盈利模式现今并没有一个统一明确的定义，各家众说纷纭，大致上分为两种观点：一种认为，盈利模式是对企业经营要素进行价值识别和管理，在经营要素中找到盈利机会，即探求企业利润来源、生成过程以及产出方式的系统方法；另一种观点认为，盈利模式是企业通过自身以及相关利益者资源的整合并形成的一种实现价值创造、价值获取、利益分配的组织机制及商业架构。还有的学者给出了这样的定义：盈利模式就是指在给定业务系统中各价值链所有权和价值链结构已确定的前提下企业利益相关者之间利益分配格局中企业利益的表现。

我们认为盈利模式简单地说就是企业获得利润的渠道，即通过在市场竞争中逐步形成的企业特有的盈利模式和商务结构来获取利润。企业的商务结构主要是指企业外部所选择的交易对象、交易内容、交易规模、交易方式、交易渠道、交易对手等商务内容及其时空结构，企业的业务结构主要指满足商务结构需要的企业内部所从事的包括科研、采购、生产、储运、营销等在内的业务内容及时空结构，业务结构反映的是企业内部资源配置情况，商务结构反映的是企业内部资源整合的对象及其目的。业务结构直接反映的是企业资源配置的效率，商务结构直接反映的是企业资源配置的效益。

（2）盈利模式的基本特征

盈利模式的基本特征主要有以下几点：

① 盈利模式是企业核心竞争力的具体实现形式，是从运营战略视角对核心竞争力的分析，每一种盈利模式的建立都须有相应的核心竞争力作支撑。

② 盈利模式应以客户需求为导向，发现、创造并满足客户需求是构建盈利模式的前提。

③ 盈利模式不仅仅考虑输入资源在价值链各环节的投入产出比例关系，更关注资源的产出效率。

④ 作为价值获取途径，当下的盈利模式，在未来可能就会变成无利润的。企业要随着客户需求的变化不断寻找新的盈利模式。

⑤ 作为资源运营方式，盈利模式的建立需要有相应的企业设计制度安排等做基础。

4.6.2 旅游电子商务的主要商务模式

目前讨论的旅游电子商务都是基于互联网的一种电子商务，属于开放型的，因此存在多种商务模式。旅游企业的业务存在多种形式，如企业的采购，是属于企业与企业之间的一种业务关系，旅行社采购观光产品或住宿产品，他们的业务仅是在企业之间发生，与具体游客没有关系；又如旅游饭店采购食品、饮料以及客房用品，也是企业与企业之间发生的业务关系。对于旅游企业产品的销售，存在两种业务关系：一种是散客消费者，另一种是企业消费者，是企业客户，他们的业务处理方式存在一定的差异。因此，这些业务通过网络化的电子手段来在线处理，就产生了以下几种旅游电子商务的业务模式。

(1) 旅游企业之间的电子商务（B2B）

企业与企业之间的电子商务（B2B），是目前电子商务中份额最大的一种商务模式。旅游企业之间的电子商务主要包括产品分销、代理、采购、服务协同、拼团等。旅游服务包括食、宿、行、游、购、娱等产品，这些企业之间存在复杂的代理和合作关系。而 B2B 可以提高这些企业协作的效率，有利于实现敏捷的旅游服务。

旅游企业的电子采购不但提高了采购效率，而且还节约了资金，缩短了资金的流通周期，产生了较好的企业效益。因此，电子采购已被大多数旅游集团化企业所采用。

(2) 旅游企业对旅游散客的电子商务（B2C）

企业对消费者的电子商务（B2C）是交易量最大的一种商务模式，如消费者的网络订房、订机票以及预订自由行等产品都属于 B2C 模式。旅游企业与消费散客的电子商务主要通过企业自身的商务网站来实现，以满足个性化旅游的一部分游客，通过网络获取信息、安排行程、客房预订、机船票预订、导游预订等，也可通过网络中介服务或分销机构的网站实现散客的商务操作，如携程旅行网、艺龙旅行网等。

B2C 是属于企业主动提供信息，以吸引散客的旅游动机，其产品展示主要通过网上门店的形式，也可以通过中介服务商提供信息，从而实现旅游产品的销售。

(3) 旅游企业对企业客户的电子商务（B2E）

企业客户是旅游企业经营中的重要客户，如企业的差旅代理服务、外出考察行程服务、员工疗养度假服务等。B2E（Business to Enterprise）是旅游企业对企业类客户开展的电子化服务模式，企业类客户一般指非旅游类企业、机构、机关等，这些客户的考察、员工度假、集体旅游等往往选择与旅行社合作，形成固定的一类客户群体。

B2E 电子商务主要通过互联网信息系统实现业务数据交换，可以帮助非旅游企业解决公务出差、会议展览、度假旅游中的费用问题，减轻费用开销、控制差旅成本，降低与旅途有关的费用。这类商务模式目前发展的势头相当良好，成为旅游企业的主业务之一。

(4) 旅游消费者对旅游企业的电子商务（C2B）

在网络环境中，旅游消费者可以提出旅游产品的心理价位，然后由专门的系统通过分析信息帮旅游消费者寻找提供相应服务的企业，达到交易的目的，这就是 C2B 商务模式。这种商务模式是旅游消费者主动提出服务要求，通过网络发布旅游需求信息，旅游企业获取信息后，双方通过进一步的互动交流达成交易。如旅游消费者的自助游、网络旅游自定线路以及预订心理价位的客房都是这种模式的具体应用。目前这种模式实际操作有以下两种情况。

① 旅游消费者提供一个价格范围，让企业出价。

② 旅游者设计一条线路，吸引其他游客网上成团，然后向企业要价，以提高自己的议价能力。

C2B 模式相较前述集中模式而言还处于起步阶段，目前还在不断完善过程中，但这种模式以后将成为旅游交易中的主流模式，因为随着网络的发展完善，以及中介服务 SaaS 技术服务的普及，将使这种模式得到更为广泛的应用成为主流。另外，在旅游电子商务的模式中，还有企业与政府之间的商务操作（B2G），以及政府与旅游企业之间的商务操作（G2B）。这些商务模式由于目前在市场中所占份额还不是很多，因此这里就不作详细介绍了。

4.6.3 旅游电子商务的主要盈利模式

旅游电子商务是一种全新的服务模式，网站通过对配套服务及服务质量的不断提升，将服务的项目进行细化和深入，从而展现网站的信誉度，提供具有竞争力的折扣体系和会员注册、升级的服务，把客户的关系管理延伸至网络平台上。同时，网站应该采取线下线上相互结合的、多样化的支付手法，有效解决旅游电子商务支付的瓶颈问题，为电子商务的发展营造一个安全、便利和可靠的交易环境。

旅游电子商务盈利模式可以从两方面来理解。狭义地说，就是通过旅游电子商务网站（这样一种通过在互联网上在线销售模式）赚钱的途径和方法。广义上来讲，旅游电子商务就是以电子商务作为载体，以盈利为目的，建立起来的业务机构和商务结构。本节将主要就目前应用较为广泛的旅游电子商务 B2B 与 B2C 的盈利模式进行介绍。

（1）旅游电子商务的 B2B 盈利模式

B2B 电子商务即商家（主要指企业）对商家的电子商务，主要通过互联网或专用网的方式进行活动。此种方式是电子商务中最值得探讨和关注的，因为它具备无限的发展潜力。这一模式主要是通过专门网络增值、网络运行 EDI 的方式进行商务活动，而 EDI 则是商家和商家间进行的电子商务常用模式。B2B 的参与者涵盖范围较广，皆是旅游企业及其他与旅游企业有频繁业务关系的企业，还有为商务旅游提供服务或管理的非旅游类商家、机关和机构，他们使用互联网技术和各类商务网络平台完成交易和服务的过程。这些商务交易的过程包括：订货及确认订货、传送和接收、发布供求信息、确定配送并监控配送的方案和过程、票据签发和支付过程等。给旅游企业提供网络交易平台和其他增值性服务及信息的交流就是 B2B 网站运营模式。这类网站的优势体现在，企业利用网络来进行同行间的询价报价、合作、拼团、供需需求等信息交流，重新整合成新的资源，不仅可以降低成本、节约高昂的通信费、提高产品的透明度、减少空间的差价、提高工作效率，而且可以通过具有竞争力的价格来提高旅游产品的优势。所以，B2B 的电子商务模式是电子商务旅游发展的一大趋势。B2B 伴随着竞争的激烈性，各个网站的差异化减少，而旅游电子商务竞争的重点和焦点已经不再集中在真实性和信息量，而是需要人性化和操作简便的服务，网站所独有的专业技术及功能的完善性。同时加强各种途径的合作是 B2B 旅游电子未来网站发展的道路，如旅游平台和企业之间、政府与国际企业之间、网站与网站之间等各个行业协会和部门的合作都是极为重要的，只有合作才能为企业带来共赢，更好地实现企业价值。

（2）旅游电子商务的 B2C 盈利模式

通过网络平台的双向互通功能，消费者可以在网络上实现购物及支付的交易方式，而企业则需为消费者的这一方式提供新颖的购物场合——网上商店，这种交易模式可以节约企业和消费者彼此之间的空间和时间，节约了开支，提高效率，从而得到迅猛的发展。此种形式的网络电子商务主要以零售业为主，借助于网络平台开展在线营销活动。B2C 的营销模式是国内目前旅游电子商务的主要方式，起步相对较早，如中国旅游资讯网、中华行知网、华夏旅游网为代表的 B2C 旅游网站于 1997 年在中国相继出现，其中中国旅游资讯网和华夏旅游网推出以自助定价、自定行程、网际服务、网络导航为特点的自助游，适应消费者的个性化需求；而中华行知网则定位为互联网的国家地理杂志，以文化旅游为切入点。为扩展境外的旅游市场，康辉旅游公司还为此专门开通了出国旅游的网站，意在为消费者详细地介绍一些关于出国旅游中办理护照及海关、签证、边防等相关知识，便于消费者报名参团旅游。以上为第一代的 B2C 网站，而至 2000 年以艺龙网和携程为主的第二代旅游网站也崭露头角了。艺龙网、携程网这样的全国性旅游预订的服务性网站，在成功运用 IT 技术的基础上利用集中式的呼叫中心，搭建起虚拟性的服务网络平台，支撑起普及全国的预订服务体系，不仅达到了一定的规模而且提高了服务效率，降低了成本。携程还将市场定位为商务旅游和自助旅游，网站则定位为旅游行业的服务中介机构。伴随着社会经济的逐渐发展，旅游者对旅游行业的个性化服务需求越来越多，也越来越重视。走马观花似的粗放式旅游已经无法满足消费者的需求，而深度游及个性游则将会成为居于主导地位的旅游方式，但因为物流服务系统的不够完善，所以短期内没办法深度整合各地的旅游服务资源，因此艺龙、携程之类的旅游网站只能推出一些标准化程度较高的机票预订和星级酒店的预订服务。

（3）旅游电子商务企业主要盈利方式

旅游电子商务的盈利模式多样，下面介绍我国旅游电子商务市场中较为主流的几种盈利模式：

①"佣金"模式。"佣金"模式指的是在线旅游商和酒店、景区、航空公司等供应商合作，通过在网站上向旅游者提供相关信息查询与预订服务，从而帮助供应商扩大销售并增加销售渠道。旅游者通过在线服务商付款购买或预订，而在线服务商会收取相应的"佣金"并充当旅游者和供应商之间的"中介"。扣除佣金后的金额则是供应商的收入。目前"佣金"模式是在线旅游服务商采取的主要盈利方式。携程网和艺龙网便是"佣金"模式的代表。

②"垂直搜索"模式。"垂直搜索"模式就是垂直搜索引擎在旅游领域的运用。在线旅游服务商向旅游者提供搜索引擎和比价服务，顾客可以查到产品的实时价格，获取更多的信息并买到更低价更满意的产品。此类在线旅游服务商通过 CPC 模式（按每次广告的点击收费）和 CPT 模式（按时长付费）获取利润。

③"传统旅行社—网络"模式。此类在线旅游服务商往往是线下旅行社的网上延伸，通常是线下旅行社为了拓宽销售渠道、打响知名度而设立的。旅行社在网站上贩售自己的产品并赚取相应利润。对于旅游者来说，实体旅行社的线上网站可信度更高，而且比起传统方式更方便。

④"网络直销"模式。"网络直销"模式指在线旅游服务商本身并不参与交易，而是作为一个发布和销售平台。供应商可以利用这个平台销售产品。在线旅游服务商收取相应的费用。

⑤"旅游社区"模式。"旅游社区"模式指在线旅游服务商不提供旅游产品，而是作为一个旅游社区，为广大旅游者提供大量旅游信息和交流空间。旅游者在旅游社区中分享、交流旅游相关的内容，获得社交体验。在"旅游社区"模式中，在线旅游服务商通过推出信息广告而盈利。

（4）旅游电子商务未来盈利模式展望

① 旅游网站是旅游电子商务的基础和载体。旅游电子商务离不开旅游网站，网站是实现商务技术的手段而非目的。

② 盈利是旅游电子商务的落脚点。因此旅游网站要搞好定位，确定经营模式，以旅游专业经营为己任，充分利用现代网络技术和 IT 技术，实现盈利。要做到电子网站的盈利，必须有比较丰富的信息量，才有可能保证商务的交易量。实践中那些宣称已经盈利的公司有着共同的特点，即保持自己的核心竞争力，选择了可持续盈利的商业模式，选择了富有潜力的市场。

③ 旅游电子商务保持竞争优势是市场经济取胜的关键。以专业化经营为突破口，旅游电子商务应以旅游为主业，不能什么都经营，结果什么都做不好。专业化经营好处是无论是客户还是业务都日积月累。提供专业服务，时间长了，服务好水平高，就成为品牌，盈利就成为可能。

④ 旅游电子商务盈利并无固定模式。旅游电子商务经营模式不同的时期应该有所差别，在电子商务初期，应充分依靠传统旅游业务，电子商务只是技术手段，此时应采取的模式

是："传统业务＋电子商务"的模式。随着互联网的广泛应用，电子商务与旅游相结合的模式应当以电子商务在旅游业中的创新运用为前提，采用新的流媒体技术和传感技术，实现电子商务旅游，从而使网络上的游山玩水或"预览"景点成为可能。未来电子商务在旅游业务中占有主导性，旅游业务创新处于从属地位。因此，"电子商务＋旅游业务创新"就是下一阶段旅游电子商务的模式。

4.6.4 在线旅游平台盈利模式对比

随着旅游电子商务的不断发展，行业内企业的盈利模式也日渐丰富，现选取我国旅游电子商务行业内居于前列的几家平台从盈利模式和自身定位方面展开对比。

平台	盈利模式	自身定位
携程网	①酒店业务。酒店预订代理费最主要的利润来源。主要通过与旅游地酒店进行合作，从旅游地酒店的盈利口头返还中获得，比例高达25％ ②机票业务。通过与航空公司的合作，从顾客的订票费中获取机票预订代理费，等于顾客订票费与航空公司出票价格的差价 ③在线广告业务。利用其行业龙头优势、品牌影响力、资源优势及丰富的客户流量资源面向市场上众多企业进行广告招商，提供流量变现的途径，从而从中收取相应的广告费用 ④其他业务。包括客户自助游中的机酒预订费用以及相应的保险代理费用等。	中介平台。其目标群体主要为收入在中等及以上水平的商务旅游人士及散客
艺龙网	①酒店业务。酒店佣金是最主要的利润来源。消费者在酒店结账支付，酒店再将佣金依比例返还给艺龙网 ②电子票券。随着电子客票的普及，消费者订票后通过网上支付、现场支付、信用卡支付等方式支付票款给艺龙网，艺龙网提取佣金后再返还票款给航空公司	采取"薄利多销"战略，通过降低佣金比例从而尽可能地签约更多的酒店数量，汇集不同类型不同级别的酒店，进而吸引不同需求的客户，提升客流量
途牛网	①旅游产品及服务。提供旅游线路、自助游、自驾游和公司旅游等零售产品服务 ②获取差价。采用加价模式，从批发商处以较低的批发价格进行统一采购，再自行打包后在自己的网站上进行销售，从中赚取差额利润	在线休闲旅游产品销售主流平台，"跟团游"形式占了主要比例，且其重点面向出境游业务
去哪儿网	①用户。去哪儿网为旅游产品消费者提供旅游信息检索服务，目的是赚取网页流量与网络点击 ②供应商。旅游产品的供应商与去哪儿网的直接经济往来就是其利润主要来源，方式为按效果付费（Pay for perfomance，即P4P）。近年来，其收入中的展示广告业务和按效果付费广告业务均有大幅占比的提升，特别是按效果付费广告，占比已超过95％ ③网页广告收入。网页广告是其第二大收入来源。主要指按照广告展示量以及展示位置向广告投放商收费 ④其他类型收入。第三方支付平台的服务费用收入和团购产品的代销收入	旅游搜索比较引擎。主要为用户提供价格低廉、体量庞大的信息库，拥有数量庞大的客户群体
驴妈妈	①门票差价。通过与景区达成合作，景区门票通常给4～8折给驴妈妈，驴妈妈再给以6～9折的票价售出给用户，之间形成差价就是驴妈妈获取的佣金 ②会员费。与旅游产品供应商进行战略合作，获得相对优惠的价格政策。用户在驴妈妈成为会员后，驴妈妈从中收取会员费	从"中介型网站"向"服务型网站"转型，以自助游为核心，吸引景区商户入驻驴妈妈平台并在平台上做精准推广，从而获得广告费用和其他产业链所带来的延伸收入

纵观行业内各大电子商务旅游企业，几乎每一家企业均有其自身的盈利模式及定位：携

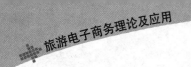

程网主要靠机酒业务外加广告收入盈利；艺龙网靠的是酒店业务佣金盈利；途牛网从各大旅游供应商处采购旅游产品资源，再打包出售利用中间差价进行盈利；去哪儿网主要靠广告业务收入（结合按效果付费的方式）；而驴妈妈靠门票佣金盈利。上述旅游电商平台的盈利模式也大都体现了网络经济的聚集效应和收益递增的优势，即以丰富的信息和产品吸引消费者，同时又凭借规模经济、标准化和高销售量从合作伙伴处获得更优惠的价格。此外，我国的旅游电子商务的交易方式具有明显的中国特色：酒店预订以电话预订、前台支付为主；机票预订以电话预订、上门收付为主；线路预订也以电话预订、网点支付为主。

不同的企业依据自身特点致力于寻求适合自身的发展道路，确定自身的盈利模式，这些具有代表性的旅游电子商务平台为国内旅游电子商务发展提供了不同的经验和模式，同时也代表了今后旅游电子商务发展的趋势和方向，并以此基本确定了中国在线旅游行业的主要格局。

:::::::::::::::::::::::::: **本章案例** ::::::::::::::::::::::::::::

中国 B2C 旅游电子商务盈利模式比较

不同的传统资源背景和不同的旅游电子商务发展理念导致了不同的资源结合方式。携程网于 2000 年 10 月并购了现代运通公司，成为了一个大型的商旅服务企业和宾馆分销商，可以看作是"旅游互联网企业传统化"的代表；而春秋旅游网自 2000 年组建以来一直是作为春秋国旅的一个经营部门来发展的，它在发展的同时也在推动企业的信息化改造，因此可以把它作为"旅游传统企业信息化"的案例。这两种 B2C 旅游网站与传统企业资源整合的方式在目前的国内旅游电子商务发展环境下具有典型性和普遍性。

1. 携程网的盈利模式

携程网的盈利模式主要由网站、上游旅游企业（目的地酒店、航空票务代理商、合作旅行社）和网民市场构成。其目标市场以商旅客户为主，同时也将观光和度假游客列为其重要的目标市场。酒店和机票预订是网站的主营业务，同时，携程网还将酒店与机票预订整合成自助游和商务游产品。对于商旅客户，携程网还提供差旅费用管理咨询等相应服务。

携程网的收入主要来自以下几个方面。

① 酒店预订代理费，这是携程网最主要的盈利来源。虽然携程网也明确了网上支付与前台支付的区别，但是大多只提供到目的地酒店前台支付房费的办法。所以，携程网的酒店预订代理费用基本上是从目的地酒店的盈利折扣返还中获取的。

② 机票预订代理费，这是从顾客的订票费中获取的，等于顾客订票费与航空公司出票价格的差价。

③ 自助游与商务游中的酒店、机票预订代理费，其收入的途径与前两项基本一致。

④ 线路预订代理费，携程网通过与其他一些旅行社的合作，也经营一些组团的业务，但这不是携程网的主营业务。

除了酒店预订大多采用酒店前台支付的办法，对于其他三项的交易而言，顾客既可以选择网上支付，也可以选择线上浏览、电话确认、离线交易的办法。虽然携程网也采取了积点奖励的办法来鼓励网上支付，但是大部分交易还是离线完成的。

2. 春秋旅游网的盈利模式

春秋旅游网的盈利模式则是由网站、春秋国旅总社及各网点、上游的旅游企业（各地分社及合作旅行社、航空票务代理商、目的地酒店）和网民市场构成。其目标市场主要为观光和度假游客。由于春秋国旅强大的资源支撑，线路预订成了网站的主营业务。春秋旅游网推出的所有线路价格均与春秋国旅总社和各分社一样，因此众多的线路选择和实惠的价格无疑成了春秋旅游网最大的卖点。在线路预订上，春秋旅游网采用了旅游线路竞拍的方式，尝试由市场来决定价格的办法。同时，春秋旅游网也经营酒店和机票预订的业务，但大多是通过传统旅行社来完成的。

春秋旅游网的收入则主要是由以下几个方面构成的。

① 线路预订代理费，这是春秋旅游网的主要盈利来源，它在春秋国旅的组团盈利中形成的，通过春秋国旅以盈利返还的形式获得。

② 酒店预订代理费，顾客可以有两种支付方式：一种是预付的方式，由春秋国旅来向目的地酒店预订，另一种就是前台支付的方式。相应网站也就有两种盈利渠道，前者是春秋国旅以盈利返还的方式获得，后者则是以目的地酒店盈利返还的形式实现。

③ 机票预订代理费，通过春秋国旅的订票差价以盈利返还的形式实现。

④ 春秋国旅提供的发展资金，网站本身也是春秋国旅的一个营销渠道和宣传窗口，有相当数量的网民在浏览了网站的信息后选择到春秋国旅的各旅行社进行实地交易，以此作为对网站盈利漏损的补偿和未来发展的支持，春秋国旅总社会向网站提供一定量的发展资金。

对于春秋旅游网提供的产品，顾客可以选择网上支付，也可以选择网上浏览、电话确定、离线交易的办法，同时还可以到春秋国旅的各分社进行购买。但就目前的经营状况而言，后两种支付方式仍然是顾客的主要选择。

（案例来源：冯飞．中国B2C旅游电子商务盈利模式比较研究——以携程旅行网和春秋旅游网为例．旅游学刊，2003，18（4）：70-75．）

案例分析题：

1. 携程网与春秋旅游网的盈利模式相对比较而言，两者的优势和劣势分别体现在哪些方面？
2. 两种盈利模式各有哪些特点？

:::::::::::::::::::::::::::::::::: **本章小结** ::::::::::::::::::::::::::::::::::

旅游电子商务的涉及面十分广阔，功能十分复杂，将旅游电子商务看成一个包含所有旅游相关内容在内的系统，就能够突出旅游电子商务中多方的构成关系，理解各方特点，掌握旅游电子商务体系的内容。旅游电子商务体系在旅游营销机构、旅游企业和旅游者之间搭建了网状沟通平台。在旅游电子商务的每一个节点之间，旅游电子商务体系发挥着信息流、资金流、物流等服务功能，通过增加便利性和效率为它们带来利益。本章从内涵、构成、特点、功能、盈利模式和交易模式等方面阐述了旅游电子商务体系，由此形成对旅游电子商务体系的一个认识性框架。

:::::::::::::::::::::::::::::::::: **复习思考题** ::::::::::::::::::::::::::::::::::

1. 怎样理解旅游电子商务体系？
2. 简述旅游电子商务体系的特点。

3. 简述旅游电子商务体系的功能。

4. 试述旅游电子商务的盈利模式。

5. 试述旅游电子商务的几种交易模式。

6. 举例说明旅游电子商务的盈利模式。

7. 旅游电子商务的网络支付常见的有哪些？

8. 旅游电子商务的网络银行使用情况是怎样的？

9. 旅游电子商务的安全体系如何构建系统安全？

10. 旅游电子商务网络安全如何管理？

讨论题

1. 举例说明电子商务与旅游活动的关系。

2. 举例说明旅游电子商务与旅游业的关系。

3. 举例说明专业的旅游电子商务平台运营商能提供什么样的专业服务。

4. 讨论旅游电子商务交易模式的优劣。

5. 列举构建旅游电子商务安全的方法。

6. 怎样理解电子商务规范的作用？

网络实践题

1. 说出你认为预订系统做得很成功的酒店，并说明理由。

2. 浏览一份杂志中的艺龙网广告，记录艺龙网被提及的次数、背景及比例。

3. 在两个网站注册，查看你是否收到邮件，并确认这些站点与你建立联系的方式。

4. 登录去哪儿网站，观察该网站使用了多少种方法做到了与客户的沟通个性化。

旅游移动电子商务

学前导读

随着移动通信技术的发展和人们对旅游需求的扩大，旅游移动电子商务的发展受到了越来越多的关注。学术界对旅游移动电子商务发展过程中出现的问题进行了研究，商业界对如何利用旅游移动电子商务盈利进行了探讨，消费者对如何运用旅游移动电子商务进行了摸索。

那么，究竟什么是旅游移动电子商务？同传统的旅游电子商务相比有何区别？旅游移动电子商务交易有哪些过程？旅游移动电子商务的支付过程有哪些安全问题？

本章根据上述问题进行展开，旨在初步介绍旅游移动电子商务，为学术界、商业界以及旅游消费者提供一些基本的常识和思考。

学习目标

■ 了解旅游移动电子商务的概念、特点、商业模式、组成等，并能对传统旅游和旅游移动电子商务的特点、优势进行比较；

■ 识别旅游移动电子商务的主要服务模式，掌握旅游移动电子商务的交易流程；

■ 能够识别旅游移动电子商务过程中的移动支付的安全问题，掌握防范措施，针对安全问题的改进方法提出自己的看法；

■ 能根据本章的学习进行旅游移动电子商务的实际应用。

王女士是高校教师，考虑寒暑假在国内旅游，通过携程网、去哪儿网、美团、百度、神州租车等网站，预订了机票和酒店，预先租下了自驾游的汽车。每一次的旅游路线，利用随身携带的移动设备完成了餐饮的预订和支付、查询/预订房间、搜索景点与路线、NFC 支付等相关事宜，同时，在旅游过程，她还利用移动设备与家人、朋友以及学生进行了有效沟通，如组织学生视频会议、在线分享旅游图片和经验等。

谈起这次旅游，王女士表示：进行这样的旅行，以前需要提前考虑行程、餐饮以及风土人情等很多问题，前期需要花费大量的精力去查询，如今得益于移动通信技术和设备的发展，有了移动设备在手，很多事情在旅游途中可以通过移动设备解决，并且效果很好，大大地节约了时间和精力，还带来了不同的体验。此后，她还将进行更多的旅游体验。

5.1　旅游移动电子商务概况

旅游移动电子商务是移动电子商务与旅游的融合，与传统的旅游电子商务有一定区别，本节首先介绍了移动电子商务与旅游的融合，随后介绍了国内外旅游移动电子商务的研究内容，并对旅游移动电子商务的国内外发展进行了总结，最后对传统旅游电子商务和旅游移动电子商务进行了比较。

5.1.1　移动电子商务与旅游的融合

移动电子商务发展迅速为移动电子商务与旅游的融合提供了可能，旅游市场本身的特点是其融合的基础，两者的融合也带来了越来越多的好处。

5.1.1.1　移动电子商务发展迅速是融合的前提

随着通信技术的进步，人们不再满足于利用台式电脑上网获取资讯和进行商务活动，越来越多的人通过移动设备进行上网、移动办公、移动聊天等活动。而全球卫星通信、3G 网络技术、无线网络（Wi-Fi）以及 5G 等无线通信技术的发展，也为移动商务提供了强大的技术支持，移动电子商务应运而生。所谓移动电子商务，指以手机、笔记本电脑、平板电脑等移动通信设备为载体，依托移动通信技术，随时随地完成购物、支付、交易等应用业务，是一种新型的电子商务模式。

移动电子商务的服务内容多种多样，人们耳熟能详的有短信咨询、彩信下载、手机支付、移动定位服务、商务服务、移动广告服务、办公服务、娱乐消费等。移动电子商务因方便易用，已在全球范围内得到广泛应用，在日本、韩国和欧洲发达国家都取得了良好效益，目前，在我国的发展也较为迅速。随着我国移动通信设备用户规模的扩张，5G 通信技术的到来，移动便携设备的更新换代等，移动电子商务展示出了广阔的发展前景。

5.1.1.2　旅游市场的特点是融合的基础

移动电子商务作为电子商务发展的新模式，与物流、金融、旅游等领域快速结合并迅速发展，旅游业是众多行业中比较有代表性的一个。进入 21 世纪，旅游业的发展在经济发展中的地位越来越重，旅游信息化在行业中的地位也日益突出，我国旅游市场的发展呈现出以下特点。

① 大众化。随着人民生活水平的提高，交通条件的改善等，旅游不再专属于高收入人

群，旅游消费主体日益大众化。

②　多元化。旅游者不再满足于传统的团队旅游，更多的人选择自助出游，以自由、个性化、随意的方式开展旅游，旅游形式变得更加多种多样。

③　信息化。旅游业是综合性很强的行业，是典型的信息依赖型产业，自助旅游的盛行，散客旅游的增多，旅游者对信息服务质量的要求也越来越高，旅游信息能否提供及时全面的服务直接影响着旅游者的出游质量和旅游满意度。

基于我国旅游市场的三大特点，移动电子商务与旅游的融合从设想变成了现实，为实现旅游信息化的重要手段发挥着越来越重要的作用。此外，旅游业还具有信息密集型和信息依托型的特性，旅游产品生产和旅游消费在一定程度上存在的时空差异，也决定了旅游业与移动电子商务之间相互依赖、相互促进的关系。

5.1.1.3　移动电子商务与旅游融合的作用

（1）简化旅游票据和支付手段

无形性和不可存储性是旅游产品的两个鲜明特点。与传统生产制造业不同，旅游业是在其服务的同时进行了生产和销售这两个过程，只有当消费者来到旅游目的地之后，相关旅游产品的生产活动才会发生。因此，旅游业可以免去传统制造业和现代电子商务过程中都需要的复杂的物流和配送的问题，票据也就成了非必需的，无票旅行也将发展成为未来旅游电子商务发展的必然趋势。

（2）提高旅游行业的服务水平

旅游与电子商务结合后，可以将旅游业从上游到下游很紧密地联系在一起，包括旅游供应商、旅游中介和旅游者。消费者可以通过旅游网站，十分迅速地得到各种旅游信息，这甚至比具体的旅游服务还更为重要。而一些旅游相关行业也能在网站上获得信息从而提供更优质的服务，包括旅行社、景区、旅游饭店。

举个例子，租车业原本是分散经营，但结合了电子商务之后，就可以借助网站来招揽更多的顾客，这样可以将原来分散的市场利润点有效地集中起来提高了资源利用率的同时也降低了成本。

（3）促进旅游产品的快速交易

电子商务平台的另一优势是，它将旅游产品置于网站之上，使原本看不到的旅游产品有形化。现今社会，信息技术高速发展，各行各业都在借助互联网转型加快发展，旅游业也不例外。电子商务为旅游者提供了全方位的旅游信息，旅游产品借助网络多媒体有了向游客展示其身临其境的机会。旅游网站使更多人足不出户便可实现畅游天下的梦想，无形中积累了数量庞大的潜在游客群体。

（4）满足个性化的旅游服务的要求

随着人们生活水平的提高，人们对于旅游的需求越来越大，同时更加追求自由、舒适的并且可以个人定制的旅游计划。传统的旅游消费中，往往是一些在赶时间、赶路程的高价消费旅游团，花了钱却不能好好欣赏景色，无法满足现代消费者的旅游需求。需求产生市场，市场会随着消费者需求的改变顺时而变，个性化产品将逐渐成为市场主流。而网络则为旅游企业提供了大量的旅游消费数据，通过这些数据就可以分析出游客的消费偏好和行为模式。之后，就可以根据游客特点制定合适的路线、交通出行、酒店预订、观光景点等一条龙服务，最大可能地实现为客户量身定做旅游计划。

（5）降低旅游宣传的成本

互联网便捷了人们的沟通，可以迅速地获得想要的信息，同时具备低成本、高传播能力和丰富多彩的表现形式的特点。企业借助互联网进行宣传，既能保证宣传效果，又能省去传统方式的复杂宣传材料，从而节省了大量的人力、物力和财力，有效地降低了成本。

（6）增强了企业的竞争力

随着市场经济的发展和技术的进步，市场竞争越来越激烈。旅游企业也必须适应复杂的市场竞争环境，通过不断扩大规模、降低成本，来提高收益、稳定市场地位。然而传统的经营方式并不适应新的竞争环境，机构庞大导致管理结构复杂，管理难度增加，相应的经营成本只高不低。电子商务的发展则是为旅游业提供了发展的契机。电子商务不仅可以借助其自身优势降低旅游业成本，提高效率，发现新的利润增长点，还可以增强企业竞争力，使旅游企业更好地适应激烈的竞争环境，实现更好的发展

5.1.2　国内外旅游移动电子商务的主要研究内容

旅游移动电子商务的发展具有重要意义和广阔前景，旅游信息技术的研究开始于 20 世纪 70 年代末，旅游电子商务的研究迅速兴起于 90 年代，国内外学术界早在十多年前便开始了对旅游移动电子商务的探讨，本节将对国内外学术界的主要研究内容进行简要介绍。

5.1.2.1　国外研究现状

从国外的研究来看，主要可以分为四方面。

① 概念探讨。Margaret Bruc、Varshney 以及 Dimitrios Buhalisa 等先后对旅游业的主要科技发展、移动电子商务的概念，以及信息技术与旅游结合的发展进行了研究。

② 基于位置服务的研究。基于位置的服务（LBS），以 Berge、Anilika Hinzel 和 Agn'esVoisar、Jong-Woo Kim 和 Shuchih Ernest Chang 的研究为代表。

③ 移动电子商务与旅游景区的研究。如 Jirm-Shing Cheng 等学者研究了旅游过程中的旅游移动地图和导航服务，以 Android 手机为例建立了一个无线应用平台，该平台集成了GPS、多媒体、谷歌地图等功能，并且结合了旅游地地方特色和文化，研究者认为通过此平台能够大力推动旅游业的发展。

④ 旅游移动电子商务与消费者行为的研究。近来有一些文献集中于游客态度方面的研究，而关于旅游移动电子商务与游客接受度的研究成为热点。这些研究基本都是根据学者Davis 1989 年提出的技术接受模型（TAM）开展，模型包括了感知有用性、感知易用性等变量。

5.1.2.2　国内研究现状

从国内的研究来看，主要分为三个方面。

① 概念探讨。对于旅游移动电子商务的概念、模式进行了界定，其描述各有不同，代表性的观念有刘亚军、刘四青和彭小敏的观念，刘亚军认为旅游移动电子商务是指旅游者通过手机、平板电脑等移动终端与互联网有机结合进行的电子商务活动，包括信息服务、订票服务、位置服务等功能。刘四青认为旅游移动电子商务是指游客利用移动终端设备，通过无线有线结合网络，采用某种支付手段来完成与移动旅游服务提供者的交易活动。彭小敏提出旅游移动电子商务活动是互联网和移动通信网彼此结合，手机、笔记本电脑等工具通过它们所进行的旅游电子商务活动。

② 移动电子商务在旅游的应用以及对旅游的影响。以何佳、刘四青为代表的学者主要进行了这方面的研究，主要从理论上阐述了移动电子商务对于旅游业的积极影响。

③ 研究旅游移动电子商务过程中顾客隐私权的保护。进行该研究的大多是从法律的角度出发，分析顾客在旅游移动电子商务过程中所受到的侵权行为，并从法律的角度给出了建

议，以肖俊鹏的研究为代表。

总体来说，我国的研究还显得不足：首先，很多研究都是遵循国外研究的思路进行，缺少原创性；其次，国内已有的研究主要停留在理论概念的讨论，不够深入，更是缺乏实证数据的支持。

综合已有的国内外研究，本书认为旅游移动电子商务是游客利用手机、平板电脑等移动终端设备，通过无线网络技术进行相应的电子商务活动，是一种移动网络时代的旅游电子商务。

5.1.3 旅游移动电子商务的国内外发展

在欧美等发达国家，互联网早已成为旅游者获取信息的重要渠道。近些年来，全球旅游电子商务得到了飞速发展，旅游电子商务网站以及在线旅游交易的规模越来越大。虽然目前世界各国旅游电子商务发展的速度很快，但是因为电子商务发展的历史短，从诞生到现在才经历了几十年的历程，总体上来说，旅游电子商务依然处于发展的初级阶段，还存在诸多的问题和不足，有待于今后不断改进并采取积极措施来促进它的健康和可持续发展。

5.1.3.1 旅游电子商务在美、欧等发达国家的发展

美国是旅游电子商务的先行者，其旅游电子商务在世界上一直居于领先的地位。从环球旅讯获悉，联盟营销平台 Admitad 的数据显示，2021 年上半年美国的在线旅游销售量增长了 25%，销售总额增长了 18.4%。机票和酒店预订的增长最为显著，增幅分别为 46.4% 和 27.2%。根据 Admitad 的计算，美国是 2021 年旅游销售额增长最快的六个国家之一。其他五个国家分别是阿联酋（+116%）、以色列（+78%）、土耳其（+36.6%）、葡萄牙（+32%）和西班牙（+27.8%）。近几年来，拉美地区在线旅游销售呈现出了爆炸性的增长。在拉丁美洲，越来越多的消费者在线购买旅游产品。

5.1.3.2 旅游移动电子商务的国内发展

近年来随着我国城镇化加速、居民收入水平提高和消费结构的转变，越来越多国民踏上旅行之路，我国旅游业生机蓬勃。虽然 2020 年旅游市场遭遇寒冬，但进入 2021 年，我国旅游经济呈阶梯型复苏、波动式回暖态势，国内旅游人数达到 39.15 亿人次，国内旅游收入达到 3.31 万亿元，同比分别上升 36% 和 48%，分别恢复至 2019 年同期水平的 65% 和 58%。

在上述背景下，我国旅游电子商务也得到了良好的发展，到目前市场已经初具规模，且全覆盖式旅游宣传营销格局基本形成。虽然 2020 年受疫情影响，在线旅游行业受到冲击，在线旅游月活用户规模在 2020 年 2 月跌至最低点，为 0.6 亿人。但伴随着疫情得到有效控制，国家政府陆续积极出台旅游业相应支持措施，如各地方政府、文旅行业发放旅游消费券、2020 年 7 月下旬国家将景区接待游客量上调至承载量的 75% 等。同时，在线旅游平台也积极自救推出"超值套餐"活动，如携程网推出"2020 旅游复兴 V 计划"，启动 10 亿元复苏基金、美团启动"一千零一夜"旅行直播、飞猪推出"随心飞"产品，我国在线旅游行业逐渐复苏。数据显示，截至 2021 年 12 月，我国在线旅行预订用户规模达 3.97 亿，较 2020 年 12 月增加 5466 万，占网民整体的 38.5%。

5.1.4 传统旅游电子商务与旅游移动电子商务的比较

移动电子商务凭借其特有的移动支付和基于特定位置服务的优越性，大大拓宽了传统电子商务的服务范畴。旅游移动电子商务则凭借随时随地的个性化、实时化的贴心服务，解决了旅游产品生产与消费需求的时间和空间差异性，显示出了独到的优势。

传统旅游电子商务与旅游移动电子商务既有区别又有联系，表 5-1 列出了传统旅游电子商务和旅游移动电子商务的主要区别。

表 5-1　传统旅游电子商务和旅游移动电子商务的主要区别

比较项目	传统旅游电子商务	旅游移动电子商务
终端移动性	位置固定	可移动
地理身份	弱	可定位
沟通方式	一对一	多方对话
支付服务	以信用卡为主	多种支付平台
交换关系	卖方控制	客户主导,买方控制
服务传递	互联网上的旅游需求者	移动旅游需求者
服务方式	公司完全服务	客户自助服务
服务范围	主要是旅游前和旅游后的服务	可处理各种紧急情况
商业成本	减少搜索、推广、交易成本	提高了移动员工积极性

5.1.4.1　旅游需求者的角度

从旅游需求者的角度来看，主要的区别有：

① 终端。传统旅游电子商务的终端以个人电脑为主，而旅游移动电子商务的终端以智能手机、平板电脑等为主，终端的移动性不同。

② 地理位置。运用各种 APP 软件，旅游移动电子商务对旅游者的地理位置可以实时跟踪，既方便在旅行中寻找景点，也大大提高了安全性，传统旅游电子商务在这方面做得不够。

5.1.4.2　旅游需求者和旅游提供者的沟通角度

从旅游需求者和旅游提供者的沟通来看，主要的区别有：

① 交流方式。在传统旅游电子商务中，旅游需求者和提供者的交流基本以"一对一"为主，而旅游移动电子商务可轻松实施多方、多平台的交流。

② 支付方式。传统旅游电子商务在支付方式上主要以信用卡为主，而旅游移动电子商务可通过支付宝、微信、网上银行等多种方式进行。

5.1.4.3　旅游移动电子商务的服务角度

从旅游移动电子商务的服务上来看，主要的区别有：

① 服务传递。传统旅游电子商务服务主要依靠贴吧、论坛等互联网方式进行传播，而旅游移动电子商务服务的传递方式更加多样，通过微信、QQ 等社交平台，轻松实现了在移动旅游需求者之间的传递。

② 服务方式。在传统旅游电子商务中，以旅游提供者对旅游需求者提供的直接服务为主，而在旅游移动电子商务中，这种方式已经退居其次，更普遍的是移动旅游需求者通过移动终端的自助服务。

③ 服务范围。在传统旅游电子商务中，对旅游者提供的服务主要是在旅游前和旅游后，而对旅游过程中的众多细节问题比较欠缺，移动旅游电子商务有效弥补了这一点。

5.1.4.4　市场效率的角度

从市场效率的角度来看，主要的区别有：

① 交换关系。传统旅游电子商务旅游提供者占据了控制权，对旅游产品的定价起到了绝对的作用，而旅游移动电子商务，这种关系发生了转变，即旅游提供者必须考虑旅游需求者的各种需求和要求，控制力量转向了旅游需求者。

② 商业成本。在传统旅游电子商务中，商业成本包括了搜索成本、推广成本以及交易成本等，而在旅游移动电子商务中，各种商业成本有所减少，极大地提高了员工的工作积极性。

5.2 旅游移动电子商务的特点与优势

5.2.1 旅游移动电子商务中的旅游需求特点

旅游需求是旅游市场的基础，不仅促进了旅游产品的开发，也促进了旅游服务的信息化发展。根据经济学的需求理论，需求是指消费者既有购买的欲望又有购买能力的有效需求。旅游市场的需求则包括旅游者主体和旅游资源、旅游服务等客体。与其他商品相比，旅游需求有以下几个特点。

5.2.1.1 整体性

旅游者选择旅游产品和旅游服务，是将旅游目的地的食、住、行、游、购、娱等各个方面综合起来考虑，他们的需求具有多面性和整体性。因此，旅游景区产品和服务的各个环节都会影响到旅游者的整体感知和整体满意度。

5.2.1.2 敏感性

旅游者对于旅游地的环境变化反应敏感，不仅在出行之前会充分考虑目的地情况，在旅行途中，身处陌生环境，安全和保障也成为旅游者重点关注的因素。并且对于景区新闻、天气变化等实时资讯有一定要求。

5.2.1.3 差异性

作为旅游消费主体，旅游者的消费需求存在的差异性主要表现为他们会根据闲暇时间的多少、愿意支付费用的多少进行选择消费。并且，旅游者所选择的旅游产品和服务因性别、年龄、职业、收入水平、消费习惯、个人偏好等因素的不同而不完全相同。从而，要求旅游景区为不同的消费主体提供个性化的服务。

旅游需求的特点对移动电子商务运用于旅游业提出了要求，同时也是检验移动电子商务在旅游业中是否适合的标准。

5.2.2 旅游移动电子商务的特点

虽然移动电子商务与旅游业的融合是适宜的，但旅游移动电子商务是一种新兴的电子商务交易形式，不能将其简单地界定为电子商务在旅游行业的延伸和扩展，旅游移动电子商务是电子商务发展到一定阶段所表现出的高级形态，具备电子商务基本特征的同时，旅游移动电子商务还具有一些独特优点。

5.2.2.1 随时随地性

传统线上旅游商务要求旅游者必须在固定的地点（比如家中或者其他接入有线网络的地方）完成相关交易活动，而旅游移动电子商务使用的设备是可以随身携带的迷你设备，所以

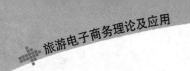

游客可以随时随地浏览旅游信息,甚至购买旅游产品。

5.2.2.2 方便灵活性

由于移动通信网络的特点,借助手机、个人数字助理及缩小版商务笔记本等移动终端工具,旅游者可以根据需求灵活选择浏览方式及付费方式,享受游前、游中、游后的快捷信息查询、网上预订、网上支付等便利服务,服务没有地理位置和时间的限制,尤其是遇到紧急情况,这种方便灵活性更为突出,旅游移动电子商务的这种灵活便捷性也反过来使用户更加忠诚于旅游移动电子商务这一模式。

5.2.2.3 定位精确性

依托于移动终端 GPS 功能,旅游移动电子商务可以提供与位置相关的交易服务,移动电子商务终端的 GPS 不仅可以识别终端位置,还可以根据位置信息提供个性化服务,诸如旅游景点的移动广告就利用了 GPS 定位这一特征。

5.2.2.4 服务个性化

同传统旅游电子商务定位于一台计算机的使用者不同,旅游移动电子商务将用户和商家紧密联系起来,不受计算机或连接线的限制,促使旅游移动电子商务走向了个性化,旅游移动电子商务可以提供依据用户身份、位置、个性化特征等相配套的定制性服务,旅游产品服务需求者完全可以根据需求控制服务方式。

5.2.2.5 沟通及时性

旅游产品的提供者(主要是旅游企业)和游客间的沟通主要是通过移动网络平台,而随着 5G 移动通信技术的发展和移动终端设备的应用,这种沟通越来越及时,越来越全面。这种沟通在解决游客的问题、提高旅游公司的服务质量,进而提高游客满意度方面具有重大作用。

5.2.2.6 发展普遍性

从互联网和移动互联网的用户数量来看,旅游移动电子商务的工具——移动终端用户数量大,发展势头猛,和传统旅游电子商务相比,普遍化程度高。

旅游移动电子商务的上述特点为旅游产品的提供者(主要是旅游企业)带来了更大的盈利空间和发展机遇,为游客提供了更全面、更高质量的服务,同时,借助于移动平台的互动和反馈,旅游企业与游客间产生了良性循环,利于整个旅游移动电子商务产业的进一步发展。

5.2.3 旅游移动电子商务的优势

5.2.3.1 在线旅游前应用优势——营销目标精准化和营销内容丰富化

由于移动电子商务的应用,旅游企业可以有效地借助移动互联网平台实现对在线旅游客户的一对一精准营销,通过发掘客户的模式和定点的移动互联网广告营销,在线旅游产品的供应商与旅游电子商务网站可以提高自身的品牌知名度,并且借由这种移动网络营销技术影响其既有的和潜在的客户群体。

同时,由于移动互联网终端处理能力的提高,旅游电子商务企业可以制作更加丰富的营销方案,通过丰富的移动网络互动,将在线旅游产品立体化、生动化地展现在顾客面前,从而提升顾客的消费意愿。

5.2.3.2　在线旅游间应用优势——信息实时化和支付便捷化

由于移动电子商务具有移动便携的特点，在线旅游产品客户可以随时随地地利用移动电子商务购买在线旅游产品所附加的增值服务，或是在经常处于难以登录互联网的地区和时间段利用移动电子商务来获取其所需的在线旅游信息。移动互联网的技术升级使得无线网络支付已经成为可能，同时由于无线网络终端往往绑定了个人信息，并且终端平台信息被窃取的可能性较普通互联网平台的概率要低，因而移动电子商务在电子商务交易产品的支付手段上具有安全性高的特点。移动电子商务还可以利用自身的支付便捷性和安全性，扩大其在在线旅游服务期间的应用范围。由于旅游移动电子商务所依托的移动互联网终端所具有的多功能性、用户群体广泛性等特点，移动电子商务的开展可以使用户的旅游习惯得到更深层次的挖掘和细节化的体现，所以，旅游产品提供企业可以利用积累的数据挖掘其客户的行为特征，从而提供更有针对性的服务。同时，由于移动电子商务可以利用移动互联终端的信号来判定其具体位置，从而，旅游产品的提供者可以根据客户的位置实施特定的销售和营销活动。结合旅游移动电子商务的诸多特点，旅游移动电子商务的应用优势主要有以下几方面。借助移动互联终端同移动旅游电子商务客户的身份信息等个人机密信息的绑定，便可以移动电子互联终端为中介实现支付功能，进而使得在线旅游客户可以快捷地在旅游途中进行快捷的消费服务结算，特别是在银行终端体系较不发达的地区，移动电子商务客户可以直接借由移动电子终端进行付款。

5.2.3.3　在线旅游的应用优势——客户维持个性化

传统的旅游电子商务实践中，在线旅游企业往往难以对其客户进行进一步的反馈获取及宣传营销，许多企业往往通过对既定客户的电子邮件宣传作为仅有的后续宣传和客户维持手段，而这种粗放式的营销方法往往容易引发客户的反感造成一定的客户流失。而移动电子商务作为一种支持个性化消费的电子商务途径，在在线旅游的应用中具有客户消费习惯易识别、用户跟进宣传易实现的优势。在线旅游电子商务提供商可以采用定制化的宣传服务来定期依照客户的定制要求来向其发送精简的广告，从而保证自身优势产品向潜在回头客的传达，从而提高自身的营销效果，吸引既有客户，从而减少客户流失。

5.2.3.4　移动电子商务与旅游的协同优势

由于网络具有开放性、交流及时便捷、内容丰富等特性是传统媒体所不具备的，促使了传统旅游业迅速融入电子商务，改变了旅游业的管理经营和运营模式。与其他有形产业相比，旅游业特点鲜明，它的产品具有无形性、不可储藏和可重复使用的特点，在旅游产品交易过程中，顾客购买的是无形的旅游服务，随着服务的完成，整个交易过程也告一段落。因此，旅游业对电子商务具有天然的适应性，旅游业需要电子商务来推动行业变革，而电子商务则借旅游业释放其巨大的潜能，移动电子商务与旅游的协同优势具体表现为以下几点。

一是吸引力大，无论移动电子商务创造的市场规模还是用户群体，都给旅游业以巨大的吸引力，旅游业需要争取大规模的用户群体，需要分享其中巨大的经济利益。二是个性化程度高，移动电子商务满足了游客个性化旅游的需要，现在的旅游者要求在旅游前自由组合旅游线路，旅途中的信息沟通及时，旅游后能便捷地反馈旅游感受，并且希望旅游产品的交易能突破时空限制，而移动电子商务恰恰满足了游客的这些需求。三是推广难度小，移动电子商务满足了旅游企业推广的需要。传统的旅游产品推销，不但浪费人力、财力，而且效率低下。电子商务时代的旅游产品宣传虽然便捷高效、成本低，但目标群体的针对性不强。移动电子商务弥补了这一缺憾，通过移动终端，旅游企业可以把旅游产品有针对性地传播出去，既可以吸引新顾客，又能够满足老顾客定制个性化旅游产品的需求。

旅游企业实行电子商务已是大势所趋，每年大量的入境游旅客成为各企业竞相追逐的对象，而那些率先利用最先进的移动电子商务的企业，总能获得更多游客的青睐。正如电子商务刚一出现便与旅游业结合一样，旅游业仍然是移动电子商务理想的应用领域。

5.3 旅游移动电子商务商业模式

5.3.1 旅游移动电子商务商业模式的定义

旅游移动电子商务的运行和发展需要遵循一定的商业模式，什么是旅游移动电子商务商业模式？移动电子商务技术的演进过程是怎么样的？旅游移动电子商务有哪些商业模式？本节将对这些问题进行讨论。

5.3.1.1 商业模式含义

商业模式是一种包含了一系列要素及其关系的概念性工具，用以阐明某个特定实体的商业逻辑。它描述了公司所能为客户提供的价值以及公司的内部结构、合作伙伴网络和关系资本等用以实现（创造、营销和交付）这一价值并产生可持续、可盈利性收入的要素。

5.3.1.2 旅游移动电子商务商业模式含义

旅游移动电子商务商业模式主要指旅游移动电子商务参与者（包括产品提供商、硬件提供商、软件提供商、金融服务提供商、移动数据服务商、游客、物流提供商、平台提供商等）在进行旅游移动电子商务过程盈利的模式。旅游移动电子商务主要参与者及其关系如图5-1所示。

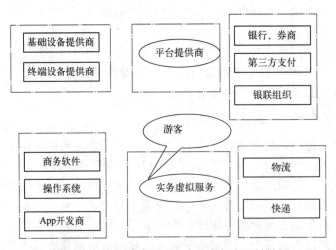

图 5-1 旅游移动电子商务主要参与者及其关系

5.3.2 移动电子商务技术的演进

旅游移动电子商务商业模式离不开移动电子商务技术，移动电子商务的演进经历了如下的阶段并具有以下的特点。

5.3.2.1 移动电子商务技术发展的主要特点

目前，随着通信技术、互联网技术的发展，移动电子商务技术已经发展到了第四代，每一代都有自己的鲜明的特点，具体特点见表 5-2。

表 5-2　移动电子商务技术发展的主要特点

移动电子商务	特点
第一代	以短信为基础的访问技术，存在着很多缺陷，最严重的是时效性较差，查询请求不能得到立即回答
第二代	基于 WAP 技术，通过手机浏览器的方式来访问 WAP 网站，来实现信息的查询，主要缺陷是 WAP 网页的交互性较差
第三代	融入了无线移动通信、移动互联网、智能终端、数据同步、VPN、身份认证等多种移动通信和信息处理的技术，以专网和无线通信技术为依托，提高了系统的安全性和交互性
第四代	融合了光带接入和分布网络，实现了三维图像的高质量传输，集多种无线技术和无线 Lan 系统于一体。满足了移动用户高速率、大容量的业务需求，同时克服了高速数据在无线信道下的多径衰落和多径干扰等众多优势，为移动电子商务的发展提供了更加可靠的机制保障

5.3.2.2　移动电子商务类别细分

根据对移动电子商务关键环节的分析，按终端类型、应用网络、交易平台和交易项目，将其细分如表 5-3 所示。

表 5-3　移动电子商务类别细分

移动电子商务	终端类型	上网本、平板电脑、手机、智能电视、智能眼镜等智能终端设备
	应用网络	2G、3G、5G、WAP、Wi-Fi
	交易平台	B2B、B2C、C2C
	交易项目	金融交易、虚拟物品购买、银行转账、实物购买、酒店预订、旅行预订、市政缴费等

5.3.3　旅游移动电子商务商业模式的类别细分

旅游移动电子商务的产业链各参与方均可以主导产生不同的商业模式，也可由多方共同合作主导形成交叉关联复杂的商业模式，其主要商业模式有：终端制造商为核心的商业模式、移动运营商为核心的商业模式、平台集成商为核心的商业模式、金融机构为核心的商业模式等。以下对主要的商业模式进行介绍。

5.3.3.1　终端制造商为核心的商业模式

这里的终端制造商主导主要指的是提供"设备＋服务"商业模式企业。提供软硬件综合解决方案，以苹果公司最具代表性。这些制造商凭借其在个人电脑业务发展多年的经验，有主导旅游移动电子商务商业模式的能力和优势，具备基础服务能力和运营经验。但是，手机终端不仅仅是传统电子商务新开辟的用户入口，商业模式自然也不能进行简单地复制，特别需要注意用户个性化需求和私人定制。本模式主要采取的"设备＋服务"方式，互联网企业的货物渠道、商品仓储物流以及配送等后台服务体系将继续保持，同时智能手机作为其移动电子商务的入口，终端制造通过多方合作，定制与其特性服务内容相匹配的移动智能终端和特定的移动应用程序。以小型掌上电脑（PDA）为例，借助 PDA 通信工具的旅游移动电子商务是指使用 PDA 设备通过无线或有线下载旅游景区信息，游客在游玩过程中随时可以通过 PDA 相关应用软件来搜索所需信息，并且在无线网络覆盖的地域内，更便捷地享受旅游相关服务。例如，为了宣传优势及旅游产品特色，旅游服务提供商可以将景区详细的相关旅游信息按照游客的要求传送给他们，并基于移动 GPS 服务系统，跟踪提供相关服务，满足游客个性化服务需求，增强旅游满意度。同时，旅游产品服务提供者还应按照旅游者的需求提供查找旅游线路、订餐、租车、订房等基本服务。

（1）主要优势

① 品牌优势明显。终端制造商在传统电子商务领域多年的发展，树立了良好的品牌形象，这对其进入旅游移动电子商务市场具有极大促进作用。一方面，品牌效应使得其在移动电子商务平台易被接受；另一方面，凭借其积累的品牌号召力，更容易开展与旅游移动电子商务上下游产业链各主体的合作，推进旅游移动电子商务的发展。

② 运营能力和管理能力强。终端制造商已搭建了运营完善的服务平台，旅游移动电子商务服务是其 PC 端电子商务平台的手机端入口，它们具有专业化技术和服务团队，广泛的商品渠道和丰富的业务资源、物流、仓储等硬件条件的支持，为其他移动端的发展提供了条件。

③ 移动设备端用户量大。移动端和 PC 端的用户存在一定重叠，PC 端有良好体验的用户，可以随时随地轻松地应用移动电子商务平台进行旅游消费，成了最原始的客户积累，为旅游移动电子商务的发展奠定了良好的客户基础。

（2）主要劣势

① 设备制造商需要具备足够强的吸引力吸引用户，这种模式提供的商品对于消费者的消费行为影响有限，很难大规模复制成功。

② 企业可能过分地依赖原有的电子商务模式、品牌优势、客户群体等资源，从而自我满足甚至复制原有的运营模式，缺少移动电子商务的创新动力。

5.3.3.2 移动运营商为核心的商业模式

移动运营商指提供数据服务的移动通信运营商，我国主要有移动、联通和电信三家及 2014 年新发牌照的虚拟运营商。中国移动、中国联通、中国电信三大移动运营商主导着中国市场，三大运营商具有坚实的技术基础和强大的信息网络，三大网络分布于各行各业，涉及民生的方方面面。正是这三大运营商的高速发展为旅游移动电子商务活动提供了较好的安全无线网络和较成熟的认证支付体系，在此基础上建立的一整套成熟的客服系统、客户资料管理系统为旅游移动电子商务的发展奠定了坚实的基础。借助三大运营商的技术产品，旅游产品服务需求方和提供者可获得基于手机终端的客户资料管理、旅游产品推广等服务。目前，三大运营商都推出了手机信箱业务，手机用户可随时随地使用自己的手机，接收、回复、转发和撰写电子邮件，此外，三大运营商还提供基于位置信息的业务，这些业务涉及支付、信息定位及导航、资料（数据和视频等）应用等诸多方面。

移动运营商为核心的商业模式，主要是移动通信运营商与商业客户或者用户之间建立直接的联系，在商业客户端放置支持非接触交易的 POS 机，在移动用户终端中采用特制的 SIM 卡。移动运营商凭借其在整个产业链信息交汇的核心位置，能控制移动电子商务价值链以及自身终端用户的增值服务，还拥有规模庞大的终端用户群，在开展移动电子商务方面具有先天优势，移动运营商为核心的商业模式的主要特点是"渠道＋平台"。定制手机及内嵌的接入软件为移动电子商务平台的入口建设提供保障。庞大的用户群吸引企业和商家以入驻的方式丰富了移动电子商务平台上的产品线及内容，并为游客提供信誉保障。

（1）主要优势

① 庞大的用户群和信息通道优势。移动运营商处于产业链的核心位置，规模庞大的用户群使得移动电子商务产业链主体都无法绕开移动运营商这一关键主体独立完成对用户的服务，因此移动运营商在移动电子商务产业的发展中具有得天独厚的优势。

② 通信账户小额支付。移动运营商为每一个终端用户设置了通信账户，话费的划、转完成小额的在线支付，满足了资金流的通畅。

③ 完善的计费体系和强大的资本优势。这些都是其他产业链主体缺乏的独特优势。

（2）主要劣势

① 缺乏高度专业化的团队。移动运营商作为通信服务提供商，更多的是经营和提供各类服务，无实物类产品，而移动电子商务企业经营的产品绝大多数都是种类繁杂的实际商品或者虚拟商品；缺乏高度专业化的团队和丰富的电子商务运营经验，与其主营业务相去甚远，很难保障平台有效管理和顺畅运营。

② 目标用户范围封闭，缺乏开放性。移动运营商在各自的领域内开展移动电子商务业务，主要是本网内的用户，有很强的封闭性，违背了移动电子商务开放性特点，不利于移动电子商务平台发展。

③ 低利润率导致动力不足。同主营通信领域的利润水平相比，电子商务的平均利润率要低很多，移动运营商过于控制移动电子商务平台的搭建及其产业价值链，难以有足够的动力去开展移动电子商务的必备活动，如自建商品渠道、独立进行仓储和物流配送等。

5.3.3.3　平台集成商为核心的商业模式

平台集成商为核心的旅游移动电子商务商业模式，是由平台集成商自主整合业务客户，建设与维护业务平台，同时接入多个运营商提供业务服务。平台集成商处于移动电子商务产业价值链的上游，专注于对移动互联网的电子商务服务，从而多样性地满足移动电子商务商户，不断创新服务与运营模式，对移动电子商务用户需求和服务特点有较好的理解与把握，在电子商务行业竞争格局中，占据了一定重要位置。

（1）主要优势

① 为移动电子商务提供全程服务。平台集成商利用其开发团队、研发体系和丰富的客户资源，便于企业或商家为消费者提供更加便捷和个性化的服务方式。

② 准确的市场定位利于创新。平台集成商通过企业管理服务发展，创新电子商务发展理念，改变转移价值观，能够较好地克服传统电商观对移动电商发展的影响和束缚，吸引了大批商家入驻由其搭建的商务平台。以平台集成商为核心的这种发展模式，对于移动电子商务市场用户需求的变化有较好的把握，对其发展新方向更加敏锐。

③ 便于对游客信息进行收集、管理、分析等，使个性化、无条理的信息集成分类，把个性化的服务变为分类规模化的服务，节约了成本。同时在平台上不同企业间便于信息交流，有利于行业的发展和创新。

（2）主要劣势

① 品牌效应不足，用户拓展难度大。以平台集成商为核心的移动电子商务，薄弱的品牌影响力，较低的游客认可度。目前移动电子商务平台还没有一套较为完善的游客服务和保障体系，用户群体不稳定，订单量低，用户拓展面临较大的难度。

② 运营实力薄弱，服务体系不健全。现阶段中国移动电子商务发展应用还主要停留在通过手机终端进行商品咨询及网上购物的需求上。平台集成商为核心的旅游移动电子商务平台，运营团队未完善，服务体系不健全，很难在短期内形成一定规模与互联网为核心移动电子商务相抗衡的商务平台。

5.3.3.4　金融机构为核心的商业模式

金融机构通过开发电子商务业务平台、布放 POS 机，直接使用户与金融机构发生联系。该模式主要适用于手机银行业务，如招商银行的手机银行业务。金融机构的主导业务是大额移动支付业务。各大银行或金融机构提出了移动电子商务金融服务平台，为从事电子商务的企业和个人客户提供产品信息发布、在线交易、支付结算、分期付款、融资贷款、资金托管、房地产交易等服务，增强用户和企业商家的黏度和挖掘大数据的价值，并对传统电子商务模式进行了创新。

金融机构为核心的移动电子商务商业模式，在电子商务服务方面，提供 B2B 和 B2C 客户操作模式，涵盖商品零售、商品批发、房地产交易等领域。在金融服务方面，为客户提供从支付结算、资金托管、信用担保、融资服务的全方位金融服务。旅游者手持移动终端设备，通过移动网站和移动设备的软件等形式进行旅游信息的查询服务。目前查询服务的主要提供者有地方旅游局、旅游在线零售商、第三方软件开发商等，我们以手机为主，具体分析如下。

① 语音方式。旅游者通过拨打固定的服务号码获得旅游服务，这是比较传统的一种方式。中国联通推出的 116114 和中国移动的 12580 服务很大一部分是基于此种需求，手机用户在旅游地拨打这些服务号码，即可查询当地的酒店、饭店信息。

② 手机网站。第一种，Wap 网站。即手机里用安装的浏览器软件（如 IE、Ucweb 等），访问 wap 网站进行信息查询，智能手机和非智能手机都能采用此种形式。当今许多旅游在线零售商网站（例如携程、去哪儿、芒果等旅游专业网站）推出了手机网站，可进行信息查询和产品预订。第二种，Web 网站，即 www 开头的网站。随着 4G、5G 网络的普及，一般的 4G、5G 智能手机采用这种形式直接访问旅游服务网站。

③ 手机短信。短信服务是手机最基本的功能之一，手机短信也能成为旅游企业自我宣传和提供服务的一个重要渠道。作为目前最为成功、应用最为广泛的无线移动通信业务，短信服务在我国具有良好的用户基础。因为短信服务的便捷性和低成本性，它为那些资金、技术力量不是很强的中小旅游服务企业提供了一种较好的发展途径。通过构建手机短信的移动电子旅游平台，完成信息发布和接收，与银行系统相连，通过身份验证进行交易，从而实现与旅游企业的管理信息系统的无缝连接。它的具体功能有：移动信息服务、基于行程的位置导航服务、安全救援关怀服务、移动交通、气候、订餐、住宿等信息管理、移动的客户关系管理及移动的工作流程管理等。由于信用机制不健全，目前大部分短信服务还局限于查询功能。

④ 手机客户端。旅游者通过手机安装的客户端软件，浏览、查询、下载旅游信息。随着智能手机的功能日益强大和便利，这些旅游网站也在手机网站的基础上，研发出适合各种智能手机的客户端软件。这一方式消除了登录网站的烦琐，增强了使用移动互联网服务的安全性和黏度。以苹果公司为例，它的应用商店（App Store）为其用户提供了许多实用的应用程序。截至 2012 年 1 月，应用商店里的旅行分类列表里有 25000 左右个程序。这些应用程序涉及旅游的食、住、行、游、购、娱六大方面，并且每天都有新的程序出现。这些多种多样的应用程序，无异于一个巨大的智囊。有的程序会帮助旅游者快速搜索和预订机票、酒店、租车；有的程序会替旅游者定位陌生城市附近的餐厅、酒吧、商店；有的程序能让旅游者随时随地上传旅游图片，与好友分享游记。这些服务能够伴随旅游者的整个行程，为他们提供智能化的信息体验，提高其旅游满意度。

5.4 旅游移动电子商务的服务组成

由于旅游移动电子商务具有移动性、终端多样性等特点，它与旅游产品的无形性、不可转移性、不可存储性等特点能够很好结合。在传统的旅游过程中，游客对于旅游产品的个性化需求无法完全满足，而且在景区会临时产生更改线路、订餐、订演出票等要求，以个人电脑为主的电子商务不能做到随时随地服务，因此，移动电子商务的出现，可以解决上述问题。这些服务内容也能与游客的需求进行对接。旅游移动电子商务的主要内容包括移动信息服务、移动支付服务、移动定位服务、移动导游服务、移动营销服务。

5.4.1 移动信息服务

旅游业是基于信息的行业，旅游者离开了日常熟悉的消费生活而在陌生的异地进行消费。游客在出游前后及旅游途中，不断接收着有关旅游地情况的信息，旅游地的食、住、行、游、购、娱六大因素由旅游信息来体现。一些研究表明，旅游者做出的决策（特别是对于目的地的选择），很大程度上受到所搜寻到的旅游信息的影响。而有效的信息能够减少旅途中的风险和不确定性，同时也降低了成本。传统的旅游，当他们进行消费决策时，能够依靠的有用信息只能通过电视、宣传册、有线网络等获得。虽然互联网已经成为旅游者搜寻旅游信息和相关产品的最有效途径之一，但是旅途中，旅游者对于信息的需求同样重要。

目前，移动电子商务主要提供诸如短信息服务、多媒体信息服务、移动银行业务、移动交易、移动订票、移动购物、移动娱乐、移动无线医疗等信息服务。

5.4.1.1 移动交易

具体应用如股票交易，即用户的移动设备可用于接收实时财务新闻和信息，也可确认订单并安全地在线管理股票交易。

5.4.1.2 移动订票

具体应用如预订机票、车票和入场券等。如，移动电子商务使用户能在票价优惠或航班取消时立即得到通知。

5.4.1.3 移动购物

即用户能够通过移动通信设备进行网上购物。如订购鲜花、礼物、食品或快餐等。

5.4.1.4 移动娱乐

用户不仅可以利用移动设备收听音乐，还可以订购、下载特定的曲目，而且可以在网上与朋友们玩交互式游戏等。

5.4.1.5 移动无线医疗

这种服务是在时间紧迫的情形下，病人家属能够向专业医务人员提供关键的医疗信息。

5.4.2 移动定位服务

移动定位服务，也称作基于位置的服务（Location-based Service，LBS）是指通过移动运营商的无线网络（如 GSM 网、CDMA 网、PHS 网等），获取移动终端用户的位置信息（经纬度坐标数据），并在电子地图平台的支持下为用户提供相应服务的一种移动增值业务。

旅游是一种搜寻、选择、规划旅游目的地的产品和服务的过程，包括相关的景点、住宿、饮食、娱乐活动等服务。而根据游客的实际位置，如何提供专业化、个性化的信息就显得尤为重要。移动定位服务能提供交通导航、位置跟踪查询、移动救援、移动医疗等服务。移动定位在旅游移动电子商务中的具体应用主要包括以下几类。

5.4.2.1 移动导游服务

传统旅游电子商务主要采取了导游员或者讲解员的讲解服务，但是，随着外国游客的增

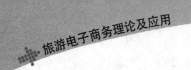

多，小语种导游的紧缺，导致很多外国游客由于语言障碍对游览景点的历史文化资料了解甚少。再者，人工导游服务会产生高分贝的噪声，一些景点有降低噪声的要求，而旅游移动电子商务应用最广泛的是电子导游机。有些室内景点如博物馆会采用电子导游服务，游客在展馆内自己拿电子导游机听讲解，避免了人为噪声对于展馆的破坏。基于手机等移动设备的移动导游系统是未来电子导游技术发展的主流，一些手机软件也开发出了语音导游服务。

5.4.2.2 旅游过程中的人身安全紧急救助

利用移动定位业务，手机的持有者只要按几个按钮，警务中心和急救中心在几秒钟内便可知报警人的位置而可以提供及时的救助。美国已规定 2001 年 10 月之后所有手机必须具有定位报警功能。在我国可应用在人身受到攻击危险时的报警、特殊病人的监护与救助、独生子女位置的监护与救助、生活中遇到各种困难时的求助需求等。

5.4.2.3 机动车反劫防盗

与目前其他几种防盗系统相比，移动定位业务所采用的系统具有突出的优点，包括：系统体积小，重量轻，可放置机动车任意位置而不易被窃车者发现；不受遮挡的影响，室内室外均可实现定位；与 GPS 定位相比，成本低，若使用手机作为定位终端价格可在千元以下；定位系统的安全运行可完全由有关部门自主监控。

5.4.2.4 与位置相关的信息服务

移动定位业务可提供与位置相关的各种信息服务。当用户在陌生地区想知道距离最近的商店、银行、书店、医院时，只需数秒手机显示屏上便可出现所需的位置信息。当用户随时随地想购买自己喜欢的商品时，定位系统与信息数据库结合可引导用户购买。还可和互联网站商合作，为用户提供丰富的信息服务。

5.4.2.5 广告

广告商在定位业务中插入广告业务的具体做法是在用户接收定位信息服务显示前增加 1～2 秒钟广告显示，可达到好于一般纸页广告甚至电视广告的效果。

5.4.2.6 友情、娱乐性服务

用户可利用定位系统随时获知朋友的位置、发出问候信息。可和朋友玩基于位置的游戏。

5.4.3 移动支付服务

移动支付就是允许用户使用其移动终端（通常是手机）对所消费的商品或服务进行账务支付的一种服务方式。单位或个人通过移动设备、互联网或者近距离传感直接或间接向银行金融机构发送支付指令产生货币支付与资金转移行为，从而实现移动支付功能。移动支付将终端设备、互联网、应用提供商以及金融机构相融合，为用户提供货币支付、缴费等金融业务。

5.4.3.1 移动支付服务发展迅猛

根据市场研究机构 Statista 发布的数据，全球移动支付市场规模从 2015 年的 4500 亿美元左右，到 2020 年已经增长到超过 1.5 万亿美元，年均复合增长率超过 20%。预计到 2024 年，全球移动支付市场规模将达到 3 万亿美元左右。

在移动支付服务的应用领域，数据也显示出不俗的增长动力。据国际数据公司（IDC）

发布的报告，2020 年，全球移动支付总交易额超过 1 万亿美元，而中国移动支付交易额则占了全球移动支付市场 70％以上的份额，达到超过 5.5 万亿美元。

此外，随着移动支付的普及，越来越多的商家和用户开始借助移动支付建立信用记录，提升福利享受和金融服务的质量。根据近期公开数据，中国移动支付用户数已经超过 9 亿，其中，支付宝和微信成为中国 70％以上的第三方支付服务使用者，其他市场如欧美、日本、印度等也开始快速跟进和发展。

5.4.3.2 移动支付的支付方式

移动支付主要分为近场支付和远程支付两种，所谓近场支付，指的是使用手机射频（NFC）、红外、蓝牙等通道，实现与自动售货机以及 POS 机的本地通信。简单来说，就是像刷"羊城通""校园卡"一样"刷手机"，实现短距离小额支付。移动近场支付被视为移动支付中最重要，也是最容易实现的一种支付方式。远程支付是指通过发送支付指令（如网银、电话银行、手机支付等）或借助支付工具（如通过邮寄、汇款）进行的支付方式，如掌中付推出的掌中电商、掌中充值、掌中视频等属于远程支付。

5.4.4 移动营销服务

移动营销指面向移动终端（手机或平板电脑）用户，在移动终端上直接向分众目标受众定向和精确地传递个性化即时信息，通过与消费者的信息互动达到市场营销目标的行为。

移动营销早期称作手机互动营销或无线营销。移动营销是在强大的云端服务支持下，利用移动终端获取云端营销内容，实现把个性化即时信息精确有效地传递给消费者个人，达到"一对一"的互动营销目的。移动营销是互联网营销的一部分，它融合了现代网络经济中的"网络营销"和"数据库营销"理论，亦为经典市场营销的派生，为各种营销方法中最具潜力的部分，但其理论体系才刚刚开始建立。移动营销的主要传播平台是移动设备，能向游客精确地传播即时信息，并进行信息互动和个性化服务。移动营销服务具有以下优势。

5.4.4.1 精准传播

由于每部移动设备都对应着一个用户，移动营销可以实现精准的"一对一"个性化营销。

5.4.4.2 灵活快速，到达率高

移动营销能使旅游企业与游客的互动更为灵活，可快速掌握市场动态和游客的需求。移动广告（以短信为例）相比传统的报纸杂志广告更快速、更有针对性，游客更易接受。

5.4.4.3 快速定位

位置服务是移动商务的主要特色。例如促销活动与定位服务的结合，旅游者可用手机搜索附近的电子优惠券，直接去特定地点消费。

5.4.4.4 经济性

营销成本相对较低。所传播的数字化信息节省了传统的实物成本和高额广告费用。

5.4.4.5 互动性

移动营销的互动性更具优势，例如游客短信回复、网络回帖留言可快速用于客户关系的维护，有效地进行售后跟踪调查，还可以利用同游客的互动改善旅游服务过程的不足和缺陷，改进服务质量，提高游客满意度。并且传统的旅游营销活动基本着重于旅游前和旅游

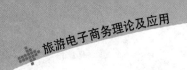

中，旅游后的售后服务很少涉及。

5.5　旅游移动电子商务服务与交易过程

5.5.1　旅游移动电子商务服务系统及其组成

旅游移动电子商务服务系统是集购买虚拟充值类商品、购买实物类商品、优惠券、彩票、团购消费券等的平台，系统整合了公司多个部门的多个业务于一个移动终端平台。旅游移动电子商务系统通过提供移动电子商务首页来为各种接入的业务提供入口，用户通过点击首页不同业务的链接而进入不同的业务子系统进行交易，移动电子商务首页为通用和可配置的解析框架，其首页的商品链接可通过模板进行配置。

要说明旅游移动电子商务交易系统的基本工作原理，就必须先说明旅游移动支付系统由哪些部分构成。在旅游移动支付系统的产业链中包含了以下几个主要元素，这些元素的有机结合形成了移动支付系统，下面分别介绍。

5.5.1.1　移动网络运营商

移动网络运营商的主要任务是为旅游移动交易提供沟通渠道，可以说移动网络运营商是连接商家、银行和游客的重要纽带和桥梁，在移动支付业务的发展中起到至关重要的推动性作用。现在，无线网络运营商能提供通话、短信、WAP应用等多种沟通方式，并且能为不同类型的交易需求提供不同层次的支付服务。作为移动支付过程中至关重要的环节和通道提供者，移动网络运营商可以选择独自建设手机支付平台，而不与银行机构合作。在此种情况下，用户手机卡账户将作为支付账户，手机费用余额作为支付费用的资金来源。

5.5.1.2　金融机构

金融机构，一般情况下就是银行，为用户和商家之间提供非现金的交易支付途径。成为与用户手机号码关联的银行账号的管理者，银行需要为移动安全支付建立一套安全的完整的外部接口，以便用户进行支付和查询等操作，并保证用户支付过程的安全与畅通。与移动网络运营商相比，金融机构不仅具有权限、资金、信用卡以及支票为基础的支付系统，还拥有广泛个人和商家客户等资源，因此银行也可以独立建设移动支付平台。

5.5.1.3　第三方手机支付服务商

第三方手机支付服务商可以有效衔接网络运营商和银行机构，在推动手机支付的发展过程中起到了重大作用，在移动运营商和银行机构的整合方面具有先天优势，对整合多方资源协调各方面的关系非常合适，可以给手机支付的普通用户和商家用户提供多种多样的手机支付业务，能够有效吸纳商家和用户注册，并乐意为其的各种应用付费。而第三方支付平台提供商可以通过向移动网络运营商、银行和商家收取设备使用费和技术服务费，并从移动网络运营商、签约商家用户处提取普通用户的使用移动增值业务和进行商品服务交易的佣金而获得盈利。

5.5.1.4　游客

对于游客来说，移动支付提供了随时随地、方便快捷、丰富多彩的支付方式的选择，从而使移动终端成为一个安全可靠的支付工具，丰富了人们的现代生活。

5.5.1.5 旅游服务提供商

对于旅游服务提供商来说，在商场和零售商店布置移动支付系统，在一定程度上减少了支付的中间环节，节约了支付和管理成本，提高了支付效率，增加了支付方式的多样性，获得更高的游客满意度的同时可以扩大销售机会。

5.5.2 旅游移动电子商务交易系统框架和流程

旅游移动电子商务在交易过程需要遵循一定的框架，交易过程也有自身的过程，下面首先介绍了旅游移动电子商务交易的系统框架，随后分别介绍了虚拟商品和实物商品的交易流程。

5.5.2.1 旅游移动电子商务交易系统框架

系统有两类用户端即商家用户端和客户用户端。客户用户端是便携设备上运行的软件和应用程序，而后台负责处理支付请求和账户业务。在简单的系统框架中有三个部分和移动支付系统连接交互：移动终端、商家系统、金融应用服务器。关于 MPS 应用体系的一般模型如图 5-2 所示。

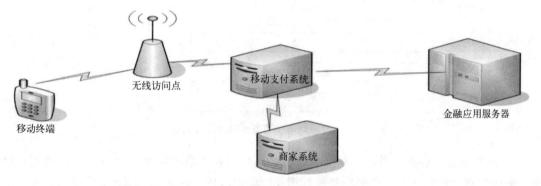

图 5-2 旅游移动电子商务交易系统框架

移动终端交易的流程与互联网平台交易过程相似，如表 5-4 所示。

表 5-4 移动终端交易过程

行为	参与方
系统初始化	移动终端→商家系统
用户身份及账号鉴定	移动终端→金融应用服务器
请求支付认证	商家系统→金融应用服务器
支付行为认证	金融应用服务器→商家系统
订单中商品相关信息内容	商家系统→移动终端
支付获取	商家系统→金融应用服务器

5.5.2.2 旅游移动电子商务虚拟商品交易流程

旅游移动电子商务虚拟商品交易流程如图 5-3 所示。

旅游移动电子商务虚拟商品交易的过程主要包括浏览相应信息、发送预订请求、在线支付、预订成功等，主要步骤如下：

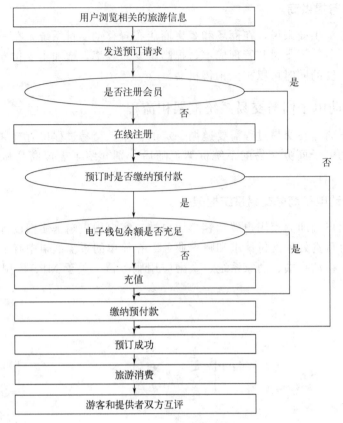

图 5-3　旅游移动电子商务虚拟商品交易过程

① 游客对旅游信息的浏览。在决定旅游目的地之前，游客需要花费一定的时间通过网络了解旅游目的地的交通、食宿、票价等相关的旅游信息，通过对旅游相关信息的浏览和筛选，游客需综合各个因素并对旅游目的地做出最终选择。

② 发送预订请求。在对旅游目的地做出选择之后，游客需要发送预订请求，一般来说，为了对游客信息的保护，网络运营商需要游客在预订之前进行注册，当然，也有个别网站不需要进行注册。

③ 在线缴纳预付款。发送预订请求后，需要对是否进行在线缴纳预付款进行选择，如不愿意进行在线支付的游客也可以选择在抵达目的地后进行现场的支付。

④ 双方互评。在完成前 3 步骤之后，游客进行旅游的消费活动，到达旅游目的地进行相关活动并进行旅游产品和服务的消费之后，游客还需要在线对服务和产品进行评价，旅游产品和服务的提供者也有权进行回评。

为方便对整个过程的宏观把握，图 5-3 比较完整地展现了该过程。

5.5.2.3　旅游移动电子商务实物商品交易流程

同旅游移动电子商务虚拟商品交易流程略有不同，旅游移动电子商务实物交易流程（图 5-4）主要包括了以下步骤。

① 用户浏览。用户可以不用登录浏览移动电子商务平台查看各种类目的商品详情、卖家详情、商品图片。

② 用户登录。如果需要进行收藏商品、下单购买、商品支付等需要进行登录，否则不

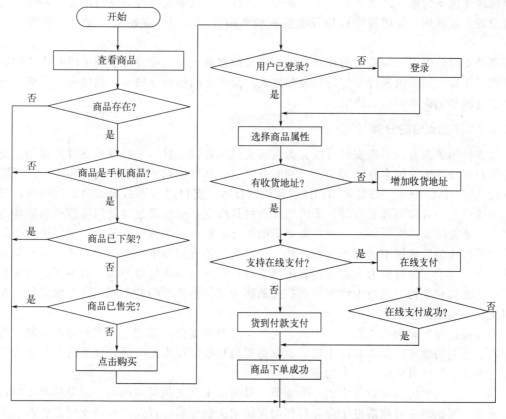

图 5-4　旅游移动电子商务实物商品交易过程

需要登录。

③ 用户查询。收藏商品后，可以在个人收藏夹中进行查询，订购商品则需要一步步选择商品属性、选择收货地址、编写购买附言、选已收藏的商品，其中收藏商品是存储在本地数据库，而查看商品信息、商品下单以及商品支付均是通过接口收发数据，商品数据与订单数据均存储在电子商务主站。

④ 用户支付。用户如果需要下单选择支付方式（在线支付和货到付款），如果是在线支付则使用第三方支付系统进行支付，支付成功则生成订单，支付失败则不生成订单。如果是货到付款则交易成功，生成订单，订单的状态由卖家在主站进行控制。

5.6　旅游移动电子商务支付与安全

5.6.1　移动支付的定义及分类

在进行旅游移动电子商务的交易过程中，必然要通过移动支付进行相应的支付与结算，因此，理解并掌握移动支付的定义、种类是必要的。因此，在讨论旅游移动电子商务支付安全之前有必要进行说明。

5.6.1.1　移动支付的定义

移动支付就是允许用户使用其移动终端（通常是手机）对所消费的商品或服务进行账务支付的一种服务方式。单位或个人通过移动设备、互联网或者近距离传感直接或间接向银行金融机构发送支付指令产生货币支付与资金转移行为，从而实现移动支付功能。移动支付将终端设备、互联网、应用提供商以及金融机构相融合，为用户提供货币支付、缴费等金融业务。

移动支付分为广义和狭义的移动支付。狭义的移动支付是指游客使用手机对产品和服务进行购买并且使用手机进行支付的行为和方式，而广义的移动支付不仅仅局限于手机，还包括掌上电脑和笔记本等移动终端。

5.6.1.2　移动支付的分类

从支付场景来看，手机支付可以分为现场支付和远程支付。手机现场支付是指用户支付的行为在现场发生，游客在购买了商品和服务之后，即可使用手机进行支付和购买，主要利用的技术有 SIMPASS、NFC 和 RFID 射频识别技术，支付过程不需要借助无线网络，现场支付的地点主要有商场和超市等。手机远程支付是将支付信息通过移动网络传送到远程的服务器上，才能够购买支付产品，通常需要借助银行卡账户或手机话费账户，我们平时经常听到的"手机钱包"就属于远程支付的一种。移动支付还有很多不同的分类方式：按照交易金额的大小，移动支付可分为大额支付和小额支付；按照移动支付账号设立的不同，分为移动运营商代收费和手机与银行卡绑定收费；按照移动支付清算时间的不同，分为预支付、在线即时支付和离线信用支付三类。

游客在任何时间和地点都可以用移动支付实现即时支付，超越了时间和地点限制，为游客提供了便利的服务。随着我国手机普及率的提高和通信技术的发展，以手机支付作为主要的支付手段将很有可能成为未来的主流。

移动支付是旅游移动商务中的一个环节，目前尚未有文献对旅游电子商务移动支付进行具体描述。根据笔者对旅游电子商务和移动支付定义的理解，以及对移动支付在旅游电子商务中应用的现状调查，综合以上内容，将旅游电子商务移动支付定义为：旅游电子商务移动支付指利用移动设备在旅游电子商务网站（如去哪儿网、携程网等）购买旅游产品（如机票、旅店预订、景点门票等），并且使用移动设备完成支付的过程。

5.6.2　移动支付安全与游客隐私

5.6.2.1　移动支付安全

移动支付领域的安全风险主要有：

①　手机中安装的应用软件含有恶意代码，可以在用户进行支付时通过后台静默运行窃取并发送用户的个人信息、支付宝账号密码、银行卡账号密码等。

②　通过短信通知提供的链接，或者应用伪基站技术给用户发送一些看似来自官方号码的短信，用户单击短信中的链接，点开以后，就进入钓鱼网站，在不知情的情况下输入用户的银行卡号密码或支付宝账号密码，被截获后遭盗刷。

③　由恶意的网络接入点造成重要信息的泄露。由于目前国内智能手机上网的资费普遍是采用按流量计费方式，所以大多数人为了节省流量都会使用商家提供的免费 Wi-Fi，很多手机也是设置成自动接入已知网络，这种方式下，如果有些不法分子冒充商家提供的免费接入点，则可以轻而易举得到用户的信息。此外还有一种 sslstripdP 间人攻击，移动终端接入 Wi-Fi 都会获取一个 lP 地址，sslstripdP 间人只要得到用户的 IP 地址，就可以利用 DNS 或 ARP 欺骗方式，获取用户的响应信息，并伪装成服务器，在向服务器发送信息时又伪装成用户，从而获取用户信息。

④　二维码病毒。微信的"扫一扫"功能应用方便，在智能手机用户中非常普及，而这

种方式同样可以植入木马病毒，在用户网购时，提示用户网络突然中断，诱导用户再次输入支付宝账号，转发给恶意用户，恶意用户用这个账号冒充买家申请修改支付宝密码，木马截获手机动态验证码，成功修改支付宝密码后进行盗刷。

⑤ 由于手机被盗抢造成的恶意转账盗刷等风险。现在的智能手机大多绑定了银行卡、支付宝，而修改密码又可以通过动态验证码来进行，所以手机一旦丢失，那么就面临极大的安全隐患。

5.6.2.2　游客隐私

隐私权是指游客在移动支付过程中享有的个人信息（IP、姓名、地址、联系方式、职业等）不被非法获悉和公开，个人生活不受外界非法侵扰、个人私事的决定不受非法干涉的一种独立的人格权。旅游移动电子商务交易过程中游客隐私主要包括个人数据信息（IP 地址、姓名、性别、职业、电话号码、QQ 号和电子邮箱等）、个人网络私事（上网习惯、支付习惯和其他等）和个人网络领域（计算机内存储的信息、个人网络空间等）。

电子商务交易过程中有可能涉及游客隐私的主体主要有：互联网服务提供商、网站服务商、网络即时交易平台、网络销售方、第三方支付平台、物流企业、恶意软件发布者和黑客等。以上主体都有可能成为侵犯电子商务交易过程中游客隐私权的主体，因为他们都或多或少地掌握游客的信息，一旦他们非法利用或是披露，就会侵犯游客的隐私权。侵犯游客隐私的主要行为有以下几类。

① 非法搜集、分析、利用、披露、出售游客个人数据信息。移动旅游电子商务交易过程中游客要完成交易，必须要开通网络获取 IP，访问、点击相关网站、网页，并进行注册支付货款，填写信息等行为。交易过程中游客每一个行为都要涉及个人信息，同时，这些行为也为相关交易主体提供第一手游客信息，现实中就出现非法收集游客信息，并对该信息进行分析利用或不当披露，或是出售游客相关信息以获取经济利益的现象。

② 非法发送垃圾邮件和信息，盗取、监看他人的电子邮件、QQ 和个人网络空间，非法侵入游客的计算机等形式侵犯游客个人网络空间。移动旅游电子商务交易相关主体获取游客电话号码后经常电话推销相关产品或是进行诈骗活动，有的盗取游客电子邮件或 QQ 密码，非法登录、偷看游客 QQ 号、电子邮件和个人网络空间，甚至非法侵入游客计算机盗取数据等行为。这些行为严重侵犯了电子商务交易过程中游客的个人空间。

③ 监听、窥探和跟踪电子商务交易过程中游客，对游客个人网络活动进行侵害。旅游移动电子商务交易相关主体利用相关电子技术对电子商务交易过程中游客进行电子监听、窥探和跟踪，以获取游客的网络信息，然后非法利用或是用作商业用途，这些行为严重地侵害了游客的隐私。

5.6.3　移动支付存在的安全问题及防范措施

从上一节，可以清楚地了解移动支付所面临的三个方面的安全威胁和游客面临的隐私侵犯风险，移动支付存在的安全问题，又该如何防范呢？本节将给予解答。

5.6.3.1　移动支付存在的安全问题

（1）身份识别问题

在传统的支付交易模式下，人们大多是以"一手交钱一手交货"的方式完成收付，并且在交易过程中，交易双方直面，那么确认身份、识别身份就变得更为简单，交易失误问题能够得到很大程度的避免。但是在移动支付下，交易双方进行交易时身份识别会变得不那么明朗，在扫码支付中，用户或消费者还能够再次与商户确认账户信息，但是在线上交易环境

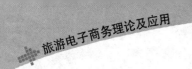

下，若遇到不法分子伪造凭证，就很容易产生身份冒充、身份抵赖行为，在没有权威的身份识别情况下，网络诈骗问题会层出不穷。

（2）支付信息问题

① 支付信息造假、信息被拦截或篡改。移动支付的流程中会在移动终端设备中产生一系列的授权信息，不法分子可以利用计算机病毒、系统漏洞、移动端虚假授权等直接获取、拦截真实的信息，并伪造虚假信息，将篡改后的信息反馈给用户，那么在虚假的授权下，用户则有可能被信息所误导。又或者不法分子利用技术对用户硬件、软件进行攻击，那么支付信息的真实性与完整性也会受到一定程度侵害，用户与消费者则有可能会被诱导急性错误支付。

② 支付信息泄露。在当前大数据时代下，数据泄露问题直接导致了大量的数据犯罪产生。移动支付信息因储存于服务器当中，若出现支付信息泄露，用户、消费者的交易数据信息在不法分子的窃取、监听下，则有可能会被以各种情景带入进行交易行为的跟踪，消费者信息暴露，也会给数据犯罪带来极大的便利。从一定程度上说，支付信息的泄露问题也是当前移动支付所面临的最严重也最棘手的问题。

③ 支付信息被抵赖。支付信息被抵赖主要是指在产生支付纠纷时，网络支付信息、交易双方个人信息真实性本身就有待考察，若交易双方都无法准确地提供信息证明支付或未支付的可供法律参考的证据，那么支付信息抵赖行为也更容易出现。

（3）移动终端设备问题

移动终端设备问题主要是指移动终端设备自身的应用软件问题。目前人们所使用的移动终端设备一般是智能手机或平板电脑，设备上用户通常也会安装多种多样的应用软件，并且很多应用软件的安全性能无法全面判断，部分恶意软件还有可能在支付软件运行时恶意读取支付信息，此时不仅移动终端设备自身容易受到互联网病毒的侵袭与木马程序的攻击，用户支付信息也会被直接泄露出去，从而造成安全威胁。除此之外，目前所有的支付安全控制技术还不能够完全地应用到移动终端设备上，而移动终端设备高度智能化发展无疑会进一步引进新的移动支付风险问题，这也是移动终端设备成为支付信息泄露主要源头的根本原因。

（4）支付环境问题

移动支付方式的多元化发展衍生了一系列的二维码促销活动出现，用户或消费者为了获取消费优惠，就会用手机扫码，在这过程中，不法分子有可能合成含有病毒的二维码供用户与消费者扫描，手机病毒则有可能伴随这一过程进入手机系统，从而窃取用户的银行账号、密码等个人信息，从而造成经济损失。恶意 Wi-Fi 也是影响支付环境安全的重要因素所在，用户或消费者为了节约自己的套餐流量使用公共 Wi-Fi，如若遇上不法分子伪装成商家所设置的免费 Wi-Fi 接入点，那么也有可能出现信息被窃取、资金被盗刷的情况。

5.6.3.2 移动支付安全问题的防范

（1）增强身份认证技术

当前移动支付中最常采用的身份认证方式主要是手机验证码支付，不过这一身份认证技术也绝不是万无一失的，不法分子借助木马窃听或者社会工程也能够轻松获取手机验证码信息，由此可见，为了有效保障交易安全与身份认证的严密性，增强身份认证技术势在必行。从技术手段上看，可以将身份证号验证、指纹验证、人脸识别技术等多种方式进行综合性应用，从而进一步明确用户身份的合理性以及移动支付操作的科学性。

（2）提高移动终端设备安全性

其一，在日常使用移动终端设备时要避免下载恶意软件或者开发渠道不明的应用软件，并且下载时也需要在正规的网站、官方应用商店进行下载。其二，重视应用权限的设定。特别是在应用第三方支付平台的相关软件时一定要设置好登录密码，有支付需求或者相关的网页请求时，则应当要在输入密码之后才可以操作，必要时还应当定期修改密码。其三，增强对移动支付登录信息的保护。在登录之前，应当对登录环境进行核对，关闭蓝牙等连接。在移动终端设备中也可以安装相应的入侵检测软件，借由检测技术及时处理入侵行为。其四，设置独立安全芯片。移动终端设备是完成移动支付的主要阵地，设备自身的安全性直接决定了支付的安全性，因此，在移动终端设备中，也可以通过设置独立安全芯片的方式来专门储存、处理终端设备中所产生的支付信息，此时，独立安全芯片信息与移动终端设备储存空间中所存储的其他信息会完全独立，如此一来，移动终端设备中的其他软件则无法从独立安全芯片中获取与移动支付相关的任何信息。

（3）优化支付软件安全性能

互联网环境的日益开放化及应用软件的多样化无形中给移动支付新增了更多安全风险，软件违规操作、后台自动读取等都会严重影响用户与消费者的支付安全。此时支付软件自身安全性能一定要进行相应的增强与优化，提升安全等级，严禁其他软件随意读取交易与支付信息。当用户在异地、异设备登录账号或者存在异常支付、不明支付情况，支付软件应当要第一时间警告用户，或者对用户所设置的紧急联系人进行异常信息告知，当支付软件平台做好预警以及二次验证操作后，网络支付不良环境则能够得到有效的工作管理机制。针对这一现状，国家政府以及相关机构要重视移动支付领域的法律法规建设，制定出详细、全面的法律体系与实施细则，建立较为完备的移动支付法治体系，坚决打击假冒伪劣商家，多措并举扶持合法行业企业的创新发展，为消费者提供一个良好、安全的支付环境，从而促进整体移动支付行业的健康有序稳步发展。另外，加快社会信用体系建设，强化民众信用意识，提升国民信用准则，并加强失信用户管理。信用是交易的基本前提，解决了信用问题则能够创造更加良好的移动支付信用环境，从应对措施上看，则可以适当地建立以交易信息、移动支付信息为主要核心的信用记录，对于信用良好的用户或消费者可以予以一定的鼓励措施，对于失信者则加以惩罚，在此情况下，守信者将处处受益，而失信者则有可能寸步难行，在大数据物联网技术支持之下，还能够实现交易双方信用记录的查询功能，此时非法交易、风险交易、不合理交易的发生概率则会显著降低，在保障支付安全的同时又有助于推动移动支付的快速发展。

移动支付快速扩张背景下使得虚拟的线上线下交易逐渐取代了现金支付业务的地位，此时保障移动支付的安全性，降低支付风险对于人们的日常生活、工作都变得极其重要。互联网时代的全面到来意味着更多支付安全问题的可能发生，那么在完善移动支付服务、优化体验的同时，营造安全、高效的移动支付互联网生态就要从技术、平台、管理、终端设备、软件、政府以及用户个人等各个方面共同协作着力。

5.6.4 移动支付安全问题的解决策略

通过本章前几节的学习，了解了移动支付所面临的风险，也清楚了这些安全问题的来源，本节从技术层面上针对如何解决这些安全问题提出了一些措施。

5.6.4.1 加强 CA 认证

CA（Cecate Authority）认证中心，作为一个权威的第三方机构，通过对密钥进行有效的管理，颁发证书证明密钥的有效性，并将公开密钥同移动电子商务的参与群体联系在一起，利用数字证书、PKI、对称加密算法、数字签名、数字信封等加密技术，建立起安全程

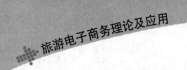

度极高的加解密和身份认证系统,确保电子交易有效、安全地进行,从而使信息除发送方和接收方外,防止电子商务交易中一些重要数据、文件在传输过程中被窃取篡改、网络欺诈、网络攻击等问题的威胁,保障电子商务的网络支付安全。

5.6.4.2 完善 WPKI 体系

公钥基础结构是由数字证书、证书颁发机构以及核实和验证通过公钥加密方法进行电子交易的每一方的合法性的其他注册颁发机构所构成的系统。WPKI(Wireless Public Key Infrastructure,无线公开密钥)的基础技术包括加巨密、数字签名、数据完整性机制、数字信封、双重数字签名等。通过 WPKI 体系,移动电子商务的交易双方,可以共同信任签发其数字证书的认证中心(CA),采用数字证书的应用软件和 CA 信任的机制,促成网络支付的安全。例如,要进行在线交易时,或者是在线支付,如果有相同客户端浏览器中根证书列表中包含了它所信任 CA 的根证书,当浏览器需要验证一个数字证书的合法性的时候,这个浏览器从根证书列表发布数字证书认证中心的根证书,如果认证中心的根证书在浏览器的根证书列表和验证通过承认这个网站,浏览器就有了一个合法的身份显示该网站的网页。

5.6.4.3 电子支付安全协议

目前,SSL 安全协议和 SET 安全协议已经被广泛地应用在电子商务活动中的安全支付环节。SET 采用了公钥机制、信息摘要和认证体系,基于协议之上的应用程序,用于提高应用程序之间数据的安全系数。SSL 中也采用了公钥机制、信息摘要和 MAC 检测,可以提供信息保密性、完整性和一定程度的身份鉴别功能。

5.6.4.4 建立信息管理监督机构,颁布相关法律法规

对网络中影响移动支付安全的行为进行严格的监管。一方面,明确统筹和监管移动支付产业的主体,目前的局面是某项业务、环节、企业出现安全问题后容易找到借口脱身或者干脆跑路。正是由于这些运营企业受到不同行业主管部门的监管,导致出现问题没有一个可以确保申诉得到回复和问题得到解决的途径,因此,解决安全问题亟需明确监管,形成合力。另一方面,产业链各方还需联手共筑防线,目前我国的移动支付产业链涉及银行、银联、电信运营商、第三方支付、芯片厂商等,但还没有形成一个完备的主体产业链,要让这个行业变得可靠,需要建立合作共赢的体系,才能真正解决移动支付安全问题。

5.6.4.5 社会道德的规范

由于电子商务交易双方不直接面对面的特点,传统的交易过程中经常出现欺诈将对电子商务安全产生消极的影响。因此,电子商务的健康发展取决于建立和完善社会道德规范。目前,信息系统建设刚刚起步,有待进一步改进,同时,需要进一步拓宽信息来源,信用评级进一步地科学分析。

本章案例

一部手机游云南是由云南省人民政府与腾讯公司联合打造的全域旅游智慧平台,由"一个中心、两个平台构成","一个中心"就是旅游大数据中心,为政府决策提供依据,"两个平台"就是为游客服务平台和政府监管服务平台。

一部手机游云南于 2018 年 10 月 1 日正式上线运行,实现了"一机在手,全程无忧"的目标,是全国最大的景区实时直播平台,全国景区地理信息最全、导游导览提供服务最多的

平台，旅游投诉处理最快的平台。

"去哪儿"网是亚太及中国领先的在线旅游媒体创立于 2005 年的专业旅游网站，可以为旅行者提供国内外机票、酒店、度假、旅游团购及旅行信息的深度搜索。

艺龙旅行网是中国领先的在线旅行服务提供商之一，致力于为游客打造专注专业、物超所值、智能便捷的旅行预订平台。通过网站、24 小时预订热线、手机艺龙网，以及艺龙 iPhone、Android、iPad 移动客户端等平台，为游客提供酒店、机票及旅行团购产品等预订服务。

王先生是某银行上海分行信贷部经理，由于银行工作压力大，他想利用今年年假时间，前往云南进行游玩，考虑到游玩期间客户有可能会随时联系自己处理相关业务，以及年假的时间仅有 4 月 1 日到 5 日共 5 天时间，如何做到既达到放松的目的，又不会影响工作，如何利用好自己随身携带的手机和平板电脑来安排食宿、确定旅游的行程，需要全面考虑。

案例分析题：

1. 请你比较上述三个网站，为一个游客安排本次旅游的食宿计划，要求：

① 4 月 1 日出发，4 月 5 日 24 点之前回到上海市招商银行。

② 昆明市所有景区均要安排时间游玩。

③ 费用最低。

上述各个条件的优先级依次降低，优先满足优先级更高的条件。

2. 游玩期间，4 月 2～4 日，三天时间均须安排 1.5 小时的办公时间，办公内容包括查阅邮件、视频会议等，需环境安静，网络条件良好，请你对办公所需设备、办公时间及地点进行安排。

:::::::::::::::::::::::::::::::: **本章小结** ::::::::::::::::::::::::::::::::

旅游与移动电子商务的结合是大势所趋，旅游移动电子商务不仅是商界的必争之地，也得到了学术界的重点关注。本章从电子商务、移动电子商务及旅游移动电子商务的概念出发，阐明了旅游移动电子商务的概念，对其与传统旅游进行了比较，特别是提出了疫情后旅游电子商务的发展和挑战，随后，介绍了旅游移动电子商务的主要模式，介绍了旅游移动电子商务交易的流程，最后，针对旅游移动电子商务中必不可少的环节——移动支付进行了讨论，对其安全性的改进提出了相关建议。通过本章的学习，有助于了解旅游移动电子商务的内涵、运营模式、组成部分以及出现的相关问题，有利于旅游移动电子商务研究思路的形成。

:::::::::::::::::::::::::::::::: **复习思考题** ::::::::::::::::::::::::::::::::

1. 从电子商务到移动电子商务进而发展为旅游移动电子商务的发展路径是怎样的？请进行简要描述。

2. 旅游移动电子商务是如何为游客提供便利的，请举例说明。

3. 旅游移动电子商务的主要模式还有哪些？

4. 请对旅游移动电子商务的组成部分的系统性进行阐述。

5. 在进行旅游移动电子商务的运作中，你认为哪个环节最为重要？为什么？

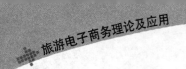

6. 你认为在进行移动电子支付过程中需要注意哪些问题？

7. 针对电子支付的安全性问题，你有什么改进的建议？

8. 请列举出你身边所发生的网络支付的风险隐患。

9. 选择是否在线支付款项时，你的选择是什么？为什么？

讨论题

1. 旅游移动电子商务服务与交易过程是怎么样的？必须是图 5-3 和图 5-4 所示吗？请举例说明。

2. 结合目前主流的在线支付系统（如微信），对在线支付的过程进行归纳整理。

3. 从游客的视角，讨论旅游移动电子商务是如何吸引客户的？

4. 旅游移动电子商务的发展与网络技术的进步是正相关的吗？给出理由。

5. 移动电子支付的安全性值得担忧吗？谈谈你的观点。

网络实践题

1. 运用网络查找一家提供旅游移动电子商务业务的网站，对网站的设计做出评价。

2. 利用一部手机游云南的 App 端和网站，请你运用相关设备，设计出一套旅游方案。

3. 运用移动设备，针对某一旅游目的地，进行模拟预订，对操作过程进行评价。

4. 现如需你自行设计一家提供在线预订的网站，设计过程中你应该注意什么？

旅游服务的电子商务

学前导读

随着社会经济不断发展，旅游业带来的经济增长不断提高，互联网的介入使得旅游变得越来越简便。电子商务与旅游业结合是一种必然趋势。电子商务平台的特性，能较好地解决旅游者个体化需求的问题。通过本章的学习，使读者了解电子商务在服务业中的应用，拓展生活的视野。

学习目标

- 掌握餐饮企业电子商务系统的构建；
- 熟悉饭店电子商务的业务及功能；
- 掌握旅行社电子商务的运作模式和系统构建；
- 了解航空、铁路、公路以及水运电子商务的类型与特征；
- 掌握旅游景区电子商务应用模式；
- 了解旅游商品交易中的电子商务应用。

居住在某小区的王女士，她平时不喜欢做饭，也不愿意到餐馆就餐，长期通过某外卖平台进行点餐。

某外卖是一家在线点餐、外卖配送平台，为用户提供方便快捷的餐饮服务。用户可以在平台上浏览各类餐厅、美食，下单后就可以做自己的事，或是与朋友一起聊天、娱乐，只需等待配送员上门送餐。此外，某外卖平台还为用户提供优惠活动、积分奖励等福利。某外卖平台提供了便捷、多样化的点餐和外卖配送服务。

王女士认为，某外卖平台上有大量的餐厅和菜品可供选择，可以根据自己的口味和需求浏览不同类型的美食，如中餐、西餐、快餐、夜宵等。自己还可以便捷下单：轻松地浏览菜单、添加菜品到购物车并下单。

实际上，现在的许多年轻人，甚至是老年人都表示：某外卖平台的界面友好，点餐过程简单快捷，可以提供各类餐食，各类口味，特别适合各类人群。

6.1　旅游餐饮电子商务

近年来，随着生活水平和社会发展的变化，旅游消费逐渐呈现出体验化、专属化、网络化发展特征。旅游餐饮作为旅游消费的重要组成部分，也呈现出体验化、特色化、网络化、集聚化发展趋势。

古人有云"人以食为天"，充分说明饮食是人类的生存之本，不论将来人类社会进步到何种地步，"食为天"的地位依然是无法改变的。但是在地位不变的同时，随着社会的不断发展进步，各种新的口味、新的技术、新的产品的诞生，纷纷影响着"食"发生改变，人们的愿望已经从过去的吃饱、到现在的吃好以及吃得健康。

随着我国国民经济的快速发展，居民的收入水平越来越高，餐饮消费需求日益旺盛，营业额一直保持较强的增长势头。我国餐饮业每年增长速度都快于 GDP 增长速度，整个餐饮市场发展态势良好。但竞争激烈，经营者的营销观念比较陈旧，依然只是简单依靠自己的主观来判断消费者的需求，无法适应消费者口味和消费习惯的快速变化。而消费者也只能选择餐饮经营场所提供饭菜，而无法根据自己的喜好去选择。对于餐饮行业内的消息也非常闭塞，缺乏必要的沟通。因此通过拓宽传统的餐饮业经营模式和管理模式，提高企业的竞争力具有很大的意义。

餐饮外卖平台成为助力产业转型的重要手段。在激烈的用户端竞争之外，餐饮外卖平台尝试通过技术和模式创新赋能餐饮商户端，寻求企业服务市场的新发展机遇。如美团频繁收购餐饮 SaaS（Software-as-a-Service，软件即服务）服务商，饿了么通过商家中台 58、客户关系管理、小程序、二维码等一套工具体系，助力餐饮企业实现业务数字化。外卖平台加速产业上游的渗透和服务扩张，有助于推动餐饮电子商务产业进一步朝标准化和品牌化的方向升级。

6.1.1　餐饮企业电子商务概述

电子商务悄然进入餐饮行业，它对餐饮行业的影响越来越大，已经有越来越多的消费者喜欢通过电子商务平台向酒店餐饮企业订餐。与餐饮有关的团购知名网站就有：拉手网、美团网、窝窝团、58团购、糯米网等。网购正由一种消费时尚迅速演变成一种消费习惯。

6.1.1.1 餐饮企业

餐饮公司最早在13世纪的中国杭州发展起来。那时候的餐饮公司名为餐馆，由于当时的杭州是宋朝的文化经济中心，人口逾100万，为旅客而设的茶室及酒馆林立，后来便发展出餐馆，为旅客及本地人服务。当时已有各式各样的餐馆，提供不同菜色。后来在西方，第一间现代模式的餐饮公司（即客人各于不同餐桌坐下、从餐牌选菜、有指定营业时间）是开业于1782年的Grand Tavernede Londres（尤里卡温泉的餐馆）。1789年法国大革命后，法国饮食业同业公会解散，贵族逃亡，留下大批善于烹调的佣人，加上大批从法国不同省份涌到巴黎的人有膳食需求，于是餐饮公司在巴黎如雨后春笋般开业，渐渐形成了法国人外出用膳的传统，并使得法国烹饪如此受欢迎和高级化。

餐饮企业的特点包括一次性、无形性、差异性和直接性。在不同的地区、不同的文化背景下，不同的人群饮食习惯、口味的不同，因此，世界各地的餐饮公司表现出多样化的特点，具体可分为以下几类：多功能餐饮、风味餐饮、零点餐饮、中式餐厅、西式餐厅、自助餐厅、快餐厅和咖啡厅。

6.1.1.2 餐饮企业的电子商务

餐饮业是中国的黄金产业，拥有巨大的消费市场，随着人民生活水平和生活方式的转变，对餐饮业的新需求也随时代不断变化。而如今是网络经济时代，许多餐饮企业正逐渐依靠灵敏的电子信息工具，不断提高市场应变能力。在现代企业竞争力不断强调供应链物流管理时，餐饮业这个古老的行业更需要在供应链采购创新上下功夫，从而降低中间成本，而开展电子商务是解决这一问题的好方式。借力电子商务，是餐饮业的趋势。

6.1.1.3 移动点餐

随着移动互联网的发展，手机点餐、微信点餐等手机订餐软件已成为其最新的发展趋势。类似"微菜单"和"爱菜单"这样的移动互联网点餐系统，功能已包含了刷码点菜、找吃喝地方，以及微博、微信、组团聚餐以及商家经营等新型的餐饮软件功能。

移动点餐是基于位置的手机点餐应用，利用智能手机实现移动购物的功能，属于移动电子商务，进入5G时代以后迎来长足的发展。该功能允许用户使用其智能手机点菜客户端方便快捷地获取餐厅信息、预览餐厅菜单、移动点餐，并用手机预先付费，达成到餐厅直接用餐的消费目的。移动点餐系统的出现正改变着消费者在饮食上的传统消费方式，也正改变着部分餐饮店的经营模式。该系统已涵盖了微博、微信、团购等功能，正成为广大饮食消费者、服务者的交流平台。

6.1.2 餐饮企业电子商务业务及功能

电子商务的发展给餐饮业带来挑战的同时也带来了机遇。对餐饮业来说，利用电子商务所提供的技术及信息平台，提高在网上订餐、物资采购及信息技术的整合等方面的能力，成了其在竞争中取胜的关键。

6.1.2.1 餐饮企业电子商务的业务

餐饮企业电子商务的业务分为用户管理、客户需求和企业销售需求三个方面。

① 用户管理包括用户注册和注册用户信息管理。

② 客户需求包括提供电子目录、帮助用户搜索、发现需要的商品；进行同类产品比较，

帮助用户进行购买决策；为购买产品下订单；撤销和修改订单；网络付款；对订单的状态进行跟踪等。

③ 企业销售的需求包括检查客户的注册信息、处理客户订单、完成客户选购产品的结算付款、能够进行商品信息发布、能够发布和管理网络广告、库存管理、能够跟踪产品销售情况、能够和物流配送系统建立接口、和银行之间建立接口。

6.1.2.2 电子商务对餐饮企业的作用

电子商务技术的应用，可以降低运营成本，提高服务效率，优化餐厅环境，建立行业联盟，从而提高餐饮企业的竞争力。与传统商业方式相比，电子商务对餐饮企业的作用主要有以下几点。

（1）扩大市场，便于决策

网络不受时间和空间限制，拥有网络渠道的餐饮企业不仅可以让就餐客户随时随地获得服务、直观地了解餐饮企业的情况，还方便了餐饮服务提供商主动上门洽谈合作业务，有利于扩大市场、提高餐饮企业和顾客的决策效率。

（2）减少流通环节、降低运营成本

利用电子商务，餐饮企业在选择原料和半成品时扩大了选择范围。餐饮服务提供商之间的竞争，让原料和半成品的来源直接免去了中间代理，改善了上游供应链。餐饮业通过电子商务可以降低成本，提高利润。

（3）了解顾客需求，及时调整决策

电子商务和餐饮业本质上都是服务经济。服务业的显著特点是经营方式灵活，一切以客户为中心。开展餐饮电子商务，能够充分发挥电子商务特点及与其他服务相配套的功能，达到更高的服务价值。通过网站上的留言板、调查问卷和聊天室等调研工具，餐饮企业可以很方便地了解顾客的消费需求和消费心理，还可以加快顾客信息反馈的速度，及时调整企业经营决策。

（4）扩大宣传、改善企业形象

餐饮企业可以利用网络进行宣传和销售。网民可以直观地通过图片、文字了解企业的特色。利用电子商务来做宣传工作，可以加强宣传、改进促销、树立企业品牌形象。

（5）加强客户与餐饮企业的沟通，提高个性化服务能力

网络渠道是拥有终端设备的餐饮企业向顾客提供一种自助服务。顾客根据自己的要求进行柔性定制，自由组合和搭配，满足个性化需要。餐饮企业能够及时地了解消费者需求，进行有针对性的生产，避免生产上的浪费，既可以节省时间，同时也增加了客户的选择余地。

6.1.3 餐饮企业电子商务的应用

电子商务作为一种先进的商务交易模式，在提升餐饮的产业化程度、调整餐饮的销售模式、降低交易成本、扩大餐饮市场销售范围等方面有着很大优势。但是，如何在餐饮企业中运用电子商务，主要从以下几个方面着手。

6.1.3.1 构建企业站点，丰富企业宣传渠道

（1）建设企业站点

21世纪被称为信息化时代，在网上建立自己企业站点已经被认为是一种非常重要的宣传方式，而对于餐饮行业的企业来说更是如此。尤其是对于一些外出旅游的游客来说，来到一个陌生的城市，往往都想尝到一些本地特色的美食，他们往往都是通过网上获得这些信息，所以餐饮企业在网上构建自己企业站点来宣传自己已势在必行。当企业在网上建设自己

的站点之后，客户就可以通过电脑或者手持设备通过有线或者无线网络来获取餐饮企业的信息。

（2）建设短信服务平台

目前我国餐饮企业在营销推广方面的移动信息化需求已非常迫切，多数企业希望能够在短期内见到实际推广效果，提升店内人气。因此，让企业从最简单的应用入手，使其感受到移动应用能够为自身带来的实际利益，在体验中接受移动信息化产品是餐饮行业信息化的突破口。建设短信服务平台对于实现餐饮企业的精准营销具有显著效果，餐饮企业可以通过自己的短信服务平台在特定时间对特定用户群发送特定短信的增值服务。

对于企业来说，建立自己的短信服务平台具有"个性化"的优势，即见效快、应用灵活、针对性强，能精准直达，锁定目标群体，发送时间地点，都可自由定制，精准发送，广告信息投放时效性强。此外，短信服务平台还能创造新型的客户关系管理方式，对企业经营有所帮助，例如，短信现场互动、短信抽奖活动、短信问卷调查、短信投诉建议、客户积分统计、客户来访统计等。

6.1.3.2 构建客户信息库，加强对客户的管理

对于餐饮行业的企业来说，如果做到既能吸引新客户，又能抓住老客户，这个企业就能够长盛不衰。那么如何才能做到这一点，除了餐饮企业自身要做到饭菜可口、服务周到这些基本的要求之外，还要加强对客户的管理，对客户的关怀。要对客户进行管理需要建立客户信息库，在信息库中为每一位客户建立一张信息表，表中要记录客户的客户代码（唯一标识每位客户）、姓名、生日、联系方式、积分、会员级别、每次用餐时间、用餐餐桌号码以及点菜目录等信息。这些信息会为将来管理客户提供帮助，比如：可以把企业的最新动态如新菜上市、打折信息等，根据信息库中客户所留的电话号码通过短信服务平台发送给客户；或在客户生日、重要节日等特殊日子给客户发送祝福信息等。通过这些措施可以加强对客户的关怀，增加客户的忠诚度。

6.1.3.3 引入新型营销理念，激励客户

目前，餐饮行业一般只是停留在发放贵宾卡来吸引客户长期消费，而缺乏引入新型的营销理念，这严重阻碍了餐饮企业的发展速度。餐饮企业在营销时可以引入会员制度和直销理念。会员制度是将在餐饮企业消费的客户按照严格规定分为若干等级，每个等级享受不同的优惠措施。会员制度建立的目的是配合直销理念来激励客户。直销理念的基本原理是几何倍增原理，几何倍增原理简单来讲就是 1 变 2，2 变 4，…，n 变 $2n$ 的一个过程。

几何倍增原理主要包括这几个方面：市场倍增、时间倍增、效益倍增。市场倍增指的是将客户从单纯"消费者"的角色转化为"消费者＋宣传者"的角色，通过客户的宣传，吸引新的客户将"1"变为"1＋1"，再依次循环实现客户倍增。时间倍增指的是直销能够倍增时间，但不是增长，而是让时间减少而完成相当的工作量，这是一种逆向倍增。效益倍增是借助于市场倍增而倍增的，对于餐饮企业来说，用餐客户越多，餐位供不应求，那么就可以实现效益倍增。将直销理念、会员制度以及移动商务模式三者融为一体应用于餐饮企业的营销方法就是通过客户转发短信，为酒店招揽新的客户，实现用餐客户的倍增。具体的操作方法如下：餐饮企业每次向客户发送短信时，在短信内容的前面加入一个唯一标识客户的代码，如果客户将这条具有唯一标识代码的短信发送给他的亲戚好友，亲戚好友通过这条短信来到餐饮企业用餐，并且在用餐后出示这条短信，那么这些用餐的客户可以享受一定的优惠，而转发这条短信的客户可以得到相应的积分，当积分达到某个值时可以成为更高级别的会员，而享受到更多的优惠。这样就可以激励这些用过餐的客户向其他的客户宣传的积极性，也为

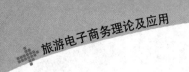

餐饮企业招揽了更多的客户。

6.1.3.4　引进新技术新设备，为客户提供增值服务

（1）无线点菜

餐饮企业为了满足客户与自身之间交互信息的需要建立网站，该网站不仅可以作为客户了解企业信息的渠道，还可以使客户能够使用手持设备点菜。餐饮企业可以在其主页下设立名为"在线菜单"的二级页面，客户在点餐时，就可以通过手机等手持设备经过无线网络登录餐饮企业的主页，在企业主页的在线菜单页面下浏览酒店菜目的具体信息，比如菜的原料、口味、价格以及图片等。这样每位客户都可以通过手机来登录企业的主页了解菜单的详细信息而没有必要为每位客户都提供一个纸质的菜单，同时客户在访问企业的主页的过程中也可以了解酒店的一些其他的相关信息，这些信息可以给客户留下更加深刻的印象。

（2）移动支付

当客户在餐饮企业消费后，可以通过手机等手持设备来进行支付，而无须随身携带现金或信用卡。客户在餐饮企业用完餐后，可以通过手持设备登录网上银行，通过网上银行将在餐饮企业消费的金额转入餐饮企业的账户，等待餐饮企业确认之后，就完成了此次移动支付。

6.1.3.5　加强餐饮行业的移动商务人才培养

没有现代化的经营管理人员，就没有现代化的餐饮业，人才一直是制约餐饮行业发展移动商务的瓶颈。所以要加强这方面人才的培养和引进，在一些专业学校要对相关专业做出调整，让懂信息技术的人懂餐饮，让懂餐饮的人通晓移动商务，让复合型的人才去顺应市场发展的潮流。

6.1.4　餐饮企业电子商务系统构建

餐饮企业电子商务系统主要分为两大功能模块，分别为前台顾客登录、注册、浏览信息（菜单信息、顾客的用户信息）、购物车管理、顾客订单的查询，后台系统管理员的登录、餐厅相关人员的登录（餐厅经理、采购人员、厨师、送餐服务员）、商品信息的管理、用户信息的管理、订单的管理、订购的管理、访问统计。

6.1.4.1　用户登录、注册功能分析

顾客在网站浏览时如需订餐则必须登录系统以确保订单的可靠性，而系统管理员进入后台也必须经过登录程序以防止信息的外泄，企业相关人员在查看相关信息也需要登录系统。对于没有账号的顾客则必须填写详细的用户资料进而注册。所有企业人员需要系统管理员给予分配账号以及相关权限的设置。

6.1.4.2　顾客浏览信息

顾户可通过在产品分类里浏览菜品，同时也可以在搜索窗口输入关键字检索相关菜品进行浏览和选购。

6.1.4.3　用户订餐功能分析

当用户浏览发现所需的菜品时，在登录后，通过对购物车的管理来对所需的菜品进行订购。用户先选择菜品放入购物车，可添加多个商品，也可对购物车内的商品进行删除与修改，如用户对选购的菜品满意则需要有结算功能支持其进行以及第三方的支付宝平台支持顾客的结算。假若购物车内所存储的信息量过多，则可清空购物车，同时可以对菜品进行评价。

6.1.4.4　订单管理

用户可查询已下订单的执行情况，厨师可以在后台查看订单信息，以便进行烹饪，服务员也可以查看订单信息，进行菜品的配送，系统管理员可以对订单的具体资料进行必要的修改，删除作废的订单。

6.1.4.5　用户管理

用户管理分为三大部分：①用户信息管理，系统管理员对用户信息的修改、删除以及信用度的修改、添加、删除。同时用户也可以通过前台对自己的资料管理包括对用户名称、用户密码、邮箱、地址等信息的查询与修改。②用户积分管理系统管理员可以对用户积分统计、修改、删除、添加等操作。③用户信用管理，系统管理员可以对用户信用等级添加、删除、修改操作。

6.1.4.6　菜单信息管理

主要为菜品详细描述的管理。菜品详细信息的管理需要实现菜品描述信息的发布、菜品描述信息的编辑，对菜品的描述编辑必须实现图片、资料上传，对服务条款的编辑，还需要实现添加、删除详细信息的功能。

6.1.4.7　访问浏览统计

对登录网站的浏览数进行统计，对商品购买信息进行统计。

6.2　酒店电子商务

随着劳动力价值的提高，时间价值的升值，越来越多的人不愿将时间浪费在烧菜做饭上。同时，过去凡新建一个企业，就要建一个食堂，以解决职工吃饭问题。目前，大多数新建企业都不建食堂，职工的早餐、午餐只能由单位附近的酒店、餐厅来解决。到餐厅吃饭已成为大众的一种生活需求。然而，炎炎夏日抑或大雨滂沱怎么办呢？在当今电子商务时代下，网上酒店的产生使这类问题迎刃而解。对于网上酒店的构建及相应的概念和内容是我们所应当了解并掌握的。

6.2.1　酒店电子商务概念

酒店，古时叫客栈，国外叫 Hotel，是为客人提供短期住宿、用餐、休息的场所。按照基础建设的不同档次标准，酒店可分为酒店、宾馆、旅馆、招待所、酒店公寓。旅游业有三大支柱，即以酒店为代表的住宿业、交通客运业和导游服务业，酒店的发展可以彰显一个国家旅游业的发展水平。伴随网络经济席卷全球，电子商务渗入到各行各业，酒店电子商务应运而生。

6.2.1.1　酒店电子商务的定义

酒店电子商务是指利用各种网络平台和信息管理系统，对酒店各种经营活动进行流程再造，从而实现酒店经营信息化，包括网上发布酒店信息、网上预订、网上顾客评价与交流等。实施酒店电子商务可以降低酒店运营成本，实施高效率的酒店管理。

6.2.1.2　酒店电子商务特点

（1）信息化建设日益完善

我国酒店电子商务已有全面发展的网络环境与现实基础，我国网络基本环境已接近发达国家水平。

我国酒店是最早与国际接轨、开展信息化建设的行业之一。世界最早应用于酒店电子商务的信息管理系统是，1965 年美国假日酒店集团建立的假日电讯网，属于中央预订系统CRS，可用于酒店集团内部管理旗下酒店的房源、房价、促销等信息，实现即时预订。20世纪 80 年代初，我国几家由国外集团管理的酒店开始使用 CRS 系统。到 90 年代后期，国内多家著名酒店使用 CRS 系统，2005 年开始出现以天马系统为代表的国产 CRS 系统。我国酒店硬件设施建设已达到国际水平，许多酒店使用计算机网络技术进行内部信息管理和业务操作。酒店产品具有销售无形性特点，特别适合电子商务介入营销。

（2）网上预订成为主要营销方式

我国国民出行方式出现网络化的观念转变，旅游电子商务进入黄金发展时期。在各种网络应用中，旅行预订已成为主流应用之一。截至 2023 年 6 月，我国在线旅行用户规模达4.54 亿人，较 2022 年 12 月增长 3091 万人，占网民规模的 42.1%。由此可见，网上预订已成为我国酒店销售的主要途径之一。

（3）平台建设较少，集成化不高

酒店电子商务通过管理电子化、信息电子化、营销电子化，将酒店业务流程进行优化重组，实现低成本、高效率，扩大市场份额，提升酒店经营能力。国外知名酒店都建有比较完善的国际全球销售系统和内部管理信息系统，目前全球最大的网络预订系统是美国的假日集团、喜来登集团、希尔顿集团、华美达集团和法国的雅高集团、环球集团的自建 CRS 系统，通过网络管理成为酒店集团有效控制客源市场的有力工具。而我国酒店在平台建设方面明显不足，无法实现集成化信息管理。国内酒店自建网站、实现网上预订的比例只有 10% 左右，多数酒店的网站目前只是一个简单的形象展示窗口，由于缺乏技术维护人员，无法定期更新信息，至于进一步的电子商务开发与应用更是难以实现。

6.2.2 酒店电子商务业务及功能

目前我国酒店行业开展电子商务的介入途径主要有三种，即建立自身的"网上酒店"、加盟第三方网络中介平台、加入旅游目的地电子商务系统。

6.2.2.1 建立自身的"网上酒店"

"网上酒店"包括两部分，即酒店内部网和酒店外联网。客户在酒店里可以享受高速上网服务，酒店建立自身的后台数据库，实现互动式数据查询和客户自助服务。通过"网上酒店"，可以宣传酒店形象和优质服务，通过互动交流，为客户提供个性化服务。通过酒店内部网，将具体业务信息化；通过酒店外联网，将酒店与 Internet 连接，实现即时处理主要业务和网络营销。"网上酒店"属于 B2C 的电子商务平台，在建立过程中要注意网络安全、网站备案、网上支付、产品收费等问题，及时更新酒店相关信息，给旅客提供更优质的服务。

6.2.2.2 加盟第三方网络中介平台的酒店电子商务

目前国内一些专业电子商务公司组建了功能强大的第三方网络中介平台，如携程旅行网、艺龙网、去哪儿等。酒店可以注册成为平台会员，实现信息发布、检索、交流与预订等功能，平台向酒店收取相应的服务费和佣金。中介平台也可以利用自己强大的信息资源，通过对顾客消费习惯的整理，提炼出酒店需要的客户信息，从而将其提供给酒店，收取相应的服务费。实现形式有以下三种。

① 提供企业主页。酒店可以在平台上拥有自己的主页，发布客房信息和服务，并实现

客户管理、预订管理和支付管理等。

② 提供旅游企业的供求信息。开辟供求信息频道，如旅行社可发布客房需求信息，酒店可发布客房供应信息和报价，从而为酒店与旅行社提供合作交易机会。

③ 对闲置客房资源提供拍卖中介服务。如美国著名的 Bid4vacations.com，组织酒店将空房公布到网站上，让访客们进行自由竞价，实现供求之间的互动平衡。

6.2.3 酒店电子商务应用模式

国外酒店电子商务的先进经验是"三分软件七分实施"，强调了酒店借助电子商务平台和信息管理系统，将酒店、客户、员工、供应商和合作伙伴联为一个整体，实行实时、无缝的数据对接，开展在线业务协同运作。这需要 ERP、CRM、SCM 等各种信息管理系统，需要大量的资金支持。我国酒店如果都自建"网上酒店"，不仅要耗费大量资金，而且容易形成"信息孤岛"，难以实现经济效益。

我国中小酒店开展电子商务的最佳应用模式是：加盟第三方网络中介平台开展网上预订和客户互动服务；加入旅游目的地电子商务系统开展特色服务宣传。这样既可以避开独立建设网上酒店所需的大量资金、技术、人力投入，又可以借助第三方网络中介平台的大量访客优势和旅游目的地电子商务系统的政府权威优势，全面开展网络营销和网上预订服务，真正实现"低成本、高产出"的规模效益。

随着网络经济的持续发展，基于网上预订的酒店电子商务将会继续快速发展，但同时也带来了各种管理上的困难。移动互联网时代正在来临，我国中小酒店如何通过无线网络开展更为广泛的宣传、预订与咨询，在移动互联时代可以将网上酒店与手机上的 GPS 等定位系统软件相结合，在人们 GPS 中标注酒店的位置并加以介绍，实现营销目的，再与团购相结合移动网上订购与支付。

6.3 旅行社电子商务

在电子商务环境的背景下，旅游业的发展也变得越来越快，而旅行社与电子商务的结合必然是适应时代的需求。旅行社电子商务对于企业和个体旅游者从成本、便利等方面来说都发挥了重要的作用。旅行社电子商务业务的运作和系统的构建也越来越引起企业管理者的重视。

6.3.1 旅行社电子商务概念

旅行社是涉及酒店、景区、交通部门、文化娱乐等多领域的行业，如何将这些资源以最低成本（最优时间成本和金钱成本）、以最好的方式呈现在消费者面前，需要引入旅行社电子商务。它为企业同消费者、企业同企业、企业内部关系之间建立了良好的电子商务交易系统，为旅行社利用网络实现盈利目标提供基础。

旅行社电子商务（Travel Service Electronic Commerce，TSEC）是指旅行社基于 Internet 所提供的互联网网络技术，使用计算机技术、电子通信技术与本企业的预订、购销网络连通而形成的一种新型的商业交易活动，是旅行社利用网络信息技术开展与旅游相关的一切活动的总和。其中包括网上传递与接收信息，网上订购、付款、客户服务等网上销售活动，也包括利用互联网开展市场调查分析、财务核算及生产安排等多种商业活动。

6.3.2 旅行社电子商务业务及功能

旅行社电子商务是旅行社利用互联网实现网上交易和宣传的管理方法。旅行社对互联网的应用，必将提升行业的服务效率、整体管理水平，降低旅行社企业的运营成本。

6.3.2.1 旅行社电子商务的业务

旅行社对互联网的使用使得旅游预订更快捷，更方便。旅行社开展电子商务主要体现在以下几个方面。

（1）网上交易

旅行社电子商务通过实施网上交易，旅游者可以通过互联网预订机票、火车票、酒店等为旅游者带来了更多的便利。

中国互联网络信息中心（CNNIC）发布《第 47 次中国互联网络发展状况统计报告》显示，截至 2020 年 12 月，我国网民规模为 9.89 亿人，较 2020 年 3 月新增网民 8540 万人，互联网普及率达 70.4%，较 2020 年 3 月提升 5.9%。如图 6-1 所示。

截至 2020 年 12 月，我国手机网民规模为 9.86 亿人，较 2020 年 3 月新增手机网民 8885 万人，网民中使用手机上网的比例为 99.7%。近 10 亿网民构成了全球最大的数字社会。截至 2020 年 12 月，我国的网民总体规模约占全球网民的 1/5。"十三五"期间，我国网民规模从 6.88 亿人增长至 9.89 亿人，五年增长了 43.7%。截至 2020 年 12 月，网民增长的主体由青年群体向未成年和老年群体转化的趋势日趋明显。网龄在 1 年以下的网民中，20 岁以下网民占比较该群体在网民总体中的占比高 17.1%；60 岁以上网民占比较该群体在网民总体中的占比高 11.0%。未成年人、"银发"老人群体陆续"触网"，构成了多元庞大的数字社会。

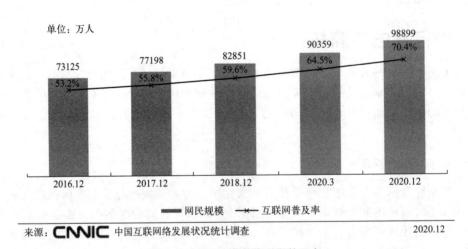

图 6-1 网民规模和互联网普及率

（2）网上宣传

旅行社借助互联网可以达到宣传和推广的作用。旅行社通过互联网直接或间接与旅游者接触，从企业管理的角度来说，这是旅行社使用媒介进行广告宣传的一种形式，比如旅行社可以制作 3D 软件上传至网络，还可以制作一个精短的景点宣传片传至旅行社的网站上或其他与旅游有关的网站例如火车票、飞机票订购网，在节假日播放，用户只需一键点击就可以预览到旅行社给用户带来的旅游服务体验。

（3）网络经营

随着互联网经济的不断发展，旅行社网络经营已经成为一种必然的趋势，旅行社采用网络经营的方式，从事产品的开发、生产、销售和企业的运行、管理。用 Internet 平台进行网络营销，旅行社则作为"后台"，主要从事具体的市场调研、产品研发、接待等环节，由此形成利用旅游网站与旅行社业务互补的旅游经营新格局，并带动传统旅游产业的升级。

6.3.2.2 电子商务对旅行社发展的促进作用及功能

（1）单一的咨询服务转为多维的信息交流

传统的旅游者只能求助于旅行社所提供的信息对旅游景点进行大致的想象，而旅游电子商务的发展使这个问题得到了很好的解决，旅游商务网站为游客提供越来越多的有关旅游地、旅游交通等方面的信息。旅行社还可根据中间商的地位，主动对买卖双方进行调查研究，逐步形成旅游需求和供给的信息库，有偿向旅游企业进行提供。

（2）推出更能满足个性化需求的旅游产品

越来越多的消费者想要根据自己的特殊兴趣和爱好，选择有针对性、有主题、有重点的旅游方式，因人而异的时尚旅游产品的出现势在必行。例如新之旅国际有限公司开发推出的"量体裁衣"服务，根据客户要求，结合行程特色，利用新之旅全球 175 个城市的服务网络，为客户"度身订做"，提供有关签证、机票、酒店、接送、导游等一系列配套服务。虽然人们可以通过网络预订客房，预订交通，但个性化的、整套的一条龙服务却只有旅行社才可以提供。

（3）线上线下有效结合，产生"1+1＞2"的效果

旅行社电子商务的引入打破了旅行社传统的宣传方式，线上线下相结合的方式会给旅行社企业带来"1+1＞2"的宣传效果。旅行社传统的宣传手段主要是发宣传单和在电视、报纸上做广告，本身就具有单一性，如果接受者没有旅游想法的时候一般都不会在意，但是如果需要旅游时，又不能及时获得信息，这就给广大消费者带来很多的不便，旅游电子商务成为旅行社和旅游消费者之间进行信息沟通的桥梁，消费者随时随地都可以查询到自己想要的资料，既方便又快捷。

（4）售后服务延伸，有效吸引顾客

售后服务是赢取回头客的决定性因素，很多旅行者为了保证旅游服务质量一般都会选择常去的旅行社，我国旅行社行业竞争日益激烈，旅行社必须做好售后服务，才能巩固与扩大客源。旅行社可利用计算机管理来建立客户档案，并建立信息反馈系统，通过顾客对产品、服务等方面的满意度评价对现有的产品和服务进行自我完善，还可利用网络进行售后跟踪服务，了解客户的新需求，以便于推出更符合客户需求的旅游产品。

（5）促进运作改革，提高运作效率

电子商务的实施可以提高旅行社内部的业务运作和经营管理水平，旅行社利用互联网进行网上采购和预订，不仅可以节省大量时间、人力和联络费用，而且旅行社还可以建立自己的内部网络，内部网络可使旅行社内部管理信息畅通，管理透明度加大，必然会使管理水平得到提高。

（6）促进复合型企业转变，成为必然趋势

以前国内是有很多旅游网站，但是大部分的网站只是简单地介绍了旅游景点的信息和一些旅游路线，真正地实现旅游电子商务的网站很少。目前，中国旅游电子商务的发展主要有三个走向：门户网站的旅游频道；专业旅游网站；华夏、广之旅等传统旅游企业创办的旅行网站。三股力量各具优势，都有发展的空间，但是也有各自的不足，如若对其进行重组，新建立的复合型旅游企业将集中上述三种企业的资源优势，从而产生更大的竞争力。

6.3.3 旅行社电子商务应用模式

旅行社电子商务主要模式包括：旅行社企业间的电子商务（B2B）、旅行社对游客的电子商务（B2C）、游客对旅行社的电子商务（C2B）和消费者与消费者之间的电子商务（C2C）。

6.3.3.1 B2B 模式

企业与企业之间的电子商务即 B2B。目前 B2B 方式是电子商务应用最多和最受企业重视的形式，企业可以使用 Internet 或其他网络对每笔交易寻找最佳合作伙伴，完成从订购到结算的全部交易行为。

旅行社的 B2B 模式主要是基于第三方平台而实施的旅行社与旅行社之间或其他旅游企业之间的在线交易。如图 6-2 所示。

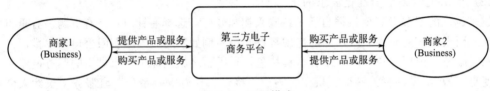

图 6-2 B2B 模式

商家通过互联网提供旅行社 B2B 在线交易的第三方电子商务平台，为中小旅游企业搭建信息交流和交易的平台。商家彼此之间通过此平台进行商品和服务的提供和购买。第三方电子商务平台的出现改变了以前旅行社和旅行社以及其他旅游企业以电话联系、发传真报价、在报纸和杂志上做广告、参加旅游交易会等这些传统的交流方式，可以有效地用信息化、网络化来解决旅游业内的产业链上各环节的沟通与合作，同时大大提高了工作效率，有效降低交易成本。

6.3.3.2 B2C 模式

企业与消费者之间的电子商务即 B2C。这是消费者利用互联网直接参与经济活动的形式，类同于商业电子化的零售商务。如图 6-3 所示。

图 6-3 B2C 模式

商家通过电子商务平台发布产品和服务的消息，用户通过预览商家提供的消息决定是否购买商品和服务。电子商务平台使旅游者能够足不出户就获得网站提供的各种服务，为旅游者远程搜寻、预订旅游产品等提供了极大的方便，有效解决了距离带来的信息不对称问题。对于旅行社来说，B2C 模式意味着取消了中介渠道而直接对最终客户服务。

当前 B2C 模式中主要存在的问题是客户忠诚度普遍不高、在线完成交易率偏低、网络用户对旅行社网站缺乏信任等，大多旅游者光顾这些网站只是搜索和浏览，而非预订。产生这些问题的原因除社会的信用机制外，主要归结于旅行社网站构建存在问题，没有很好地达到互动的效果，例如当旅游者访问该网站预订路线时，当在预订流程过程中产生疑惑时，若网站方不能及时有效的与该旅行者沟通，为其排忧解难，很可能就造成该旅游者放弃预订。在旅游者看来安全性在整个预订过程中是最为重要，其次才是低费用。

由于开展电子商务的旅行社较多，竞争比较激烈，这种模式下旅行社如果不能很好营销自己，占据一定的市场范围，就很可能被市场所抛弃。另外，虽然该模式下旅行社直接面向旅游者，降低了旅游者预订的费用，但是没有体现出来作为中介的旅行社，在交易上对上游旅游产品供应商采取电子商务的形式，这样一来，就会出现旅行社从旅游产品供应商处购买的旅游产品价格相对较高的状况。就目前旅行社开展电子商务的状况来看，流于形式的较多，而真正为企业带来收益的甚微。

6.3.3.3 C2B 模式

消费者与企业之间的电子商务即 C2B。该模式的核心是通过聚合为数庞大的用户形成一个强大的采购集团，以此来改变 B2C 模式中用户一对一出价的弱势地位，使之享受到以大批发商的价格购买单件商品的利益。如图 6-4 所示。

图 6-4　C2B 模式

旅游电子商务中的 C2B 模式是由旅游者提出需求，然后由企业通过竞争满足旅游者的需求，或者是旅游者通过网络结成群体与旅游企业讨价还价，也就是拼客旅游。其好处是可以分摊成本、共享优惠、享受快乐并可以从中结交朋友。

这种模式主要是通过电子中间商（专业旅游网站、门户网站旅游频道）进行，主要有两种形式。第一是反向拍卖（竞价拍卖的反过程），即旅游者提供希望得到的服务或产品的要求以及可以承受的价格定位，旅行社之间以竞争方式决定最终产品提供商和服务供应商，从而使旅游者以最优的性能价格比实现产品或服务的购买。第二种是网上组团，即旅游者提出他设计的旅游线路，并在网上发布，吸引其他相同兴趣的旅游者从而组成一个旅游团，这样可以增加与旅游企业议价和得到优惠的能力。旅游 C2B 模式是一种需求方占主导地位的交易模式，它体现了旅游者在市场交易中的主体地位，对帮助旅游企业更加准确和及时地了解旅游者的需求、对旅游业向产品丰富和个性满足的方向发展起到促进作用。

由于 C2B 模式对旅行社来说实施成本较高：一方面旅行社需将传统业务搬到网上这部分就增加了成本；另一方面这种游客点菜，企业竞标接盘的方式，加剧了旅行社行业的竞争，很大程度上压榨了其接盘利润。C2B 中的一种模式 O2O，旅行社在平台上提供信息，旅游者见到信息后产生需求，之后与旅行社进行联系，这样旅行社派遣专职人员为各用户在线下提供服务，双方完成交易如线下提供私人订制的旅行。

6.3.3.4 C2C 模式

消费者与消费者之间的电子商务即 C2C，如图 6-5 所示。旅游者通过网络平台来销售或交换产品，这些产品可以是交通票、旅游纪念品、旅游线路行程、旅游经验，也可以是具有产权的实物如酒店、汽车等，可以不受地域、时间限制地向全国各地及世界各地的旅游者进行购售、交换、租赁。例如，有些中青旅的员工在博客或其他网络平台（淘宝网等）上，发布旅游线路、酒店、机票等信息，与上网寻找相关产品的消费者联系后进行交易。

图 6-5　C2C 模式

该模式在国内还处于原始或者萌芽状态，当前国内旅游 C2C 模式主要是以黄山国际假日广场为代表的 C2C 酒店，将具有独立产权的各间酒店客房分别出售给业主，各业主通过互联网平台实现住宿权自主销售、自由交换的酒店，旨在实现时间换空间、空间换时间，其口号是贴身 C2C 酒店，交换住遍全世界。从其发展初衷来看，优势是不容置疑的，因为在某种程度上有按需交换的意思，这种模式在理想状态下资源可以自由交换，从而实现最佳资源配置，但是其所倡导的理念在现阶段并未得到全部实现，还有待进一步发展。

6.3.4　旅行社电子商务系统构建

旅行社电子商务系统指在 PESTL（政治、经济、社会、技术、法律）环境下，利用互联网进行商务活动的过程中，旅行社、旅游供应商、旅游批发商、游客等组织个体或群体在相互影响、相互作用过程中所构建的一种网络运行系统。从组织结构看，它包括旅行社内部网、旅行社外部网和互联网。

6.3.4.1　旅行社内部网（TSInternet）

旅行社内部网是基于 Internet 技术（TCP/IP 协议以及相关技术标准）承担旅行社办公系统的运行及内部信息处理的局域网络。它是面向旅游企业内部的信息管理系统，包括人力资源管理系统（HRM）、客户关系管理系统（CRM）以及企业资源计划（ERP）等管理。

6.3.4.2　旅行社外部网（TSExtranet）

旅行社外部网是基于接入服务商 LAP 所提供的服务，面向旅行社合作伙伴或外部协作组织的信息交换系统的计算机网络系统。它与内部网相对，是旅行社与旅游供应商、旅游批发商、旅游零售商及旅游消费者等组织交流的信息平台。正是基于此网络，旅行社才能与外界开展旅游电子业务。

6.3.4.3　互联网（Internet）

互联网是以 TCP/IP 协议为基础组建的全球最大的国际互联网络，并提供最丰富和先进的信息交流手段。旅行社正是在互联网上发布介绍其旅游产品信息的网页或通过 ISP 设立域名建设旅游网站，并以此寻求合作空间。

上述三者共同组建了旅行社电子商务系统，它们是相互影响、相互作用、不可分割的。内部网是 TSEC 系统运作的基础，只有充分实现旅行社内部工作流程的电子化才能为企业通过外部网、互联网开展电子商务提供首要条件；外联网是 TSEC 系统运作的核心组成部分，是连接旅行社与旅游供应商等合作机构的中间枢纽；互联网是各种旅游信息流汇集地，是 TSEC 系统的重要操作平台，旅行社以自建电子商务站点或创建网页的方式在互联网上寻求合作机会，因此互联网是旅行社的信息窗口，也为企业内部网、外部网的正常运行提供良好的市场信息渠道。

6.4 交通业电子商务

6.4.1 交通业电子商务的概念

交通运输业是国民经济运行的命脉，其流动性、高效益的特性体现了对信息化的强烈需求。电子商务带来的交易方式的变革，使交通运输业向信息化、网络化进一步发展。

6.4.1.1 交通业电子商务的内涵

（1）交通业电子商务的定义

交通运输业电子商务就是指以互联网为核心的现代信息技术在交通运输经营管理中的应用，达到提高交通运输企业经济效益和经营效率，增强企业的市场适应能力和客户的满意度，进而提升企业竞争力的一系列过程。

（2）交通业电子商务的类别

交通业包括航空业、铁路业、公路业和水路业，相应交通业电子商务包括航空电子商务、铁路电子商务、公路电子商务和水运电子商务。

6.4.1.2 交通业电子商务的功能与作用

通过开展电子商务，交通运输业可在互联网上宣传企业、发布信息，使旅客和货主能更加及时和方便地了解企业所开展的运输服务，查询到更多的客货运输信息，同时也能反馈旅客和货主对公司的意见、建议，从而有利于公司及时改善运输服务质量，满足客户个性化、多样化的需求，提高客户满意度。

此外，发展电子商务可以为交通运输企业尤其是中小型交通运输企业收集各种经营和客户信息、拓展新的经营领域提供有利的条件。电子商务全球性、开放性的特点，将对扩大交通运输企业的影响，开拓市场范围，提高竞争力起到积极的作用。

6.4.2 航空电子商务

航空公司通过自身电子商务平台的有效运行，在充分发挥自身品牌和综合服务能力的基础上，增加了高附加值在线航空旅游市场的份额。

6.4.2.1 航空电子商务的定义

航空电子商务是指航空运输业务的电子形式的统称，也即是通过计算机网络系统记载、保存和管理旅客、行李或者货物行程及相关资料的电子信息记录。它的基本形式是电子运输凭证的营销管理，包括电子客票、电子行李票和电子货运单等。

6.4.2.2 航空电子商务应用价值

对于游客而言，旅游航空通过电子商务能够给游客提供一站式服务便利。通过手机电子登机牌，旅客购买机票完成网上值机后，自己的手机就能接收到一个二维条形码，凭着这个条形码就可以直接到机场过安检、登飞机，再也不用排队办理登机牌，真正体验到从订票到值机、安检、登机的全程无纸化一站式便捷服务。

对于航空公司而言，顾客是上帝，利润是关键，只有紧紧抓住并不断扩大客源才能带来更多的利益。航空公司可以通过搜索引擎、门户网站、社交网站、邮件营销以及 RSS 新闻订制服务吸引用户，并通过对用户的偏好、个性、国别等方面的分析提供个性化的组合产品

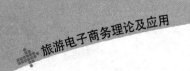

和服务，如身份识别、手机值机、行李托运等方面的服务。此外，还将进行意见反馈、终身关怀、满意度调查等措施来保有忠诚客户并吸引新客户。

6.4.3 铁路电子商务

铁路货运发展电子商务是促进铁路信息化建设的重要环节。铁路信息化建设是推进和谐铁路建设的一项重要任务。电子商务在方便客户、降低管理成本、规范运输过程管理等方面的优势，将成为铁路货运的发展趋势之一。

6.4.3.1 铁路电子商务分类

铁路运输业电子商务涉及旅客运输、行包运输和货物运输三个部分，针对不同的目标市场和消费需求提供不同的服务。

（1）客运电子商务

旅客可在网上对旅客列车时刻表、正点率、客票余额、票价、旅行常识等进行查询；还可得到乘车向导服务，即当旅客输入发站和到站后，系统可为旅客提供若干条优化的乘车路线，并统计出各条路线的乘车时间、费用、换乘次数、等待时间及舒适程度等，以辅助旅客决策。

（2）行包运输电子商务

用户可对行包托运和提取程序、行包运输费用、事故赔偿规定、运输时间等进行查询。

（3）货物运输电子商务

货主可对车站办理的货运业务、货物的托运和领取程序、货物运输费用、运到期限、包装要求、事故赔偿规定及危险、阔大、鲜活等特殊货物的运输条件进行查询。另外，通过铁路电子商务网站，还可为旅客和货主提供延伸服务，如为货主提供市场供求信息，联系货物包装、集装、仓储、接取送达、装载加固、运输保险、押运等业务。

6.4.3.2 发展铁路电子商务的意义

（1）有利于降低铁路运输成本

铁路运输过程可以分为货物收集、货物运输和货物送达过程。由于货物所处地理位置分散，除部分可以开行始发终到的直达列车外，其余的为集中运量，只能采取编组方式。在电子商务模式下，可以对运输货物的数量、位置，以及运送、集中受理做出精确预计和安排。因此，铁路部门可以科学合理安排车辆，实现优化装车，大大提高编组直达列车的开行比例，减少解体编组过程的成本消耗。

（2）有利于增加铁路运输收入

在我国货物运输不均衡的情况下，在运输过程中难以避免空车返回。为加快空车周转，通常都是将空车整列返回，中间不解编。但是，在电子商务环境下，通过及时收集、分析和处理空车返回路径上的货运需求，在不影响排空任务的前提下合理安排装运货物，既可以减少空车走行率，又可以增加铁路运输收入。

（3）有利于铁路为社会提供便捷服务和对自身服务水平的完善

铁路通过建立电子商务网站和物流平台，不仅可以办理货运业务和电子支付，而且可以发布公告、通知，收集建议与投诉，实现铁路与客户远程直接服务和交互，最大限度地方便货主。同时使铁路能够及时跟进物流企业的发展趋势，有利于提高铁路运输在物流市场上的竞争力。

（4）有利于完善多式联运的综合运输体系

铁路将通过电子商务平台的建设和完善，实现与公路、民航物流平台的对接，逐步融入社会大物流体系，实现铁路与其他运输方式的有机结合，从而形成多式联运的综合运输体系，更好地降低社会综合物流成本。

实现中国铁路电子商务不仅要克服实现一般意义上电子商务的障碍，而且还要针对中国铁路电子商务的特点进行具体的分析和解决，一般意义上电子商务发展的"瓶颈"问题是物流配送体系的建立，因此，实现中国铁路电子商务主要解决的问题是进一步完善现有的实体物流配送网络、全面提升物流配送体系的水平、整合现有的管理信息系统、加强铁路信息化建设、促进中国铁路电子商务增值服务的建设和建立安全的网上支付体系。

6.4.4 公路及水运电子商务

公路运输是现代运输的主要方式之一，公路货物运输业是经济社会发展的一个基础性和先导性产业，也是构成陆上运输的两个基本运输方式之一。近年来，随着经济全球化进程的加快和市场竞争的日益加剧，它在整个运输领域中占有重要的地位，也发挥着越来越重要的作用。

6.4.4.1 公路运输电子商务的应用

将电子商务运用于公路运输也就是将现代信息技术运用于公路运输。具体运用如下：

① 卫星定位技术。卫星定位技术在公路交通行业中具有广泛的应用，如在公路建设中、野外勘察中对路线与重要构造物控制点的定位，在大型桥梁施工、运营监控中对结构变形观测的定位以及在公路运输对车辆的实时定位等。

② 致地圈与 coo 技术。coo（Cell of Origin）是 GSM 网获取位置信息来实现位置服务的主要定位技术。它是基于 Cell-ID 的定位技术，是美国 E911 无线定位呼叫的第一阶段采用的技术，也是目前在无线网络中应用最广泛的定位技术。致地圈与 coo 技术也就是我们说的数字地图，数字地图在发达国家已成为商品，在我国，由于体制与经费问题至今尚未提供能够满足勘察设计精度要求的全国性数字地图软件，但已开发出成套和单项的软件，但在生产中得到应用多为自行开发、自行利用。

③ 公路数据库与技术。公路数据库的发展远远滞后于公路交通需求的发展，GIS（Geographic Information System，地理信息系统）是最适于进行地理空间数据处理的计算机应用系统，而公路具有典型的线性地理特征，适于应用 GIS 进行形象化管理。

④ ITS 技术。ITS（Intelligent Transport System，智能交通系统）是当今公路交通发展的趋势，中国的 ITS 已经起步，但须结合中国的具体国情解决中国的问题。当前实现互联网收费则是当务之急，其次就是发展车辆导航系统，将路网的交通状况信息实时传递给行驶中的车辆驾驶员以确保车辆驾驶员选择最优路线。

⑤ 枢纽站信息服务技术。我国已陆续建成 45 个主枢纽站。但所谓"建成"仅指土建设施的完成，而枢纽站的功能设施尚未完善。

⑥ 物流技术。主要是将货源、仓储、分拣、配送、运物、结算等环节合为一体，为货主提供全方位的服务，保证货物安全、准点地运到目的地、降低货主的经营成本，为此形成了相应的物流技术，而物流信息技术则成为关键技术除车辆定位外还有货物跟踪与电子商务技术等。

6.4.4.2 水运电子商务的应用

在水路运输中物联网技术应用开发较早，尤其在港口信息化领域，很多港口都采用 RFID 技术和 GPS 技术建立智能港口。许多航道航运港口部门已经或正在利用 GIS 技术建立网络型基础信息管理系统，实现港口、航道、水域的信息共享。此外，将 GIS 与 GPS、

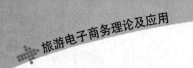

GSM（移动通信网）有机地结合在一起，实现船舶动态监控，利用 GIS 数据采集手段建立矢量电子地图和水下地形图，系统处理和分析通过 GPS 接收的卫星信号，为船舶入港的正确行驶提供必要信息也有较多应用。

6.4.5 旅游业与交通业的整合与实现

据全球性研究机构欧睿国际的报告预测，中国在 2030 年将成为世界第一的旅行目的地国。这意味着中国的旅游业及旅游交通将面临更多的机遇和更大的挑战，因此，完善旅游产业功能、促使旅游交通要素的合理配置与创新发展已迫在眉睫。以下为整合旅游与交通的手段与措施。

6.4.5.1 提高旅游目的地的可达性

提高可达性是改善旅游目的地开发条件的重要目标，也是旅游目的地旅游流扩张的前提条件。改善旅游目的地可达性有多种途径，如提高连接旅游客源地与旅游目的地以及旅游中心与景区、景区与景区之间的道路等级、提高运载旅游者的交通工具的速度、开展旅游直达运输以减少旅游中转时间等。

6.4.5.2 采取交通引导旅游的发展模式

针对高等级旅游资源富集地，当其旅游业处于快速发展期时，要依据旅游地的长期规划、发展目标、经济状况等，及时采取"交通引导旅游"的发展模式，适当超前发展远程交通，如建设高速公路，开辟航空线路，甚至建设高速铁路等。这样拓展旅游流进入的空间半径，吸引大量的旅游者和旅游企业向高等级旅游资源富集地附近聚集，充分发挥交通对旅游流流动的引导作用。

6.4.5.3 提高交通服务质量

我国旅游交通目前的状况是供不应求，但随着各交通企业间竞争的激烈，服务质量将成为交通企业市场制胜的关键。因此，交通部门应以游客为中心，以安全、舒适、快速、便利为目标，加强运输管理，为游客提供优质安全高水平的服务，树立起我国旅游交通行业的良好形象。

6.4.5.4 加强各种交通工具的旅游功能衔接

航空、铁路、公路（含高速公路、国道、省道）、水运是旅游者进入旅游目的地的主要交通运输设施，由于旅游者活动的多样性与变化性，导致交通运输工具的不断更迭，所以既要考虑交通运输工具的速度问题，又要考虑各种交通运输工具之间的"无缝"衔接。因此，随着旅游业的崛起，区域综合交通运输体系的建设要考虑旅游的功能，根据旅游流的需求特点与规模，建设专门性的旅游交通运输线路，配置旅游集散中心、游客服务中心、旅游服务区等相应的交通运输衔接设施，架构旅游服务纽带。

6.4.5.5 推进交通营运管理的现代化

我国的交通管理在运用现代管理技术方面与先进国家相比，仍存在着明显的差距。在客流量预测、车辆调度控制、统计分析等方面应逐步实现计算机管理；大力推行无线电信；加快引入旅游交通自动化管理方法，全面与国际接轨。

6.4.5.6 优化交通与旅游间的互动

旅游和交通需要协调发展，彼此兼顾。在发展交通业的同时要兼顾景区的发展，而在景区的规划设计上，要留有交通业的发展空间，两者不可偏废。近年来，很多地区交通部门和旅游部门妥善处理好了两者的关系，出现了较好的效果。如山西大同的云冈石窟，前几年，大批运煤货车沿景区通行，极大地影响了景区环境和卫生，非常不利于文物保护，当地政府果断将公路改道，结果两全其美，社会反响良好。

6.4.5.7 加强各交通部门间协作

在各级政府的统一领导下，理顺各交通部门之间的关系，改变规划、交通、公交、航空、水运、铁路和交警等各部门条块分割的现状，成立统一的协调机构。全面调动各方面的力量和积极性，建设大交通，从而推进我国旅游交通的进一步发展。

6.4.5.8 全域旅游开拓整合与实现的发展市场

随着我国经济水平不断提升，人均可支配收入显著提高，大众旅游时代全面到来，高铁、高速公路、国道、省道和乡村公路等旅游交通网络为推进全域旅游快速发展提供了重要的先行基础，全域旅游作为适应旅游新趋势的重要抓手已上升为国家战略，交通与旅游融合发展恰逢其时、正当其势。高铁、高速公路、国省干线和农村公路等旅游交通网络作为全域旅游快速发展的"先行官"，在保证支撑服务作用的基础上，进一步发挥出引领带动作用，促进旅游业更加蓬勃发展。

6.4.5.9 国家顶层释放整合与实现的发展活力

国家从顶层制度设计层面高度重视和大力支持交通与旅游融合发展，交通运输部、国家发展和改革委员会、文化和旅游部会同相关部门先后出台多项政策法规，从政策保障、体制机制、投融资、项目开发建设等方面，将交通与旅游融合发展推向了新高度。如《关于促进交通运输与旅游融合发展的若干意见》《关于促进全域旅游发展的指导意见》《交通强国建设纲要》《国家综合立体交通网规划纲要》等，指导和推动交旅融合高质量发展。

6.4.5.10 整合与实现的创新发展模式日渐成熟

随着交通运输与旅游业融合发展深入推进，交旅融合发展模式不断创新，各地相继探索出铁路旅游、公路旅游、水上旅游等融合联动发展新模式。一是休闲步道、汽车营地等休闲类交通旅游融合业态；二是旅游公路、景观铁路等观光类交通旅游融合业态；三是低空飞行、邮轮游艇等体验类交通旅游融合业态；四是联运服务、枢纽服务等服务类交通旅游融合业态。未来，随着二者融合发展愈发深入，将会出现更多融合发展新业态，促进二者转型升级发展。

6.5 旅游景区电子商务

6.5.1 旅游景区电子商务概述

快速增长的旅游产业与新兴的互联网产业相结合，产生了一种新型的混合型产业——旅游电子商务。通过先进的网络技术与信息技术手段实现了旅游商务活动各环节的电子化，改进了旅游企业之间、旅游企业与供应商之间、旅游企业与旅游者之间的交流和交易，改进了企业内部流程，增进了知识共享。随着我国旅游业的蓬勃发展以及网络应用的普及，旅客把旅游景区作为一个重要的目的地。旅游景区电子商务必然成为一个重要的内容。

6.5.1.1 旅游景区

对旅游景区概念的界定，国内多依据国家旅游信息中心对旅游景区质量等级的划分与评定，即旅游景区是以旅游及其相关活动为主要功能或主要功能之一的空间或地域，具有参观游览、休闲度假、康乐健身等功能，是具备相应旅游服务设施并提供相应旅游服务的独立管理区。该管理区应有统一的经营管理机构和明确的地域范围，包括风景区、文博院馆、寺庙观堂、旅游度假区、自然保护区、主题公园、森林公园、地质公园、游乐园、动物园、植物园及工业、农业、经贸、科教、军事、体育、文化艺术等多种类型。

6.5.1.2 旅游景区电子商务含义

旅游景区电子商务是通过先进的信息技术，以风景名胜区为中心，整合景区门票、酒店、餐饮、娱乐、交通、观光车、演出表演等各方面相关资源，可为游客提供饮食、住宿、出行、游玩、购物、娱乐等全方位高质量的个性化旅游服务。

6.5.2 旅游景区电子商务的业务与功能

旅游景区电子商务系统主要能实现网上预订、住宿管理、出行管理、餐饮管理、景区POS系统、景区信息板管理、后台管理等业务。人性化的信息查询功能支持用户在任何情况下都可以轻松、迅速地查找最终信息，各景区之间按地理位置、景区特点相似或互补等特点也可以建立外部网络系统，从而实现资源、信息、营销宣传等方面的共享。

6.5.2.1 网上预订

通过景区电子商务系统轻松实现网上销售景区门票和景区内观光车票，购买的门票可以实现网上支付、网上退票，景区还可以制定全年每天的票务销售计划等，有效拓展销售渠道并合理调节全年客源分布。

6.5.2.2 住宿管理

整合景区内外酒店和途经地酒店资源，通过景区电子商务系统轻松实现网上销售的方式，使游客能提前预订行程中的入住酒店，方便游客的同时还能提升景区旅游服务质量。

6.5.2.3 出行管理

通过景区电子商务系统可以解决旅游社团队的景区内观光包车问题，可以提前预订观光包车，方便旅行社组团，有效调配和控制景区内观光车资源，保证游客的旅游质量。

6.5.2.4 餐饮管理

通过景区电子商务系统实现游客在与景区签订相关协议的酒店、饭店进行商务订餐。

6.5.2.5 综合管理

一部手机游云南是由云南省人民政府与腾讯公司联合打造的全域旅游智慧平台，由"一个中心、两个平台构成"，"一个中心"就是旅游大数据中心，为政府决策提供依据，"两个平台"就是为游客服务平台和政府监管服务平台。

6.5.2.6 景区POS系统

通过景区电子商务系统整合景区内外商店、商家以及旅游商品店铺等，可高效地进行管理，主要信息项有商品库存、商品交易查询、商家信息管理等。

6.5.2.7　景区信息板管理

在景区电子商务系统公告栏项目中公告景区重要的或需要公告的信息、通告等。

6.5.2.8　UJH-EBS（联京华旅游景区电子商务系统）后台管理

后台管理通过对系统管理模块、基础设置模块、旅行社管理模块、销售管理模块、售检票记录管理、网上订票管理、景区商务、财务统计模块和报表模块等重要功能模块的设置来管理整个景区电子商务系统。

进入 21 世纪的旅游产业以前所未有的速度飞快发展着，伴随人民生活水平的不断提高，旅游、休闲、度假已越来越多地成为广大国人和世界友人热衷的消费时尚。我国地大物博、历史悠久，旅游资源极其丰富，先进的管理手段和网络技术应用已经成为一种趋势。

6.5.3　旅游景区电子商务的应用

旅游景区电子商务是旅游电子商务的重要组成部分，是电子商务在旅游景区管理中的应用，其本质是以旅游景区为核心，通过先进的信息技术手段改进旅游景区的内部管理，对外（包括旅游者和其他旅游企业）进行信息交换、网上贸易等电子商务活动。

旅游景区作为旅游市场这个大系统的重要单元，它与整个市场系统必须保持密切的输入、输出关系，并进行大量的资金、服务、信息等的交换。旅游景区电子商务的应用是通过旅游市场这一媒介而起作用的，具体涉及两个方面，即旅游产业市场和旅游（者）消费市场。

6.5.3.1　旅游景区电子商务在旅游产业市场方面的应用

在旅游产业市场方面，旅游景区电子商务可以促进旅游资源整合，实现旅游景区规模效益。旅游景区的开发会催生大量相关的旅游企业，如酒店、旅行社、旅游交通等，这些企业普遍存在着规模小，整体服务质量低、市场竞争无序等问题。

① 通过开发旅游电子商务，可有效地缓解旅游信息的不对称，增加市场透明度，整合旅游资源，树立旅游服务品牌，实现产业链的整合和优化。

② 可以降低旅游景区的运营成本，提高市场营销效率。为拓展业务，增进与协作企业间的共同发展，旅游景区必须与各业务相关者保持密切联系，通过景区电子商务系统可以顺畅地进行交流沟通，而且费用低廉，从而有效地降低旅游景区的营销成本。

③ 通过电子商务系统提供的先进平台，旅游景区能够广泛地搜集各类信息，如旅游者需求动向、相关旅游企业情况、旅游市场热点等，同时也可以将自身信息如服务项目、营销活动等及时迅速地传播出去，不但提高了信息传输的通达性，还具有传统媒体不具备的交互性和多媒体性，可以实时传送声音、图像、文字等信息，直接为信息发布方和接收方架设起沟通桥梁，促进了旅游景区市场交易效率的提高。

6.5.3.2　旅游景区电子商务在旅游消费市场方面的应用

旅游景区电子商务可以满足旅游者个性化需求，可以全天候跨地域地为散客旅游者提供旅游景区预览和决策参考信息。旅游者可以通过互联网提供的可视、可查询、可实时更新的信息搜寻自己需要的旅游产品。

旅游景区可以在与潜在旅游者交流沟通的基础上，根据旅游者个人偏好和要求设计旅游产品，提供个性化的旅游方案，使旅游者获得更大程度的满足和被重视的心理好感，为企业赢得更多的利润空间。

另外，旅游景区电子商务的应用将有效地改善诸如旅游者在旅游景区进行旅游活动时，因为跟团旅游、导游服务质量差、旅游者行为受到约束等问题。旅游者可以通过互联网，根据自身需求设计适合自己的路线、逗留时间，减少各种不确定因素，提高旅游活动的自由度，使旅游者充分享受旅游景区的优质服务，获得美好、舒适的旅游体验。

6.5.3.3 旅游景区电子商务模式

（1）旅游景区自建模式

旅游景区自建模式主要是旅游景区依托自身丰富旅游资源，为旅游者提供相关的服务信息，一般具有包括旅游景区文字影像简介、在线地图查阅、电子门票交易、网上虚拟旅游、旅游线路设计等内容。网站设计方面突出当地文化特色和旅游景区特色，主要起到宣传促销的目的，为旅游景区扩大客源、提高知名度、降低业务成本提供最为便捷有效的手段，如中国泰山风景名胜区官方网、青岛崂山旅游景区就属于这种模式。这种模式较适合大型旅游景区，主要由于网站本身的建设和维护成本较高，加上前期网站设计与策划，后期网站推广都需要较多的费用，对于中小型旅游景区来讲难以支付，且众多小规模网站知名度难以提升，影响了发展电子商务的效益。

（2）旅游景区联盟模式

旅游景区联盟模式是指由多个旅游景区共同出资，筹建一个联盟电子商务平台，这一平台仅提供相关旅游景区的服务，逐步发展为提供旅游服务信息、社区、旅游计划、增值服务等多种服务的集多种角色于一身的一站式服务平台。

随着旅游景区联盟发展，影响力不断扩大，不仅吸引了更多的旅游者，而且也吸引了许多旅游景区的加盟，这些旅游景区为了降低分销成本及分享客源，会进一步集中平台直接加盟，随着加盟旅游景区的不断增加，各旅游景区均可从增值服务中获取额外利益，收取广告费用以及向其他相关产业链延伸，此模式起点较高，特别在初期阶段，筹建平台的旅游景区要求要有一定的知名度和经济实力。

（3）区域联合模式

区域联合模式是将一个区域内的旅游景区整合而建立起来的电子商务平台，对它进行统一的宣传管理，主要面向旅游者和旅行社全面开展旅游景区门票、餐饮、酒店、旅游线路等在线预订的电子商务平台，同时也为旅行社和酒店、航空公司等旅游行业客户提供网络宣传、网络销售、网络支付等一系列的业务服务。

6.5.4 旅游目的地营销系统构建

旅游业的竞争就是旅游目的地间的竞争。一个成功的旅游目的地，离不开成功的营销，在全球化的今天，旅游目的地营销迅速进入整合营销和品牌化的时代。

6.5.4.1 概念

英国的帝弥崔·布哈利（Dimitrios Buhalis）认为旅游目的地是一个明确的地理区域，这一区域被旅游者公认为一个完整的实体，有旅游规划和营销的政策和法律框架，由统一的机构进行管理的区域。国内学者研究认为，旅游目的地是由吸引物、住宿设施、餐饮设施、娱乐设施、零售店和其他服务设施等核心部分组成，具有丰富的文化财富的地理区域。

旅游目的地营销是指区域性旅游组织通过区分、确定本旅游目的地产品的目标市场，建立本地产品与这些市场间的关联系统，并保持或增加目的地产品所占市场份额的活动。

旅游目的地营销系统（Destination Marketing System，DMS）是由政府主导、企业参与建设的一种旅游信息化应用系统，为整合目的地的所有资源和满足旅游者个性化需求提供解决方案。

旅游目的地电子商务系统是由政府牵头、企业参与，充分整合各旅游企业的信息资源及资金优势，借助电子网络手段，以树立旅游目的地整体形象为目的的电子商务系统。2001年初，我国启动了旅游业信息化工程"金旅工程"，这是我国第一个旅游目的地电子商务系统。相对于旅游电子商务平台，旅游目的地电子商务系统是政府主导，可信度更高，并会扶持当地中小旅游企业，注重介绍当地旅游业，使酒店有机会结合当地旅游特色宣传自己。

6.5.4.2 旅游目的地营销新理念

（1）整合营销

旅游整合营销的理论基础源自美国西北大学教授舒尔兹等人提出的整合营销传播理论（IMC），其基本含义是"根据目标设计战略，并支配资源以达到目标"，整合营销传播的核心思想强调将市场营销所有相关的一切传播活动一元化。一方面强调把广告、促销、公关、直销、CI、包装、新闻媒体等一切传播活动都涵盖到营销活动的范围之内；另一方面要求企业能够将统一的传播资讯传达给员工、顾客、投资者、普通公众等关系利益人。所以，整合营销传播也被称为 Speak With One Voice（用一个声音说话）即营销传播的一元化策略。整合营销理论是在近几年传入我国成为区域旅游合作的核心内容。长三角"15＋1"旅游区、泛珠三角"9＋2"旅游区、东北旅游区、西北风情旅游联合会等旅游协作区域与组织，都在通过联合宣传、价格联盟、编印区域性 DM 刊物、建立区域性旅游网站等方式，不断推进区域旅游整合营销的进程。江西婺源是整合营销的典型代表，借助"中国最美乡村"展开全面营销工作，整合全县资源进行统一包装，统一推广，执行到位，宣传及时，同时通过"一张照片"将推广铺展开，将婺源打造成了著名的乡村旅游胜地。

（2）机会营销

机会营销是依靠市场面上不规则的变化，以掌握外部机会来创造大规模奇袭成功的一种战略。其意义在于指导企业当适逢可预见的重大变化或机会来临时，不要墨守成规，而是要进一步掌握市场机会，甚至创造机会，开展有利于公司发展的营销活动。营销机会是市场上尚待满足的需求，包括没有被满足的需求和未能得到很好满足的需求。机会营销就是寻找能给企业营销活动带来积极意义且和企业营销目的相一致的各种机会进行营销的活动。旅游目的地要进行机会营销一方面要寻找已存在的营销机会，另一方面要创造新的营销机会。寻找营销机会可以从供需缺口中寻找，可以从市场细分中寻找，可以从竞争对手的弱点中寻找，也可以从旅游目的地的特色中寻找。而创造营销机会在于能对营销环境变化做出敏捷的反应，善于在许多寻常事物中寻找机会，巧于利用各种条件进行营销、开发新产品，满足新需求。

（3）文化营销

旅游文化营销是指旅游业经营者运用旅游资源通过文化理念的设计创造来提升旅游产品及服务的附加值，在满足和创造旅游消费者对真善美的文化需求中，实现市场交换的一种营销方式。从市场需求角度讲，文化是指其深层结构意识部分，即由价值观念、审美情趣、行为取向等所构成的旅游者的文化心态；从产品角度讲，文化指的是产品的文化内涵与文化特征，是旅游产品的核心属性。旅游文化营销是一种营销战略，它一方面通过对文化需求的把握和顺应来实现旅游者最高层次的文化满足；另一方面，通过对旅游产品文化内涵的挖掘和包装，实现旅游产品价值的最大化。在对旅游者的文化满足与旅游产品的文化价值的双重创造和促进过程中达到高度和谐化的文化体验。

（4）体验营销

旅游的本质就是一次旅游经历和阅历，就是一次体验。体验营销是一种伴随着体验经济出现的一种新的营销方式，形象地说就是卖感觉、卖体验。旅游体验营销即旅游企业根据游客情感需求的特点，结合旅游产品、服务的属性（卖点），策划有特定氛围的营销活动，让游客参与并获得美好而深刻的体验，满足其情感需求，从而扩大旅游产品和服务销售的一种新型的营销活动方式。与产品营销、服务营销相比，体验营销以向顾客提供有价值的体验为宗旨，力图通过满足顾客的体验需要而达到吸引和保留顾客、获取利润的目的。

体验与旅游有着直接的天然的联系，旅游者花费时间、金钱和精力，想换得的就是一种不同于惯常生活的新鲜体验。那么，旅游者在消费一项旅游服务时，他的主观感受与反应就显得尤为重要，这正是旅游企业实施营销的中心关注点，也是旅游产品的实际魅力所在。体验经济时代的到来，要求旅游企业必须适应营销环境的变化，转变营销观念，树立体验营销理念，这对于提升旅游业的经营质量和经济效益，促进旅游业的更好发展有着重要意义。比如，世界著名的"迪士尼乐园"就是体验营销成功的典范，而现在正在兴起的节事、赛事营销也是体验营销的典型代表。

除了以上几种目的地营销的新理念、新模式，新型的旅游目的地营销理念还有会展营销、网络营销、服务营销、情感营销、竞争合作营销等，不同的旅游目的地只有根据自身的特点选择合适的营销方式或者综合使用多种营销方式，才能在激烈的旅游市场营销中获得成功。

6.6 旅游商品电子商务

旅游商品与一般商品的发展模式不同，旅游商品的发展依赖于系统提升特定旅游经济区对资本、新科技、高智力等资源的吸纳能力和对这些资源进行化应用的能力。

6.6.1 旅游商品交易中的电子商务概述

旅游商品是兼具物质和精神双重属性的商品，只有具备鲜明的民族特征、地方特性、文化特色的商品才能走俏市场，电子商务平台的建立帮助旅游商品生产企业开辟了一条全新的营销推广渠道。

6.6.1.1 旅游商品的概念及分类

旅游商品包括旅游前和旅游中所购买的商品，旅游前购买的商品主要包括旅游书籍、户外用品、日用品和土特产等；旅游中购买的商品主要包括日用品、旅游纪念品和免税商品等，上述旅游商品概念中，旅游纪念品是最核心的要素。

根据旅游商品具备的吃、穿、用、赏、交等用途，将旅游商品分为以下类型：旅游农副食品、旅游服饰、旅游日用品、旅游工艺品、旅游社交礼品。

6.6.1.2 旅游商品的特点和作用

旅游商品通常具备以下七大特性。①纪念性。开发出的旅游纪念品应当具有浓厚的地方特色或民俗风情，能让旅游者在游览后睹物思景、睹物思人，引起旅游者的美好回忆。②定价合理性。在旅游中，由于旅游者离开了自己习惯的生活环境，对陌生的旅游地会产生怀疑、无助等心理，因而大多数旅游者不会在普通摊点购买价格太昂贵的纪念品，旅游商品定价一定要合理。③文化性。旅游商品尤其是旅游纪念品是地方文化的载体，能够传播旅游地文化、起到很好的景点宣传和推广作用。因此，旅游商品开发应将地方文化视为产品灵魂。④艺术性。旅游商品应具有独特的创意和美感，旅游者对旅游商品的审美要求是美观、新颖和精致，尤其是中高等收入阶层的旅游者会不惜重金买下具有独特审美情趣的旅游商品。⑤实用性。主要指旅游商品的使用和消费功能，旅游者尤其是中低收入阶层的旅游者，在旅游过程中购买旅游商品时主要看重商品的经济实惠、经久耐用特征。⑥便携性。由于旅游者的游动性及邮购旅游商品带来的风险不确定性，大多数旅游者会购买体积、重量、包装等方面均便于携带的旅游商品。⑦礼品性。主要指旅游者在结束一次旅游活动后，总是期望把一份精美的旅游商品带回家馈赠给亲朋好友，以加深与亲朋好友的感情，融洽社会关系。总之旅游商品应综合考虑上述七个特性来开发和营销，才能得到广大旅游者的青睐。

6.6.2 旅游商品交易中的电子商务应用

旅游电子商务将为旅游企业提供电子商务应用操作平台，在这个平台上轻松完成旅游产品的设计和供应商采购，同时对外进行宣传推广和在线销售报名，还可以进行内部的业务交流与合作，保持旅游业务的高效顺畅的运营。

通过旅游电子商务平台，可以将无形的旅游产品有形化。网络旅游快捷地提供了大量旅游信息和虚拟旅游产品，网络多媒体给旅游产品提供了"身临其境"的展示机会。这种全新的旅游体验，使"足不出户、畅游天下"的梦想成真，培养和壮大了潜在的游客群。借助网络传媒的数据库、丰富多彩的表现形式、合理的广告成本、强大的传播能力、独特的科技形象等，不仅确保了旅游产品的品质，而且避免了复杂冗长的旅游营销宣传资料，克服了人力、物力、财力的巨大浪费，使促销成本急剧下降。

电子商务的介入，对于游客或潜在游客，可以根据自己个人的兴趣调整有关信息，选择个性化鲜明的旅游产品。对于旅游企业，可以获取比以往更多更全面的游客市场信息，调整销售的产品和提供的服务，针对特定游客提供定制的旅游产品，从而促进市场营销和销售的各种创新。如：在传统的旅游业价值链中，旅游者若想到某一旅游目的地进行旅游，必须要经过旅行社、旅游批发商或一些旅游组织，否则旅游者无法直接了解旅游目的地信息，只能选择旅游中介提供的旅游产品，整个旅游活动是一个套餐式服务。而在电子商务环境下，旅游者可以通过旅游专业平台、旅游目的地信息系统了解到目的地信息，选择自己喜欢的项目，对旅游中介提供的产品进行拆分重组，体验一种点餐式服务。

6.6.3 旅游商品的电子商务推广策略

企业建立电子商务网站的目的是提高企业的知名度，进而达到提高效率的目的，而网站推广策略则是实现这一目的的有效途径。国际互联网的商业化已经成为不可避免的趋势，商人纷纷将自己的产品推广到网上，以争取网上的一席之地，旅游业同样也需要将旅游商品推广到网站上实现促销的作用，说到底，旅游商品的电子商务推广也就是电子商务网站的推广。

电子商务网站的推广策略很多，企业应根据自己的产品或服务特点，选择适合自己的推广策略，以下从搜索引擎、网络广告、平台信息等几个方面探讨具体的推广策略。

6.6.3.1 搜索引擎推广策略

据统计，国内用户得知新网站的途径中，搜索引擎占到 70％以上，因此搜索引擎推广成为电子商务网站推广的重要途径。

① 向搜索引擎提交网页：国内外各大搜索引擎，如 Google、Alta Vista、Yahoo、百度、搜狗、搜搜、新浪等都提供了注册或登录免费分类目录的功能，及时对网站信息进行登录就能使其免费收录该网站，从而增加搜索机会。要注意定期更新内容，定期重新提交网页。

② 搜索引擎优化：搜索引擎优化是利用工具或者其他各种方法，使自己的网站符合搜索引擎的搜索规则，进而提高网站在搜索引擎中的排名，增加网站访问量。

③ 关键词优化：用户在搜索引擎中输入某个关键词会得很多结果，因此有效选择关键

词能使网站排名前移，并能获得更多商机。关键词必须符合网站主题，并控制一定的出现频率。常规关键词被搜索到的概率较大，但搜索结果多，排名会比较靠后；非常规关键词排名较靠前，但用户使用该关键词进行搜索的概率较小，因此关键词选择要恰当。

④ 网站结构优化：网站结构尽量避免采用框架结构，因随着网页层次的增加，网页在搜索结果中的级别也会降低，所以网站层次结构应清晰简洁为好。有些网页使用框架、使用 JAVA 和 FLASH 做导航按钮，虽美观但搜索引擎找不到，对于这样的设计可在页面底部用常规 HTML 链接再做一个导航条，以确保搜索引擎找到这个导航条。

⑤ 搜索引擎竞价排名：搜索引擎竞价排名是按照付费高者关键字排名前的原则来进行排名。搜索引擎竞价排名可提高网站在搜索结果中的自然排名，进而增加访问量，最终将访问量转化为销售量，这是一种常用的推广方式。国内常见的有百度、Yahoo、金泉网、阿里巴巴、3721 等。

6.6.3.2　网络广告推广策略

网络广告是一种收费推广策略，其市场发展速度很快，已成为继传统的电视、广播、报纸、杂志四大媒体之后的第五大媒体。

① 搜索引擎广告：搜索引擎广告是通过关键词搜索和数据库技术把用户输入的关键词和广告信息进行匹配，进而将广告显示在用户搜索结果页面的一侧或搜索结果中。广告摆放位置与用户查询的信息具有较高的相关度，易于被用户接受，传播效果好。

② 在线分类广告：在线分类广告的广告内容按产品与服务的类别详细分类，将零散而数目较大的广告合理地组织起来，为用户提供一个方便检索的平台。

③ 网页广告：当用户浏览网页时，网页广告会自动显示在屏幕上，常见的有网幅广告、图表广告等形式。网页广告要注意广告发布的数量、尺寸、位置和播放时间等因素，避免干扰用户信息浏览活动而降低其效果。

④ 嵌入式广告：嵌入式广告是把广告嵌入到软件中，当用户安装软件时，其插件同时被安装上，从而广告出现在软件界面中。如在 QQ、金山词霸、迅雷等看到的广告就属于此类广告形式。

⑤ 电子邮件广告：通过邮件列表、新闻邮件、电子刊物等形式，在向用户提供有价值信息的同时附带一定数量的商业广告信息，如企业优惠政策，新产品信息等。这些邮件列表客户在邮件列表商的网站注册的时候同意接受某些类别商业邮件信息，因此促销时可减少广告对用户的滋扰、增加潜在客户定位的准确度、增强与客户的关系、提高品牌忠诚度等。

6.6.3.3　链接类推广策略

① 互换链接：是具有一定资源互补优势的网站分别在自己的网站上放置对方网站的 LOGO 或网站名称，并设置对方网站的链接，是一种互惠互利的协作方式。具体表现为加入广告交换网、与其他网站建立友情链接等形式。在选择要相互链接的站点时，要考虑该网站的知名度和该网站的性质和主题与自己的站点是否相关。

② 导航网站推广：导航网站是集合较多网址，并按一定条件进行分类的一种网站，如网址之家。这种推广方式目标用户定位明确，若企业能被这类网站收录，将增加其访问量。

③ 行业网站推广：这种推广策略是将网站登录到行业站点和专业目录中，供用户有目的地查找及登录，其目标用户定位明确。

6.6.3.4　平台信息推广策略

① 论坛和贴吧推广：选择潜在客户访问量大或人气高的论坛或贴吧，发一些与自己网

站内容相关的帖到各大论坛，如天涯、猫扑、百度知道贴吧等，可增加网站点击量和浏览量，但要注意发帖和回帖的数量、质量等，避免明显的广告色彩，否则会被删帖或遭封杀。

② 社区推广：社区推广的优点是传播性强，而且其分享机制很全面，如知名的社区网同学录、校内网、海内、同事录、雅虎关系等。

③ 博客推广：是通过在博客中撰写相关的文章来介绍自己的企业、相关产品及服务，在文章中非常自然地为自己的网站及产品进行宣传。这种推广方式很易于被用户接受，有一定的宣传效果。

④ 微博推广：以微博为推广平台，通过更新自己的微博向网友传播企业、产品的信息或者和大家交流共同感兴趣的话题，树立良好的企业形象和产品形象，从而达到推广的目的。

⑤ 问答类推广：问答类推广是通过问题的提出和解答，来获得宣传推广效果。问答过程应按网站的产品及服务的内容设计，提问者可直接将网站地址附在提问中或采用自问自答方式。常用平台有百度的"知道"、腾讯的"问问"、威客网等。

⑥ 百度百科推广：百度百科是一个创造性的网络平台，充分调动互联网所有用户的力量。将企业的名称注入百度百科，并编辑企业基本信息，注明网址。这样既可提高企业知名度，还可实现与搜索引擎的完美结合提升企业网站的访问量。

⑦ 即时通信软件推广：利用即时通信软件，如 QQ、阿里旺旺、微信等，自建或选择加入一些相关用户聚集的群，使推广更有针对性，是一种快速有效的宣传推广方法。

6.6.3.5　视频推广策略

将企业的宣传视频放到优酷、土豆、酷六网等视频网站上，使用户拥有在线观看的体验，相比枯燥的文字会达到更好的效果。

6.6.3.6　病毒式营销推广策略

病毒式营销推广是利用用户口耳相传来进行信息的主动传播，让信息像病毒一样迅速扩散，从而达到网站推广的目的。病毒式营销推广可采用免费的方式，如为用户提供免费的资源或服务的同时附加上一定的推广信息，还可采用推荐返利的形式。常用免费内容包括免费软件、电子书、免费电子贺卡、免费邮箱、免费即时聊天工具等。病毒式营销推广既可增加网站访问量，还可节约营销成本。

6.6.3.7　软文推广

通过撰写软文，实现特定的目标和宣传企业产品、服务、品牌，借助文字表达与舆论传播，对消费者进行有针对性的心理引导，使消费者认同某种概念、观点和分析思路。如免费为其他网站的新闻邮件写一些专业性文章，文章里用简短的文字附带渗透网站或产品和服务，以获取对方链接。

:::::::::::::::::::::::::::::::::: **本章案例** ::::::::::::::::::::::::::::::::::

定制旅游：个性化与低成本如何兼得？

"鱼与熊掌难以兼得"，对于酒店行业尤其是经济型酒店来说，低投入与个性化产品同样难以兼得。轻标准与"发现"设计体系双管齐下，骏怡不仅降低单体酒店加盟连锁化的投入成本，同时形成一店一特色的差异化个性软装风格，在和而不同的氛围中，树立酒店加盟的一股新风。

过去，很多连锁酒店品牌一直以经济低廉为优势而获得大批单体酒店与顾客的青睐，但随着城市化进程的加快，房租等价格随之水涨船高，为节省成本，连锁酒店以加盟费用为收银支撑，让加盟商成为资金食物链的较低端。同时，消费升级浪潮的袭来客观上要求连锁酒店加大在设计创意、文化氛围等方面的投入，增加了连锁酒店复制扩张的难度，掌握不好成本投入与个性化体验之间的平衡性，就容易让加盟后的单体酒店难以适应市场。

在已加入的全国近 300 家单体酒店中，出租率由此前的 40%～50%，到现在常年 80% 以上，多数门店每天客房爆满。低投入高实现目标的加盟让很多业主欣喜不已，表示"困扰多年的心病被轻标准'猛药'彻底治好""3 年多实现目标，第 40 个月就开始……得到了同行的认可和好评"等证实验怡及其轻标准加盟方案的可行性。

个性化、连锁化皆为酒店行业的 2 大发展趋势，如何将二者很好融合是酒店业始终面临的议题。骏怡酒店从轻标准加盟方案出发，为酒店加盟模式带来创立与革新，成为兼具低成本与个性化的酒店品牌先驱者，不仅为加盟商带来实实在在的收益，也为行业的未来发展指明方向。

（案例来源：http：//jiameng.baidu.com/content/detail/1684396858？from＝search.）

案例思考题：

1. "酒店加盟业"如何实现低成本营销和个性化服务？
2. 请结合案例说说"单体酒店加盟"的营销之道给你带来哪些启示？

本章小结

旅行社、交通、酒店、旅游商品被称为旅游业的四大产业。本章除介绍以上四大产业之外还介绍了旅游餐饮业和旅游景区，首先介绍了旅游餐饮企业、酒店和旅行社的电子商务概念、它们的业务功能和应用模式；其次介绍了航空、铁路、水运和公路电子商务的概念、运用模式以及交通业电子商务的整合与实现；最后介绍旅游景区和旅游商品的电子商务概念、应用以及旅游目的地营销系统的构建。旅游行业由以上六大模块构成，它们构成旅游业的一个整体系统，它们与电子商务的结合及运用将旅游电子商务的实施落到实处。

复习思考题

1. 餐饮企业电子商务系统是怎样构建的？
2. 酒店电子商务的应用有哪些？
3. 目前中国酒店行业电子商务存在哪些问题？
4. 旅行社对电子商务的应用有哪些？
5. 电子客票与电子门票相比具备哪些优点？
6. 交通业电子商务的应用是如何实现整合的？
7. 旅游景区电子商务的应用模式有哪些？
8. 中国旅游目的地营销系统存在的主要问题和对策有哪些？
9. 分析 E-bay 属于什么电子商务类型？

10. 旅游商品交易过程中如何应用电子商务？

:::::::::::::::::::::::::::::: **讨论题** ::::::::::::::::::::::::::::::

1. 旅行社电子商务平台是如何构建的？与传统旅行社相比其优点是什么？
2. 交通业电子商务有哪几类？分别如何运用电子商务？
3. 试讨论电子商务的运用给交通行业带来了哪些伟大的变革？
4. 旅游景区电子商务系统有哪些功能模块？其作用是什么？
5. 电子商务如何运用于旅游商品的交易过程中？
6. 试描述电子商务服务业的发展趋势。

:::::::::::::::::::::::::::: **网络实践题** ::::::::::::::::::::::::::::

1. 假设你将于本年 12 月 20 日到北京出差，你想从成都双流国际机场乘飞机到北京，并于当晚入住某一酒店。请用电子商务实现上述业务。要求：飞机票选择打折机票，越便宜越好；住宿标准为 60～120 元/(间·天)。定好后，写出 2～3 个选择的网站名（网址）、酒店名、价格、联系方法，以记事本的方式保存到自己的目录下。

2. 目前微信使用受众已经特别多，如何使用微信进行网络电子商务营销，通过查询网络电子商务促销案例，分析各种促销手段，设计出某产品或服务的促销方案。

3. 旅游业是最早开展电子商务的行业之一，在国内发展极其迅速，除了携程，还有很多已成规模的旅游电子商务网站，通过搜索同类旅游业电子商务网站，列举网站名称并分析各自的服务项目与经营特色。

4. 假定你现在有一周的假期，打算到云南丽江去度假，初步准备花销 5000～8000 元，单人或两人一起去。为了更好地安排行程和开销，需要先在网上了解一些情况。

（1）通过旅游网站介绍，首先了解一下云南丽江的旅游景点都有哪些，以便制定旅游计划，写出您准备游玩的景点。

（2）了解景点的分布情况后，请根据自己的资金状况预订酒店。如按星级或固定价格等条件搜索。给出你最后选择的酒店名称、地点和费用。

（3）请你从一个旅游电子商务网站设计者的角色出发，思考还应为客户提供哪些可行的增值服务。

旅游产品网上中间商电子商务

学前导读

　　随着电子商务的发展，传统旅游产品中间商的商务模式发生了很大的变化，很多传统的旅游产品中间商面临着转型，开始转向网上中间商电子商务的模式。旅游产品网上中间商电子商务的概念是什么？传统旅游产品中间商需要有哪些方面的转变呢？旅游产品网上中间商电子商务网站的结构与功能是什么？那么，本章的内容就围绕着这些内容展开。本章的学习目标是掌握旅游产品网上中间商电子商务的概念，传统旅游产品中间商需要做出的转变，旅游产品网上中间商电子商务网站的结构与功能等知识点。

学习目标

- 掌握旅游产品网上中间商电子商务的概念；
- 传统旅游产品中间商向网上电子商务中间商转变的方式；
- 掌握旅游产品网上中间商电子商务网站的结构与功能。

导入案例 --

　　杨先生打算去旅游，但是他不想通过旅行社进行跟团旅游，打算通过自己的个性化定制体验不一样的旅游。他选择了旅游中间商 Tripadvisor，这是一个全球最大的旅游社交网站之一，提供酒店、餐厅、航班、租车等预订服务。可以在该平台上浏览其他用户对酒店、餐厅等的评价，查看相关信息后进行预定。该平台不仅提供了方便的在线预订服务，还通过用户评论、推荐等方式帮助用户寻找优质的旅游产品和服务。

　　杨先生通过这个旅游产品中间商 Tripadvisor 的平台，比较轻松地搜索和筛选出符合自己需求的旅游产品。他按照目的地、价格、行程类型等条件进行筛选，并能够看到详细的产品信息和图片，最后做出符合自己要求的选择。同时这个平台提供的信息准确性和及时性都很高，包括最新的价格、可用性、行程安排、酒店信息等，获得真实、全面的信息。最终杨先生开启了他的旅行之旅。

7.1　旅游产品中间商概述

7.1.1　传统旅游产品中间商的概念

　　随着生活水平的提升，旅游已经成为人们日常生活中的一部分。在人们准备旅游的时候，由于时间和精力有限，加上对于旅游地不是特别熟悉，不能很好地规划和安排旅游行程。这个时候很多人会选择到旅行社报团，既方便又省心。提到旅行社，我们就会想到一些相关的问题，旅行社并没有直接的旅游产品，那么我们在旅游的时候为什么会与旅行社打交道呢？这一问题就牵涉到了一个概念——旅游产品中间商，那么什么是旅游产品中间商呢？关于旅游产品中间商的定义有很多种，比如旅游中间商是指协助旅游企业推广、销售旅游产品给最终消费者的集体和个人，它主要包括旅游批发商、旅游经销商、旅游零售商、旅游代理商以及随着互联网的产生与发展而出现的在线网络服务商。也有这样认为的，旅游中间商是指介于旅游企业和消费者之间，专门从事转售旅游产品且具有法人资格的经济组织或个人。还有这样认为的，旅游中间商是指介于旅游生产者与旅游消费者之间，从事转售目的地旅游企业的产品、具有法人资格的经济组织或个人。由于旅游中间商在旅游市场营销中的作用不同，旅游生产企业与这些中介组织和个人的责权利关系不同，因而旅游中间商的类型也呈多样化。按其业务方式，大体上分为旅游批发商和旅游零售商两大类。根据不同旅游中间商的经营性质，人们又可将其划分为经销商和代理商。本书对于旅游产品中间商的定义是介于旅游企业与消费者之间，专门从事推广、销售旅游产品的具有法人资格的经济组织或个人。

7.1.2　传统旅游产品中间商的职能

　　传统旅游产品中间商在整个旅游产品的销售环节中处于一个重要的地位，他们把旅游产品的生产者与消费者联系在了一起，把旅游产品更好地展示给了消费者。旅游产品中间商通过深入地了解市场，掌握了第一手有关消费者的信息，然后根据这些信息来更好地组合旅游产品来达到消费者的满意。那么总结起来，有关传统旅游产品中间商的职能有以下几方面。

7.1.2.1 市场调研，加强供求双方的信息沟通

旅游产品中间商利用自己直接面向旅游消费者的有利地位，真实、客观、全面地调查、掌握消费者的意见和需要，从而为旅游产品供应商提供准确、及时的信息，帮助供应商对市场的变化做出及时的反应，使旅游产品和服务的供应能不断适应旅游消费者的需求。

7.1.2.2 组合加工，进行市场的开拓

旅游产品中间商专门进行旅游产品的购销工作，他们集中来自各个旅游产品供应商。这些供应商的产品数量众多、品种特色各异，因此需要根据产品特点、市场需求特征组合出内容、线路、时间、价格、交通及旅游方式等各不相同的旅游产品。既要满足一次旅游活动的整体需求，又要满足客户各不相同的需求倾向。同时，他们可以通过自身对市场的变化及走向的强烈的敏感性，把旅游产品供应商提供产品的生产优势与自己的市场开拓的营销优势结合起来，使旅游产品生产企业与旅游产品中间商都得以顺利成长。

7.1.2.3 促进销售，激发顾客的潜在需求

旅游产品中间商往往是旅游促销的专门人才，各自拥有自己的目标群体，与社会各方及市场中各部分有可能形成良好的公共关系，他们可以借助广告、宣传、咨询服务和名目繁多的促销活动，促使潜在需求转化为现实的旅游需求。同时，他们还可以提供诸如代办旅游签证、旅游保险等其他相关服务，更好地为旅游者创造各种附加利益。

7.1.3 传统旅游产品中间商的不足

传统旅游中间商是指介于旅游生产者和旅游消费者之间，从事转售目的地旅游企业产品的具有法人资格的经济组织或个人。由于旅游中间商在旅游营销中的不同作用，以及旅游生产企业与这些中介组织和个人之间的不同责权利，旅游中间商的类型是多样化的。其具有一定的不足之处，具体有三个方面。

通过前面的内容可以了解到传统旅游产品中间商的职能表现，他们的这些职能在旅游产品的销售当中起到了很大的作用。但是，也表现出了很多的问题。在旅游活动当中，由于旅游产品中间商的职能是分散的，缺乏联系的，因而不能很好地、完整地发挥这些职能，具体表现如下。

7.1.3.1 旅游产品设计单一，缺乏针对性

传统旅游产品中间商一般包括旅游产品批发商和旅游产品零售商。他们主要从事具体的旅游业务，如传统旅游批发商为旅游产品进行整合与包装，并注入接待与导游服务，而传统旅游零售商则提供了咨询与代理服务。但在实际业务运作中，由于只能面对较少数量"上游"和"下游"业务伙伴，而且是固定的线性联系，所以对大量的信息和消费者的快速需求变化的反应就显得没有弹性，缺乏效率。因此，他们的旅游产品设计组合单一，雷同较多，不能真正满足消费者个性化的需求，也缺乏个性化的导游，所以经常出现靠拼价格、增加购物时间等损害消费者利益的手段来获取利润。

7.1.3.2 推广旅游产品缺乏针对性

在传统的旅游价值链中，旅游产品中间商对于新业务、新产品的推广一般采用遍地撒网式推广，给所有的游客推介所有的新业务。或者是采用守株待兔的方式，通过各种媒体轰炸式宣传，被动地接受游客服务请求。旅游者来自五湖四海，习惯、爱好各有不同，对旅游产品需求的层次也不同。如果对他们发布相同的信息，提供相同的服务，就不能有效地找到自

己的客户。

7.1.3.3 切断了供应商与旅游者的联系

大型旅游产品中间商利用其发达的销售渠道和大规模的采购优势，也使得供应商和客源地旅游者的信息沟通不畅。旅游产品中间商本来是旅游产品供应商与旅游者之间的桥梁，但是他们并没有很好地发挥这方面的作用。这样一来，就导致旅游产品供应商无法了解到市场的第一手信息，无法针对性地提供旅游产品，进而也就导致旅游者无法享受到优质的旅游服务。

7.1.4 旅游产品网上中间电子商务的概念

电子商务的发展，使传统的旅游中间商受到了一定程度的挑战，同时也促进了旅游中间商的信息化改造，提高了效率，还使市场上出现以电子旅游中间商为代表的新型中间商。旅游业是以关联协作为特征的产业，涉及食、住、行、游、购、娱六大方面，这就需要有某一信息平台将各种旅游服务集成在一起，使各行业间的信息更顺畅地流通，使旅游产品购买者拥有更多的自主权以满足其个性化需求，电子旅游中间商应运而生。电子旅游中间商包括旅游批发商、旅游代理商，是旅游供应商与旅游者之间电子商务活动的中间媒介，提供虚拟的旅游交易场所和交易服务，从而使旅游消费者省去大量查询时间，同时引导其进行消费。

本书认为旅游产品网上中间商电子商务就是旅游产品中间商用先进的电子商务手段作为技术支撑，用传统销售网络作为后台支持，把网络化"虚拟经营"与现实经营网络化结合起来，通过电子商务的模式从事销售旅游产品与服务的一种商务模式。

7.1.5 旅游产品网上中间商的发展现状

旅游产品网上中间商一般包括专业旅游信息网站和一些大型网站下面设置有关旅游内容的网页，他们还更多地停留在传统价值链阶段。

7.1.5.1 旅游信息网站停留在传统的发布信息的阶段

旅游信息网站在互联网上还只是简单地把网络视为介绍旅游路线、景点介绍、旅游常识等方面的工具，大部分网站苦于没有专业资源在背后支撑，旅游电子商务光有"电子"没有"商务"，没有认识到网络化的巨大价值在于改造传统的商业链条，将企业的核心业务流程、客户关系管理等都延伸到互联网上，使产品和服务更贴近用户需求，网络将成为企业资源计划、客户关系管理及价值链管理的中枢神经。正因为如此，这些旅游网站未能将现有的众多传统旅行社所把持的市场资源整合起来，尚无法与传统的旅行社展开竞争。

7.1.5.2 旅游信息网站的内容和服务没有完全展示网上旅游的魅力

就目前的一些大网站来说，他们都还是包罗万象的"航空母舰"，旅游信息不过是其网站的一部分，甚至是一小部分。屈指可数的一些信息更多的是停留在门户阶段，内容主要包括国内主要的旅游路线、景点介绍、出门常识和游记作品。正因为旅游信息只是"航空母舰"里的一只"巡逻舰"，这些频道、栏目没有能够充分体现旅游信息的全面性、权威性和实用性，这只是对现有网站内容的补充。另外，由于专业性不强、缺乏行业性等这些天然"营养不良"的缘故，它还不能提供与旅游产业有关的全方位多层次的服务。因而现有的内容和服务远远没有完全展现网上旅游的魅力。

7.1.6 旅游产品网上中间商的职能转变

由于现代信息技术和网络的飞速发展导致了产品价值链的重新构建，旅游产品生产者和消费者在互联网上直接沟通和交易成为可能，传统的中间商机构将面临着企业通过互联网能直接到达消费者所带来的威胁。而我们知道，旅游价值链中的每一个成员要成为其中不可缺少的一环，就必然要显示出自己有能力给这个价值链附加更多的价值，而他人不可取代。所以，旅游中间商必须转变其职能，要适应信息技术和电子商务的发展，转变角色，调整相应的策略。

7.1.6.1　由粗放式销售职能向基于客户关系管理的销售职能转变

传统的旅游产品中间商对所有的顾客的要求是不会区分对待的，他们以单一的信息和单一的产品满足着顾客的不同要求，所以他们的销售也是粗放型的。而在基于电子商务环境中的旅游产品中间商在进行电子商务网站建设时就必须树立客户关系管理的理念，特别是在中国加入 WTO 之后，国内旅游企业要想与有着成熟电子商务经验的国外旅游服务公司进行竞争，就必须尽快利用现代信息技术，建立统一规划的旅游电子商务网，收集包括客户信息在内的各种数据，在此基础上利用网络数据挖掘技术，对客户进行细分，为不同层次的客户提供不同的个性化服务，并将客户意见及时反馈到产品设计中，使企业能够及时发现市场的发展趋势和潜力，做出适当的营销策略，这就是"以客户为中心"的基于客户关系管理的旅游电子商务，它将改变现有的"被动坐等客户旅游"的旧模式，形成"主动寻找客户旅游"的新模式。

如作为电子商务的旅游中间商以华夏网为代表的这类专业网站，一开始就致力于做"旅游的行家，电子商务的专家"，不仅针对大众旅游人士提供旅游服务，而且为国内旅游企业提供旅游电子商务交易平台。随着大众收入的普遍提高，市场需要从传统简单地满足观光游览需要转变为对"舒适、自由"有着极高要求的"个性化旅游"。因此华夏网除在线展示庞大的旅游信息之外，更将质量作为对旅游路线的重要衡量标准。除着重当地的名胜古迹外，还介绍了与这些名胜古迹有关的历史人物和发生在他们身上的动人故事、历代文人墨客为之赞咏的诗词歌赋、当地优美动人的神话传说、独特的风土人情，让旅游者得到高品质的文化享受。华夏网上还有国内外的两千多条旅游线路和遍布全国的一千多家酒店，以最优惠的价格供游客预订。除此之外，还可以在网上预订机票、国际班轮、国际列车、长江游船票。旅游者可以在华夏网上挑选到自己满意的路线，旅游企业则可以直接发布各类服务报价、网上组团、旅行社之间的拼团、电子签约，从而极大优化价值链，达到深层财富再造的目的。

需要注意的是，旅游电子商务网站的建设，为企业提供了一个与客户进行互动、及时得到客户信息的平台，但仅有这些是不够的，它必须要有强大的企业内部管理信息系统的支持，否则可能导致从网上接收的众多订单难以进行高效处理，甚至会造成业务的混乱。所以旅游中间商必须充分利用 Intranet 做好企业内部管理信息系统建设，实现企业内部信息上传下达的畅通和功能完善的业务管理，保证基于 Internet 的旅游电子商务网站与基于 Intranet 的内部管理信息系统的无缝对接，实现现代旅游中间商的"客户关系管理"。

7.1.6.2　由单纯甚至对立的经营到传统旅游中间商与专业旅游网站的战略合作职能的转变

目前，单纯的网站大多数亏本经营，而传统的旅游中间商也受到来自网络的巨大挑战，所以真正可行的电子商务是将电子商务平台的优势和传统企业相结合的联盟关系，通过传统企业与网络更深层次的交叉和融合，才能真正体现网络的功能和效果。传统旅游企业通过与旅游网站建立合作，占领互联网销售的先机，又免去了自建网站的投资风险和网站推广面临的困难。同时，旅游网站背靠传统旅游业务的支撑，以及传统旅游企业提供的详尽准确的第一手旅游资料，使网站内容富有鲜明独特的个性和服务风格。旅游网站还可以通过为旅游企业服务收取一定的费用，以维持其正常运营并盈利。所以，旅游企业与旅游网站的战略合作是一个双赢的举措。

旅游中间商与旅游网站的联盟方式可以是多元化、市场化的。联盟既可以通过资本手段进行战略性重组，造就大型企业集团，也可以委托旅游网站完成传统旅游企业的网络化。旅游企业与旅游网站通过组建企业集团借助资本运营实现资源的优化组合，便于管理和运作，同时具备朝阳产业与网络高科技双重题材，易于上市融资提升核心竞争优势。携程网继2000 年 11 月收购国内最早、最大的传统订房中心——现代运通后，2002 年 4 月又收购了北京最大的散客票务公司——北京海岸航空服务公司，并建立了全国统一的机票预订服务中心，在十大商旅城市提供送票上门服务。2003 年，携程网又与中国旅行社总社就度假产品达成业务合作，中国旅行社作为"特约产品信息提供者"，每月提前将下月新推出的网上旅游产品在携程网上公布，同时作为互换，携程网将自己开发的下月机票和酒店套餐提供给中国旅行社，供中国旅行社各营业部销售，并且，携程网代理组织的网友国内外自助旅行活动，也将优先选择中国旅行社的地接社作为合作伙伴。

或者如以旅游信息化为切入口，鼓励旅游企业开发和运营基于 Internet 的电子商务。提供旅游公司、旅游景点、商场、宾馆、旅店、铁路、航空、旅游车辆等信息；帮助旅游者了解旅游线路、风景点、日程安排、费用标准、宾馆住宿、交通等信息。旅游公司在 Internet 网上实现订房、订票、旅游线路等一体化服务业务；旅游者通过网络办理旅游手续，直至与旅游公司签署旅游合同并实现网上支付。

7.1.6.3 由自己独建的专业旅游网站到与综合性导航台独家合作分销职能转变

访问率的高低是决定网站生存的一个重要因素。旅游网站，特别是新的旅游网站的推广除在刊物、报纸、电视上进行广告外，与大的综合性导航台合作是提高旅游网站访问率和知名度一种很好的方法。综合性的导航台本身的知名度高，受众广，它可以吸引到各类人群，这样可以快速地提升旅游中间商网站的知名度。旅游产品中间商可以在综合性导航台、搜索引擎中注册网址，在相关网站中设置图标广告链接。与这些网站合作，提供旅游电子商务服务，同时门户网站也会在合作中得到分销的回报。鉴于旅游消费者的分布十分广泛，所以一个旅游网站的旅游广告其实可以散布在各个领域，例如温泉浴场的网站广告可以放到美容美发的网站中去，商务旅游预订服务的广告可以放到人才网站上。关键是根据受众的特点进行选择，相互交叉是基本的思路和旅游网站广告的特点；而在服务功能方面能够互补的旅游网站之间的相互链接，也是推广网站的好办法。与访问率高的导航台或搜索引擎独家合作，将预订服务融合在导航台或搜索引擎之中，通过电子邮件刊物及网上定制服务吸引和维系受众。

在美国，访问率最高的 10 个网站中就有 9 个已经分别与 6 家在线预订网站合作。然而，国内在这方面还存在着不足。目前，虽然也有很多网站与门户网站进行了链接，但是均不是独家链接，如艺龙旅行网和春秋航空旅游就与 163.net 的旅游频道进行了链接；遨游网、艺龙旅行网与网易进行了链接；再见城市旅游网与搜狐是合作媒体、网络联盟，同时艺龙旅行网又与搜狐是品牌合作机构；21 世纪旅游频道与中华行知网、艺龙旅行网、中国旅行热线结成了合作伙伴关系；雅虎的旅游频道与遨游网、艺龙旅行网是合作伙伴；而没有专业旅游网站与新浪旅游频道进行链接，新浪旅游频道的旅游独家品牌联合合作伙伴是北京雅仕博商广告有限公司等。这种现状，在一定程度上，影响了专业旅游网站的访问量。因此，我国的旅游产品中间商要更好地实现由自己独建的专业旅游网站到与综合性导航台独家合作分销职能转变，以得到更好的发展。

7.2　旅游产品网上中间商电子商务模式

7.2.1　旅游产品网上中间商电子商务模式概述

　　旅游产品网上中间商电子商务主要模式有 B2B 模式、B2C 模式、B2E 模式和 C2B 模式。B2B 一般是合作对象、范围相对有限的合作企业间的交易，交易内容包括采购产品与服务、查询交易信息、进行网上谈判及合同签订、网上支付与结算等。B2C 模式是企业对消费者的交易，主要功能包括企业为消费者提供关于旅游服务的信息咨询、消费者进行产品的在线预订与支付等。B2E 模式主要是指旅游产品中间商为经常需要处理大量的公务出差、会议展览、奖励旅游事务等的非旅游类企业、机构、机关，提供旅游产品的一种商务模式。大型企业 C2B 交易模式是由旅游者提出需求，然后由企业通过竞争满足旅游者的需求，或者是由旅游者通过网络结成群体与旅游企业讨价还价。四种模式都是充分利用互联网边际成本低、无时空限制的特点，给企业带来更多的商机。

7.2.1.1　B2B 交易形式

　　在旅游电子商务中，B2B 交易形式主要包括以下几种情况：①旅游企业之间的产品代理，如旅行社代订机票与饭店客房，旅游代理商代售旅游批发商组织的旅游线路产品。②组团社之间相互拼团，也就是当两家或多家组团旅行社经营同一条旅游线路，并且出团时间相近，而每家旅行社只拉到为数较少的客人。这时，旅行社征得游客同意后可将客源合并，交给其中一家旅行社操作，以实现规模运作的成本降低。③旅游地接社批量订购当地旅游饭店客房、景区门票。④客源地组团社与目的地地接社之间的委托、支付关系等。旅游业是一个由众多子行业构成、需要各子行业协调配合的综合性产业，食、宿、行、游、购、娱等各类旅游企业之间存在复杂的代理、交易、合作关系，旅游 B2B 电子商务有很大的发展空间。B2B 电子商务的实现提高了旅游企业间的信息共享和对接运作效率，提高了整个旅游业的运作效率。

7.2.1.2　B2C 交易形式

　　目前 B2C 电子商务模式深受企业青睐，现有的电子商务绝大多数是这一模式。B2C 旅游电子商务基本内容主要包括：目的地旅游信息的宣传营销、酒店预订、机票预订等。目前在线预订是 B2C 电子商务的主要形式。对旅游业这样一个旅客高度地域分散的行业来说，旅游 B2C 电子商务方便旅游者远程搜寻、预订旅游产品，克服距离带来的信息不对称。按照在线预订的业务运作特点，可以把在线预订 B2C 电子商务分为两种模式：代理模式、直销模式。

　　（1）代理模式

　　采用代理模式的在线旅游网站自身没有机票及酒店客房，它们只是代理酒店和航空公司的产品。与传统的旅行社代理模式相比在供应链上没有本质区别，不同之处在于这种代理模式提供的服务全是线上完成，而传统的服务则是在线下。这种模式的优势在于充分利用网络的优势，信息覆盖面大、信息查询方便、信息获取成本和比较成本相对较低。收入主要来自酒店、机票、景区、租车、演出门票预订的代理费。这种模式的代表主要是携程、艺龙、同程网等旅游电子商务网站。

　　（2）直销模式

　　直销模式主要是指具备一定实力的酒店连锁集团通过自建网站，绕过代理商一环，自己在网上开展直销业务，直接面向消费者进行网上销售。采用这种模式自建网站的酒店能否有效吸引用户，很大程度上取决于酒店自身的品牌知名度及其提供的服务质量。同时，采用这种模式也不是每个酒店都可以做的，因为要考虑网站的建设费用和一开始的宣传费用，由于在线旅游初期的投入非常大，如果收益小于投入的成本，还是选择网上代理属于比较好的现实选择。目前只有形成一定规模的全国性经济型酒店连锁集团实现了网上直销。如家快捷、锦江之星是其中的典型代表。

7.2.1.3 B2E 交易形式

B2E 中的 E，指旅游企业与之有频繁业务联系，或为之提供商务旅行管理服务的非旅游类企业、机构、机关。大型企业经常需要处理大量的公务出差、会议展览、奖励旅游事务。他们常会选择和专业的旅行社合作，由旅行社提供专业的商务旅行预算和旅行方案咨询，开展商务旅行全程代理，从而节省时间和财务的成本。另一些企业则与特定机票代理商、旅游饭店保持比较固定的业务关系，由此享受优惠价格。

B2E 模式较先进的解决方案是企业商务旅行管理系统（Travel Management System，TMS）。它是一种安装在企业客户端的具有网络功能的应用软件系统，通过网络与旅行社电子商务系统相连。在客户端，企业差旅负责人可将企业特殊的出差政策、出差时间和目的地、结算方式、服务要求等输入 TMS，系统将这些要求传送到旅行社。旅行社通过电脑自动匹配或人工操作为企业客户设计最优的出差行程方案，并为企业预订机票及酒店，并将预订结果反馈给企业客户。通过 TMS 与旅行社建立长期业务关系的企业客户能享受到旅行社提供的便利服务和众多优惠，节省差旅成本。同时，TMS 还提供统计报表功能。用户企业的管理人员可以通过系统实时获得整个公司全面详细的出差费用报告，并可进行相应的财务分析，从而有效地控制成本，加强管理。

7.2.1.4 C2B 交易形式

在这种模式中，旅游产品中间商提供一个虚拟开放的网上中介市场，提供一个信息交互的平台。上网的旅游者可以直接发布需求信息，旅游企业查询后双方通过交流自愿达成交易。

C2B 模式主要有两种形式。第一种形式是反向拍卖，是竞价拍卖的反向过程。由旅游者提供一个价格范围，求购某一旅游服务产品，由旅游企业出价，出价可以是公开的或是隐蔽的，旅游者将选择他认为质价合适的旅游产品成交。这种形式，对于旅游企业来说吸引力不是很大，因为单个旅游者预订量较小。第二种形式是网上成团，即旅游者提出他设计的旅游线路，并在网上发布，吸引其他相同兴趣的旅游者。通过网络信息平台，愿意按同一条线路出行的旅游者汇聚到一定数量，这时，他们再请旅行社安排行程，或直接预订饭店客房等旅游产品，可增加与旅游企业议价和得到优惠的能力。

C2B 模式利用了信息技术带来的信息沟通面广和成本低廉的特点，特别是网上成团的运作模式，使传统条件下难以兼得的个性旅游需求满足与规模化组团降低成本有了很好的结合点。C2B 模式是一种需求方主导型的交易模式，它体现了旅游者在市场交易中的主体地位，对帮助旅游企业更加准确和及时地了解客户的需求，对实现旅游业向产品丰富和个性满足的方向发展起到了促进作用。

7.2.2 国内典型旅游产品网上中间商电子商务模式分析

近年来，电子商务在我国迅速发展，各个行业都在针对自己产品的特点开展了电子商务。电子商务改变了人们的消费习惯，也激发了消费者的需求。国内的传统旅游产品中间商已经不能很好地满足旅游者的旅游需求，他们开始向电子商务环境下的商务模式转型。其中就涌现了不少新的电子商务模式，这里重点介绍以下三种。

7.2.2.1 "携程网"模式

市场定位及服务内容：一个旅游行业的中介服务机构，酒店预订、机票预订及旅游项目为三大核心业务。在产品形式上，定位于商务旅行、自助度假旅行，主要面对散客；服务手段上主要通过网络、电话提供服务，服务从最开始的酒店、机票代理人逐渐渗透到度假预订、商旅管理、特约商户、旅游咨询等领域，被誉为传统旅游与互联网无缝结合的典范，成为国内在线旅游预订领域的领军企业。盈利模式：携程网的收费方式很简单，实际上是扮演了中介服务公司的角色，比如它将客户与酒店互相引荐，并促成两者之间的生意，然后收取佣金。网上酒店预订的代理费在10％左右，订票为3％。由于自身无产品资源，其盈利多少关键取决于其能从上游服务提供商手里拿到的价格。目前正面临盈利上的挑战：一方面是去哪儿网在流量上远远领先于携程；另一方面是淘宝旅游、艺龙、芒果、京东及移动12580都加入了旅游市场竞争中，迫使携程网不得不想办法获得更多的流量及线下资源。

7.2.2.2 "去哪儿网"模式

独特的价值定位与服务内容：旅游垂直搜索引擎，为旅游者提供国内外机票、酒店、度假和签证服务的深度搜索，为用户提供及时的旅游产品价格查询和信息比较服务，帮助中国旅游者做出更好的旅行选择。服务内容除了传统的机票、酒店、度假、签证搜索，还提供火车票搜索、"知道"、博客、团购、奖励和优惠服务。盈利模式：一是广告，广告是去哪儿网的主要收入来源，包括首页广告、机票搜索结果页面广告、酒店页面广告等，还包括为航空公司、酒店、签证服务代理机构及旅游景点提供的广告服务；二是在搜索结果中提供竞价排名服务，按照用户点击收费；三是酒店预订电话收费，向酒店收取消费者与加盟酒店通话所产生的电话费用，此项业务对酒店来说比其他网站收取佣金的模式更为划算，也更能成为去哪儿网的重要收入来源。

7.2.2.3 "同程网"模式

市场定位及服务内容：是目前国内唯一拥有B2B旅游企业间平台和B2C大众旅游平台的旅游电子商务网站。网站由"同程网""一起游""旅交会"三个子网站组成，在行业内首创"先行赔付"和"点评返奖金"等特色增值服务，为游客提供更全面、优质与低成本的旅游服务。目标定位只在B2B和B2C，即同程网的行业商务和社会商务。盈利模式：以多元化、一站式为特色的"网上旅行超市"模式。B2B平台为旅游企业提供旅游资源的整合、交易，B2C平台向消费者提供类似携程网的各项旅游服务，从酒店、机票到各类门票、租车、旅游产品，最终都通过向商家抽取佣金的模式获利。网站已获得腾讯网千万元投资，并准备启动国内创业板的上市计划。

7.3 旅游产品网上中间商电子商务网站结构（OTA）

7.3.1 旅游电子商务网站的介绍

用户通过与网络相连的个人电脑访问网站实现电子商务，是目前最通用的一种形式。Internet是一个全球性媒体，它是宣传旅行和旅游产品的一个理想媒介，集合了宣传册的鲜艳色彩、多媒体技术的动态效果、实时更新的信息效率和检索查询的交互功能。它的平均成本和边际成本极为低廉。一个网站，无论是一万人还是一千人访问，其制作和维护的成本都是一样的。目的地营销组织在运用其他手段进行营销时，预算会随着地理覆盖范围的增加而增加，而互联网与地理因素毫无关系，在全球宣传、销售的成本与在本地销售的成本并无差别。互联网用户以年轻、高收入人群居多，是有潜力的旅游市场。

我国旅游网站的建设最早可以追溯到 1996 年，经过十几年的摸索和积累，国内已经有相当一批具有一定资讯服务实力的旅游网站。这些网站可以提供比较全面的、涉及旅游中的食、住、行、游、购、娱等方面的网上资讯服务。按照不同的侧重点可以分为以下六种类型。

7.3.1.1 由旅游产品（服务）的直接供应商所建

旅游产品（服务）的直接供应商所建，如北京昆仑饭店、上海青年会宾馆、上海龙柏饭店等所建的网站就属于此类型。

7.3.1.2 由旅游中介服务提供商所建

在线预订服务代理商所建。大致又可分为两类：一类由传统的旅行社所建，如云南丽江南方之旅、休闲中华分别由丽江南方旅行社有限责任公司和广东省口岸旅行社推出；另一类是综合性旅游网站，如中国旅游资讯网、上海携程旅行网等，它们一般有风险投资背景，将以其良好的个性服务和强大的交互功能抢占网上旅游市场份额。

7.3.1.3 地方性旅游网站

地方性旅游网站如金陵旅游专线、广西华光旅游网等，它们以本地风光或本地旅游商务为主要内容。

7.3.1.4 政府背景类网站

政府背景类网站如航空信息中心下属的以机票预订为主要服务内容的信天游网站，它依托于 GDS（Global Distribution System）。

7.3.1.5 旅游信息网站

旅游信息网站，它们为消费者提供大量丰富的、专业性旅游信息资源，有时也提供少量的旅游预订中介服务。如中华旅游报价、网上旅游等。

7.3.1.6 ICP 门户网站

几乎所有的 ICP 网站都不同程度地涉及了旅游内容，如新浪网生活空间的旅游频道、搜狐和网易的旅游栏目、中华网的旅游网站等，显示出网上旅游的巨大生命力和市场空间。

7.3.2 旅游产品网上中间商电子商务网站的结构

电子商务网站主要可分为两类：一类是企业对企业（B2B）模式，另一类是企业对消费者（B2C）模式。企业对企业模式指的是企业与企业之间通过互联网或专用网等现代信息技术手段进行的商务活动，B2B 电子商务是现代电子商务发展的主流。B2B 电子商务模式是一个将买方、卖方以及服务于他们的中间商（如金融机构）之间的信息交换和交易行为集成到一起的电子运作方式。而这种技术的使用会从根本上改变企业的计划、生产、销售和运行模式，甚至改变整个产业社会的基本生产方式。企业对消费者模式指的是企业与消费者之间的商务活动。在一定意义上 B2C 模式是一种电子化的零售方式，企业通过 Internet 为消费者提供一个新兴的购物环境——网上商店，消费者通过网上购物、网上支付等方式来完成商品的购买。

　　无论是企业对企业模式，还是企业对消费者模式，电子商务网站都是由表现层、商务层、数据层三部分组成，即三层体系结构。所谓三层体系结构就是将一个应用系统划分为表示层、商务层、数据层三个不同的层次。每个层次之间相对独立，分工合作，共同组成一个功能完整的应用体系。其体系结构如图 7-1 所示。

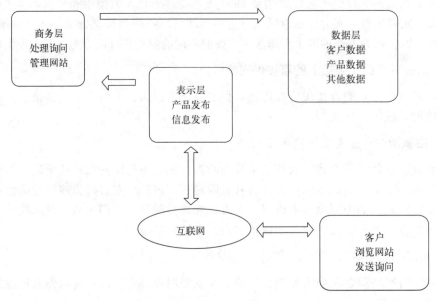

图 7-1　电子商务网站的体系结构

　　网站结构对网站的搜索引擎友好性及用户体验有着非常重要的影响，电子商务网站结构在决定页面重要性（即页面权重）方面起着非常关键的作用，电子商务网站结构是衡量网站用户体验好坏的重要指标之一。清晰的网站结构可以帮助用户快速获取所需信息，相反，如果一个网站的结构极其糟糕的话，用户在访问时就犹如走进了一座迷宫，最后只会选择放弃浏览。

　　在三层体系结构中，表现层（前台），这是用户看到网站最直观体现，也是网站数据的页面体现，为用户提供与网站交流的界面，实现商品与信息的发布与查询。客户端被设计得尽可能简单，通常只处理用户接口。这种形式的客户端可能是由像 Microsoft Visual Basic 之类的编程语言设计的一些窗体构成，也可能是由一些运行在 Web 浏览器中的 HTML、ASP 页面组成。在 Web 出现之后，Web 浏览器已经成为三层体系结构中理想的客户端。开发人员只需要管理 Web 服务器上的 Web 页面文件就可以控制所有的用户接口。相对于传统的两层体系结构中客户端的复杂结构、分发的烦琐、更新维护的困难，这是一个巨大的进步。

　　商务层即网站的后端，主要用于管理者管理修改前台、处理询盘、访问数据库、处理实际应用中的商业规则或者运算等。对于客户层而言，只需要通知商务层执行哪一种"商业规则"或者"运算"，并不需要知道如何执行这些"商业规则"或者"运算"。从软件开发过程的历史进程来看，利用组件对象模型（Component Object Model，COM）创建商务规则组件是实现商务层功能理想的技术手段。提到 COM，就不能不提到微软事务服务器（Microsoft Transaction Server，COM＋/MTS）。顾名思义，COM＋/MTS 具有事务管理功能，即在一个事务所需要的一连串的数据库存取操作（添加、修改、删除等）中，如果不是全部成功，就是全部失败。当多个 COM 组件存取相同的资源时，COM＋/MTS 可以解决可能发生的冲突，同时，COM＋/MTS 也能协调组件之间的交互，达到同步一致的效果。除这些显而易见的功能之外，COM＋/MTS 还拥有数据库连接共享、线程共享、对象共享等资源管理和共享的能力。虽然严格来说，在三层体系结构中不一定要使用 COM＋/MTS，但是由于其拥有的功能是如此强大，使得 COM＋/MTS 成为商务规则层中 COM 组件运行的理想平台。

数据层是网站后台数据库，包括产品信息、客户信息、询问信息，实现商务数据管理，根据商务层的指令对数据库进行指定操作。在数据访问层，数据库服务器存放系统运行所需的用户注册、订单信息以及游记文章等各类数据，接收应用服务器提交的数据存取请求，通过数据处理逻辑实现对数据的查询、修改、更新，并返回处理结果。随着大数据时代的到来，网站可以利用这一工具来收集、分析用户的数据，总结出每个人的偏好和习惯，最终为每一个用户定制出个性化的服务。目前，大数据处于起步阶段，但它已经显示出自身的强大功能，它将为实现每个用户的个性化服务提供不可估量的作用。

7.3.3 旅游产品网上中间商电子商务网站的功能

旅游产品网上中间商电子商务网站是以商务活动为中心进行的，网站要本着为客户提供更好的服务来设计。而旅游产品中间商作为一个企业也要进行企业日常的管理，因此在设计旅游产品中间商电子商务网站的时候二者都要兼顾。整个电子商务网站的系统主要由两个大的功能模块构成，即企业管理的功能模块和面向客户的功能模块两部分。

7.3.3.1 企业管理的功能模块

企业内部信息管理系统、供应链管理系统、客户关系管理系统等。具体功能如下所示。

① 客户关系管理（CRM）：是企业与顾客之间建立的管理双方接触活动的信息系统。主要包括有三个方面。营销自动化（MA）、销售过程自动化（SFA）和客户服务（Customer Service）。客户关系管理是电子商务成功的关键环节。

② 交通票务管理系统：能够管理机票、火车票、汽车票、轮船票等详细信息。

③ 客户订单管理：用户有订单可以直接发送到客户服务邮箱，同时发电子邮件给客户确认、可以设定订单的状态、分析当天的销售情况。

④ 酒店管理：添加和修改酒店，可以设定星级标准等。

⑤ 房间管理：针对某一酒店的房间类型、房间剩余情况等可以进行管理，通过实时更新让客户了解房间预订情况。

⑥ 旅游线路管理：可以分类别管理旅游线路、设定热点线路、分析旅游线路的销售情况，发布景点介绍信息，旅游线路搜索，可以制定旅游地点、价格、时间等搜索条件。

7.3.3.2 面向客户的功能模块

信息浏览、网上商务系统和呼叫中心、旅游社区，具体功能如下所述。

① 景区信息：根据不同景区的优势和特点，使用文字，声音，图像等多种方式介绍风景区，实现互联网上的景区包装和推广。

② 订票系统：为客户提供网上预订机票及其相关服务。航班查询，机票预订，订单的查询与修改，退票，代理出票/退票/订单维护功能。

③ 票务搜索：可以对票务的类型、发站和到站、座位种类、时间等进行搜索。

④ 酒店系统：为需要在线查询和预订酒店的客户提供迅速，方便、可靠的在线服务。客户登录，酒店查询，酒店预订，更改预订，取消预订，房源维护，库存预警，退款模块。酒店搜索：可以按照地区、星级标准、房间价格、时间等进行搜索。

⑤ 旅游线路系统：为客户提供迅捷，方便，可靠的在线旅游信息服务和在线预订。客户登录，信息查询，线路预订，更改预订，取消预订，旅行社管理和维护。

⑥ 餐饮销售系统：游客能在网上预订行程中的餐饮服务。

⑦ 娱乐表演销售系统：游客能在网上预订行程中的娱乐表演节目。

目前，我国旅游网站尚处在向动态交互性信息服务的过渡中，还未出现通过网络提供个性化的旅游产品和服务的网站。网上旅游服务项目少，国内大多数旅游网站为散客提供的服务仅限于订票和订房，很少提供旅游路线的设计、自助旅游安排等服务项目，不能满足个性化旅游的需求，能够提供互动式旅游服务的更是寥寥无几。因此，旅游网站的建设要进行改善，主页的设计应图文并茂、生动、有吸引力，而且信息内容应尽量准确、详细、注意时尚文化，适应市场需求。此外，个性化的旅游产品越来越受到人们的欢迎，个性化服务的最大好处在于商家可以进行针对性的促销，为客户提供比较满意的备选方案。这就需要全面地收集、提炼和整合不同消费者的需求特点，然后将这些信息加以细分，并提供相应的产品和服务，使消费者可以自由选择旅游目的地、饭店、交通工具、旅游方式等。随着大数据时代的到来，旅游网站应该利用好这一工具，建立自己的旅游资源数据库。总之，旅游电子商务网站发展的基础是旅游资源数据库，发展的关键是信息质量和数量，发展的市场指针是网络访问量。

:::::::::::::::::::::::::::::: **本章案例** ::::::::::::::::::::::::::::::

同程网开展旅游电子商务的成功案例

同程网创立于 2002 年，总部设在中国苏州，经过数年的艰苦创业，公司目前拥有员工 270 多名，2007 年同程网已成为国内最大的旅游 B2B 电子商务平台，目前 B2B 平台拥有旅游企业注册会员 4 万名，月增加注册会员 2000 名，在全球 ALEXA 排名中名列中文旅游网站前五名，旅游资讯类网站第一名。2005 年 11 月，同程网开通了基于 Web2.0 的大众旅游平台同程旅游网力图打造全新的旅游网站模式，目前网站拥有国内最好的目的地指南，23000 多条旅游点评，35000 多条旅游问答，36000 多个旅游博客，20 万普通游客注册会员。

（1）同程网特有的模式

2007 年同程旅游网完成了一次彻底的改版。改版之后的同程网将实际的旅游产品如线路、酒店机票、门票等，与时下正流行的模式成功结合，创造性地建立了一种新型的旅游门户网站。致力于为出行者提供最贴心服务的同程旅游网，不同于传统的旅游资讯网站，不同于时尚的驴友出行社区，也不同于纯粹的在线预订网站，而是三者合理地结合与发展。

在资讯方面，同程旅游网摒弃了原始的资料添加和堆积，更多地利用了网友的自主分享，极大地实现了互动式的资讯和信息传递。

在网友体验上，同程旅游网则专注于旅游博客的建设，目前已经成为中国最好的旅游博客服务商，为网友记录旅游经历，分享行走感悟，帮助更多人出行提供了非常好的平台支持，尤其是旅游博客大赛的成功开展，更是大大推动了旅游信息的分享和传播，让网友获得最大的满足。

在产品预订上，同程旅游网更是充分发挥了其在旅游 B2B 电子商务上的领先优势，尽力展示推广数千个旅游企业的实际产品，这一突破为同程旅游网建立了一个非常好的行业壁垒，使得其他同类网站的模仿拷贝永远无法落实到最终的服务上。

（2）同程网的核心优势

① 独特模式的优势，信息搜集的高速性：同程网的信息提供者是分散的个体，而个体的巨大数量提高了信息收集的速度。信息形式的个性化：信息传播者的差异性促使不同提供者的信息形式也存在一些差异，而这种差异会满足信息获取者的个性化需求。

② 优势资源：同程网经过长期酝酿，利用拥有 4 万旅游产品供应商的资源优势，2005年 1 月推出面向普通游客的 B2C 平台，游客可以通过旅游点评、旅游提问，旅游询价、旅游博客等互动形式参与到网站中，并可直接与旅行社、酒店、景区、交通等旅游供应商进行沟通，进行旅游采购，降低旅游者采购风险与采购成本。随着 B2C 平台的推出，同程网亦成为目前中国唯一拥有双平台即 B2B 旅游企业间平台和 B2C 大众旅游平台的旅游电子商务平台。

③ 网络优势：同程网利用网络优势，将流行的 Last Minute 概念加以推广，整合酒店中突然取消的团队房、noshow 的散客房等瞬间积压的资源，用超低价的优势在极短的时间内为它们寻找新的买家。虽然看起来是偶然性的资源，但是当这种偶然性积累到一定数量，达到相当的规模就变成了必然。而只有网络这种工具，才能让这种瞬间资源的规模化变成现实。

（案例来源：http：//www. xiexie bang. com/a12/201905147/fe8676490a93/c2c. html.）

案例分析题：

1. 如果你是同程网的总经理，你会从哪些方面来创新自己的业务？
2. 试着总结一下同程网开展电子商务的步骤与模式？

:::::::::::::::::::::::::::::: **本章小结** ::::::::::::::::::::::::::::::

旅游产品中间商利用电子商务的模式进行经营管理已经是一种必然的趋势，随之而来的是旅游中间商职能的转变。旅游中间商进行电子商务的模式主要有 B2B、B2C、B2E、C2B四种，其中 B2C 的模式深受企业青睐，B2C 的模式又主要分为代理模式与直销模式。国内典型的旅游产品中间商电子商务的代表主要有"携程网"模式、"去哪儿网"模式、"同程网"模式。旅游产品网上中间商电子商务网站的结构主要是以三层体系结构为主，分为表示层、逻辑层、数据层。其功能主要由两个大的功能模块构成，一是企业管理的功能模块，包括企业内部信息管理系统、供应链管理系统、客户关系管理系统等；二是面向客户的功能模块，主要包括信息浏览、网上商务系统和呼叫中心、旅游社区等。

:::::::::::::::::::::::::::::: **复习思考题** ::::::::::::::::::::::::::::::

1. 旅游中间商电子商务的概念是什么？
2. 读完本章后，你认为制约我国旅游中间商电子商务发展的原因有哪些？试着提出一些建议。
3. "自驾游"对旅游中间商电子商务的发展有什么影响？如何利用"自驾游"更好地发展旅游中间商电子商务？
4. 旅游中间商职能的转变有哪些地方可以做得更好？
5. 试分析国内最好的旅游产品中间商电子商务模式是哪几种？

讨论题

1. 分组讨论国内几家典型的旅游产品中间商电子商务模式的优缺点。
2. 国内比较成熟的旅游产品中间商电子商务是哪几家？讨论它们做得好的原因。
3. 讨论一下除书中提到的四种旅游产品中间商电子商务模式之外，是否还有别的商务模式。
4. 传统的旅游产品中间商的职能有哪些？
5. 试讨论旅游产品中间商电子商务未来发展的趋势。

网络实践题

1. 进入一家旅游产品中间商的电子商务网站，去体验一下网站的功能。
2. 制作一个旅游网站，实现搜索、查询、管理订单等基本功能。
3. 在网上查看旅游产品中间商电子商务的产品，如果需要，下单体验一下它们的服务。

旅游电子商务管理

学前导读

相比成熟的传统旅游行业，旅游电子商务虽然起步较晚，却以其便捷、高效、满足个性化需求的服务突破了传统旅游业的经营模式，后来者居上成为中国旅游业发展的主要方向。但不可否认的是，旅游电子商务作为新兴产业，在其发展中还存在着诸多问题，旅游电子商务的流程、营销策略、物流、客户关系等方面的管理还处于探索阶段，这些旅游企业电子商务的功能无法实现真正意义上的高效。因此，无论对国家、行业还是企业个体来说，旅游电子商务的管理都是十分重要的。旅游电子商务管理是指为实现旅游企业战略目标，对旅游电子商务应用中的技术、商业和创新活动进行计划、组织、领导和控制的过程。旅游电子商务管理的主要内容包括旅游电子商务流程管理、旅游电子商务网络营销策略管理、旅游电子商务的物流与供应链管理、旅游电子商务的客户关系管理等。

学习目标

- 掌握旅游电子商务企业业务流程和管理；
- 了解旅游电子商务的网络营销策略、手段和管理；
- 掌握旅游电子商务的物流体系，了解旅游电子商务的供应链运营模式；
- 了解旅游电子商务客户关系管理的主要内容。

导入案例

上海春秋旅行社网络经营的发展历程深具中国特色，很好地将传统旅行社业务和现代网络营销紧密结合，使用信息手段统筹全国分社的运行，实现了个性化服务和规范化经营的良好衔接。上海春秋旅行社是运用网络技术来保持其核心竞争优势的典型，其旅游电子商务的发展道路及经验为我国旅行社电子商务的发展提供了一个极具价值的范本。

（1）上海春秋旅行社情况简介

上海春秋旅行社是我国最大的旅行社集团之一，是一家已经成立20多年的综合性旅游企业，业务涉及旅游、酒店预订、机票、会议、展览、商务、因私出入境、体育赛事等行业，是国际大会协会（ICCA）在中国旅行社中最早的会员，曾经多年荣获国内"旅游百强"之首，被授予上海市旅行社中唯一著名商标企业。2004年上海春秋旅行社被授权为目前世界最热门赛事——F1赛事中国站境内外票务代理，同时它还是第53届世界小姐大赛组委会指定接待单位。

（2）春秋旅行社的电子商务应用

① 积极利用先进技术，快速介入电子商务。

春秋旅行社很早就已经认识了信息技术在旅游业中的重要性。早在1994年，它就率先在国内建立了较有影响的电脑实时预订系统，通过该系统的使用，成功地降低了营运成本，提高了工作效率，在内部运作中很快显示出了准确、迅速、方便的规模化统一操作优势，从而不断吸引着代理商的加盟。目前春秋旅行社已经在全国建有31个直属机构，拥有网络代理800多家。网络代理商的发展也使春秋旅行社总社逐步迈入了旅游批发商的行列。春秋旅行社总社注重用新型的规模化的旅游产品吸引代理商的视线，例如，通过旅游包机合作降低成本。仅2001年就购买十多条航线的旅游包机2500个航次，运送游客人次近10万。

1996年，春秋旅行社开通了自己的网站，公司开始致力于电子商务，实现由传统旅游商到信息化旅行商的方向性转变。在此期间，春秋旅行社还积极与客户沟通，宣传旅游电子商务理念，培养已有客户使用网络的热情，并在网上开始进行销售和宣传。

春秋旅行社始终保持着对信息技术的敏感性。在引入语音识别、掌上电脑、移动电话、IC智能卡、多媒体触摸屏、旅游景点沙盘制作等方面，春秋旅行社及时捕捉最新潮流，在行业内保持技术领先。这种领先使其不断推出新的电子销售解决方案和新功能。

② 推出精品线路，开展网络营销。

在旅游电子商务发展初期，许多旅游网站往往生搬硬套其他网站的商务模式；同时为了避开网上支付和物流配送的两大瓶颈，他们往往只作商务订房、订票等标准化产品，或者只进行景点介绍，大多不做旅游线路产品。

春秋旅行社认为，旅游网要进入商务领域并做大做强，一律采用避开旅游线路产品的做法是不明智的，单纯经营商务订房、订票的网站，吸引的大多是散客，而且数量有限，还将面对宾馆和民航自行建网直销的竞争危机，无法保证业务的稳定性和持续性，也无法保障产品营销的盈利优势。春秋旅游网作为以旅行社为依托的旅游网站，在产品运作中不但注意合理发挥春秋旅行社批发商在旅游线路营销价格、类型的优势，而且也力求发挥由旅游团体订房机票所带来的规模优势，从而带动旅游商务的运作。

2001年1月，春秋旅行社将春秋旅游网从简单的信息发布网站改造成为能够进行旅游电子商务活动的网站，规划了与之相适应的网站结构和网页形式。新的春秋旅游网提供详细的、实时更新的旅游线路信息，包括价格、开班日期、游程安排、供应标准等，同时也经营商务订房订票以及自助旅游产品，这些产品都能从网上预订。春秋旅游网把信息的准确、预订的方便、网下的服务质量和预订的成功率作为考核的主要指标。熟悉春秋旅游网的游客深感网上信息的真实可靠性，从而产生信任。

③ 积极寻求伙伴，不断扩大规模。

在旅游企业网站中，大多数仅仅以发布地方信息和本企业信息为主，服务范围也局限于企业所在地，这样互联的优势难以体现。对网站来说信息覆盖面减少，将会影响网上服务品质的下降，影响地方信息的可操作性和可延伸性。

为克服网络经营和地方化服务这一矛盾，春秋旅游网利用春秋旅行社在北京、西安、广州、郑州、沈阳、杭州、南京、桂林、三亚等主要旅游城市均有分社的优势，形成了以上述城市为中心的网络服务系统，同时又以这些地方分社为基点，将春秋旅游网的服务辐射到全国。春秋旅游网上设立了在线服务城市栏目，发布相应地区春秋合作旅行社的产品内容和服务范围。正确的战略使春秋旅行社的网络成员迅速发展。截至 2000 年 4 月，春秋旅游网在全国拥有网络成员社 200 余家，其中上海地区有 122 余家。

④ 提高服务质量，塑造企业形象。

旅游网站作为旅游服务行业的业务后台，其服务质量非常重要。在这方面，春秋旅游网非常注重网上服务的内容、范围和品质上的含金量。在网站信息服务方面，春秋旅游网在研究上网旅游者需求后，认为其服务对象是简化生活型和网上尝试型两类人。这两部分人的共同要求是明确详尽的信息和便捷的预订流程。于是，春秋旅游网对于每条旅游线路，都标明了具体的开班日期和该日的价格，写明相应的旅游安排和服务项目，并将涉及的旅游内容连接到图文并茂的景区景点介绍上，使游客对旅游线路的方方面面一目了然。春秋旅游网在旅游预订操作中强调一次输入后的全套服务，也就是游客输入预订信息后，网上付费、上门收费、送票、签合同由旅行社专人负责跟进，绝不让游客有累赘的感觉。

在企业服务形象方面，春秋旅游网和春秋旅行社是互促的。春秋旅游网是春秋旅行社展现服务形象的窗口。春秋旅游网对已经实现网上预订的游客发放预存有奖励金额的一卡通，鼓励游客实现网上支付，以稳定和扩大在线预订群体。旅游网开辟"投诉问答"专栏，让游客对网上服务的不满之处提出意见，以此来赢取游客对网站的信任和关注。春秋旅行社重视服务质量，制定了一套质量监督制度，配置专门的质监人员每团必访、投诉必应，在业界有较好的口碑，这种品牌效应又辐射到春秋旅游网上，塑造了其可信形象。

(3) 春秋旅行社电子商务运用的经验

通过上面的案例介绍，我们能强烈地体会到，春秋旅行社是一个善于利用信息技术的旅游企业，也是一个非常注重电子商务技术创新的旅游企业。其成功经验是多方面战略的共同结果，留给我们的启示是多方面的，值得国内的旅行社企业思考和借鉴。

首先，在互联网营销上，由于春秋旅游网以春秋旅行社为实体依托，能做到网上信息与网下真实的旅游产品相对应，信息真实、及时、有效。春秋旅游网还能做到网上预订与网下跟踪服务相配合，游客输入预订信息后，网上付费、上门收费、送票、签合同由旅行社专人负责跟进，这些做法树立了春秋旅游网的公众信任度，也留住了忠诚客户。

其次，春秋旅行社不断改进或重新设计电子商务系统的功能，在行业内保持技术领先。而归根到底，技术只是手段，是为更好地满足需求服务的。春秋旅行社在旅游运作中的持续成功源于其不断研究市场需求，提出解决方案并融合技术创新的能力。因此是技术和服务共同缔造了春秋旅行社的核心竞争力，使其在同行中脱颖而出。

最后，春秋旅行社充分利用网络资源，通过同全国各地分社和旅游代理商的合作，使服务的触角延伸到全国众多地区，使游客感受到春秋旅游网不仅仅是用电脑和电话线连接起来

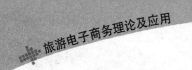

的一个虚拟空间，而是实实在在的本地化服务网络。春秋旅行社的跨地域、模范化运作和互联网的跨时空特点相得益彰，充分诠释了现代旅行社网络化经营的内涵。

（案例来源：www.jiaoyanshi.com/article-226-1.html.）

8.1 旅游电子商务流程管理

在我国电子商务不断发展的环境下，旅游电子商务给传统旅游业的发展创造了良好的条件，旅游电子商务对外是一个连接网络与旅游市场的纽带，对内可以为旅游企业的流程管理提供便利，在未来的发展过程中，会扮演着越来越重要的角色。因此，这就需要我们通过分析旅游者需求变化，进行即时反应，对旅游企业的电子商务服务流程进行管理与改进，以增强旅游企业电子商务服务的合理性与高效性。在旅游企业的流程管理中，旅游电子商务的作用主要体现在电子商务对企业内部流程的优化方面。

8.1.1 流程管理

流程管理是一种以端到端的卓越业务流程为中心，以持续提高组织业务绩效为目的的规范化、系统化方法。通过流程管理，企业可以有效加强自身对市场环境的应变能力和适应能力，通过业务流程创建和业务流程重组，保证企业业务运营管理的敏捷性。流程管理的理论发展经历了两次管理革命，分别为传统分工理论与业务流程重组。

（1）传统分工理论

1776 年，亚当·斯密在《国富论》中提出劳动分工理论。他认为，劳动分工可以带来劳动生产力最大的改善，同时可以提高运用劳动时所表现出的技巧和判断力，使之变得越来越熟练。亚当·斯密劳动分工理论认为可提高劳动生产率的具体原因为：①分工可以提高劳动熟练程度；②可以节省以往生产交换时产生的时间，从而使每个人专门从事的工作更为专业；③有利于工具改进和发明创造。

亚当·斯密的劳动分工理论成为近代工业革命的起点。按照这一理论所建立起来的企业管理模式，在当时极大提升了劳动生产率，并有力地推动了社会经济的发展。但是，将企业业务流程建立在劳动分工理论基础上，从业务流程角度进行分析，就会发现劳动分工的弊端：①分工虽然使劳动者更专业化，能够提高生产效率，但是容易造成每个员工失去全局的眼光，只从自身的局部工作来看问题，最终远离了顾客；②工作的细分会导致部门不断增加，管理层次也随之相应增多，形成金字塔式的组织结构形态，流程就越来越长，增加了部门间的协调工作，从而更难以对顾客的需求做出快速有效的反应。

（2）业务流程重组（BPR）

业务流程重组于 1990 年首先由美国著名企业管理大师、原麻省理工学院教授迈克尔·哈默教授提出，随即成为席卷欧美国家的管理革命浪潮，并被誉为是 18 世纪英国经济学家亚当·斯密的劳动分工理论之后具有划时代意义的企业管理理论。美国的一些大公司，如IBM、柯达、通用汽车、福特汽车、施乐公司和 AT&T 等纷纷推行 BPR，试图利用它发展壮大自己。实践证明，这些大企业实施 BPR 以后，取得了巨大成功，企业界把 BPR 视为获得竞争优势的重要战略和一场工业管理革命。

1993 年，哈默和钱皮在《公司再造》中对 BPR 做了如下定义：企业流程重组是对企业的业务流程作根本性的思考和彻底重组，其目的是在成本、质量、服务和速度等方面取得显著的改善，使得企业能最大限度地适应以顾客、竞争、变化为特征的现代企业经营环境。在这个定义中，包含四个关键特征：显著的、根本的、流程和重新设计。BPR 追求的是一种彻底的重组，而不是追加式的改进，它要求人们在实施 BPR 时作这样的思考："我们为什么要做现在的事？为什么要以现在的方式做事？"这种对企业运营方式的根本性改变，目的是追求绩效的飞跃，而不是改善。对于旅游企业来说，旅游业务的流程重组是一种大幅度的改进，追求的是对新的产业环境良好的适应性。

8.1.2 旅游电子商务企业的业务流程

随着旅游电子商务的快速发展，传统旅游企业运营方式面临着巨大的挑战，传统旅游企业业务流程虽然在一定程度上为旅游企业的业务管理提供较好的帮助，但由于很难适应信息时代旅游者所需，由此需要旅游企业在传统业务流程的基础上，通过将电子商务技术、互联网思维等融入传统业务流程中，以提高对旅游者的服务能力。

（1）传统旅游企业业务流程

一个业务较为齐全的传统旅游企业一般内设：①销售部，分析客户需求，进行市场营销，招徕客源；②报价部，对具体旅游项目、整体行业状况、阶段消费形势进行分析，从而对旅游过程中的食、住、行、游、购、娱活动作出科学定价，并安排行程；③外联部，与饭店、交通部门、参观游览和娱乐单位、保险公司等社会经济各方签订总的合作协议书及办理具体的预订业务和营业往来；④接待部，按具体接待计划安排导游（全程陪同或地方陪同），帮助游客完成旅游活动；⑤计调部，在企业内保证 24 小时的联络畅通，随时将陪同人员在外碰到的问题和变故汇报给接待部经理，对电话内容作记录，并将接待部主管或其他负责人的处理意见和安排通知陪同人员；⑥后勤部门，如人事部、财务部等。这些部门的划分或部门的名称在各旅游企业中不尽相同。不管如何具体划分，总的特点是组织结构为职能型，即执行同一职能的工作人员属于一个部门，向本部门主管负责和汇报，发生跨部门交涉时由部门主管处理。在这样的旅游企业中，其业务工作重点体现在对旅游团的接待工作和计调部的协调工作两方面。

如图 8-1 所示，在传统旅游企业中，通常各个部门之间业务分工极其琐碎复杂，需要反复填写和审核各种合同副本、表格、单据等来进行信息沟通，这种信息传递方式烦琐、错误率较高。当发生某种变动或差错时，需要跨部门协商，并往往要由部门主管出面，交易成本较大。尤其是在当陪同人员遇到问题时，由于计调员不能及时掌握全部信息，而且也无权做出决定，要经过部门主管研究和处理，再反应处理意见，不仅工作效率低下，更为重要的是降低了顾客满意度。旅游企业传统的业务流程中各模块割裂严重，也使各职能部门之间的矛盾和摩擦加大，增加了企业的管理难度。此外，机制不灵活、责任推诿、缺乏创新等也是旅游企业传统业务流程的弊端所在。

（2）旅游电子商务的业务流程

流程再造与信息技术有着天然密切的关系，传统旅游企业要突破传统经营模式与手段，建立现代旅游管理信息系统，避免传统规模扩张中机构庞大、管理失效的弊病，形成规模化、产业化、标准化的旅游发展新格局，从而实现旅游电子商务服务整体的流程化。旅游企业通过开展电子商务有效地改善企业的业务流程、降低营运成本、减少服务所需的时间，并进一步提供许多策略性增值服务以获得竞争优势。

与图 8-1 旅游企业传统业务流程相比较，图 8-2 旅游电子商务企业业务流程中，外联部与供应商签订合作协议书及销售部与客户签约的同时，将资料输入数据库系统；报价部依据数据库的信息，制定日程表并输入数据；外联部根据数据库的资料与供应商办理订票、订房、订餐等业务，并将结果输入数据库；导游从数据库系统中获取旅游者的详细资料，完成

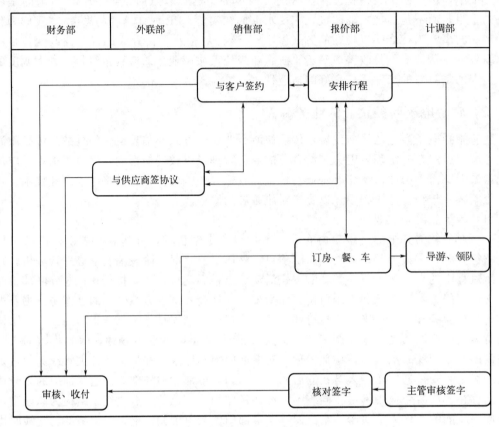

图 8-1　旅游企业传统的业务流程

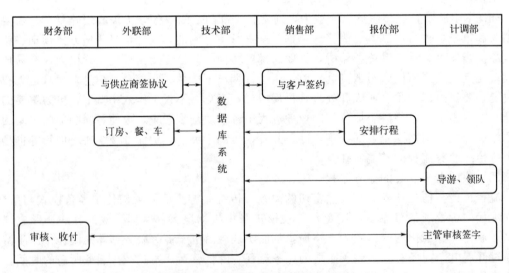

图 8-2　旅游电子商务企业业务流程

陪同业务；计调部主管收到导游交来的结算单，与数据库中的资料核对，若符合即验收；数据库收到签收信息后，即提醒财务人员付款。整个旅游业务处理流程由于计算机系统的提示，单据填写的出错率会降至最低。

当出现某种变动或差错时，在技术部的协助下，业务员能直接与相关人员协商完成改动协调工作，而用不着汇报主管，再由主管跨部门去交涉。计调部业务人员和技术部的协助，通过电话就能帮助在外陪同人员解决所遇问题，减少中间环节，提高工作效率。

8.1.3 旅游电子商务的业务流程管理

旅游企业利用电子商务加强自身信息化、流程化能力，不仅需要企业将电子商务与传统业务流程进行有效融合，还需要企业在日常运营中有效地执行电子商务服务流程，通过管理层的战略决策、信息系统的建立等业务流程管理手段，实现企业业务流程的电子商务化管理。

（1）管理层的战略决策

旅游企业的业务流程管理，应在企业管理层的领导下，按照战略要求进行管理实施，因为只有在管理层的统一指挥下，企业才能集合合理资源，确保旅游企业流程的日常管理和流程再造的有效执行。通过管理层的战略决策与指导，在业务流程的管理上，要兼顾技术及旅游企业环境两方面因素，促进各部门间的信息共享与交换，提高各部门信息的一致性，改善各功能单元间的沟通。而对于旅游企业传统业务流程的再造，应该把企业自身的经营机制、管理体制真正按市场要求，以电子商务基础来加以再造。

（2）信息系统的建立

旅游企业在电子信息技术的基础上，通过电子商务系统进行流程管理，达到外部信息内部化、内部信息一体化、业务流程系统化、营销体系网络化、财务结算电子化、统计数据一致化的目标，优化接待业务流程和协调工作流程。旅游企业的每项业务，从组接团、旅游线路设计和包装、订房、订票、派车、派导游到后台保障、团队核算、财务结算、部门效益考核、应收应付往来、内部银行等，都有信息源、信息的处理加工和信息的贮存，通过信息的标准化实现信息的共享，通过信息流来驱动商流、物流和资金流。因此为旅游者提供及时的全天候的服务，及时采集和更新外部信息，并将外部信息内部化等具有集成性的信息系统，对旅游企业来说至关重要。

（3）发展支付结算系统

支付结算系统是旅游企业电子商务能够顺利发展最重要的基础工程之一。电子商务是以互联网为平台，通过商业信息和业务平台、物流系统、支付结算体系的整合共同构成的新的商业运作模式，而网上支付则是实现旅游企业资金流、信息流顺利流转，最终实现价值流转、交易顺利进行的关键因素。网上支付能够推动支付流程再造，降低了交易成本。因此，无论是依托于传统商业银行的网上结算系统还是第三方支付结算，对旅游企业的业务流程的通畅和未来发展都是非常关键的。

8.2 旅游电子商务网络营销管理

近年来，我国旅游行业发展步入了一个相对稳定的时期，旅游市场供给增长速度快，导致市场饱和，旅游企业之间的竞争在不断地加剧，在旅游行业的发展带动下，我国旅游电子商务的潜在需求程度明显增高，但是因为技术等因素的影响，使得成交率相对较低，用户旅游购买力需要进一步的改善，同时，由于我国旅游电子商务行业发展处于初始阶段，这就出现了旅游电子商务行业产品同质化等诸多问题，而网络营销作为传播效果更好、成本更加低廉的营销方式，正确选择旅游电子商务的网络营销策略与手段，对旅游企业的发展是至关重要的。

8.2.1 旅游电子商务与网络营销

旅游业是信息密集型和信息依托型产业，与信息技术有着天然的耦合性，信息技术的发展和互联网的兴盛，是传统旅游业变革的主要驱动因素。以互联网为代表的信息技术为旅游产业的创新与变革提供了强大的推动力，电子商务依托于互联网发展，是信息技术重要的延伸与应用方向，是当前具有代表性的贸易方式，而旅游业生产和消费的特点决定了旅游业最能体现网络的优越性，是最适合开展电子商务网络营销的产业之一。旅游电子商务像一张大网，把众多的旅游供应商、旅游中介、旅游者联系在一起，通过旅游电子商务网络营销，旅游企业不仅可以增强旅游目的地的吸引力，还可以将原来市场分散的利润点集中起来，提高了资源的利用效率。

网络营销是指企业以电子信息技术为基础，以计算机网络为媒介和手段而进行的各种营销活动的总称；旅游电子商务网络营销从广义而言，指各类与旅游业相关的组织、机构，利用计算机网络开展的一系列与旅游业相关的活动，从狭义而言则是指旅游企业利用互联网开展以销售旅游产品为中心以达到一定营销目的的一系列活动。

对于旅游企业和旅游消费者来说，通过网络进行旅游产品和服务信息的交互，达到随时随地信息沟通，旅游者的需求得到最大程度的满足，将是旅游电子商务网络营销的重要特征。因此，旅游电子商务网络营销应当是一种以客户为导向、强调个性化的营销方式，其最大特点在于以客户为先导，旅游者能够获得更多的信息，有更大的选择自由。

8.2.2 旅游电子商务的网络营销策略

旅游业的发展必须以旅游者为中心，为旅游者提供适时、适地、适情的服务，最大限度地满足旅游者的需求。互联网络作为跨时空传输的"超导体"媒体，旅游企业可以了解旅游者的需求并为旅游者提供及时的服务。同时，旅游企业实施电子商务网络营销，还能给企业带来很多或直接或潜在的效益，如提供更满意的旅游服务来强化和旅游者的关系；提高企业的知名度，企业的网站本身就是一个品牌财富。我国旅游信息网络的建设刚刚起步，随着广泛的信息技术和市场营销相互结合、相互作用，形成我国旅游业电子商务网络营销的产品、价格、促销和渠道组合。

(1) 产品策略

由于互联网络具有很好的互动性和引导性，旅游者通过互联网络在旅游企业的引导下对旅游产品或服务进行选择或提出具体要求，旅游企业可以根据旅游者的选择和要求提供及时服务。因此，旅游产品和服务必须以旅游者为中心，这要求旅游企业必须强化旅游产品的信息，为旅游者提供全面、详细、准确、及时的旅游信息，由于旅游行为日趋多样化，客观上要求供应商提供全方位的、详细的旅游信息，包括食宿、风景名胜区、公园、博物馆、艺术画廊、旅游节目以及公共交通，天气情况等。同时，旅游产品信息还应准确、及时，以帮助旅游者确定相应的旅游计划或者完成预订的旅游活动。通过网络的良好服务功能，才能赢得旅游者的满意，进而建立旅游者忠诚，将旅游企业的知名度转化为满意度乃至忠诚度。

(2) 价格策略

价格对旅游企业、旅游者乃至中间商来说都是最为敏感的问题，而网络上信息自由的特点使这三者对旅游产品的价格信息都有比较充分的了解，一定程度上消除了信息不对称的影响。网络上的价格有两个特点：第一是价格弹性化。由于网络营销的互动性，旅游者可以和旅游企业就产品价格进行协商。另外，企业也可以根据每个旅游者对旅游产品和服务提出的不同要求，来制定相应的价格。第二是价格趋低化。由于网络营销使旅游企业和旅游者直接打交道，而不需要传统的中间人，使企业产品开发和促销成本降低，企业可以降低产品的价格，又由于互联网的开放性和互动性，旅游市场是透明的，旅游者可以就产品及价格进行充分的比较以作出相应的选择。因此，要求旅游企业以尽可能低的价格向旅游者提供产品和服务，在以市场为导向的营销中，旅游企业必须以旅游者能接受的成本定价。

（3）渠道策略

网络营销是一对一的分销渠道，是跨时空进行销售的，旅游者可以随时随地利用互联网络购买旅游产品，因此产品的分销以方便旅游者为主。网络营销中一个最重要的渠道就是会员网络，会员网络是在旅游企业建立虚拟组织的基础上形成的网络团体，通过会员制，促进旅游者相互间的联系和交流，以及旅游者与旅游企业的联系和交流，培养旅游者对旅游企业的忠诚，并把旅游者融入旅游企业的整个营销过程中，使会员网络的每一个成员都能互惠互利，共同发展。

（4）促销策略

传统的促销是以旅游企业为主体通过一定的媒体或工具与旅游者进行联系，而网络促销的出发点是利用网络的特征实现与旅游者的沟通，使旅游者可以参与到企业的营销活动中来。这种沟通方式不是传统促销中"推"的形式而是"拉"的形式，不是传销的"强势"营销而是"软"营销，它的主动方是旅游者，旅游者的需求趋于个性化，他们会在个性化需求的驱动之下自己到网上寻找相关的旅游信息，旅游企业通过网站受访情况的分析，更能了解旅游者的需求，实行有针对性的主动营销，这样更易引起旅游者的认同。

8.2.3　旅游电子商务的网络营销手段

旅游电子商务网络营销的手段是旅游企业与旅游群体建立直接联系的基础，包括有即时通信营销、许可电子邮件营销、搜索引擎营销、SNS 营销和整合营销等。

（1）即时通信营销

无论是一般性网络营销，还是基于旅游行业的网络营销，即时通信营销都是使用率最高的方式。旅游企业可以通过 QQ、微信及其他即时通信工具与旅游者建立最直接的信息交流、产品推广、反馈建议等多方面关系，从而可以第一时间进行旅游产品的网络营销。

（2）许可电子邮件营销

这种营销手段指的是旅游电子商务网站在获得用户同意的前提下，借助电子邮件进行旅游电子邮件的发送。旅游电子商务网站通过将旅游企业的相关旅游产品、信息等发送至客户的电子邮箱，引导客户进行电子邮箱信息的定制，从而有效地提升与客户之间的沟通效果，提升客户对品牌的忠诚度。

（3）搜索引擎营销

目前我国访客流量最多的网站一般都为搜索引擎网站，为了最大限度地扩展未知的潜在市场，旅游电子商务网站借由搜索网站开展搜索引擎营销尤为必要。在电子商务时代，以营销为目的的商业网站有很多，搜索引擎的作用就是让客户在诸多的站点中找到企业自身的站点。对于旅游企业来说，通过搜索引擎，从自身入手，优化网站页面设计，使网站在搜索引擎的排名算法中更有优势，从而获得较高的排名。另外，在各个搜索引擎中投放关键字广告也是方式之一，但这种搜索引擎营销通常不是免费的。

（4）SNS（Social Networking Services，社会性网络服务）营销

为了更好地提升旅游企业网络营销的效果，旅游电子商务企业可以通过 SNS 这一平台创建属于企业自身的营销小站，借助新浪微博、微信朋友圈等方式定期进行产品和活动信息的更新，向企业的目标群体发送相关的旅游产品、旅游服务信息，同时通过主动的、实时的

营销来提升 SNS 营销的有效性。近年来，"旅游＋直播"的营销模式以其更符合当今时代发展趋势、更能迎合游客需求、更能提高旅游宣传效率的优势成为旅游企业宣传推广、提升人气、打出品牌的有效途径。旅游电子商务企业还能借助平台上具备旅游消费倾向的潜在客户的分析与调查，来掌握旅游市场最新的旅游需求，进而为设计更为人性化的旅游产品与旅游服务，创造旅游网络营销的新局面。

（5）整合营销

整合营销包含两方面的含义：网络营销和传统营销的整合、网络营销各种手段的整合。网络营销与传统营销的整合，即利用传统营销手段来推广网上服务，例如在报纸、杂志、电视等媒体上做旅游目的地与旅游企业的广告，向传统媒体和网络媒体发布旅游行业相关新闻，在所有企业的文化用品和展示场所的适当位置印刷或标示出本旅游企业的网址、邮箱和二维码等，总之，网络营销并非彻底抛弃传统营销，在一定程度上，网络营销还有赖于传统营销的一些宣传手段。网络营销各种手段的整合，即各种网络营销手段之间不是孤立的，更不是排他的，为加强网络营销的效果，可以采取多种手段齐头并进的方式。而且，网络营销中所有的工作都与网络营销效果有关，并不是一些方法的简单堆积，而是一个完整的体系，从旅游网站的策划、网页制作、旅游产品和服务的供给方式等基本环节做起，总目标都是为了取得最好的宣传和推广效果。

8.2.4　旅游电子商务网络营销的管理

为确保企业旅游电子商务网络营销策略的实现，旅游企业应努力在旅游电子商务整体观念、个性化服务、信息安全性和便利性、维护客户关系方面多加关注，从而提高旅游企业网络营销的效率和效果。

（1）转变顾客的消费观念

首先，应努力提高旅游者对网络消费的接受度。对于大多数中国人来说，传统的购物方式已在头脑中根深蒂固，成为一种习惯，因此，旅游企业应该通过不断创新和丰富网络营销内容等方式来转变消费者"一手交钱一手交货"的购物方式。

其次，在旅游企业利用网络营销进行旅游产品宣传推广时，应建立良好的品牌度。网络营销被消费者接受的过程突出表现在人们对于旅游企业的信任程度上，从某种意义上来说，没有线下旅游企业良好信誉就没有网络经营，信誉是维系旅游市场诸方关系的重要纽带，是建立网络经营模式和开拓市场的必要条件。因此，旅游企业要充分利用网络营销的品牌策略，提高自身的知名度，树立良好的信誉，建立自身品牌形象，提升品牌信誉。

再次，可以在价格上转变旅游者线下传统消费观念。价格永远是影响消费者购买商品的重要因素，旅游行业也不例外。因此，通过对在线旅游产品消费的价格优惠，可以很好地吸引一部分旅游者到线上来，由此，旅游企业也更好地开展旅游产品的网络营销活动，如当消费者通过互联网直接与旅游企业联系，或者直接通过网站进行旅游预订，那么就能获得相当优惠的价格，从而增加旅游企业的线上流量。

最后，充分利用网络营销的信息发布功能，发布旅游信息，宣传旅游企业。除通过网站介绍旅游信息外，还可以链接旅游新闻等信息，丰富网站内容。旅游网站可以和其他风景旅游名胜区的网站建立友好合作关系，并与众多在线媒介展开充分合作，借合作伙伴的力量，使网站的营销推广活动有效开展。另外，还可以选择在国内较有影响力的门户网站的旅游频道及一些流量较大的旅游行业电子商务平台投入网络广告。

（2）制定个性化旅游服务

为适应旅游需求日趋个性化和差异化趋势，旅游行业应该自始至终都把"以客户为中

"心"视为一切网络营销活动的指南，根据旅游者个性化进行设计组合，即定制旅游。旅游企业通过与旅游者进行一对一的信息交流，让旅游者更多地参与到旅游产品设计、开发和生产，按需定制，并在一定程度上进行模块化设计和生产，以满足旅游者个性化需求的一种旅游方式。它提供的是一种个性化、专属化、深度体验化的高品质服务，通俗地说就是根据自己的喜好和需求定制行程的旅行方式，旅游企业从目的地、线路、用餐、住宿、用车、购物、观光、娱乐和导游等方面为旅客提供个性化的定制产品与服务，这让旅客的旅途不再显得千人一面。具体来说，可以通过对旅游市场进行调查，通过信息挖掘的手段分析消费者的旅游偏好与消费习惯，根据客户的特殊需求，有针对性地向客户提供旅游产品。通过针对性的网络营销，不仅可以将一些需求比较类似的散客集中在一起，形成了相对集中的中心市场，而且也给旅游者带来人性化的关怀感。

（3）加快网络的安全性与便利性发展

为了确保旅游信息的安全性，必须满足一系列重要条件，其中身份认证和数字签名是法律切入网络消费的突破口，是发展网络营销必须要解决好的立法前提，它与书面功能、网络安全、电子证据的可信性等问题息息相关，只有在用户身份被认证无误后，才能相应地解决和管理用户的数据访问，才能让客户用得放心。另外，考虑到当今旅游业务的分散性和使用Internet的风险性，旅游者的数据安全性和完整性必须得到保证，同时要确保旅游网络营销记录和事务的长期性、完整性，防止欺诈行为，这样才能保证旅游网络营销所必需的可信度。网站要安装有效的防火墙，防止"黑客"攻击，保障网民的隐私权和财产安全，并聘用网络安全方面的人才维护网站。同时，通过对旅游者的消费反馈和数据分析，不断优化旅游者在线消费细节，必要时，旅游企业需对电子商务的整体服务进行流程重组，使旅游者在使用旅游信息服务时能够更加便利。

（4）加强售后服务并实行客户关系管理

对于旅游企业而言，为了最大限度地引起旅游者的重复消费行为或口碑宣传，良好的售后服务即旅游反馈信息的收集与分析必不可少。通过实行旅游客户关系管理，积极主动地搜集和获取客户信息，在开发新客户的同时，重视与老客户的关系，从而降低企业的成本。此外，还可以推广网上社区，培养稳定的客户，通过对网上社区的管理，更好地凝聚在线人群，从而实施旅游企业的网络营销策略。

8.3 旅游电子商务物流与供应链管理

在物流业整体发展滞后，并日益成为旅游电子商务发展制约因素的情况下，建立完善的旅游物流和供应链体系是我国旅游电子商务发展的关键环节。而对旅游企业传统物流和供应链运营而言，电子商务环境给予旅游企业在旅游物流和供应链运营方面更多的选择与机遇，加强旅游电子商务物流与供应链管理势在必行。

8.3.1 传统旅游物流

随着我国经济的快速发展，第三产业比重不断上升，尤其是旅游业迅速发展，旅游物流作为一种配套服务，对旅游业务的完整实施具有保障作用，对国民经济的发展也具有一定的促进作用，因此，在电子商务大环境下，建立一个快速、高效、低成本的旅游物流体系成为当务之急。

（1）旅游物流

旅游物流作为传统物流行业的一个分支，主要涉及食、住、行、游、购、娱六方面物流活动。狭义的旅游物流是指在旅游活动过程中实体的流动，如游客从出发地到目的地的运输活动，旅游期间消费及购买的产品的活动；广义的旅游物流是指旅游者从出发地到目的地之间的所有相关流通和物流关系之和，如物品配送、物品仓储、游客运输、物资供应、信息流通及沟通管理等。

由于旅游产品的特殊性质，旅游物流和传统物流还是有所区别，如传统物流主要涉及储运流程和实体安全防护，而旅游提供的产品多为服务性质，很多时候无法量化且不可存储；其次，旅游产品涉及生产与消费即时同步，无法转移，使旅游物流的要求更高，使得物流流程必须严格围绕游客进行；此外，由于旅游物流和传统物流的差异，使得低成本不再成为考察物流效率的最主要目的，绩效标准有所不同。旅游物流的内涵包括以下几方面。

① 提出应当以顾客需求为导向的概念。如按商品定义，旅游业所包含的产品概念，不仅包含物质资源，还包括顾客的体验和感受，后者往往更加重要，因此旅游物流的研究对象也不仅仅是实体存在的物质产品，更包含无形的旅游服务；而且，旅游产品往往是生产和消费同步且不可转移，这也决定了旅游物流必须从顾客角度出发，以顾客体验满意度为标准来衡量。

② 描述了在满足顾客要求的前提下，提出应当充分利用信息技术和管理思想，实现全流程的高效且低成本。旅游物流本身也是一个流程管理，涉及仓储运输等多个方面，应当以全局思路进行管理，实现低成本高效率的目标。

③ 指出旅游系统是充分开放的，应当充分利用信息系统有效管理旅游物流的流程。信息技术的使用一方面丰富了游客路线的选择，节约了搜寻成本，另一方面有助于相关企业控制成本，同时可以及时掌握市场趋势，根据客户需求推出新的旅游产品，此外信息技术还为游客和服务提供商直接沟通提供了桥梁。

（2）旅游电子商务的物流体系

旅游业很多时候并不是进行实物的交换，旅游者购买的往往是一种经历，旅游企业是通过提供服务来盈利，而票据的配送也可以通过电子票据来解决。因此，针对旅游物流来说，主要是以实物的流动为研究对象，是以旅游商品的包装、配送、仓储、运输、信息沟通等为主。电子商务环境下，旅游商品物流必须应用信息技术，运用科学的管理和调度，确保系统在高效稳定中运行发展。与传统的旅游商品物流相比，现代化的旅游商品物流成本将可以降低一半以上，准确率和运行效率也能得到极大提升。电子商务环境下的旅游商品物流体系如图 8-3 所示。

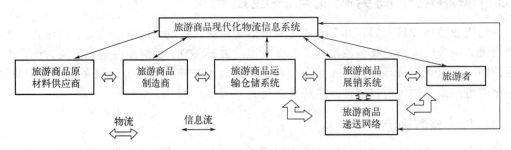

图 8-3　电子商务环境下的旅游商品物流体系

① 旅游商品展销系统。现代电子商务环境下，旅游商品展销系统应是一个跨地区、多业态、多形式、准确有效地向旅游者传递旅游商品及相关信息和文化价值的综合体系，包括电子商务网站的旅游商品店、各旅游景点的旅游商品展销店、酒店附设的旅游商品店、旅游商品购物中心和大型旅游商品免税商场等。作为旅游商品物流体系的出口，旅游商品展销系

统就如同人体的神经末梢，是信息有效传递和反馈的关键环节。在这个系统中，信息是双向传递的，不但要完成旅游商品有形和无形价值从供应商到旅游者的转移，而且要从旅游者那里获取全面的反馈信息，并最终完整地传送到旅游商品制造商和原材料供应商那里，作为产品改进和提高服务质量的重要依据。当然，这个双向传递信息的过程应该对信息进行必要的整理、分析和综合，能为企业的相关决策提供完整而有用的信息。

② 基于电子商务的旅游商品运输和仓储系统。旅游商品有品种规格多、批量少、保存运输困难等特点，旅游商品运输和仓储系统一般较为复杂，运营成本也较高。从有利于整个行业发展和规模经济的角度出发，旅游商品运输和仓储系统的相关功能多由实力雄厚的第三方物流、批发型物流或仓储运营型物流等服务提供商承担，作为旅游商品从制造商到零售商的物流环节，物流服务提供商也起到了商品配送的作用。

图 8-4a 和 b 分别是传统的旅游商品从制造商到零售店物流示意图和电子商务时代的旅游商品从制造商到零售店物流示意图。比较两图可以看出，电子商务时代的旅游商品物流简化了大量的沟通过程，大幅度降低了交易费用。现代化的物流技术、信息技术应用到旅游商品运输和仓储系统，保证了旅游商品实现空间和时间效应的准确高效。

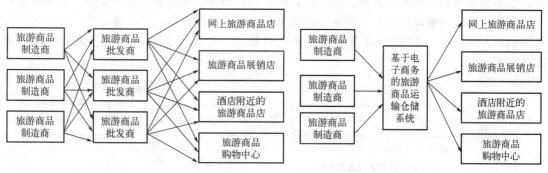

a.传统的旅游商品物流示意图　　　　　　　　　　　b.电子商务时代的旅游商品物流示意图

图 8-4　旅游商品物流示意图

③ 旅游商品现代化物流信息系统。旅游商品的现代化物流信息系统是一个基于互联网的物流信息平台，是信息的收集、整理、分析、预测和调控中心，作用在于整合整个旅游商品供应链上各节点的信息资源。主要功能有以下四个方面：保证旅游商品原材料运送的准时可靠，这是减少库存成本，提高客户响应率的基础；优化资源配置；保证对旅游者需求的及时响应；加强各相关系统工作的协同性。

要实现上述四个功能，旅游商品的现代化物流信息系统一般应包括以下四个子系统：订单系统——基于电子数据交换（EDI）技术和互联网技术的订单系统应能根据客户要求和存货水平自动生成订单并发送到上一级供应商的系统中；电子支付系统——完善的电子支付系统可以明显缩短订单履行周期，有效控制各种欺诈行为；企业后台系统——良好的企业后台系统除保证监控和协调企业内部体系外，应能与订单系统和电子支付系统相结合，同时能与供应链上的相关企业展开商务合作；旅游商品供应链管理系统——负责供应链整合、安全保护等功能。

④ 旅游商品递送网络。因为旅游者在旅途中购买的各种商品，尤其是大件商品，不可能随身携带，旅游商品递送网络功能就是实现旅游者所购旅游商品从仓储地到旅游者所指定地点（或指定人）的安全、准时递送。在这里旅游者指定地点（或指定人）可能是旅游者所住的酒店、居住地或特定的亲戚朋友手中。由于目的地分散，每次递送数量又少，适合利用

现成的各种快递公司、托运公司及邮政等所提供的服务，采取外包物流的方式运作，但必须确保这种服务能按旅游者的要求高质量完成。为此，旅游商品零售商或批发商应和递送服务提供商结成有效的战略联盟，共同为旅游者提供完善高效的递送服务。

8.3.2 旅游电子商务的供应链运营模式

旅游供应链是人们为了实现旅游企业价值增值所创造的一种制度安排，旅游供应链的本质就是使企业价值增值，通过融合电子商务技术与思维，使旅游企业的供应链运营更加有效和易于控制。

（1）传统旅游供应链

由于旅游业是包括食、住、行、游、购、娱等不同行业的综合性产业，旅游产品的生产和消费需要旅游产业链上各个节点的合作才能完成，因此旅游产品综合性的特点决定了单个旅游企业不可能提供完全的产品，需要相关企业的支持才能完全满足旅游者需求，而当这些企业为了共同的营利目的发生业务来往关系时，便成为旅游服务供应链中的组成部分，可以说旅游产品综合性的属性决定了旅游供应链的存在和形成。目前旅游供应链并没有明确的定义，但其模式可以概括为：从食、住、行、游、购、娱等供应商到旅游批发商、旅游零售商再到旅游者这样一条以旅游企业为中心的供需链；或是从食、住、行、游、购、娱等供应商直接到旅游者的一条供应和需求链，在这个过程中，伴随着资金流、信息流的流动，如图 8-5 所示。

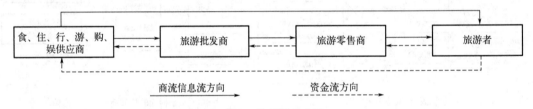

图 8-5 旅游业供应链

旅游业供应链的类型也可以分为三类：一是内部供应链，如酒店的内部销售部—前厅部—客房部就是一条供应链；二是外部供应链，即上下游供应链，如从旅游饭店—旅行社—旅游景区；三是供应链联盟，即由旅游上下游企业之间结成的战略联盟，这种关系虽然是动态的，但是更加稳定和长久，旅游企业供应链联盟如图 8-6 所示。

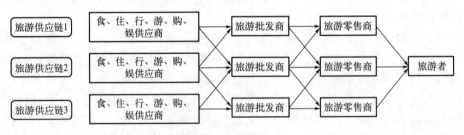

图 8-6 旅游企业供应链联盟

（2）旅游电子商务的供应链模式

旅游电子商务供应链模式革新了传统旅游供应链的模式，具体体现在以下方面。

① 传统核心企业被弱化。在传统旅游供应链中，旅行社往往可以作为核心企业，一方面精选组织景点、酒店、餐饮等上游供应商的产品和服务，设计成为旅游路线进行打包出

售，另一方面又向游客端提供旅游咨询并接受相关产品的预订。但是随着互联网的发展，以携程、同程为代表的 OTA 平台大量出现，以去哪儿为代表的旅游垂直搜索引擎快速发展，这些在线旅游网站日益成为旅游用户聚集的平台，成为用户的流量入口，而景点、酒店、餐饮等供应商则可以选择包括传统旅行社、在线旅游平台以及网络直销在内的多种分销渠道。这种情况下，旅行社作为传统核心企业，其地位事实上已经被弱化。

② 游客主导权日益增强。对于游客而言，互联网扩大了其信息来源，电子商务则提供了更多消费方式。以马蜂窝、穷游为代表的旅游媒体，用 UGC 的模式赋予游客在线分享游记、交流心得、查询攻略的自由，而以沙发客、蚂蚁短租为代表的网络应用则提供了全新的旅游住宿方式。信息不对称和渠道不畅通情况下所赋予旅行社的独特地位被打破，游客的主导权越来越强，自由行日益成为游客出行的主流方式。

③ 链状结构向网状结构转变。在传统旅行社主导的模式下，整个旅游供应链可以被看成是一条由旅游产品（服务）供应商、旅行社等中间商及游客组成的链状结构，旅行社成为这一链条的组织者和协调者。但是在电子商务背景下，旅游产品和服务跨层次流动得以实现，游客可以选择旅行社或 OTA 平台进行间接购买，也可以选择一些供应商的网站进行直接预订。而且在电子商务的支持下，食、住、行、游、娱、购等产品供应商和服务商可以自主联系，构建各自的旅游闭环，旅游供应链的网状结构逐渐形成。

目前，我国旅游供应链的电子商务平台大多通过与传统旅游不同程度的结合而实现盈利。这样的旅游供应链电子商务平台大致可以分为两类：一类是旅游互联网企业中结合传统旅游业务，如携程、艺龙；另一类是传统旅游企业信息化过程中诞生的旅游网站，如青旅在线。

① "先鼠标后水泥"供应链模式。基于"酒店＋机票"，再扩展到度假旅游线路的"先鼠标后水泥"供应链模式，是指在线企业利用线上与线下结合，从而使某一种实体产品或有形服务更好地落地，以此拓宽互联网在线企业更大的生存发展空间。这类企业中最具代表性的是目前国内最大的综合性旅游网站携程网。携程网通过收购当时国内最大的订房中心和北京最大的票务中心，形成了"酒店＋机票"的主营业务，携程充分发挥酒店、机票预订本身所具备高标准化的特点，不涉及物流、无须订金等优势，率先开展最适合网上开展的订房业务，网站盈利主要通过酒店返还的佣金获得，不涉及网站与顾客的资金往来，再扩展到订票领域，发展成熟后逐步实现旅游度假等线路产品的网上经营。

② "先水泥后鼠标"供应链模式。主要是基于旅游线路，再扩展到酒店机票的"先水泥后鼠标"供应链模式，是指传统企业及实体经济借助互联网平台工具进行网络营销，包括业务拓展、成本创新、流程再造、渠道建设、促销整合、传播定制等新的营销模式与商业模式建构。中青旅是传统旅游企业电子商务化之后少数较成功的企业，它先从网上预订酒店机票做起，迅速发展到强大的旅游线路资源，将线路预订转变为网站主营业务和利润来源，其众多的线路行程和优惠的价格构成青旅在线的巨大优势。两种模式的对比如表 8-1 所示。

表 8-1　旅游电子商务两种供应链模式对比表

对比要素	"先鼠标后水泥"供应链模式	"先水泥后鼠标"供应链模式
主营方向	以"酒店＋机票"为主营业务，再拓展到旅游度假、商旅管理等	依托品牌优势走"信息＋产品＋游客"整合道路，"线路＋酒店＋度假＋票务"全面开花
产品特点	标准化程度高；不涉及物流配送；无须交纳订金	产品规模化、线路种类多；提供个性化的自选旅游服务；不涉及物流，但需交纳订金

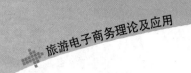

旅游电子商务理论及应用

对比要素	"先鼠标后水泥"供应链模式	"先水泥后鼠标"供应链模式
盈利模式	酒店销售返佣；票务代理分成；广告收入等	线路预订利润；酒店/机票预订佣金；网站广告及会员活动等
业务优势	完全通过网络形成服务闭环；企业信息化程度高，沟通快；营业固定成本较小，从而风险小	依托自身优势资源，可控性强；产品价格及数量明显占优；以旅行社资源为支撑的规模优势
不足之处	自身无产品，价格受制于供应商；销售压力大，通常需买断资源（如包酒店、包机以确保用房及机位）；网络沟通比之当面沟通的效果差	对企业信息化要求高，沟通层次多；网站运营效率受人员水平制约；沟通成本较高、易影响游客满意度；网络营销投入大于传统渠道
代表企业	携程、艺龙等	上海春秋、中青旅等

8.3.3 旅游电子商务的物流与供应链管理

旅游电子商务在不断发展的网络技术与信息技术影响下将愈加完善，与此同时，旅游商品的虚拟经营、旅游商品供应及旅游连锁商业也愈加离不开物流和供应链管理的支撑，未来旅游物流和供应链将沿着智慧化、完整化和个性化方向发展。

（1）构建智慧化旅游电子商务物流与供应链，实现可视化管理

由于旅游服务的不可存储性，上下游协作能力成为旅游电子商务产品的核心要素。在智慧型的旅游供应链中，由于信息机制高度整合，各环节的旅游服务提供者能够更好地共享其他成员的数据信息，及时获取供应链内外部的相关信息，从而能够根据环境变化随时与上下游企业沟通，协作调整方案，最终达到提高旅游供应链绩效的目的。

① 智慧旅游供应链。智慧旅游供应链是结合了物联网技术和现代供应链管理理论，在旅游产业链各成员企业之间构建的，实现旅游供应链管理智慧化、网络化和信息化的综合集成系统。智慧旅游供应链与传统旅游供应链最大的不同之处是信息的及时传递与共享。借助互联网信息网络，可以有效解决供应链中各环节旅游服务提供者的信息系统不兼容的问题，真正实现数据的无缝对接，整合并共享旅游供应链中的相关信息。另外，通过信息共享建立协同关系，不仅能够使旅游供应链运作更高效，而且可以使旅游供应链的运作更加稳定。可以说，构建智慧旅游供应链，既可以实现将旅游服务从过去的"以产品为中心"转变为"以客户为中心"，又能通过挖掘共享信息来分享旅行者的行为和偏好，通过分析反馈信息来优化旅游供应链。

② 供应链管理可视化。旅游供应链是上下游相关企业的虚拟整合，其"产品"是为旅行者提供的旅游服务，具有不可储存性，因此旅游供应链的管理更需要实行可视化管理。在智慧旅游供应链中，运用物联网技术，采集旅游过程中的各种信息，确保各环节都具备可追溯性，通过监控旅游过程中的实时信息，利用数据信息技术实现旅游信息的实时共享。旅游服务提供者可以随时通过智慧信息平台查询到相关数据信息，实现旅游供应链的可视化管理，保障旅游产品的质量，提高旅游供应链中各参与者的信誉度。旅游供应链的可视化让各方共享信息，所有参与者都能从可视化供应链中得到收益。

（2）构建完整化的旅游电子商务物流与供应链管理生态

构建一个完整的生态旅游供应链管理平台，整合旅游供应链中所有的资源。平台通过维护供应链网络秩序、制订协作规则，让旅游供应链稳定地运行，为旅行者提供优质的全程化

服务。首先，基于智慧旅游平台的供应链可以实现旅游信息的及时传递与共享。在智慧旅游供应链平台上，旅游供应链各环节成员共享实时的旅游信息，可以及时针对突发情况进行相应调整。其次，网络信息技术在旅游业中的应用具有天然的优势：一方面，旅游业是一个为满足旅行者在旅游过程中观光、住宿、交通、购物、娱乐等需求的综合性产业，其中信息流和资金流是重要组成部分，而网络技术可以实现信息的高效传输，同时确保资金流的安全。另一方面，在智慧旅游供应链平台上，旅游供应链中各成员可以更主动地去学习、运用包括物联网技术、互联网信息技术、人工智能等在内的各种现代信息技术，提高旅游供应链的管理水平，实现旅游供应链的优化。最后，通过构建完整生态旅游供应链管理平台，让旅游供应链各成员从低效的重复性工作中解放出来，将更多资源和精力投入供应链的优化及与其他成员的协作，从而提高整个旅游供应链的运行效率。

（3）面向客户需求进行个性化旅游电子商务物流与供应链管理

传统旅游物流与供应链管理中，绝大多数企业通过与相关旅游服务提供商合作来完成旅游产品的设计。旅游电子商务物流与供应链管理中，旅游服务者与旅行者合作完成旅游产品的设计，旅行者的需求成为产品设计的根本出发点。

① 敏捷性供应链。旅游供应链的敏捷性是指供应链需要不断地进行自我调整，面对变化能快速反应。构建旅游供应链的目的是更好地满足旅行者在旅游全过程中的各项需求。在信息爆炸的互联网时代，旅行者的需求多变，追求极具个性化的定制旅游产品，这对智慧旅游供应链的敏捷性提出了非常高的要求。借助智慧旅游供应链平台，旅游供应链中的各个成员可以加强相互之间的信息沟通，消除信息不对称，提高旅游供应链的敏捷性。

② 自愈性供应链。"自愈"是指把有问题的成员企业从供应链系统中隔离出来，并且在很少或不需要人为干预的情况下，使供应链系统迅速恢复到正常运行状态，不影响对最终客户的产品供应服务。从本质上讲，自愈就是智慧供应链的"免疫系统"，这是智慧供应链最重要的特征之一。具有自愈能力的智慧旅游供应链通过不间断的即时旅游信息评估，预测旅游供应链运行过程中潜在的问题、发现暴露的问题，剔除不合格供应链成员，及时补充新成员，确保供应链运行的稳定。为高效应对突发情况，需要充分应用数据获取技术，快速制订应急方案，在突发情况发生后迅速恢复旅游服务。自愈性供应链采用多向可替代式的供应链网络设计方式，当出现供应链运行故障或发生其他问题时，通过信息系统确定故障企业，同时启用备用成员企业提供相应旅游服务，从而确保供应链运行正常、服务质量优良。

随着社会经济不断发展，对于旅游电子商务的物流与供应链管理的要求也在不断变化。而供应链的优化始终是不变的主题，为实现这一目标，应当从以下方面入手改善当下的不足。

（1）加强对旅游商品市场的监管

加强旅游商品市场监管，是完善旅游商品物流中心、发展旅游商品物流的重要环节。首先，要进一步规范旅游商品市场，对旅游商品经营者进行严格的资格审查和监督，严厉惩处肆意抬高价格、销售假冒伪劣商品等行为，打造科学的旅游商品监管体系。其次，要重点扶持一批专业的旅游商品企业，应重点改造、淘汰一批实力不强、毫无发展前景的物流企业，大力扶持有实力、有思路、有前景的专业物流企业。最后，要定期召开旅游商品展示会，应结合景区自身客源优势，定期组织旅游商品展示会，推广新研发的产品，促进旅游商品企业的健康发展。

（2）建立专业的旅游商品物流企业

要想从根本上改变旅游商品无序化流通问题，必须建立一批专业的旅游商品物流企业。与普通商品物流相比，旅游商品物流的要求更高，必须真正实现专业化运作，并与电子商务

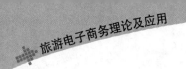

手段进行很好的结合。在专业旅游商品物流企业建设过程中，要注意与区域相关部门通力协作，统一协调好运作管理、资金投入等各项工作，以最大限度发挥区域旅游景区的合力效应。

（3）利用地方旅游资源禀赋，积极打造旅游商品物流中心

国内许多地区的旅游业已成为社会经济发展的支柱产业，如广西桂林、云南西双版纳、西藏拉萨等，都是利用地方旅游资源禀赋、打造旅游商品物流中心的典型代表，并展现出了良好发展前景。旅游商品物流中心的打造应当紧紧围绕地方资源禀赋优势，科学规划发展规模，正确估算市场预期，合理布置网站建设。

（4）建设发达的区域化旅游商品物流辐射网络

如果旅游商品只是单纯地被运送至某个或某几个景区，很容易导致物流能力的闲置，要想从根本上解决这一问题，必须在切实解决物流中心货源问题的基础上，依靠便捷的交通条件，建设发达的区域化旅游商品物流辐射网络，同时通过构建先进的物流管理信息系统，加强与物流服务各方的协同，实现区域物流中心的高效管理。

（5）构建以网络供应商为核心的旅游供应链

在旅游电子商务应用环境下，应构建以网络供应商为核心的旅游供应链模式，旅游企业应与旅游网络供应商建立合作伙伴关系，以更好地节省建立复杂网络系统的成本以及应对国内外的复杂竞争。一方面旅游企业应结合自身的优势为旅游网络供应商提供各种专业服务，实现旅游电子商务网站功能的扩展；另一方面旅游网络供应商应提供信息技术平台供旅游企业进行资源整合及信息共享，旅游企业可通过平台实现强强合作，构建旅游企业的供应链战略联盟，增强整个旅游供应链的竞争力，并能够根据游客的不同需求提供定制化个性服务。这种模式可充分实现供应链的成本低廉、服务个性化目标。

（6）通过旅游电子商务发展实现旅游直销供应链创新

搭建旅游电子商务平台，旅游生产商通过旅游直销供应链可实现与游客的直接对话沟通，并完成相应的交易。电子商务环境下旅游直销供应链出现的新变化有：一是基于电子商务平台信息流、资金流的交互得以即时实现，信息传递的速度大大提高，信息传递的质量明显改善；二是生产商基于电子商务平台对供应链上下游的有效监控，能够更好地实现生产商与供应链节点企业及游客间高效的信息沟通。这两方面使得旅游生产商可以通过供应链进行低成本直销。因此在旅游电子商务背景下，应当运用各种新的信息技术手段，构建不同层次的信息系统，支持旅游供应商及旅游供应链上各节点企业与游客间的信息传递，使信息实时、有效地传递给游客，实现旅游直销供应链的创新。

8.4 旅游电子商务客户关系管理

旅游行业是一个特殊的行业，它提供给客户的产品和服务，无论是旅游路线、旅游景点还是旅游产品，同质性都非常强，而良好的客户关系必将是客户选择服务提供商的重要标准。特别是在我国开放化程度越来越高之后，我国旅游业必将成为国内外旅游企业竞相角逐的一个行业，做好客户关系管理就显得非常重要，而信息技术和互联网思维的不断发展与革新，为旅游企业做好客户关系管理提供了支持，电子商务将成为旅游企业发展客户关系管理的最佳选择。

8.4.1 电子商务环境下的客户关系管理

近些年来，电子商务迅猛发展，也使得传统营销环境发生了翻天覆地的变化，客户关系

也呈现出了以下新特点。

（1）沟通即时性要求高

在传统的营销环境下，游客信息收集、旅游销售、导游、计调等工作的协调会通过纸质材料或电话形式进行沟通。这样的沟通方式会导致沟通信息不畅、信息迟缓等现象。而在电子商务环境下，游客希望通过多种在线手段，如网络平台、手机、IPAD等，进行在线咨询、下单和售后服务。并且还对提出的要求希望能够得到及时的回应，否则便会放弃沟通。例如，客户在飞猪网络平台咨询发问，10秒钟之内未得到回复，客户就会离开，并咨询其他家店铺，成为别人的客户。

（2）信息透明度增加

在以往的旅游交易中，游客因为得不到全面的酒店、旅行社、用车和景点信息，他们会偏向打电话或面对面向旅行社咨询，而现在随着网络的发展，电子商务的壮大，游客得到信息的途径变得非常多，获得的信息也很全面。简单靠信息不对称获取利益的时代已经过去，我们需要发展与游客之间的关系来获取客户，来争取更多的交易额。

（3）客户需求个性化

由于物质水平的提高，知识水平的提高，游客对旅游的认识越来越有自己的见解，他们对旅游目的的选择、旅游过程的安排、旅游用车及酒店内的设备使用都提出了更多个性化的要求。传统对待游客一视同仁的做法已经不符合时代需求。传统的旅游线路设计，也已经不能满足客户独特的需求。因此，要求旅游企业的服务做出相应的调整。

相应地，客户关系管理（CRM）也需与时俱进，其最大的特点在于，它可以帮助各企业最大限度地利用其客户资源，并将这些资源集中于潜在客户和现有客户身上，包括一对一营销、统一资源的信息共享、高度集成的交流渠道、商业智能化的数据分析和处理，对Web功能的支持等。正如企业实施ERP可以改善企业的效率一样，CRM的目标是通过缩减销售周期和销售成本，通过寻求扩展业务所需的新市场和新渠道，并且通过改进客户价值、满意度、盈利能力以及客户的忠诚度来改善企业的竞争力。

电子商务环境下的客户关系管理是在传统商务环境下的客户关系管理的基础上，以信息技术和网络技术为平台的一种新兴的客户管理理念与模式。在电子商务环境下，作为企业信息系统的组成部分，企业的CRM系统必须符合并支持电子商务发展战略。电子商务为企业发展CRM提供了外部环境，也对其实现提出了要求。电子商务环境下CRM系统具有以下特点。

（1）高效的信息沟通

互联网及时的沟通方式，有效支持客户随时、准确地访问企业信息。客户只要进入企业网站，就能了解企业的各种产品和服务信息。同时营销人员借助先进的信息技术，及时、全面地把握企业的运行状况及变化趋势，以便根据客户的需要提供更为有效的信息，改善信息沟通效果。以客户为中心的电子商务时代，关键就是通过先进的沟通模式向客户提供满意的产品和服务，来实现客户的价值追求。在电子商务中实施个性化服务包含的内容十分广泛，总的来说包括三个方面：一是根据客户的偏好和需求定制产品；二是追踪客户的消费习惯，自动为客户提供最需要的商品和服务；三是根据客户的行为特征提供相应的信息服务。

（2）较低的客户关系管理成本

在电子商务模式下，任何组织或个人都能以低廉的费用从网上获取所需要的信息。在这样的条件下，客户关系管理系统不仅是企业的必然选择，也是广大在线客户的要求。因此，在充分沟通的基础上，相互了解对方的价值追求和利益所在，以寻找双方最佳的合作方式，无论对企业或在线客户，都有着极大的吸引力。

（3）技术支持

电子商务时代，网络和信息技术为 CRM 功能的实现提供了强有力的技术支持，企业 CRM 的各个模块（销售、营销、客户服务与支持）的实现必须是基于 Internet 平台的。而对基于 Web 的功能支持，可使得 CRM 实现网络化和同步化；客户信息的集中式管理，保证不同业务部门和不同应用软件功能模块之间的数据连贯性；利用数据仓库和数据挖掘技术，可在海量的缺乏结构化和组织规模型的客户信息中进行智能化的数据分析；呼叫中心和分布式的 Agent 代理，为企业与客户的互动提供了高度集成化的交流渠道。

（4）客户与企业进行多点接触

在传统的销售方式中，客户通过各种途径分别接触企业。这样，不仅客户对企业的印象是片面的、分离的，获得的信息很有可能是不一致的，并且不能及时地更新，这使企业失掉一些机会。在电子商务环境下，客户同企业进行实时的在线交易，企业的 CRM 应集成与客户之间的各个接触点（如 Call Centre、Web 方式、电话、传真等），为用户提供一个集成的、无缝的平台，从而获取全面一致的数据。在电子商务环境下开发 CRM 系统，不仅要提供电子商务的对接口，还要全面开发支持电子商务的应用功能。如在市场营销方面，要支持电子商务的销售方式（B2B、B2C 等），提供在线支付的功能；在客户服务与支持方面，能提供在线服务请求功能。

（5）应用系统的集成

在传统环境下，企业的信息分散在各应用系统中，信息是孤立的、零散的，企业对客户缺乏统一的、全面的认识。在电子商务环境下，企业同供应商、客户间进行实时的在线交易，这就要求 CRM 系统同企业其他的系统（ERP、SCM 等）整合起来，使企业能在一个统一的信息平台上真正实现电子商务化。同时，企业在统一的信息基础上进行决策，能跟踪每一位客户从购买意向到售后服务的一整套信息，从而能获得对客户的完整的认识，并能够将这些信息运用到企业的研发、制造、营销、销售等各个环节，为企业改进生产制造提供依据，从而真正为客户提供个性化的服务，提高客户的满意度。

CRM 要求企业以"客户满意"为中心，形成以客户服务为核心的业务流程和客户需求驱动的产品和服务设计。电子商务环境下，可以概括出一个总体的 CRM 模型，该模型包括客户与企业互动系统、运营与个性化服务系统、信息整合处理系统和辅助决策与分析系统四个部分，如图 8-7 所示。

① 客户与企业互动系统。电子商务环境下，企业通过 B/S 架构的 Web 层将产品、服务信息或者企业相应的运营信息显示给最终客户、中间商或者合作伙伴，并通过该 Web 层接受来自最终客户、中间商或合作伙伴的信息。该系统是 CRM 系统的信息源，为 CRM 系统提供数据方面的支持。

② 运营与个性化服务系统。运营子系统也被称作运营型 CRM，主要包括销售自动化（SFA）、营销自动化（MA）、客户服务与支持（CSS）等 3 个基本功能，以实现销售、营销和客户服务与支持业务流程的自动化。

③ 信息整合处理系统。该子系统整合企业内外信息流，通过集成 CRM 与 ERP 的信息流，使集成供应链中的信息实现无缝连接，把企业、合作伙伴以及客户集成在同一电子商务平台上，实现企业开放式运作模式。

④ 辅助决策与分析系统。辅助决策与分析系统又称分析型 CRM，它是电子商务环境下 CRM 的核心部分，通过对数据仓库中记录的客户及产品资料进行数据挖掘和分析，从中发现客户特征、客户行为规律、购买模式等，并为企业决策层更好地制定客户战略提供支持。

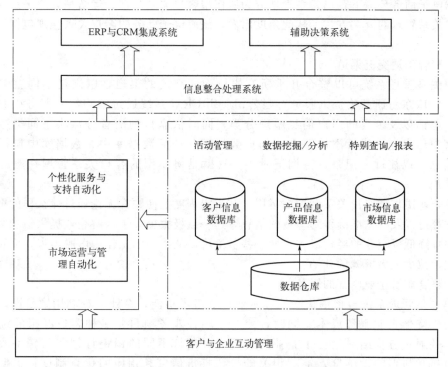

图 8-7　电子商务环境下 CRM 系统模型

8.4.2　旅游电子商务的客户关系管理

目前，国内大多数旅游企业都已认识到发展旅游电子商务这一趋势，纷纷建立自己的专业网站，或利用一些中介网站提供的平台开展电子商务，但是这些网站的共同点是内容简单，大多数只包括旅游企业的简单介绍和旅游路线介绍等，能够与客户进行互动，了解客户需求的栏目很少，网页的精良与内容的匮乏形成极大反差。还有一些网站设计了统一的全面解决方案，希望能够占领全部的市场份额，但却忽视了不同层次客户的不同需求，造成其信息、产品"老少皆宜"，缺乏明确的市场细分，企业的供给与客户个性化需求之间不能实现无缝对接，造成方向混乱、目标不清、促销乏力的后果。这种"以网站为中心"的旅游电子商务，模式雷同，内容缺乏特色，重复建设严重，充其量只是最初级的电子商务，它反映了我国旅游网站在建设过程中对自身缺乏准确、全面的认识，无法形成自己的特色，网站之间只能进行链接，但却不能实现各种资源的共享，既无法形成规模经营，发挥电子商务的优势，达到降低运营成本的目的，又无法有针对性地进行网上促销，吸引客户，同时预订的成功率又低，这些造成了旅游业网上市场空间运营的无效性。

造成这些问题的主要原因就是旅游业在进行电子商务网站建设时缺乏客户关系管理的理念。在企业之间竞争越来越激烈的今天，国内旅游企业要想有更好的发展，就必须尽快利用现代信息技术，建立统一规划的旅游电子商务网，收集包括客户信息在内的各种数据，在此基础上利用网络数据挖掘技术，对客户进行细分，对不同层次的客户提供不同的个性化服务，并将客户意见及时反馈到产品设计中，使企业能够及时发现市场的发展趋势和潜力，制定适当的营销策略，这就是"以客户为中心"的基于客户关系管理的旅游电子商务，它将改变现有的"被动坐等客户旅游"的旧模式，形成"主动寻找客户旅游"的新模式。

根据电子商务环境下客户关系管理分为协作型客户关系管理、运营型客户关系管理和分析型客户关系管理的分类方式，从此角度出发，旅游电子商务的客户关系管理包括以下三方面内容。

（1）整合沟通交流渠道

客户关系管理系统可以整合几乎所有媒体沟通交流的渠道，以满足不同旅游者的要求。例如，广东易通商旅资讯服务有限公司应用 CRM 系统通过客户统一服务中心，将来自网络、电话以及传真的用户信息整理分类，同时依靠自动语音分派将不同类型的需求信息和客户信息经过滤后添加至企业用户数据库和产品数据库中。数据库中包括了客户的基本信息、以往行为记录、咨询记录等。这就是协作型的客户关系管理在旅游电子商务中的应用。

旅游企业协作型客户关系管理的运用，在一定程度上使顾客无论通过什么样的渠道和企业联系，都可以及时、准确得到一致的信息，这一点极大提高了旅游企业提供给顾客的服务质量，并且降低了企业的经营成本，使一些员工可以从接待的工作中解脱出来，而转向其他工作职位，减少人力资源的开销。

（2）整合旅游企业内部的服务

客户关系管理系统包括销售功能和企业计划市场功能，企业充分利用廉价网络的多种资源，可以降低企业服务成本。同时，建立了多种业务项目、多种客户群组的统一客户数据库，并通过分析结果划分了企业客户群体，制订不同的销售计划和营销手段，如根据对预订折扣机票的敏感度，推荐相关的机票打折信息和相应的优惠制度；根据对航空公司及航行时间或酒店的偏好，向客户推荐客户喜欢的航班和酒店等。通过 CRM 系统的管理使企业内部的信息化建设更加完善，销售、管理系统更加规范。另外，通过系统权限管理，企业各级负责人可直接浏览下级客服专员在服务中所交办给销售部门的代办事项，并进行及时处理，主管可及时监控客户服务后续工作的效果。这就是旅游企业运营型客户关系管理，它使得旅游电子商务企业的信息化建设更加完善，也提高了管理和服务的效率。

（3）提供个性化的人性服务

随着信息技术的迅速发展和电子商务成为现代社会的主流，个性化服务的概念已经深入人心，尤其是旅游行业这种以特殊的服务和出售旅游产品的行业，顾客个性化服务平台重要性更为突出。一方面细分目标客户，利用数据库里的信息对客户群体进行细分，如把目标客户分为三类，即新客户、老客户和 VIP 客户。对于新客户，系统自动识别用户类别，然后记录完整用户信息，并为该用户提供及时、互动、多渠道的全方位服务，同时还可以向用户提供对此客户定制的商业规则和销售建议，通过即时通信、邮件、传真、电话等手段增加后续服务；对于老客户，系统进行分析、统计、整理信息资料，进一步发掘用户价值，建立良好的客户关系；对于 VIP 客户，系统对客户进行贡献度分析，找出对企业贡献最大的 VIP客户，并针对这些客户，制定相应的营销规则，提供最好的服务。另一方面，利用数据挖掘技术对用户数据做统计、整理，进一步进行相应的数据分析，并做出关联性，让企业尽可能地了解客户的偏好和需求，从而在最合适的时机，通过最便捷的渠道为用户提供更个性化、更适宜的服务，如根据订机票与预订酒店的关联度，从而可以针对不同的客户在预订机票后推荐相应的酒店服务。同时还可以及时发现即将流失的客户，企业可以通过一些市场手段，及时给予这部分客户适当的关怀，避免客户流失，增加客户的忠诚度。这是分析型的客户关系管理在旅游电子商务中的应用。

:::::::::::::::::::::::::: **本章案例** ::::::::::::::::::::::::::

新冠疫情下"云旅游"的冷思考及热机遇

疫情防控期间，文旅行业受到冲击，从中央到地方都陆续出台了对文旅行业的专项帮扶政策，如一系列的减费、降税、贴息等支持政策，以帮助企业应对危机。文化和旅游部决定向旅行社暂退部分旅游服务质量保证金，在一定程度上保证了旅行社资金流的顺畅。但他救不如自救，文旅企业也在困境中寻求各种自救的途径。例如，各大OTA平台推出了商家扶助计划，向平台里的中小企业提供低息贷款和免除年费等优惠条件。酒店行业也普遍加强了消毒灭菌的频率和力度，部分酒店也与当地政府展开合作，成为定点隔离酒店，接待需要进行隔离的客人。

（1）"云旅游"的出现

在众多的自救方式中，"云旅游"以其新颖的形式和突出的表现吸引了众人的目光。对于何为"云旅游"，说法有很多，较为普遍的观点是游客通过基于云计算的旅游应用体验，对旅游资源、旅游经济、旅游活动、旅游者等方面的信息智能感知、方便利用，更为充分地享受个性化旅游活动及个性旅游定制服务。它融合了现代高科技技术的智能化旅游系统，包含了导览、导购、导游和导航四个基本功能。

与传统旅游活动相比，"云旅游"把旅游活动从实地体验上升为"在云端"的一种体验，突破了地理和时间的限制，通过云计算的功能，让游客可以通过一个或多个终端设备，随时随地地享受旅游的乐趣。

严格意义来讲，"云旅游"并不是一个新鲜事物，它的出现可以追溯到在线地图软件的产生和使用。最早利用Google Earth在线地图和360°环形图片等技术，就把足不出户即能游览世界的旅游方式变成了现实。但是受到技术的限制和体验不佳等因素的影响，早期的"云旅游"并没有引起大众的关注，还停留在小众兴趣的范畴中。2011年到2012年间，国内也已经有学术机构开始对"云旅游"进行讨论。2020年"云旅游"流量井喷，被大众所认知，主要原因有两个：一是技术的发展，虚拟技术和传输技术等的进步为"云旅游"提供了技术可能；二则是新冠疫情。疫情让民众不得不宅在家中，而融合了图片、讲解音频、视频、旅游App等多种工具为一体的"云旅游"产品，恰好迎合了那时的云游客的需要，它给人们提供了一种与传统旅游截然不同的体验，极大地改变了过往的旅游消费模式，也让众多文旅企业嗅到了商机。

（2）文旅企业的"云旅游"实践

疫情防控期间，多家文旅企业结合自身的特点和优势，开展了形式多样的"云旅游"探索活动。

2020年2月17日，携程、飞猪为代表的部分OTA平台发布了"国内外景区语音导览"服务，借助"语音＋图文"的形式，为宅在家中却想要游览世界的人们提供导览服务。该功能覆盖了超过3000家景区，包括博物馆、城市景观、主题公园等。

2月20日，敦煌研究院推出了"云游敦煌"的微信小程序，人们在家动动手指就能观赏到敦煌里的壁画和雕塑。

2月23日，国内8家博物馆携手淘宝主播，结合"实景直播＋主播讲解＋科普讲座＋现场卖货"的形式，与2000万直播观众一起线上看展。

3月1日，布达拉宫参与了淘宝的"云春游"活动，进行了60分钟的网络直播。直播内容包括布达拉宫常规参观路线、宫殿建筑工艺、文物古迹日常保护等，总观看人数达到了

92 万人次，超过了布达拉宫全年 150 万人次客流量的一多半。

3 月 18 日，武汉举办了线上直播一小时赏樱活动，获得了网友的热烈响应，3000 多万人次通过直播在落英缤纷的时节 "云游" 了武汉的最美樱花。

……

虽然新冠疫情对旅游行业的冲击是巨大的，但是也带来了 "云旅游" 的快速发展和不断升温。在 "云旅游" 热下，文旅企业遇到了机遇和挑战，如何抓住机会，借着这股东风，更好更快地渡过难关，并开辟新的旅游消费模式和产品发展路线，恢复生产和盈利，也成了各大文旅企业应该冷静思考的问题。疫情虽然使文旅市场遇冷，但也带来了热的发展机遇。谁能够抓住机遇，谁就能在竞争激烈的旅游市场中抢占先机，获得更大的发展优势。

（资料来源：王思佳. 新冠疫情下 "云旅游" 的冷思考及热机遇 ［J］.

三峡大学学报（人文社会科学版），2020，42（5）：50-53.）

案例分析题：

1. "云旅游" 是怎样与网络营销相结合的？

2. 面对经济社会环境的波动与变化，分析 "云旅游" 模式如何实现有效的旅游电子商务管理。

本章小结

旅游电子商务管理是指为实现旅游企业战略目标，对旅游电子商务应用中的技术、商业和创新活动进行计划、组织、领导和控制的过程。通过对旅游电子商务的管理，旅游企业在旅游产品或服务提供过程中包括流程、营销、物流与供应链、客户关系等关乎企业核心运营绩效方面进行有效改进，从而实现旅游企业由 "被动服务" 向 "主动服务" 进行转变，实现流程改进、客户增长、物流高效、客户维护和深挖掘等多方面的效益。

在旅游行业经营形式多样化的今天，旅游企业间的竞争已上升为知识含量更高的竞争，利用电子商务发展旅游产业是未来趋势所在，旅游企业通过将旅游电子商务管理的学科知识应用到实际的生产运营中去，才能沉着地应对各种竞争。

复习思考题

1. 旅游电子商务管理的内涵是什么？

2. 旅游电子商务的服务流程是怎样的？

3. 旅游电子商务的业务流程管理有哪些要点？

4. 旅游电子商务的网络营销策略有哪些？

5. 旅游电子商务的网络营销手段有哪些？

6. 传统旅游物流的特征有哪些？

7. 电子商务环境下旅游商品的物流体系是怎样的？

8. 电子商务环境下客户关系管理的特点是什么？

9. 电子商务环境下 CRM 系统模型是什么？

10. 旅游企业应如何依托电子商务进行客户关系管理？

讨论题

1. 讨论在提供服务的过程中，传统旅游企业业务流程和旅游电子商务企业业务流程的区别所在。

2. 讨论旅游企业应如何进行网络营销管理。

3. 讨论怎样进行旅游电子商务物流与供应链管理。

4. 旅游企业利用电子商务进行客户关系管理的好处有哪些？

5. 随着电子商务环境的不断变化，旅游电子商务管理的思维将发生怎样的转变？

网络实践题

1. 登录相关网站，分析我国旅游电子商务管理的现状和未来趋势。

2. 登录去哪儿网，分析其进行电子客票营销的方法及策略。

3. 登录尚品旅游物流平台，了解旅游物流的运营模式。

4. 登录携程的网站，了解旅游电子商务客户关系管理的要点所在。

智慧旅游

学前导读

　　"智慧旅游"自提出以来便受到国内各大旅游城市政府、旅游业相关企业热捧，国家旅游局将2014年确定为"智慧旅游年"。智慧旅游的提出，一方面有助于实现旅游城市的智慧、环保、便捷、可持续发展；另一方面有助于促进国家战略支柱产业——旅游业在以游客为中心的前提下快速发展。本章围绕智慧旅游介绍了智慧旅游的渊源、概念与内涵，进而对CAA体系模型及智慧旅游的技术体系进行了说明，最后对智慧旅游的四大应用——智慧旅游城市、智慧景区、智慧酒店、智慧旅游公共服务体系进行了介绍。

学习目标

- 掌握智慧旅游的基本概念、内涵；
- 熟悉智慧旅游的体系模型；
- 了解智慧旅游的技术体系；
- 了解智慧旅游的典型应用。

导入案例

　　9月2日至4日，2019世界旅游城市联合会赫尔辛基香山旅游峰会在芬兰首都赫尔辛基市举办，峰会主题为"智慧旅游——城市创新与发展之路"。峰会期间发布了世界旅游城市联合会的重要学术研究成果《全球智慧旅游城市报告》，通过案例分享，启发世界旅游城市更好地根据城市特点开展智慧城市建设。

　　《全球智慧旅游城市报告》涵盖了"智慧旅游"和"智慧目的地管理"的核心原则，重点总结了世界旅游城市联合会6个城市会员即北京、成都、马德里、赫尔辛基、布宜诺斯艾利斯和马拉喀什的智慧旅游城市建设经验，以及2个机构会员腾讯和携程在帮助城市发展智慧旅游方面的实践，同时还特别介绍了麻省理工学院可感知城市实验室（MIT-Senseable City）借助顶尖工程和数学模型为智慧城市发展提供技术支撑的成功案例，希望为旅游城市当地政府和联合会会员城市提供一种新的思路，更加积极地采纳科技创新，满足游客和市民需求。

　　此外，《全球智慧旅游城市报告》还分析了中国游客作为消费者的体验与看法。众所周知，中国已成为世界最大旅游客源国，中国游客特有的消费和旅游习惯推动着海外旅游城市服务模式的转型。以中国游客视角评价海外城市智慧旅游建设情况，可以为全球各类城市开展智慧旅游建设，特别是吸引中国游客赴该城市旅游提供有价值的参考。

　　　　　　　　　　　（案例来源：http：//m. bjnews. com. cn/detail/156697598414454. html. ）

9.1　智慧旅游产生发展的背景

9.1.1　智慧旅游产生的历史背景

　　智慧旅游来源于"智慧地球（Smarter Planet）"及其在中国实践的"智慧城市（Smarter Cities）"，2008年国际商业机器公司（International eBusiness Machine，IBM）首次提出了"智慧地球"的概念，指出智慧地球的核心是以一种更智慧的方法通过利用新一代信息技术来改变政府、公司和人们相互交互的方式，以便提高交互的明确性、效率、灵活性和响应速度。智慧地球又叫智能地球，其实现途径是将感应器嵌入地球每个角落的公路、铁路、隧道、桥梁、大坝、油气管道、电网、建筑、供水系统等各种物体中，并且普遍连接，形成所谓的"物联网"，然后将物联网与现有的互联网整合，实现人类社会与物理系统的整合。

　　"智慧城市"是"智慧地球"从理念到实际、落地城市的举措。IBM认为"智慧城市"能够充分运用信息和通信技术手段观测、分析、整合城市运行核心系统的各项关键信息，从而对应包括民生、环保、公共安全、城市服务、工商业活动在内的各种需求做出智能的响应，为人类创造更美好的城市生活。该定义的实质是用先进的信息技术、实现城市智慧式管理和运行，进而为城市中的人创造更美好的生活，促进城市的和谐，可持续发展。随着智慧城市的提出，世界各国相继开始建设智慧城市系统。例如，新加坡启动了iN2015计划，共投资40亿新元，计划利用10年时间构建一个真正通信无障碍的社会环境。新加坡政府依托感应技术、生物识别、纳米科技等，建立超高速、广覆盖、智能化、安全可靠的信息通信基础设施；全面提高本土信息通信企业的全球竞争力；发展普通从业人员的信息通信能力，建立具有全球竞争力的信息通信人力资源；强化信息通信技术的尖端、创新应用，引领包括主要经济领域、政府和社会的改造，提升数字媒体与娱乐、教育、金融服务、旅游与零售、医疗与生物科学、制造与物流以及政府等领域的发展水平。

9.1.2 智慧旅游的发展现状

（1）国外的智慧旅游

国外智慧旅游也称为智能旅游（Intelligent Tourism）。作为"智慧地球"和"智慧城市"理念的倡导者，IBM公司将这些理念运用于旅游酒店接待业的实践中来，提出"智慧酒店（Smarter Hotel）"的解决方案，主要包括后台的集中化管理、云前台、自助进店和离店等模块。此外在酒店服务每一个细节也融入了智慧科技，包括提供下载的酒店预订与服务的APP程序、楼宇自动导航、Wi-Fi网络、基于物联网技术的客房设备、远程会议服务等功能，以减少服务流程、提高管理效率、降低运营成本，为住客提供最全面住宿体验。美国宾夕法尼亚州波科诺山脉度假区早在2006年就将射频识别技术运用接待行业。旅游者携带射频识别手腕带进行酒店入住和结账、开启房门、购买餐饮服务和纪念品，旅游项目费用支付也可使用手腕带进行操作。欧盟主要国家从2009年开始也着力开发远程信息处理技术，建立覆盖全欧的旅游交通无线通信网络，包括旅游信息系统、游览车运行调度系统、游览车安全控制系统等，实现智能化的旅游交通导航、信息发布、安全提醒、应急管理等功能。除智慧旅游交通外，针对游客导览过程，也融入了智慧元素，如英国、德国两家科技公司合作开发的智慧导游手机App程序，通过游客的智能手机，为其提供线路规划、游览解说、原景重现、动画模拟、影片播放等导览服务，结合了人员导游与博物馆展示的特点功能。韩国首尔观光公社通过智能手机平台，开发出名为"I Tour Seoul"的App程序，为来自全世界的旅游者提供包括英、法、日、德、中文在内的移动信息查询和导航服务，游客可通过手机程序获得包括天气、历史文化、景点、项目、交通、购物、餐饮、住宿、娱乐、美容和医疗在内的全方位信息服务。

（2）国内的智慧旅游

《中国旅游业"十二五"发展规划信息化专项规划》提出："将旅游信息化纳入区域信息化的重要组成部分，加大对旅游信息化建设的资源投放力度。加大对具有应用实效的旅游新技术产品的宣传推广力度，开展智慧旅游创建工程，对各类旅游信息化的新应用、新服务、新模式开展试点示范。在全国范围内针对城市、乡镇、景区等各级旅游目的地开展以智慧旅游为主题的旅游信息化工程建设与评选示范。"2011年7月，原国家旅游局明确了旅游业发展战略目标，即在10年内拓宽相关软件、平台和工具应用的范围，加强旅游管理、服务和营销过程中的信息化和智能化，完善旅游信息库、旅游资源库，搭建信息共享平台，培育一批发展较为领先的示范企业。目前，我国部分城市着手开展建设探索。2012年北京、武汉、成都、福州、厦门、黄山等18个城市被确定为"首批国家智慧旅游试点城市"，2013年天津、广州、杭州、青岛、长春、郑州等15个城市被确定为"第二批国家智慧旅游试点城市"。2015年住建部和科技部公布了第三批国家智慧城市试点名单，确定北京市门头沟区等84个城市（区、县、镇）为国家智慧城市。我国提出智慧旅游发展计划的城市达60个以上，其中浙江、福建、四川、吉林、河南、青海等16个省市区出台了相关规划。

目前国内智慧旅游建设取得了比较显著的成绩，大多数4A、5A级旅游景区都实现了一定程度的旅游信息化，提供了网上信息发布、网上购票、电子导览等信息化的服务，部分景区也对游客数据进行了一些初步的分析应用，在监控客流量、景区安全管理等方面实现了智慧化管理。其存在的不足和突出问题在于，对智慧旅游的认识不清，把旅游信息化与智慧旅游混淆；对智慧旅游的规划设计不足，缺乏整体性和系统性；当下的智慧旅游建设数据挖掘分析不足，智慧化程度不够高；智慧旅游各系统联通性不足，数据应用程度不高，对市场信息的补充作用有限等。目前，南京、无锡、温州、苏州、浙江、台州、成都等城市，根据智慧旅游的现有理论，结合地区特点，探索了许多智慧旅游发展的路径和经验。

① 南京智慧旅游建设。其基本思路是"政府主导、多方参与、市场化运作"，主要面向游客和政府进行规划建设，为游客提供智能服务，同时支撑政府进行智能管理。南京智慧旅游建设过程中，充分调动多方积极性，由政府、旅游企业、旅游服务提供商等多种类型主体组成智慧旅游联盟，各方通过资源互换实现合作共赢。除功能建设之外，还会涉及数据库建设、标准规范制定等内容。南京实行分级管理机制，为不同类型的用户提供服务，如面向游客的智能化服务系统、面向政府的集成式中央管理系统等。

② 无锡智慧旅游建设。其特色之处是构建旅游一站式综合信息服务平台，平台的开放率较高、灵活性较强、服务范围广泛，实现了全市旅游者、旅游信息、旅游资源的优化整合和配置，通过网络终端、手机客户端等实现信息的对接、发布、更新等。

③ 温州智慧旅游建设。其特色之处是构建旅游行业管理、旅游咨询服务平台和旅游电子商务平台，通过实施多项工程项目有效推动了温州市智慧旅游发展，如数字化景区（点）、旅游酒店信息化工程等顺利实施。

④ 苏州智慧旅游城市建设。重点开展以下四项工作：一是加强整体规划，搭建符合国内外行业发展形势、体现旅游业前瞻需要的智慧旅游基本框架，将智慧旅游和智慧城市建设相融合，形成互动互赢的发展机制；二是以苏州基础条件为出发点，以突出苏州旅游特色为目标，制定详细进展安排，细化不同阶段的工作任务；三是基于现代信息化技术，研发应用软件、平台及工具，对政府部门、旅游者、旅游企业的需求进行细分和研究，并推动多方主体互动，以适时满足各方需求；四是将行业管理、公共服务、宣传营销等多种功能集中为一体，充分整合各种资源和信息，构建开放式旅游信息化管理平台。

⑤ 台州智慧旅游城市建设。主要采取合作方式，如与中国电信浙江公司签署战略合作协议，以提升各旅游消费环节的附加值为出发点，集合多方力量共建智慧旅游城市建设。智慧战略合作协议主要有三大内容：首先，构建基于电信 iTV 的宣传服务平台；其次，将旅游资源和旅游信息延伸至个人信息化终端；第三，智慧旅游的范畴不断拓展，旅行社、酒店、导航、导购等功能被开发出来，并在全市广泛应用。

⑥ 成都智慧旅游城市建设。推行了"智慧旅游创建工程"，建成旅游咨询中心，游客可通过网站、电话、手机终端方式进行信息咨询，加快信息技术在旅游业的应用，致力于成为西部首座智慧旅游城市，致力于旅游业的转型升级。

9.2 智慧旅游的概念

从字面上看来，智慧旅游的英文表述有 Smarter Tourism、Intelligent Tourism、Wisdom of Tourism。从技术角度来说，Intelligent 对应的是智能，即针对不同的需求、不同的状态或者是不同的历史经验产生合适的输出反应；而 Smarter 对应的是智慧，智慧包含了更多、更广泛的内容，同时也对于输出结果有着更高的要求。简而言之，智能是技术范畴，而智慧则更多的是强调技术对人们产生的效果。

9.2.1 智慧旅游的具体定义

智慧旅游的概念可以追溯到 2000 年 12 月 5 日，加拿大旅游协会的戈登·菲利普斯在他的演讲中提到，"智慧旅游就是简单地采取全面的、长期的、可持续的方式来进行规划、开发、营销旅游产品和经营旅游业务，这就要求在旅游所承担的经济、环境、文化、社会等每个方面进行卓越努力。"在他看来智慧旅游需要两个方面的技术：一是智慧的需求和使用管理技术；二是需要智慧的营销技巧。

2009年1月，在西班牙举行的联合国世界旅游组织的第一次委员会会议上，秘书长杰弗利·李普曼将智慧旅游定义为服务链的各个环节，包括清洁、绿色、道德和质量四个层面。

2011年，英国的"智慧旅游组织"给出的定义是：在旅游部门使用和应用技术称为"数字"或"智慧"旅游。

2012年3月，Molz教授在其著作中将智慧旅游定义成使用移动数字连接技术创造更智慧、有意义和可持续的游客与城市之间的关联，其认为智慧旅游代表的是更为广泛的公民深度参与旅游的形式，而不仅是一种消费形式。

另外，2012年北京联合大学的张凌云教授提出，"智慧旅游是基于新一代信息技术，为满足游客个性化需求，提供高品质、高满意度服务，而实现旅游资源及社会资源的共享与有效利用的系统化、集约化的管理变革。"

2011年，王咏红对智慧旅游的定义是"智慧旅游是旅游信息化的延伸与发展，是高智能的旅游信息化，以游客为中心，以物联网、云计算、下一代通信网络、高性能信息处理、智能数据挖掘等技术为支撑并将这些技术应用于旅游体验、产业发展、行政管理等诸多方面，使游客、企业、部门与自然、社会相互关联，提升游客在旅游活动中的主动性、互动性，为游客带来超出预期的旅游体验，让旅游管理更加高效、便捷，为旅游企业创造更大的价值"。

2011年，中国台湾省学者黄等在其论著中提出了智慧旅行系统（Smart-Travel system）——这是一个基于SNS、物联网、UGC的一个新的泛在化的旅游系统，基于云服务的需求，设计一个查找旅游信息的新方式，整合了智能手机、GPS、谷歌地图和AR（虚拟现实技术），为手机使用者提供了一个全新的体验平台。

2016年，李云鹏认为"智慧旅游是旅游者个体在旅游活动过程中所接受的泛在化的旅游信息服务。旅游信息服务是对智慧旅游共同属性的概括，但并不是所有的旅游信息服务都是智慧旅游，只有那些为单个旅游者提供的、无处不在的旅游信息服务，也就是基于旅游者个体特殊需求而主动提供的旅游信息服务才算是智慧旅游"。

同时，台湾服务系统技术中心、CICtourCUNE、Brennan、Wöber以及默罕默德·塔里克都对智慧旅游提出了各类概念方法、解决方案。

百度百科中，智慧旅游也称为智能旅游，就是利用云计算、物联网等新技术通过互联网/移动互联网，借助便携的终端上网设备，主动感知旅游资源、旅游经济、旅游活动、旅游者等方面的信息，及时发布，让人们能够及时了解这些信息，及时安排和调整工作与旅游计划，从而达到对各类旅游信息的智能感知、方便利用的效果。

智慧旅游是基于新一代信息技术（也称信息通信技术，ICT），为满足游客个性化需求，提供高品质、高满意度服务，而实现旅游资源及社会资源的共享与有效利用的系统化、集约化的管理变革。

智慧旅游是智慧地球及智慧城市的一部分。智慧旅游是通过现代信息技术和旅游服务、旅游管理、旅游营销的融合，以游客互动体验为中心，使旅游资源和旅游信息得到系统化整合和深度开发应用，并服务于公众、企业和政府的旅游信息化的新阶段。

本书认为智慧旅游并不等同于智能旅游。智慧旅游是利用云计算、物联网、下一代通信网络、高性能信息处理、智能挖掘、大数据管理等技术，通过互联网/移动互联网或信息处理终端及时掌握旅游的主体（旅游者）、客体（旅游资源）、媒体（旅游业）、载体（旅游环境）的需求，并主动感知旅游资源、旅游经济、旅游活动、旅游者等诸多方面的因素，通过提取、分析数据信息，不断优化各主体之间的关系，使其以一种系统化、集约化的方式高效、便捷、可持续地呈现出来。能够实现旅游的主体、客体、媒体、载体之间相互促进、和谐可持续发展。同时，由于旅游者与城市居民的特性与需求差异，"智慧旅游"与"智慧城市"体系下的"旅游"是不同的两个概念；旅游并不局限于城市，前者要比后者具有更广泛的内涵。

9.2.2 智慧旅游的内涵

智慧旅游是旅游信息化的发展新模式，与智能旅游有一定的相似性，但这三者之间也有很大的不同。因此，准确把握"智慧旅游"的内涵，需要将智慧旅游与旅游信息化、智能旅游等概念加以区分。

（1）智慧旅游内涵的三个方面

通过智慧旅游的概念认识，在分析智慧旅游与旅游信息化和智能旅游的关系基础上，智慧旅游的内涵主要体现在以下三个方面。

一是面向游客的服务泛在化。智慧旅游通过感知体系主动感知游客需求，为游客提供餐饮娱乐消费引导、远程资源预订、自导航、自导游、电子门票、电子支付、社交网络等多种信息服务；整合目的地的资讯网站、目的地移动门户、旅游服务热线、旅游咨询中心多种渠道，为游客提供任何时间、任何地点、任何人的泛在化服务；提升游客在食、住、行、游、购、娱等每个旅游消费环节中的附加值，满足游客的个性化、多样化需求，为游客带来超出预期的旅游体验。

二是面向管理部门的旅游业务管理智能化。智慧旅游为政府与其他用户提供实时、精确的旅游行业相关数据，通过数据统计和智能分析，实现对旅游行业的智能化、精细化管理；通过对游客信用的评估、对服务企业的评价或评级，加强行业监管水平；通过旅游信息共享和应用协同，有效配置资源，提高快速响应与应急管理能力；通过专家系统和数据挖掘，对旅游资源保护、产品定价或旅游行业政策模拟测试，实现旅游管理的科学决策。

三是面向旅游行业和企业的产业价值链优化升级和商业模式创新。对于旅游行业来说，智慧旅游借助信息技术对传统旅游产业进行改进和创新，全面整合旅游资源和产业链，改善旅游企业间的信息共享和业务协同，提高旅游产业链的效率，促进旅游产业结构向资源节约型、环境友好型的方向转变，创造了产业发展的新模式和新形态。对于旅游企业来说，新一代互联网等新技术的应用推动了传统旅游营销向现代旅游营销模式转变，实现精准有效的网络营销，提升旅游品牌与文化价值；为旅游企业及其他旅游服务业者提供完整的电子商务服务，创新第三方金融或准金融服务，完善网上支付、移动支付以及信用体系，解决电子商务发展的关键"瓶颈"问题。

（2）智慧旅游与旅游信息化

智慧旅游与旅游信息化既有区别又有联系。信息化是指充分利用信息技术，开发利用信息资源，促进信息交流和知识共享，提高经济增长质量，推动经济社会发展转型的历史进程。旅游信息化狭义上讲是旅游信息的数字化，即把旅游信息通过信息技术进行采集、处理、转换，能够用文字、数字、图形、声音、动画等来存储、传输、应用的内容或特征；广义上讲是指充分利用信息技术，对旅游产业链进行深层次重构，即对旅游产业链的组成要素进行重新分配、组合、加工、传播、销售，以促进传统旅游业向现代旅游业的转化，加快旅游业的发展速度。因此，信息化与旅游信息化既是过程，也是结果，过程的理解侧重于实现信息化的过程，而结果则侧重于"信息化了"的结果。然而，由于信息技术的不断发展，信息化在实践中更侧重于是一个随着信息技术的发展而不断进行的过程。智慧旅游则可理解为旅游信息化的高级阶段，其并不是旅游电子政务、旅游电子商务、数字化景区等用"智慧化"概念的重新包装，而是要能够解决旅游发展中出现的新问题，满足旅游发展中的新需求，实现旅游发展中的新思路以及新理念。为此，智慧旅游的建设目的集中于三个方面：一是满足海量游客的个性化需求。日渐兴盛的散客市场使得自助游和散客游已经成为一种主要的出游方式。据不完全统计，北京旅游的散客占到游客总数的 91%。未来散客的市场份额将不断扩大，因此更加便利快捷的智能化、个性化、信息化的服务需求量将不断扩大。二是实现旅游公共服务与公共管理的无缝整合。随着电子政务向构建服务型政府方向发展，旅游信息化的高级阶段应是海量信息的充分利用、交流与共享，以"公共服务"为中心的服务与管理流程的无缝整合，实现服务与管理决策的科学、合理。三是为企业（尤其是中小企业）提供服务。旅游中小企业的信息化水平不高，在智慧旅游的建设过程中如何吸引旅游中小企业加快信息化进程是目前各智慧旅游试点省市在实践中遇到的难点问题。基于云计算的智慧旅游平台能够向中小旅游企业提供服务，为其节省信息化建设投资与运营成本，是旅游中小企业进行智慧旅游集约化建设的最佳方式。

（3）智慧旅游与智能旅游

智慧旅游与智能旅游是很相似的概念，不少学者和机构将这两个概念等同，并受到了大多数人的认可。但是严格意义上，这两者还是有一定的差别，厘清这两者的区别有利于我们正确理解智慧旅游的概念和内涵。"智能"是强调技术上的，一种能够使人更好地享受便利、高效的服务的能力，是将有形的产品看作整个服务的一部分；"智能"也可以看作是一种体验，但是这种体验人处于被动地位，即智能程度不同获得的体验可能也不同，同时人必须主动地通过智能设备才能获取需要的服务。而"智慧"强调的是通过技术手段或设备的主动感知和数据积累，使人可以被动地获取准确的服务，主动地发现人的需求而推送服务，对信息数据集成技术的依赖程度比较高。"智"的结果是"能"和"慧"，而"能"是"慧"的基本效能，"慧"则是"智"的升华，这便是智能和智慧的主要差异。所以我们说，智慧旅游依托智能旅游的技术基础，凭借先进的智能化手段，将以物联网、云计算、射频技术等最新科技信息革命的成果注入为旅游者服务中去，通过超级计算机和云计算将"物联网"整合起来，实现人与旅游资源、旅游信息的整合，以更加精细和动态的方式管理旅游景区，从而达到"智慧"状态。

9.3 智慧旅游的体系构成

智慧旅游的研究与建设必须明确开发主体、应用主体以及运营主体，因而，构建相应的体系模型就显得尤为重要，本节首先重点介绍了张凌云提出的 CAA（capabilities-attributes-applications）体系框架。此外，信息技术在智慧旅游建设与实现中的作用也不可小觑，相关技术体系的介绍将在本节第二部分展开。

9.3.1 CAA 体系模型

张凌云指出智慧旅游理论体系需要从智慧旅游的能力（capabilities）、智慧旅游的属性（attributes）以及智慧旅游的应用（applications）三个层面来构建，并首次提出了一个旨在明确开发主体、应用主体基于运营主体的 CAA 体系框架（见图 9-1）。能力是指所具有的先进信息技术能力，属性是指智慧旅游的应用目的，应用是指智慧旅游能够向应用各方利益主体提供的具体功能。营利性应用由市场化机制来决定服务提供商。智慧旅游的属性能够决定其开发主体、应用主体以及运营主体；公益性指智慧旅游的应用由政府或第三方组织提供，以公共管理与服务为目的，具有非营利性。

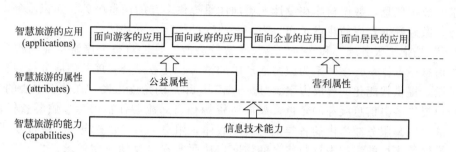

图 9-1　CAA 框架体系

CAA 框架的内涵可以归结为以下三点：一是以智慧旅游目的地概念来明确应用主体。因此，除一般智慧旅游所涵盖的旅游者、政府、企业之外，还包含了目的地居民，即智慧旅游面向涵盖了景区、城市（街道、社区等）、区域性旅游目的地概念；二是公益和营利属性是信息技术能力和应用的连接层，即纵向可建立起基于某种（某些）信息技术能力，具有公益或营利性质的，面向某个（某些）应用主体的智慧旅游解决方案；三是公益性智慧旅游和营利性智慧旅游的各种应用以及两者之间具有某种程度的兼容性和连通性，可最大程度地避免信息孤岛和填补信息鸿沟。在智慧旅游中，基于 CAA 框架体系被广泛运用，下面一节我们将介绍其中的智慧旅游技术体系。

9.3.2　智慧旅游技术体系

智慧旅游技术体系主要包括了三大部分，分别为："一心、两端、三网"（见图 9-2）。

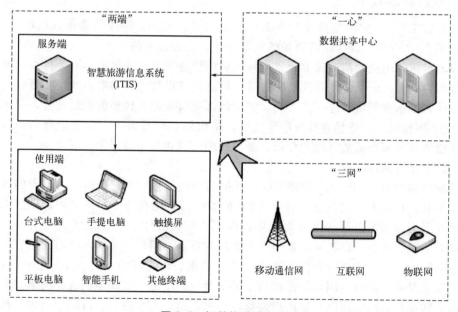

图 9-2　智慧旅游技术体系

其中，"一心"是指构建旅游大型数据分享中心，利用云处理技术实现服务端的数据运算和处理，云端处理的结果再通过网络传输至客户端为用户解决相应的问题。"一心"的构建需要依靠超大型的服务器群以及足够的网络带宽，这对目前的硬件条件提出了巨大的挑战。目前，现实的"一心"建设也在相继地开展，在硬件条件尚未成熟的前提下，构建面向业务及应用的旅游数据仓库成了可能。旅游综合数据仓库将融合多种符合智慧旅游信息系统功能需求的数据信息，数据仓库在设计上更加注重提供多样的信息服务、知识服务以及决策分析服务，做好数据仓库的建设工作将为"一心"的构建打下基础。

"两端"是指"服务端"和"使用端"。"智慧旅游"是针对整个旅游产业而提出的智能化的旅游信息服务体系，该体系为旅游活动中的游客、企业以及管理部门服务，以信息服务为主要手段，提供智能化的解决方案。"服务端"从用户的角度出发，在数据中心的基础上，承担着用户提供各类信息服务的角色，如旅游资源信息、旅游住宿信息、旅游餐饮信息等。而"使用端"则是服务端提供的各类信息的承载体，用户可通过台式电脑、智能手机、平板电脑、触摸屏等多样的终端来进行信息的访问，从而实现自身的应用需求。"智慧旅游"体系中的"使用端"伴随着新一代移动通信技术的发展，呈现出日新月异的态势，多样的移动及非移动终端为随时随地的信息服务提供了可能。

"三网"是指物联网、互联网和移动通信网。"三网"在"智慧旅游"体系中的作用主要体现在信息的传递上，它突破了传统的信息传递方式，使得对物体的数据信息的实时传递成了可能。"三网"的建设所涉及的技术主要有：5G、蓝牙、Wi-Fi、RFID、视频监控等。

9.4 智慧旅游的典型应用

智慧旅游受到国内诸多学者的推崇，许多城市亦大力推广，就目前智慧旅游的应用情况而言，智慧旅游的应用主要体现在：智慧旅游城市、智慧景区、智慧酒店、智慧旅游公共服务体系四方面。

9.4.1 智慧旅游城市

在"金旅工程""旅游信息化"等工程的推动下，我国旅游业信息化快速推进。另外，随着"80后"、"90后"成为旅游市场的重要群体，旅游需求的个性化、旅游形式的自助化、旅游内容的娱乐休闲化，都对旅游业智能化和旅游信息服务水平提出了更高标准的要求。由此，以城市为单元，全面、统筹规划旅游城市信息化建设就凸显必要，加快智慧旅游城市建设，已经成为推动旅游城市进一步发展，实现我国旅游业创新转型的客观需要，原国家旅游局也于2012年提出了"智慧旅游城市"建设，指出要在智慧服务、智慧管理和智慧营销三方面加强旅游资源和产品的开发和整合，推动我国旅游业又快又好地发展。

（1）智慧旅游城市的概念

智慧城市是由 IBM 于 2010 年提出的，是把新一代信息技术充分运用在城市的各行各业之中的基于知识社会下一代创新（创新 2.0）的城市信息化高级形态，其中，创新 2.0 旨在将以技术发展为导向、以科研人员为主体、以实验室为载体的科技创新活动向以用户为中心、以社会实践为舞台、以共同创新和开放创新为特点的用户参与的创新模式转变。智慧城市基于互联网、云计算等新一代信息技术以及大数据、社交网络、FabLab、LivingLab、综合集成法等工具和方法的应用，营造有利于创新涌现的生态，实现全面透彻的感知、宽带泛在的互联、智能融合的应用以及以用户创新、开放创新、大众创新、协同创新为特征的可持续创新。

智慧旅游城市则是原国家旅游局于 2012 年提出的，旨在推动主要旅游城市智慧化建设的新概念。因此，智慧旅游城市可以理解为是基于智慧城市理念的外延——将旅游内容加入到智慧城市建设中，围绕旅游产业，综合利用物联网、云计算等信息技术手段，结合城市现有信息化基础，融合先进的城市运营服务理念，建立广泛覆盖和深度互联的城市信息网络，对城市的食、住、行、游、购、娱等多方面旅游要素进行全面感知，并整合构建协同共享的城市信息平台，对信息进行智能处理利用，从而为游客提供智能化旅游体验，为旅游管理和公共服务提供智能决策依据及手段，为企业和个人提供智能信息资源及开放式信息应用平台的综合性区域信息化发展过程。国外方面，巴西的里约热内卢，新加坡，澳大利亚的布里斯班等都已大力打造智慧旅游城市。国内方面，截至目前，共确定了33个国家智慧旅游试点城市，分别是北京市、武汉市、成都市、南京市、福州市、大连市、银川市、厦门市、苏州市、黄山市、温州市、烟台市、洛阳市、无锡市、常州市、南通市、扬州市、镇江市、武夷山市、天津市、广州市、杭州市、青岛市、长春市、郑州市、太原市、昆明市、贵阳市、宁波市、秦皇岛市、湘潭市、牡丹江市、铜仁市。

（2）智慧旅游城市建设的意义

① 有利于打造国际化旅游城市品牌，提升旅游城市的国际形象。

② 有利于实现我国旅游业的进一步发展，是将旅游业培育成战略性支柱产业的主要途径。

③ 智慧旅游城市建设能有效促进城市本地经济的发展。据世界银行城市可持续发展报告测算，以一百万人口的中等城市为例。如开始智慧城市建设，当其达到实际应用程度的75％时，该城市的GDP在投入不变的条件下产能增加3.5倍。

④ 智慧旅游城市建设能有效缓解旅游城市环境污染、人口膨胀、交通堵塞等"大城市病"。联合国报告指出，虽然城市面积只占全世界土地总面积的2％，却消耗着全球75％的资源，本就易于引发上述"大城市病"。另一方面，伴随着国民的旅游热潮，各旅游地，尤其是旅游城市每年吸引的游客激增，由此带来的城市污染、交通堵塞等问题不可小觑。智慧城市建设能有效缓解上述"病症"，例如：杭州城市大脑V1.0平台试点投入使用，在杭州，各大路口安装有上万个交通摄像头，实时记录着路况信息，传统的却是依靠交警人工监看路况信息，效率非常低。一旦出现事故，交警通常不知道该如何疏导车流，导致道路拥堵严重。然而依靠城市大脑的视觉处理能力，这些交通图像视频可以交给机器识别，准确率在98％以上。一旦出现事故，城市大脑中枢便能找出最优的疏导路线，同时为救援车辆一路打开绿灯，为抢救生命赢得时间。在与交通数据相连的128个信号灯路口，试点区域通行时间减少15.3％。在主城区，城市大脑日均事件报警500次以上，准确率达92％，大大提高执法指向性。

（3）智慧旅游城市的实践

据《中国城市数字治理报告（2020）》显示，杭州数字治理指数位居全国第一，杭州利用"城市大脑"打造"智慧城市"，正在变得越来越"聪明"。

2020年以来，杭州西湖风景名胜区和杭州市城投集团共同发力，利用"便捷泊车"和"数字公交"综合赋能，有效地破解了西湖周边长期拥堵的难题；下城区武林商圈依托"城市大脑"平台，次第推进"停车引导""先离后付""通停通付"等应用场景落地覆盖，全力打造国际化智慧商圈；"湖滨智慧步行街"应用平台是在杭州市"城市大脑"赋能下第一个应用于街区治理的综合性平台，也是智慧街区管理的核心平台，对街区每个区块进行精准的人流监测，根据人流的变化随时调整安防力量，真正让数据说话，让街区管理从一成不变到以变应变；仓前街道建成了"网事警情"联动治理智慧系统，实现专职网格员全线跟踪、"网格鹰眼"全时抓拍、无人机全域联动和警情全程分析预警，提升了辖区居民矛盾化解的效率，将矛盾纠纷处置在早、化解在小，警情处结率达 96%。

杭州堪称全球移动支付普及程度最高的城市，基本上一部手机就可以解决所有日常生活的相关需求。各类无人零售店、无人超市、无人餐厅、无现金看病、银联闪付过闸等新业态新生活新消费无处不在；数据显示，在杭州，超过 95% 的超市、便利店能使用支付宝付款；超过 98% 的出租车支持移动支付；截至目前，杭州市民通过支付宝城市服务，就可以享受政务、车主、医疗等领域 60 多项便民服务。杭州在"移动智慧城市"的建设方面，实际上已走在世界前列。

杭州城市大脑由中枢、系统平台、数字驾驶舱、场景四个要素组成，通过全社会的数据互通，数字化的全面协同，跨部门的流程再造，实现民生直达、惠企直达、基层治理直达。

9.4.2 智慧景区

景区是旅游城市的核心内容，是旅游业的核心要素，是旅游产业链中的中心环节，是各国旅游业发展的基础，对景区所在地的旅游相关产业有很强的辐射、带动作用。景区的智慧化建设是智慧旅游建设的重要内容。

（1）智慧景区的概念

"智慧景区"是在"数字地球"向"智慧地球"转型这一重大背景下，结合景区规划、保护、管理、发展的客观需求而诞生的新型研究领域，是"数字景区"基础上的飞跃发展。旨在实现人与自然和谐发展的低碳智能运营景区，从而有效保护景区所在地的生态环境，同时提升景区服务质量。借鉴智慧地球、智慧城市的概念，可以认为："智慧景区"就是通过传感网、物联网、互联网、空间信息技术的集成，实现对景区的资源环境、基础设施、游客活动、灾害风险等进行全面、系统、及时的感知与精细化管理，提高景区信息采集、传输、处理与分析的自动化程度，实现综合、实时、交互、可持续的信息化景区管理与服务目标。广义的"智慧景区"是指科学管理理论同现代信息技术高度集成，实现人与自然和谐发展的低碳智能运营景区。这样的景区能够更有效地保护生态环境，为游客提供更优质的服务，为社会创造更大的价值。狭义的"智慧景区"是"数字景区"的完善和升级，指能够实现可视化管理和智能化运营，能对环境、社会、经济三大方面进行更透彻的感知，更广泛的互联互通和更深入的智能化的景区。狭义的"智慧景区"强调技术因素，广义的"智慧景区"不仅强调技术因素，还强调管理因素。

广义的"智慧景区"内涵丰富，主要包括以下方面。

① 通过物联网对景区全面、透彻、及时地感知。

② 对景区实现可视化管理。

③ 利用科学管理理论和现代信息技术完善景区的组织机构，优化景区业务流程。

④ 发展低碳旅游，实现景区环境、社会、经济的全面、协调、可持续发展。

（2）智慧景区建设的体系结构

"智慧景区"建设的体系结构涉及 5 个层次的功能体系（见图 9-3）。

① 网络层（信息基础设施体系）。实现信息的获取与资源接入，数据的交换与信息传递，业务系统的运行，支撑整个智慧景区的运维，其中涉及各种设备互联、数据采集、访问操作等服务。根据景区信息化管理工作需求，智慧景区网络将包括景区骨干网、视频监控网、环境监控网、服务终端网、电子票务网等，在这些设备网的基础上提供设备消息中间件，为各种业务应用提供保障。通过设备层，实现底层设备的集成与整合，保障景区资源保护与管理服务工作的正常开展。

② 数据层（数据基础设施体系）。数据层构成整个智慧景区的数据基础设施支撑环境，

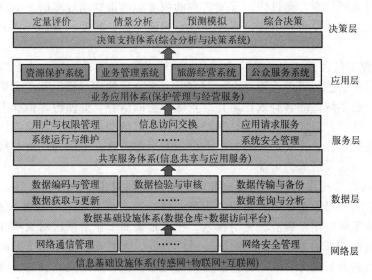

图 9-3　智慧景区建设的体系结构

主要包括统一数据访问平台与数据仓库 2 个部分。数据仓库支持结构化数据与文档、图片、音频、视频等非结构化数据的管理与维护，涵盖基础数据库以及面向业务应用服务的各种业务数据库，同时实现底层数据资源的互联与共享。在此基础上，统一数据访问平台为各种业务应用提供统一的数据访问接口服务，屏蔽底层数据实现细节，实现数据资源的无缝集成。

③ 服务层（信息共享服务体系）。在智慧景区框架下部署信息共享服务体系，实现应用建模、任务执行、流程管理、资源服务访问调度的工作。在信息共享服务体系中，应用开发人员通过工作流系统，实现应用流程的快速搭建；在业务应用过程中，共享服务体系负责任务状态管理、任务执行维护以及资源访问调度等工作；在任务执行过程中，共享服务体系采用端点引用等方式实现数据转移、汇聚与重构，降低系统负载，提高任务的可靠性与稳定性。

④ 应用层（业务应用体系）。主要面向各个业务部门提供资源保护、业务管理、旅游经营、公众服务等业务应用系统。业务部门与管理人员分别通过资源保护、业务管理及旅游经营系统展开工作，实现对自然及人文资源的保护、管理与经营。游客与公众通过公众服务系统，实现游览之前、游览过程中、游览之后的信息获取、游览引导、虚拟体验、学术交流、呼叫救助等活动及服务。

⑤ 决策层（决策支持体系）。主要是以应用层的 4 大应用系统为基础，结合专家知识系统、集成数据分析、数据挖掘与知识发现，通过虚拟现实、情景模拟等手段为景区管理机构及人员对景区的应急指挥与重大事件的综合决策，提供技术支撑和信息支持，提高决策的透明度与科学性。

（3）智慧景区的建设意义

旅游景区建设是智慧旅游良好可持续发展的第一动力，是智慧旅游整体建设的关键一环，是推进信息技术与旅游业高效融合的契合点，对推进旅游业发展，树立我国旅游业在国际的良好形象具有重要意义，具体而言，包括以下几个方面。

① 有助于推动景区管理机构服务职能转变。智慧景区的建设可以优化景区的资源协调与配置，智慧景区中，信息的双向传递更为通畅，与游客、工作人员的高效互动得以实现主动、实时感知景区内个体的需求信息，实现景区服务管理从传统的被动处理、事后弥补向全

过程管理、实时处理转变，促进旅游管理机构的服务职能由被动处理向主动服务转变，变粗放管理为精细化管理，使景区由传统服务向信息智能化服务转变，有利于提升旅游的整体竞争力。

② 有助于促进景区旅游产业的跨越式发展。覆盖 PC、移动等终端的旅游在线平台建设投入，游客对景区信息的可得性将更全面与实时。全方位的旅游资讯和动态服务，使得游客对景区有更全面的了解，能够有效提高其对景区体验的信心，促使游客由线上体验到线下消费的现实转变，特别是散客资源。良好的游客口碑可以借助自媒体、社交媒体等平台以更低的成本、更大范围地覆盖受众，发掘与吸引更多的潜在游客。推广的广度与精准度的提高使得景区跨越式的飞速发展成为可能。

③ 旅游景区将实现旅游经营增长和管理成本优化的双重丰收。旅游景区管理机构作为满足游客体验需求、吸引游客体验消费的服务主体，具有商业盈利和服务规范的双重诉求。一方面，信息技术的应用和智能设施的投入，极大地提高了旅游景区对大规模游客的接待能力，亦能控制由此带来的人力成本的激增。另一方面，大数据的应用使全面的旅游舆情监控和大量的数据收集分析成为可能，更快速与准确地定位挖掘旅游热点和游客兴趣点，推动旅游景区的服务创新和营销创新。从服务质量上，服务水平与质量的提升、实时沟通能力的实现，确保了景区对游客日益增长的个性化信息诉求的响应能力。

此外，智慧景区建设还有良好的辐射效应。景区是旅游业发展的核心环节，对周边的餐饮、住宿、交通有较强的辐射能力。因而，景区智慧化的实践，一方面能带动周边相关产业的智慧化发展；另一方面，更大的景区游客容纳量、更好的知名度和口碑对周边相关产业的促进作用也是非常明显的。

(4) 智慧景区的应用实例

重庆城市名片洪崖洞修缮于 2006 年，成为当时轰动一时的由古建筑改造而成的文旅街区。吊脚楼层层叠叠，沿江而上，错落交织，成为重庆特色的建筑景观。然而这么多年来，洪崖洞的经济效益却一直未达到理想效果，上下楼层"冷热"不均，以 4 楼小吃街为界线，向上的楼层人来人往，餐饮、酒店生意红火；向下的楼层冷冷清清，尤其是 1 楼，有的铺面一空就是 3 年。这种冷热不均的现象导致景区上层交通拥堵，客流拥挤，楼梯上排队现象非常严重。

2019 年初，重庆引入了智慧景区概念，洪崖洞"智慧景区"分两期工程。一期工程聚焦完善洪崖洞景区监测管理，实时采集景区客流量、区域热力图、景区视频、客流分析等数据信息，帮助景区及时调整应急、预警、调度、管理方案。此外，景区实时人流信息也将通过景区信息发布屏、微信公众号公布给市民游客。

二期工程聚焦景区文化挖掘与游客体验提升，重点从"导"和"引"两个方面入手，一是以微信公众号为载体，为景区游客提供集电子导游导览、动态路线推荐、文化内容传播、在线商城、社交互动、咨询投诉等功能于一体的智慧服务平台。二是建立线上媒体矩阵，利用洪崖洞"网红"大流量为重庆全域引人流、引收入、引业态。此外，该平台集成了中国—新加坡双方联合打造的重庆全域旅游智慧服务工具"爱重庆"，为游客提供智能化、场景化、个性化的高品质服务。

升级后的洪崖洞景区，运营管理效率明显提高，通过智能感知设备安装铺设、数据采集和大数据分析，了解景区人流量趋势、人流高峰时段，监测热门点位拥挤情况，为限流和人群疏散提供科学依据，合理高效地调配景区运力。

9.4.3 智慧酒店

酒店是旅游业的重要组成部分，酒店服务是智慧旅游建设的直接体现，因此，旅游城市的智慧化离不开智慧酒店建设。传统旅游方式下，酒店主要通过与旅行社进行合作，吸引旅游团的入住。旅游自助化和个性化无疑对这一传统方式产生了巨大的冲击，游客对旅游体验的诉求日益强化，酒店预订与入住体验则是其中极其重要的一环，因而，酒店智慧化建设也成为当下酒店发展的客观需要和重要内容。本部分首先对智慧酒店的概念进行介绍，继而以IBM的智慧酒店方案为主要内容来阐述智慧酒店的内涵。

（1）智慧酒店的概念

智慧酒店是指酒店拥有一套完善的智能化体系，通过数字化与网络化实现酒店数字信息化服务技术，是基于满足住客的个性化需求、提高酒店管理和服务的品质、效能和满意度，将信息通信技术与酒店管理相融合的高端设计；是实现酒店资源与社会资源共享与有效利用的管理变革，因此是信息技术经过整理后在酒店管理中的应用创新和集成创新。

（2）智慧酒店的建设意义

智慧酒店的发展使得现在和将来的酒店建设方或管理方在技术决策方面更加简单，能够提供高质量的服务给酒店方和他们的客人，提供开放的、灵活的网络架构包括高效的、低成本的语音、数据和图像信号给酒店客人，在传统的酒店信息系统和各种供应商自己开发的应用软件之间架起一个可以无缝对接的信息系统架构。能够使得智慧旅游的实施有着强有力的保障，能使智慧酒店、智慧旅游城市和智慧旅游之间形成一个互相促进的有机整体。

（3）智慧酒店的应用实例

IBM是较早提出智慧酒店这一概念的公司，其深悉中国酒店所面临的局势，并在酒店顾客体验和酒店管理运营维护方面做出大胆创新，通过先进的技术和快速部署能力，向酒店业客户提交了四大极具创新的解决方案，这四大解决方案包括机房集中管理、桌面云、自助入住登记和退房/无线入住登记、融合网络，针对酒店行业从运维、管理、客户服务到客户体验的具体需求，提供全方位的策略咨询、设计、集成和实施等一系列整合解决方案。

① 机房集中管理。连锁型酒店逐渐在中国已成为酒店业主流，而通常每个酒店都拥有自己独立的IT机房、服务器和管理软件，也需配备一个IT团队来支持IT运维。随着酒店规模的不断扩大以及人力成本的不断提高，连锁型酒店所承担的IT运维成本将不断增大酒店盈利的负担。针对这一现象，机房集中管理和IT整合外包将成为酒店IT解决方案的新趋势。IBM建议连锁酒店应建设集中的IT机房，以取代分散在各个酒店的独立机房，进而各个酒店只需通过网络连接到集中IT机房，即可使用大机房的服务器以及软件，进行正常的酒店业务管理。

此外，IBM建议酒店客户充分利用IT外包服务，减少酒店公司内部的IT人力成本和设备维护成本，并使用IT服务商所提供的设备租赁服务，直接获得更大的IT机房，在IT服务商专业人员的辅助下轻松实现智能化的酒店管理。

② 桌面云。传统的酒店IT部门架构覆盖数量众多并且极度分散的PC客户端，面临着难于管理、总体拥有成本高、难以实现数据保护与保密以及资源利用效率不高等诸多问题。IBM针对以上难题设计了创新的云计算集成IT解决方案——桌面云，帮助酒店客户增强其竞争力，通过提高管理效率、减小运行和维护负担以及降低人力需求等，最终实现总体拥有成本的降低。

通过桌面云的部署，酒店管理方可大大提升酒店网络的管理性，实现桌面环境设立、配置、资源管理和工作负荷管理的集中化与简单化，有效地将硬件资源归集和共享，并且灵活地实现计算资源的重用以及桌面环境计算资源的动态分配。桌面云的运用更实现了用户端的零维护，降低了故障率和管理成本，免除升级的烦琐并最大化了使用周期，在有效控制使用权限的同时提高工作效率。此外桌面云还带来了高度的系统安全性，数据输出的集中管理使客户端避免了病毒的感染，实现数据保护与保密。考虑到酒店级计算环境的规模性和复杂性，桌面云解决方案更从酒店客户实际需要出发，提供端到端的安全性，简化验证和增强登录的安全。

③ 自助入住登记和退房/无线入住登记（图 9-4）。在高峰时段，酒店的客人经常会需要排队等候。IBM 提出的"自助入住登记和退房"以及"无线入住登记"解决方案，能够提供人性化、省时、便捷的服务，为客人省去不必要的排队时间，给客人带来更为出色的入住体验。另外，此解决方案，无线无纸、节能环保，为客户提供简单省时的服务体验的同时，更帮助酒店细分客流，进一步提升效率。

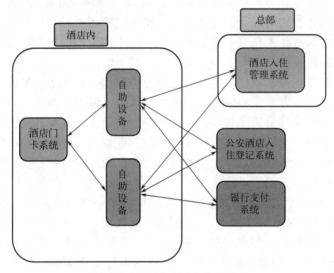

图 9-4　酒店自动入住系统

自助入住登记服务可以让客人在大堂或电梯厅的自助登记设备上直接办理入住登记和退房手续。即使有 VIP 客人驱车入住，车库的自助入住登记设备也可在汽车进入车库的入口处同时完成入住登记和房卡制作。而无线入住登记服务为在 VIP 休息室沙发上休息的客人提供无线联网的触摸式电脑，通过电子入住登记表进行登记。客人只需要在触摸屏上显示的入住登记表上签字就可以完成入住手续，USB 接口的小型制卡机立刻可以完成房卡的制作。

9.4.4　智慧旅游公共服务体系

随着散客时代的到来以及飞速发展，旅游公共服务体系，尤其是旅游城市公共服务的重要组成部分愈发受到重视。2012 年，原国家旅游局发布了《关于进一步做好旅游公共服务工作的意见》，从信息、安全、交通、便民和行政五个方面提出旅游公共服务体系的建设要求。以智慧旅游为基础的智慧旅游公共服务体系无疑提供了一条更加科学、合理、可持续的实践路径。

（1）智慧旅游公共服务体系定义

旅游公共服务是以旅游管理部门为主的相关公共部门为满足旅游公共需求，向国内外旅游者提供的基础性、公益性的公共产品与服务。一般包括旅游公共交通服务、旅游公共信息服务、旅游公共安全服务、旅游公共环境服务、旅游公共救助服务五大方面内容。

在旅游公共服务体系基础上，以智慧旅游为背景的智慧旅游公共服务体系是指面对散客时代对于旅游信息资源的巨大需求，将智慧的思想和手段植入城市旅游公共服务的运营与管理过程中，以实现旅游城市整体运营方式转变的一种新型的旅游宣传营销与接待服务体系。相对于传统的旅游公共服务体系而言，智慧旅游公共服务体系具有全面物联、充分整合、协同运作和激励创新的特点，为游客、旅游供应商提供个性化、自助化、便捷化、一站式的旅游服务。智慧旅游公共服务体主要包括以下四方面的内容。

① 智慧旅游公共信息服务体系。为迎合散客对于旅游信息便捷性、即时性和准确性的愈发迫切的需求，发展智慧旅游公共信息服务体系，建设智慧旅游公共数据服务中心。一方面需要整合旅游城市的旅游资源数据、规范旅游信息数据库；另一方面需要将游客服务相关信息与城市运行信息无缝对接，实现为游客提供准确、及时的旅游信息服务。

发展智慧旅游公共服务体系，需要与现有的服务体系结合，如，增强游客服务中心和旅游集散中心在智慧旅游服务中的作用；利用移动终端提供视频、音频、图片甚至虚拟旅游的服务，增强旅游信息的针对性和真实感。

② 智慧旅游公共交通服务体系。智慧旅游公共交通服务体系基本为两大类服务：面向自驾游客和团队游客的智慧旅游公共交通服务体系；面向其他散客的智慧旅游公共交通服务体系。

面向自驾游客和团队游客的智慧旅游公共交通服务体系，旅游者关注的重点在于目的地交通标识、导航与停车条件。软件方面，智慧旅游公共交通服务体系将旅游交通信息融合在地理坐标中，建设旅游交通三维地理信息系统；硬件方面，要求旅游公共交通标识与导航服务、停车服务齐全，实现自驾车无障碍旅游。

面向其他散客的旅游公共交通服务体系，一般都需要借助旅游目的地之间和内部的交通工具，对于旅游换乘体系和旅游交通标识服务体系需要强烈。智慧旅游公共交通服务体系全面推进旅游交通公共基础设施项目建设，建设完善的智慧旅游交通换乘体系，努力为散客提供"零换乘"的旅游线路交通服务。

③ 智慧旅游公共安全服务体系。智慧旅游公共安全检测服务体系主要是指对旅游公共安全信息的监测、搜集、分析和发布，对涉及旅游公共安全的信息及时进行披露。采取系统的自动的监测和志愿者人工监测相结合的方式，将各种信息沟通渠道（网站、数字电视、广播、手机、提醒电子显示屏等）整合起来实现同步多语言和文字的发布旅游公共安全信息。

智慧旅游公共安全应急救援服务体系是当发生旅游事故时，以地理信息系统（GIS）平台为基础，利用现代通信和呼叫系统，实现旅游事故的 24 小时受理；根据旅游公共突发事件处理预案，调度和协调旅游相关部门进行执法和处置并进行处理督办，确保旅游安全救援的时效性。

④ 智慧旅游公共环境服务体系。自然环境方面，打造绿色旅游发展模式，实现旅游发展与低碳经济的双赢。倡导低碳旅游，在保护环境的前提下。利用新一代信息技术，在泛在信息全面感知和互联的基础上，实现人与自然之间的智能自感知、自适应、自优化，为旅游者提供一个绿色的旅游环境。

社会环境方面，针对游客对于旅游文化内涵和科教价值的需求越来越强烈的趋势，智慧旅游公共环境服务体系从文化（旅游目的地文化开发与保护）、民生（旅游公益服务）、科教（旅游公共教育）、城市管理（旅游制度与行业秩序）等多种城市需求做出智能的响应，形成具备可持续内生动力的安全、便捷、高效、绿色的城市旅游公共服务机制。

（2）智慧旅游公共服务体系的建设意义

建设完善智慧旅游公共服务体系是"智慧旅游"新形势下适应我国公共服务体系建设与旅游业发展新阶段的要求，加强旅游目的地建设，加快旅游强国建设，具有重大意义。

我国旅游业发展新阶段与新形势，要求建设与完善智慧旅游公共服务体系。随着游客意识与需求的提高，我国旅游市场"散客化"的趋势也日益明显。随着游客游览内容和旅游方式的个性化需求日益突出，旅游需求愈发多元化，尤其是自驾游、休闲游、特色游的兴起，游客对旅游公共服务的需求越来越强烈。随着智能终端的普及，通信网络的改善，游客对于旅游信息服务质量的时效性要求也日益苛刻。建设与完善智慧旅游公共服务体系，已经成为适应旅游业发展新形势的关键步骤。

全面提升我国旅游产业素质水平，迫切要求建设与完善智慧旅游公共服务体系。随着我国从下中等收入国家行列迈入上中等收入国家行列，旅游日益成为公民的刚性需求。提升旅游产业素质和运行效率，除继续加大旅游投入、合理配置旅游要素外，更为重要的就是要强化旅游公共服务职能。我国旅游产业存在旅游公共服务不完善，旅游公共服务相对滞后的问题。旅游公共服务贯穿于旅游活动的始终，是旅游活动顺利进行的内在需求。完善先进的旅游公共服务体系，将为游客提供一个更为便捷、安全和舒适的旅游环境，带动旅游业的高效发展，极大提升其总体运行效率。智慧旅游信息服务体系可以降低旅游者与旅游产品信息之间的不对称性，提升信息传递速率，提高旅游活动中的便捷性，有利于扩大潜在旅游者的旅游需求。

加强旅游目的地建设，必然要求建设与完善智慧旅游公共服务体系。一个城市的旅游公共服务水平和档次在一定程度上代表了整个城市的公共服务水平，具有导向性和基础性的作用。智慧旅游公共服务体系的构建，能够很好地实现旅游目的地与旅游者之间的互动，并有效保证互动的准确性。快速准确地提供有效信息给旅游者，这已经日益成为旅游者衡量一个城市智能化水平和友善度的重要指标。构建体系完善、功能齐全、便捷舒适的智慧旅游公共服务体系，既是城市旅游目的地的核心内容，也是城市形象的重要展示。

（3）智慧旅游公共服务体系的应用实例

智慧旅游公共服务体系的应用实践，以石家庄市为例，根据石家庄市智慧旅游发展规划（2018—2025年），石家庄市基于互联网思维，搭建开放、透明、互动、参与、融合的智慧旅游公共服务体系。

① 综合信息发布系统（见图9-5）。基于旅游云数据中心，整合各类与旅游相关的信息资源，按照"一键式"同步分发方式，及时通过PC、移动终端、触摸屏、LED大屏、电视等终端向公众进行发布，实现多屏同源同步发布。

② 虚拟旅游（见图9-6）。搭建虚拟石家庄平台，通过多种终端同步实现物理景观向虚拟空间的移植和再现，同时加入漫游、鸟瞰、自由行走、线路搜索、电子商务等功能，让游客以现实中不可企及的视点和视角自由徜徉和观赏，给游客提供全方位、直观式、身临其境的体验，并实现对重要遗产资源的保护和永续利用。

③ 全程互动分享评价系统（见图9-7）。基于石家庄在线旅游平台，为游客提供在石家庄二维地图、三维实景地图上进行文字、照片、音视频记录等服务支持，并可通过微信、QQ空间、微博和SNS等，实现在线分享和评价服务。

④ 个性专属行程定制系统（见图9-8）。系统要根据游客的特点（时间、预算、兴趣爱好、出游方式等），进行数据整理、挖掘、分析，自动为用户提供满足其需求的个性化行程定制服务，以充分适应和满足个性化旅游的发展需求。主要包括旅游行程定制服务和旅游交通导引服务功能。

⑤ 共享导游服务系统（见图9-9）。以"玩转石家庄"为目的，基于共享经济，整合全市旅游达人资源，大力发展"社会导游"服务群体，以服务于外地游客，帮助他们更好地游遍石家庄，提升石家庄旅游目的地旅游的畅爽体验。

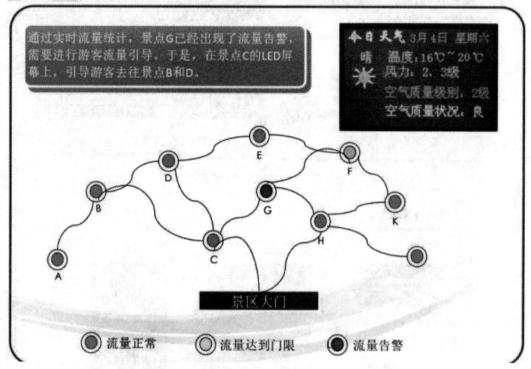

图 9-5　综合信息发布系统

图 9-6　石家庄虚拟旅游

图 9-7　旅游实时分享系统

图 9-8　个性专属行程定制系统

图 9-9　共享导游服务系统

　　加快推进与第三方进行合作，开发"石门侠客"导游服务系统，共同建立社会导游评价体系，并通过注册、认证、预约、评价、信用服务管理等流程的管理，提高服务质量，以满足自主旅游时代下游客需求定制化、体验独特化等新需求变化。

　　⑥ 12301 服务系统（见图 9-10）。进一步提升和完善现有 12301 服务系统的技术和公益

图 9-10　12301 服务系统

性服务，并加强与第三方通信公司进行合作，突出强化增值服务，例如票务预订、流量预警、宣传推广和大数据集成等服务功能，并采用市场化管理手段，使之自负盈亏，从而将石家庄打造成为 12301 示范服务城市。

:::::::::::::::::::::::::::::: **本章案例** ::::::::::::::::::::::::::::::

重庆智慧旅游城市建设

2019 年在首届中国（重庆）智慧文旅高峰论坛上，《2019 重庆智慧旅游蓝皮书》正式发布，深入解读了重庆智慧旅游发展成果、面临的问题以及发展建议。

作为全域旅游发展的重要支撑和客观要求，我国近年来高度重视智慧旅游的健康发展，国家层面先后出台了《关于促进智慧旅游发展的指导意见》《"旅游＋互联网"行动计划》《"十三五"全国旅游信息化规划》等综合性、纲领性文件，为智慧旅游发展提供政策保障。通过建立智慧旅游管理体系、打造智慧旅游营销系统、完善智慧旅游服务内容、创新智慧旅游产品，重庆市旅游业发展质量不断提升。

重庆市智慧旅游发展呈现四大特点。

（1）政府有效引导

重庆市专门制定了《2017—2022 年智慧旅游建设行动计划》和《重庆全域智慧旅游建设实施方案》。同时，《重庆市建设国际知名旅游目的地"十三五"规划》明确提出，以"旅游＋互联网"为核心，推进旅游全产业链的数字化、便捷化、智能化。到 2020 年，基本建成"智慧旅游"支撑体系，实现旅游产业链各环节与互联网全面融合。

（2）企业积极参与

目前，腾讯、阿里巴巴、携程等互联网企业和中兴通讯、科大讯飞等相关科技企业大举进军重庆，在"旅游＋互联网"和智慧旅游领域持续发力。移动、联通和电信三大电信运营商则成为旅游信息化发展的重要拼图之一，提供数据资源供应服务等。企业的积极参与，进一步激发出智慧旅游的创新活力。

（3）基础设施先行

基础设施是智慧旅游建设的重要抓手，目前，重庆市已初步建立了覆盖 A 级景区、星级酒店和旅行社的旅游业数据报送体系。在逐步实现 A 级景区和星级酒店主要区域 Wi-Fi 免费覆盖的基础上，部分区县开始推行 Wi-Fi 全域覆盖。智能导览在博物馆、纪念馆、自然风景区等逐步铺开。

在智慧体验上，三峡博物馆打造出国内首家基于云计算的智慧博物馆；长江索道景区推出了"VR 超感体验区"项目；万盛区打造了智能机器人"小万"，成为万盛小百科全书。

（4）智慧平台引领

如今，层出不穷的智慧平台已然成为重庆市旅游产业发展的重要趋势。比如武隆区、万盛经开区、黔江区等已经或正在积极打造"全域智慧旅游"；"九龙休闲汇"等已成为区域旅游营销的重要平台。

以重庆市著名景区洪崖洞景区为例，在景区内铺设智能化感知设备，采集相关的人流数据，包括入园人数、密度分布、停留时长等，同时开发后台管理系统和服务系统，让管理人员在手机 App 上就可以看到各种数据的实时展示。

游客：关注洪崖洞微信公众号后，可以直接看到人群流量分布、Wi-Fi 共享等信息。

管理者：可以收到预警，实时了解秩序维护、人群分流等信息。

延伸运用：以人工智能客服的方式切入，为游客提供整个旅游周期全场景的人工智能服务。还将引入人脸识别、声纹识别、指纹识别、智能感知设备等前沿人工智能技术，对所有旅游场景进行智能化改造，植入各种智能应用，有效提高旅游业服务质量，增强游客满意度。

除此之外，重庆智慧旅游还建立的旅游云。重庆旅游云分为 3 个板块：政务云、景区云和游客云，分别对应政府、景区和游客。

(1) 政务云

是提升政府治理全域旅游能力的"助推器"。旅游云建立"用数据说话、用数据决策、用数据管理、用数据创新"的管理机制，实现基于数据的科学决策，推动旅游行业管理理念和社会治理模式进步，为有效处理复杂社会问题提供新的手段。

(2) 景区云

可以帮助景区对游客量、游客构成以及游客兴趣、轨迹、景区偏好进行梳理，有助于旅游景区在游客、竞争对手、资源三方面进行精确定位、精准营销，并依托大数据指导景区进行业态和产品的升级与创新。

(3) 游客云

按照"全覆盖、全信息、全服务"目标定位，为游客提供 AI 旅游行程规划、全域旅游智慧客户服务信息查询、旅游攻略、导游验证、信用旅游店铺、景区路线安排、在线投诉与评价、在线旅游体验、二维码标识标牌等智能化旅游服务，及时解决游客行前、行中和行后问题。

(案例来源：https：//www. sohu. com/a/338507914 _ 800246；
http：//tour. cqnews. net/html/2018-08/10/content _ 44746248. htm.)

案例分析题：

1. 结合案例，总结重庆市智慧旅游建设中可取的经验，并给出其他中西部城市发展智慧旅游的建议。

2. 如果你是一名游客，来到洪崖洞景区体验景区的智慧旅游，你还能为其进一步发展提供哪些建议呢？

:::::::::::::::::::::::::::::: **本章小结** ::::::::::::::::::::::::::::::

智慧旅游来源于"智慧地球"及"智慧城市"。"智慧城市"是"智慧地球"从理念到实际、落地城市的举措。智慧旅游并不等同于智能旅游或旅游信息化，智慧旅游是利用云计算、物联网、下一代通信网络、高性能信息处理、智能挖掘、大数据管理等技术，通过互联网/移动互联网或信息处理终端及时掌握旅游的主体（旅游者）、客体（旅游资源）、媒体（旅游业）、载体（旅游环境）的需求，并主动感知旅游资源、旅游经济、旅游活动、旅游者等诸多方面的因素，通过提取、分析数据信息，不断优化各主体之间的关系，使其以一种系统化、集约化的方式高效、便捷、可持续地呈现出来。能够实现旅游的主体、客体、媒体、载体之间相互促进、和谐可持续发展。

智慧旅游的研究与建设必须明确开发主体、应用主体以及运营主体，因而，构建相应的体系模型就显得尤为重要，本章重点介绍了张凌云提出的 CAA 体系框架。此外，旅游信息化是智慧旅游的核心内容之一，本章对智慧旅游的"一心、两端、三网"技术体系进行了介绍。

纵观现有的智慧旅游实践与应用，主要涵盖智慧旅游城市、智慧景区、智慧酒店和智慧旅游公共环境服务体系这四个方面的内容。在阐述介绍各应用的基础上，分别介绍了杭州的智慧旅游城市建设、洪崖洞的智慧景区、IBM 的智慧酒店解决方案以及石家庄市的智慧旅游公共服务体系。

复习思考题

1. 智慧旅游的定义及内涵分别是什么？

2. 智慧旅游与智能旅游、旅游信息化的异同？

3. CAA 体系模型指的是什么？它的内涵是什么？

4. 智慧旅游的技术体系包括哪些方面？分别有什么内容？

5. 智慧旅游的应用包括哪几方面？分别表示什么？

6. 简要阐述你对智慧旅游城市的理解，并阐述智慧旅游城市的建设意义。

7. 智慧景区的定义是什么？简要说明智慧景区的体系结构。

8. 什么是智慧酒店？酒店智慧化的意义是什么？

9. 简要介绍 IBM 的智慧酒店解决方案，并结合其中某一或几个方面，基于实际案例来探讨其应用的效果。

10. 什么是智慧旅游公共服务体系？该体系包括哪些方面，简要介绍每一方面的内容。

讨论题

1. 除 CAA 框架以外，国内外学者还先后列出过其他一些框架体系，试列举两个，并比较这三者的异同。

2. 本章介绍了智慧旅游的一般性技术体系，检索相关资料，以智慧景区、智慧酒店等为例，具体分析其智慧化的技术体系。

3. 结合您所在的城市或周边热点旅游城市，分析其某一方面或几个方面的旅游智慧化发展情况，并给出自己的发展建议。

4. 检索相关资料，分析大数据在智慧旅游中的应用，并给出自己的看法。

5. 以小组形式拟定一个景区智慧化综合管理解决方案。

6. 以小组形式讨论我国智慧旅游的发展现状，并给出发展建议与对策。

网络实践题

1. 以你所在城市为起点，通过互联网或移动互联网安排好你的每一步行程，并思考其中包含的智慧旅游的各种信息，记录下你的行程以及感受，对该次旅行中涉及智慧旅游的部分提出自己的看法和意见。

2. 选取一家智慧酒店，浏览主页并收集相关信息，分析其智慧化应用情况及效果。

3. 以洪崖洞景区为对象，检索相关数据信息，分析其实施智慧化前后的变化，并给出未来发展建议。

4. 选取国内智慧旅游试点城市，查阅相关信息，体验该城市的智慧旅游服务，并进行比较，评价各自的优劣势。

人工智能旅游

学前导读

　　人工智能旅游是目前新兴的旅游方式，在2020年迅速发展起来。人工智能旅游运用人工智能技术，实现游客在不同场景的旅游，特别是沉浸式旅游体验的发展给人工智能旅游带来了全新的感受。本章围绕人工智能旅游介绍了人工智能旅游的内涵、设计和实施，进而介绍了人工智能旅游的技术概况和发展历程，最后对人工智能旅游中沉浸式旅游体验的概念、发展、设计和实施进行了介绍。

学习目标

- 掌握人工智能旅游的基本概念、内涵；
- 熟悉人工智能旅游的设计、实施；
- 了解人工智能旅游技术的概况；
- 了解沉浸式旅游体验的设计、实施。

导入案例

形式多样的云旅游不断激发出智慧旅游的潜能。同时，"新基建"为旅游业向数字化、网络化、智能化发展提供了新机遇，5G、人工智能等技术创新正在为旅游业装上了高质量发展的"智慧芯"。

云直播、云看展等多样的云旅游为人们提供了丰富的在线服务。2020年4月武汉国旅三名金牌导游钱文康、张凡、张玲，以四小时接力直播的形式，带领观众游览东湖风景区、黄鹤楼、户部巷等地，共览楚地春日风光。直播活动吸引了线上观众约153万人次。

2020年3月，各地博物馆推出2000余项网上展览。众多景区开辟了线上游览功能。清明节期间，故宫举办了三场直播，由故宫专业研究馆员做讲解员，带领观众云游故宫，直播关注量达到2.4亿次。云旅游直播不仅是对目的地的"抵达"，更是对目的地的深度探索，向观众传述旅行故事和独特体验。马蜂窝已进行了千余场直播，内容涵盖户外、博物馆、经典景区、当地生活深度体验等。2020年2月以来，飞猪已推出1.5万余场直播，观看人次超4000万，直播内容覆盖全球30多个国家和地区。飞猪副总裁黄宇舟说："面向未来的旅行，一定是商家把体验展现给消费者。我们要把最打动人的内容带给消费者"。

云旅游从图文信息、VR赏景、实景直播到主播讲解、视频直播、互动讲座和售卖特产等，在短短的两个多月，异军突起，发展迅猛，逆势上扬。云旅游正逐渐成为人们青睐的休闲方式，也成为旅游转型升级的突破口。

智慧旅游正升级。包括云旅游在内的智慧旅游在旅游业升级转型中发挥着重要作用。早在2019年，国务院印发的《关于进一步激发文化和旅游消费潜力的意见》已明确指出：强化智慧景区建设，促进旅游与现代技术相互融合。作为全国首批数字化景区试点建设单位，河南云台山景区智慧服务体系涵盖自媒体平台、语音服务机器人、一键求助系统、高德地图智慧游、自助售票机、虚拟导览系统等部分，在疫情防控中有效地发挥了作用。

案例来源：赵珊. 旅游业装上"智慧芯". 人民网. ［2020-04-26］.

10.1　人工智能旅游的概述

人工智能能够为旅游业提供和搭建更加多元的传播载体和应用载体，互联网技术与旅游行业的结合能够更好地提升服务体验。人工智能技术在旅游业中的运用已经十分丰富，不仅能够智能推荐旅游交通、旅游目的地，并且通过技术改进可以提高旅游预测效果，从而提升游客满意度，促进旅游消费。本节内容将围绕智慧旅游从内涵、技术特点、技术应用、设计实施等方面来介绍人工智能旅游的基础知识。

10.1.1　人工智能旅游的内涵

随着移动互联网的发展，用户的行为信息被大量记录及沉淀，由于信息密集是旅游需求和供给两侧都具备的显著特征，人工智能技术可以对这些信息进行整合分析，与旅游业的结合有着天然的优势，从而能够从本质上促使智慧旅游快速发展。

（1）人工智能旅游的概念

人工智能（Artificial Intelligence，AI），研究关键着眼于人的思维和意识，并将人的这些行为通过数学工具运算与分析让机器模拟实现。人工智能通常包括机器学习和深度学习两个模块，其正在促进人类社会发生深刻的转变。麦肯锡曾预告：这种转变将比工业革命发生的速度快 10 倍，规模大 300 倍，影响几乎大 3000 倍。"人工智能旅游以人工智能技术为依托，高效整合各类旅游资源和信息，为旅游者提供各类智能化服务，以期为旅游者提供更为舒适的旅游体验，更加满足个人需求的旅游产品以及更加便捷的配套。"

（2）人工智能旅游的技术特点

人工智能技术涉及了机器学习、知识获取和表达、信息检索、逻辑推理、自然语言理解、智能机器人等内容的理论研究和技术实践，可广泛地应用于旅游控制系统和旅游决策系统中，在旅游业中的推广和应用给传统旅游业带来了全新的发展契机。人工智能旅游的技术特点包括了对外感知能力、智能推理能力以及学习决策能力。

① 对外感知能力。人工智能技术具有强大的对外感知能力。随着对人工智能技术的不断开发，其在旅游活动中也有广泛的应用。例如智能索引系统、智能语音交流系统、生物识别技术和目标检测技术等，这些技术的应用为人们的旅行生活提供了更多的便利。智能索引系统可以根据所输入的内容进行智能管理匹配，为用户提供更加广泛的旅游相关索引内容；智能语音交流系统在智能音箱、智能手机上都有广泛的应用，人们可以通过语音控制智能设备进行旅游信息的查询；生物识别技术在旅游目的地签到系统等方面有了成熟的应用。

② 智能推理能力。人工智能旅游系统拥有强大的计算能力，能够根据系统所获取到的游客数据信息进行因果推导以及结果预测等。人工智能旅游系统通过外界传感器获取大量数据信息，然后将数据信息导入数据库系统进行整合和清洗，清洗之后的数据便有进一步进行分析的价值，人工智能系统通过对旅游数据的特征进行提取筛选，可以发现海量游客数据之间的内在联系，进而根据已有数据进行逻辑推理，为当前情况提出最优解。例如通过人工智能技术可以分析旅游景点移动终端的访问量，从而预测出某一旅游景点的人数，也可以通过遥感技术分析旅游景点的人数密度等。

③ 学习决策能力。人工智能旅游系统还具有强大的学习决策能力。具体而言，人工智能旅游系统对外界信息作出判断的能力来源于外界所提供的旅游数据信息，当外界提供了足够的数据信息，人工智能旅游系统就能够从中学习到足够的特征信息，拥有更强大的决策能力。例如借助机器学习技术，向游客适时推荐最佳旅游线路，打造旅游的个性化服务，可以设计针对老年游客的休闲线路及针对年轻情侣游客的浪漫线路等。又比如，人工智能技术可以通过深度学习，理解用户需求，并进行智能化响应，实现全天候的在线服务，在降低传统人工客服成本的同时提供更加全面的服务内容。与此同时，人工智能旅游系统的决策能力不是一成不变的，其可以在决策过程中不断接受外界反馈的数据信息，并利用这些数据信息进行再次学习，加强自身的决策能力。例如使用人工智能服务器软件能够有效识别处于选择期的游客，通过在线预订引擎推送产品，提高购买率和流量的转化率。人工智能可以提高旅游企业和酒店的市场营销、客户服务、收益管理、产品设计等各个环节的工作效率。同时人工智能的数据深度分析还能提供口碑管理，提升产品服务，进行市场预测和竞争分析，影响战略布局决策，介入收益管理环节，帮助酒店和旅游企业完成价格与渠道策略制定、分发库存等收益管理活动。

（3）人工智能旅游的技术应用

在旅游业中，人工智能技术的应用推广为智慧旅游发展奠定了科技基础，在旅游服务、景区管理、市场预测等方面都有着广泛的应用，对旅游产业的发展起到了提质增效的推动作用。具体技术应用包括了移动通信技术、云计算技术、大数据技术、VR 技术及语音识别技术。

① 移动通信技术。移动通信技术在发展早期是一项前沿的通信技术，通过利用卫星作

为传递媒介，可以实现物与物之间的远程信息传输。随着移动通信技术的发展，特别是5G时代的到来，移动通信技术的应用领域涉及日常生活生产的方方面面，而当前，新型人工智能旅游技术的发展也离不开移动通信技术这一基础技术的支持。在利用人工智能技术实现智慧旅游的过程中，移动通信技术为数据信息的实时传输提供了基本保障。而随着当前移动通信设备的普及，以及通信设备智能化的不断提升，也为人工智能旅游提供了良好的应用平台。

对于旅游景区而言，可以通过合理利用移动通信技术来提升景区内部服务质量。例如，景区管理人员将景区内部风景整理为精良的音频信息，然后通过互联网进行广泛的传播。而景区内部的信息监测设备也能够实时传输景区内部的数据信息，这样景区工作人员通过对数据的实时整理来发现管理过程中存在的疏漏，为游客提供更好的服务。对于游客来说，可以通过大量查询景区信息来便于制定旅行策略。在旅行过程中还可以通过网络订购车票以及景区门票，并且查询交通、天气等信息，不断完善旅行计划。其中移动通信技术实现了各项信息的实时传送，提升了游客的旅游体验，也能够满足旅客不同的个性化需求。

② 云计算技术。不同于传统的数据计算技术，云计算技术是一种全新的计算模式，其经过近几年的发展有了广泛的实际应用场景。云计算服务公司有庞大的计算处理设备，云计算服务使用者在使用云计算技术时只需在电脑终端启动云计算程序，无须过多了解云计算技术工作原理，只需进行黑盒式的操作便能够利用云计算技术解决自己的数据处理问题，实现云计算服务器的远程共享。在实际应用中，云计算技术有两种形式：一种是提供远程服务的系统平台；另一种是在此平台的基础上建立的计算程序。

在利用人工智能技术助力旅游发展的过程中，将会涉及大量数据信息的实时计算处理，这就需要云计算平台的部署以及对云计算技术的广泛应用。云计算应用是实践应用当中应予以更多关注的内容，通过挖掘海量的旅游信息并进行整合，将整合后的有效信息放置在可信度高的数据中心，可以构建完善的可提供旅游信息存储、分析、查询、交换等一系列服务的旅游服务体系，完成网络信息查询、网络下单、网络支付等功能。人工智能旅游中云计算侧重于旅游资源的共享，反映了集约化的旅游资源优化理念。

③ 大数据技术。在旅游企业中的大数据信息通常包括互联网数据、传感器数据以及企业内部数据三类，其中对互联网数据的应用较为广泛。近年来随着新媒体行业发展，互联网上出现了更多与旅行相关的内容，这进一步激发了人们外出旅行的热情。与此同时，人们在旅行之余通过互联网分享旅行规划、旅行心得以及旅途照片的信息，极大地丰富了互联网上旅行相关的数据信息。利用云计算技术可以将互联网上旅行相关数据信息进行整合汇总，并利用这些数据进行有针对性的特性分析，发掘数据之间的内在关联。

通过构建核心云数据库为旅游企业处理互联网上旅游数据信息提供便利，也能够进一步提升信息处理效率。利用大数据技术助力于人工智能旅游，可以将大量旅游信息以及游客旅游意向进行整理分析，让旅游企业更好地了解游客喜好，通过广泛收集游客意见信息，使旅游景点更好地进行旅游服务改进，紧跟时代的变化，不断提升游客在当地的旅行体验。

④ VR技术。虚拟现实（Virtual Reality，VR）是指借助计算机及最新传感器技术创造的一种崭新的人机交互手段，主要包括了三大关键技术：动态环境建模技术、实时三维图形生成技术、立体显示和传感器技术。VR技术让人们的眼界超脱于现实，所见的虚拟景象更加生动，改变了人们看世界的方式，同时也将会极大地改变人们的旅游方式。具体而言，在旅游市场上，VR技术可以模拟和提升游客体验。通过VR技术，游客不仅可以看到景区的各个细节，还能看到不对外开放或不定期开放的旅游资源，提供更加深入的景点讲解和多方位展示，特效技术可以提高对旅游目的地的认识，提供真实环境无法提供的强烈感受和丰富

体验。

"VR＋旅游"产品能够有效地帮助用户进行旅游决策，实现了"购买前先体验"的功能，VR目的地虚拟体验、VR景观重现、VR还原的特殊线路和视角等都能为游客营造出身临其境的感觉，通过VR技术带给游客沉浸式的预先体验，更能击中游客的兴奋点，转化为旅游行动，刺激潜在游客购买旅游服务。同时，VR技术还有助于提升旅游体验分享水平，共享旅游体验产品，升级旅游目的地的设施，改变旅游预订方式，这一技术开拓的崭新旅游体验将成为未来人工智能旅游的强力增长点。

⑤ 语音识别技术。自然语言处理（Natural Language Processing，NLP）是计算机科学、人工智能、语言学关注计算机和人类（自然）语言之间的相互作用的领域。作为人机交互技术的重要一环，在这个过程中起到了十分重要的作用。词法分析、句法分析、语义分析是NLP技术大致包含的三个层面，三者之间既递进又相互包含。

随着人工智能算法的突破以及大数据的应用，加上高速移动数据网络的连接，语音技术已经进入到了一个成熟阶段。以智能手机为主的智能设备能够更好地分析出游客所需的旅游信息，从而提供更加全面和便捷的服务。旅行行业的巨头当然也看到了人工智能和语音识别中的巨大应用空间，开始探索语音识别技术在客户服务方面的应用。例如，智能导游可根据用户位置，自动提供景点讲解，同时还可以提供AR扫描讲解、景点问答等功能，涵盖背景知识、风土人情等。对消费者而言，通过智能导游可以摆脱对人工导游的依赖，满足自身旅游个性化、深度化的需求，在现代语音识别技术的帮助下，享受高度自主的自由行体验。

10.1.2 人工智能旅游的设计和实施

中国旅游研究院副院长唐晓云表示："旅游业是劳动密集型行业，人工智能技术的应用大大提高了行业的服务效率，满足了用户多样化的需求，提升了用户的旅游体验。通过人工智能技术获取的海量数据，还可进行大数据分析，对用户进行精准画像，推动整个行业业务流程的重构，实现产品和业态的创新。"人工智能旅游以人工智能技术为依托，根据不同区域、不同需求、不同受众、不同文化沉淀等而产生，其设计与实施需遵循交互性、友好性、泛在性等原则，对输出结果有着更高的要求，强调对传统旅游模式的迭代和革新。

（1）人工智能旅游的设计

① 技术支撑层面。在大数据和云计算等技术支持下，人工智能应用市场迎来爆发式增长。经由需求推动的科技、文化、艺术和资本的融合创新不断深化，在满足游客碎片化需求、改善游客个性化体验、提升企业服务效率以及辅助旅游产品和业态创新等方面不断取得新突破。旅游市场正向品质化发展，人工智能应用前景值得期待，需要通过税收、财政补贴和示范奖励等方式，鼓励技术应用创新，积极培育和发展市场主体，助推人工智能技术与旅游企业深度融合。

② 产品优化层面。在大数据、云计算等技术支持下，当前的人工智能技术已经大幅跨越了科学与应用之间的"技术鸿沟"，在业务流程自动化和改善客户体验方面优势突出。特别是随着互联网和移动互联网的快速发展，加上5G、物联网、云计算等技术研究的突破，以大数据为基础的人工智能技术有了更广阔的发展空间。在旅游领域，随着互联网"原住民"逐渐成为旅游市场消费主力军，他们的个性化、品质化和体验性旅游消费需求直接驱动了大数据、人工智能技术与旅游服务的融合发展，形成了定制游、微导游服务、智慧导览等新产品和新业态，深化了技术与旅游的个性化、智能化融合。

③ 需求分析层面。在互联网和移动互联网的信息大爆炸时代，游客既是信息的生产者，也是信息的消费者。旅游企业运用AI结合大数据等技术对游客的行为特征、性格特点、消

费偏好等进行细致分析，形成新的产品和业态、新业态流程及供应链条、新的商业模式。随着国人旅行经验日益丰富，标准化研发、规模化销售的团队旅游产品已经很难满足需要，高品质定制旅游顺应而生，并迅速占领部分市场空间，满足人民美好生活新需求。

④ 政策设计层面。可鼓励 5G 试点城市通过税收、财政补贴和示范奖励等方式，创新推动 5G 和人工智能技术的旅游及相关产业应用，培育市场主体。在技术层面，可利用 AI 结合互联网、移动互联网、5G 通信、物联网、大数据和云计算等技术实现万物互联，为旅游新兴场景、产品和业态提供技术支撑。在市场主体层面，可利用 AI 和现有技术创新符合消费主流人群的体验场景，打造智能化、个性化及便利性的链条式服务。最终，通过政策、技术、资本等多方面共同推动，使人工智能技术深度融入更多领域，形成更加符合人民需要的产业格局。

（2）人工智能旅游的实施路径

① 升级景区旅游服务。随着互联网的普及，人们在旅游之前可以通过互联网很方便地就查到大量相关信息。而随着人们对于旅游体验要求的提升，越来越多的游客选择散客出行或者自驾出行的旅行方式，由于缺少了旅行社为游客提供保姆式的旅行服务，这就需要旅游景区为散客提供更加全面周到的旅行服务。在提高景区周边交通、住宿等服务质量的同时，旅游景区要为游客提供实时全面的旅游信息服务，便于游客在旅行过程中充分了解景区信息，合理制定旅行规划并在有突发情况时及时改变旅行计划。

具体而言，可以将景区内部游客数量进行统计并实时发布在信息服务 App 上，在条件允许的情况下可以采用大数据分析技术将景区内部各景点游客人数进行实时统计并公布，便于游客在景区内部游玩时根据自身实际情况以及景点人数改变自己的旅行计划。与此同时，通过对景区内部路线以及交通工具的信息统计，为游客规划最优的出行路径。此外，在信息服务 App 上，还可以基于游客的位置信息，根据游客所在位置为游客提供所在位置人文历史知识的信息，让游客即使前期没有做足够的功课，也能够在景区旅行过程中对景区中各部分人文信息有足够了解，提升旅行体验。

② 提升景区管理水平。随着我国自驾出行旅游人数的升高，景区内部人流和车辆管理成为一项突出的问题，若不能合理对车辆进行分流管控将会造成景区内部拥堵，极大地影响游客放松身心的旅游体验。尤其是海岛景区交通本就不够便利，需要景区管理人员利用人工智能技术做好对车辆和景区内部人数的控制，提升游客游玩体验。

首先，在旅游旺季来临前，旅游景区就需要通过利用大数据技术对互联网上相关旅行信息进行分析，通过筛选相关数据并进行深入数据分析，判断游客来景区旅游的意愿强烈程度。将互联网上调研数据信息与历年旺季旅游人数信息相结合，来对当年旺季旅游人数有一个大致预算。同时，景区管理部门利用互联网技术及时发布当季旅游信息以及注意事项，详细介绍景区当季旅游特色、每日限流人数以及景区开放时间等信息，有效地把控景区人流量，强化游客游玩体验的同时进一步提升管理水平。

此外，在旅游旺季景区内会有大量自驾车辆往来，若不能对景区内部交通加以有效管控，将对景区内部正常运行造成较大影响。由于景区内部较为复杂，仅靠安保人员和司机自发注意很难控制好交通秩序。景区内部管理人员通过对 GPS 技术、车辆智能检测技术、道路智能管控等技术的使用，来实时掌握景区内部各景点人流以及车流信息，对于较为拥堵的地区利用 GPS 技术和路线智能规划技术为相关车辆制定其他最优出行路径，避免景区道路发生堵塞。利用道路智能管控技术对景区内部出入车辆进行实时管控，当车流量过大时就暂时禁止外来车辆进入，并为车辆提供临时停车位置，当景区内部车流量较小时再次开通车辆入口。对于景区内部观光车，利用智能管理技术能够为每辆观光车提供前方站台乘客数量。

利用 GPS 定位技术为游客提供观光车辆实时位置信息以及最近观光车预计到达时间。有效调配景区观光车资源，减少游客等待时间，提升游客满意程度。

③ 优化景区推广营销体系。通过互联网技术和大数据技术，景区可以对游客旅游意向以及兴趣爱好有一定的了解，同样利用互联网技术也能够为景区的推广营销做出改善。利用互联网技术和数据分析手段分析网络上游客的个人兴趣倾向，然后针对潜在受众用户进行精准推送服务。但是，当前我国旅游行业还没能够建立一个统一的大数据整理平台，而旅游相关数据资源也分别掌握在几家企业手中，数据资源的缺乏以及不全面，导致人工智能技术无法充分发挥其对数据整理分析的特性，也难以帮助进一步提高旅游行业服务质量。

10.2 人工智能旅游的发展

1956 年，在美国的达特茅斯学院举办的会议上，不同领域（数学、心理学、工程学、经济学和政治学）的科学家正式确立了人工智能为研究学科。著名的机器人专家恩格尔伯格在 1959 年研制出了世界上第一台工业级机器人，让科幻变成了现实。人工智能是人类赋予机器以认知、识别、分析等功能，从而让机器帮助人类解决问题的技术，可使机器可以完成一般由人类智力完成的任务，如语音识别、图像认知、决策或学习。通过处理非结构化和非量化的海量数据，人工智能可以用复杂算法寻求解决方案。无论是预测需求、优化旅程、自动翻译，还是实现航班行程和旅游产品的动态组合，算法都能在当代旅游业中发挥重要作用。

10.2.1 人工智能技术概况

（1）人工智能技术

人工智能（Artificial Intelligence，AI）指通过普通计算机程序来呈现人类智能的技术。人工智能基本的应用可分为四大部分：

① 感知能力。指的是人类透过感官所收到环境的刺激、察觉消息的能力，简单说就是人类五官的看、听、说、读、写等能力，学习人类的感知能力是 AI 当前主要的焦点之一，包括："看"：电脑视觉、图像识别、人脸识别、对象侦测；"听"：语音识别；"读"：语音转换文本、自然语言处理；"写"：机器翻译；"说"：语音生成、文本转换语音。

② 认知能力。指的是人类通过学习、判断、分析等心理活动来了解消息、获取知识的过程与能力，对人类认知的模仿与学习也是当前 AI 第二个焦点领域，主要包括：分析识别能力，如医学图像分析、产品推荐、垃圾邮件识别、法律案件分析、犯罪侦测、信用风险分析、消费行为分析等；预测能力，如 AI 运行的预防性维修、智能天然灾害预测与防治；判断能力，如 AI 下围棋、自动驾驶车、健保诈欺判断、癌症判断等；学习能力，如机器学习、深度学习、增强式学习等各种学习方法。

③ 创造力。指的是人类产生新思想、新发现、新方法、新理论、新设计，创造新事物的能力，它是结合知识、智力、能力、个性及潜意识等各种因素优化而成，主要领域包括：AI 作曲、AI 作诗、AI 小说、AI 绘画、AI 设计等。

④ 智能。指的是人类深刻了解人、事、物的真相，能探求真实真理、明辨是非，指导人类可以过着有意义生活的一种能力，这个领域牵涉人类自我意识、自我认知与价值观，是当前 AI 尚未触及的一部分，也是人类最难以模仿的一个领域。

（2）旅游相关行业中的人工智能技术

人工智能旅游始于智慧旅游。智慧旅游的概念于 2010 年被提出，它服务于公众、企业、政府等，以数据挖掘、物联网、云计算等技术为基础，是一种深度开发激活和高度系统整合旅游物理资源和信息资源的全新旅游形态。而智慧旅游总的发展方向是人工智能。

旅游市场正因人工智能而发生"智变"。人工智能将极大地改变旅游、酒店及相关产业，在旅游社区的路线设计、酒店的云端系统技术、OTA 的在线搜索、酒店收益管理等方面都已经有很大的进展。同时，人工智能可以提高旅游企业和酒店的顾客识别和预订效率。人工智能时代的酒店高度依赖云端系统进行精准营销吸引顾客，简化预订流程，提升顾客体验，提高预订决策效率。尤其是使用人工智能软件有效识别处于选择期的游客，通过在线预订引擎推送产品，提高购买率和流量的转化率。人工智能可以提高旅游企业和酒店的市场营销、客户服务、收益管理、产品设计等各个环节。人工智能的数据深度分析能提供口碑管理，提升产品服务，进行市场预测和竞争分析，影响战略布局决策，介入收益管理环节，帮助酒店和旅游企业完成价格与渠道策略制定、分发库存等收益管理活动。

人工智能技术在旅游中的功能体现在导航、导游、导览和导购 4 个方面，主要应用于旅游体验、产业发展、行政管理等方面。根据对国外优势企业如美国 AECOM、IRI、Foster Wheeler，英国 Aegis、Euromonitor、WPP&Kantar，法国的 Ipsos、EGIS、BECOM 等的经验总结，在文旅融合与智慧旅游方面，未来发展的关键技术主要包括以游客为中心的大数据融合（互联网数据、运营商数据、OTA 数据、气象数据、景区数据等资源优化与数据融合，游客行为预判，公共安全预警），以景区为核心的物联网建设与交互体验（智能交通、安防传感、票务系统、信息环境、VR&AR 虚拟服务、混合体验）、文化与博物馆（文化遗产的扫描技术、修复还原技术、再现创新表达技术）、文化与智慧旅游（基于大数据的一站式旅游预测技术，文化的在地性体验技术，文化与用户体验技术等）、文旅综合体的设计支撑技术（定制化风景与可编程的城市，迪士尼、伊甸园、海洋主题公园等设计体系，大型娱乐设施设计，游客行为与公共安全监测）等。将人工智能相关技术在旅游相关产业中的运用进行总结至表 10-1 中。

表 10-1 人工智能相关技术在旅游相关产业中的运用

分类	技术行业	产业生态	科技支撑
内容	影视行业	Paramount、20th Century Fox、Columbia、Walt Disney、Netflix、Pixar、Bollywood、SONY	AR/VR/MR、4K＋5G、3D 影视技术、立体视效、体三维捕捉与体三维影片、基于 CNN 扩展网络的识别方法、三维卷积核（3D CNN）法、动作识别技术、视频结构化分析、IDT（Improved dense trajectories）技术、全息影像技术
	出版行业	Pearson、RELX Group、Amazon、WILEY、Scholastic、Cengage、角川书店、阅文集团	数据挖掘、内容聚合与分发、文字识别、智能文本分类、语义识别、移动协作、智能工作空间、活动流、自动分析算法（Automated analysis algorithms）、上下文感知计算（Context-aware computing）
	数字文化	Spotify、AppleMusic、Amazon、腾讯、网易、Bloomberg、Marvel	边缘计算、机器学习、神经网络、自然语言处理、文字识别、可视化、自动分析算法、上下文感知计算、数据挖掘技术、现代声光技术、数字耦合技术、认知计算、通用机器智能系统、分布式海量数据储存、海量数据管理技术
工具	轨道交通	TrinityRail、中国中车 Bombardier、Alstom、Hitachi、GETransportation	无人驾驶、IoT 物联网、车际通信、新能源、新材料、移动电力、建模与仿真、量子信息和传感技术（Quantum information and sensing technology）

分类	技术行业	产业生态	科技支撑
工具	装配式建筑	Landmark、Katerra、CFCL、CDLP、Skanska、Ambercon、Sekisui、中国中建	智能算法、信息编码、BIM 模型、RFID 技术、SSGF、横向和垂直系统集成、增材制造、叠层制造、建筑信息模型、MR
	可穿戴设备	Apple、Microsoft、Fitbit、Jawbone、Misfit、Garmin、小米、华为、Fossil、Samsung	云计算、场景融合、AR/VR/MR、物联网、微处理器技术、片上系统（Systems-on-Chip，SoC）、片上堆栈存储器、脑机接口（Brain-Computer Interfaces）
	智能机器人	Google、FANUC、Omron、EPSON、YASKAWA、Intel、KUKA、BOSCH、Staubli、大疆	深度学习、知识图谱、生物识别、神经网络、语音合成、微型无人机和微型机器人系统、集群技术、自动装配机器人、分子机器人、机器人编制系统、智能微尘、微处理器技术
场景	智慧家居	Apple、Amazon、Google、Honeywell、Whirlpool、Philips、SmartThings	IoT、神经网络、CoSS 协议、AIoT 人工智能、面纹和声纹技术（Faceprint and voiceprint technologies）、片上堆栈存储器、人类机能增进、手势控制、虚拟个人助理、移动健康监测、量化自我
	智慧餐饮	Starbucks、McDonald's、YumChina、Costa、Telepizza、Spacelab	串联农业、物联网、大数据、区块链、SaaS、自助点餐系统、手机点餐系统、KDS 智能后厨显示系统、取餐叫号系统、H5 动画电子餐牌、餐厅数据可视化分析
	智慧出行	Uber、Car2go、Waymo、Taxify、EasyTaxi、BMW、Cabify、Cruise、DasAuto	自动驾驶、车联网、清洁能源、智能雷达、V2X、OTA、PNT（Position Navigation and Timing）、飞行控制算法、推进技术、热防护系统、专用材料、量子信息和传感技术、传感技术
	智慧社区	Cisco、Energy Smart、Telstra、HCETelecom、Ennet、Shaw、Alectra	云交换平台、环境监测、气候变化技术、暂时性设交、LORA 技术、RFID 技术、NFC 技术、OCR 技术、新能源
	智慧旅游	Expedia、Trip Advisor、Airbnb、Agoda、Booking、HomeAway、OYO、Travelstart	元搜索、360 度虚拟景区、3D 立体全景地图、VR、智能导航、地理信息系统（GIS）实时跟踪定位、电子围栏报警、SOS 紧急求救、客流数据分析、全息投影、图像识别、内容分发、智能客服、景区三维街景地图、客流高峰智能预测模型、智能定价促销系统、智能推荐机制、生物识别、机器人
资本	区块链技术	阿里巴巴、IBM、MasterCard、Allianz、Amazon、Ciox、Citigroup、ING、BBVA	P2P 交互、哈希算法、公钥加密、分布式账本、网络编程、分布式算法、加密签名、数据存储技术、分布式存储、机器学习、VR、共识算法、钱包开发
	文化金融	Berkshire Hathaway、AXA、Allianz、Fannie Mae、BNPParibas、Generali Group	移动支付、P2P、数字货币、机器学习、自然语言处理、知识图谱的构建、文本分析、文本上下供应链上的分析、智能标签系统、分布式架构开源软件、支付清算系统、现金生命周期管理

10.2.2　国内外人工智能旅游的发展历程

人工智能旅游始于智慧旅游，国内外对其发展进行大量的政策支持与学术研究支撑。

（1）国内发展历程

我国政府大力支持中国旅游的改革与创新。2011年7月原国家旅游局提出了争取用10年时间形成一批引领作用强、示范意义突出的智慧旅游城市和智慧旅游企业；原国家旅游局将2014年确定为"智慧旅游年"；2015年1月原国家旅游局发布了《关于促进智慧旅游发展的指导意见》提出了以提高旅游便利化水平和产业运行效率为目标，以实现旅游服务、管理、营销、体验智能化为主要途径，有序推进智慧旅游持续健康发展的方针。原国家旅游局在2017年3月7日发布的《"十三五"全国旅游信息化规划》中提到，"十三五"时期，加快推进新一代信息技术（主攻计算机仿真技术应用，推动虚拟现实和增强现实技术在导游导览、景区情景再现和旅游科普教育、游戏娱乐等方面的运用）在旅游业中的应用，不断创新旅游新模式、扩大旅游新供给、拓展旅游新领域、打造旅游新引擎，着力满足游客需求、提升旅游品质、引领全面创新上取得突破，为旅游业转型升级、提质增效提供动力支撑；2018年1月12日发布的《旅游绿皮书：2017—2018年中国旅游发展分析与预测》总报告中指出，要建立激发旅游创新创业活力的综合创新体系，借助新的政策、新的方式、新的逻辑、新的资本来打破传统产业格局，实现产品创新、业态创新、技术创新、主体创新、制度创新、服务创新的全面变革（强调AR技术），提升旅游发展效率；2019年，国务院印发的《关于进一步激发文化和旅游消费潜力的意见》中明确指出：强化智慧景区建设，促进旅游与现代技术相互融合。

为了保持行业竞争力，旅游企业在布局人工智能领域。旅游攻略社区马蜂窝在2017年宣布成立AI事业部，除了原Google终极实验室"Google X"首AI专家戴永明的高调加入，还推出全球首款超智能旅行机器人"马蜂1号"，马蜂窝希望利用多年积累的旅游大数据，剖析用户特征与兴趣偏好，研发旅行机器人；携程发布了业内首个"景区智慧云平台"整合方案，针对景区购票、入园、游玩和售后四个环节提供技术解决方案，支持景区实现"全渠道、全场景、全业态"的实名预约。目前，携程门票预约已覆盖海内外1.8万多家景区，其中首批采用智慧云平台的已有黄鹤楼、德天跨国瀑布等近百家景区。携程副总裁、全球玩乐平台CEO喻晓江认为，中国景区实现在线预约制、进行智慧化升级已刻不容缓，这应该成为中国旅游行业"新基建"的重要部分，携程大数据部门目前有40多人，2017年上线的一款AI产品"小诗机"，虽然看似"不务正业"，但依靠"小诗机"打下的底层基础，现在开发出了更多应用在酒店、消费环节的人工智能产品，在技术上提升了携程在OTA领域的竞争力；同属OTA的同程旅游，在成立同程众创的旅游创业孵化平台时，也把大数据、人工智能、物联网等领域作为重点关注的方向，期望通过孵化器为企业带来新的技术和模式，提升企业活力。

（2）国外发展历程

国外学者对于智慧旅游的界定最早可追溯到21世纪初，Gordon Phillips将智慧旅游定义为利用一种长期性、整体性、可持续性的方法来设计、开发和营销旅游产品及业务；联合国世界旅游组织UNWTO将智慧旅游划分为清洁、绿色、伦理以及高质量服务四个层次，而没有强调技术要素对旅游业产生的巨大变化以及由此创造的全新旅游需求；为了强调信息技术对旅游业的重要影响，英国智慧旅游组织将在旅游部门内使用和应用信息技术的现象称为"数字旅游"或"智慧旅游"；张凌云等将智慧旅游定义为基于移动通信技术的发展（如人工智能、云计算和物联网）而形成的整合了旅游资源和信息通信技术的综合旅游平台，能够为游客提供明确的信息和满意的服务；为了凸显"智慧旅游"对"智慧城市"的实践支撑，Molz将智慧旅游界定为运用移动数字连接技术创造更加智慧的、有意义的和可持续的游客与城市之间的关联关系；基于先前学者的研究成果，Ulrike Gretzel等综合梳理了智慧旅游的理论基础，将智慧旅游定义为在目的地综合收集、汇总和利用来自基础设施、社会关系、政府、组织以及个体的数据，并结合先进的信息技术将这些数据转化为实践经验和商业价值的旅游业。

10.2.3 人工智能旅游应用场景发展

（1）计划场景

过去在计划行程阶段，人们也许会亲自到旅行社咨询，如果策划旅行的经验丰富，会通过线上预订机票酒店和门票享受自由出行。但人工智能将打破这种局面，通过深度的算法，旅游企业将能充分了解用户的出行目的和偏好，给出定制的建议。人工智能的使用让旅游者在旅行规划时，不再需要处理大量的无关信息，也不再需要忍受不符合自己喜好的酒店住宿和景点参观，使得旅游体验更具个性化、更加愉悦。

谷歌、Facebook、三星这等科技企业对于 VR 科技进行的持续巨额投资让 VR 应用逐渐普及，"VR＋旅游"产品能够有效地帮助用户进行旅游决策，实现了"购买前先体验"这一功能，营造出身临其境的感觉。例如，飞猪旅行（阿里旗下）、途牛网把 VR 虚拟现实技术引进在线选房，用户在预订时可更直观全面地了解酒店信息，从而帮助决策。一些旅行社也推出 VR 旅游体验，出行前的目的地虚拟体验、VR 的游乐项目、旅游目的地 VR 辅助的景观重现、VR 还原的特殊线路和视角等，为游客出游前线路选择提供了一个更直观的途径。通过 VR 技术带给游客沉浸式的预先体验，更能击中游客的兴奋点，转化为旅游行动，刺激潜在游客购买旅游服务。2019 年 3 月底，同程旅游上线了"酒店通"产品，通过 1∶1 手绘还原酒店外观、周边设施及环境，3D 建模及 VR 真实还原室内所有设施、服务，让用户对于即将入住的酒店了然于心，满足个性化的需求；万豪集团在其几个酒店测试应用 VR 科技让顾客分享旅行体验，用户戴上 VR 头套就可以通过 3D 形式 360°身临其境地分享其他旅客的旅行记录和观看评价。

（2）沟通场景

在智慧旅游目的地推进的过程中，首要诉求是解决信息不对称的问题。App、微店、小程序、旗舰店等作为目的地旅游的人工智能技术可以为旅游目的地与游客提供沟通的载体。如云南有"一部手机游云南"，以"游云南"App（界面如图 10-1 所示）与 7 个小程序为主的服务应用，包括"游云南识你所见、游云南找厕所、游云南观景区、游云南买门票、游云南景区导览、游云南无感高速、游云南智慧停车场"，核心是通过腾讯的技术＋流量＋大数据，构建产业互联网的云南样板；"苏州旅游总入口"是苏州着力打造的全国首个旅游服务整合总入口工程，是集信息查询、线上导览、在线预订、信息推送和公共服务于一体，是各类旅游品质服务信息交互的总平台，依托微信公众号开展，建立微商城，在商城中进行信息发布、产品预订等功能，给来苏州自由行游客提供了极大的便利。

2016 年，携程呼叫中心正式上线了新一代机器人系统，客服机器人处理业务已占机票预订客服总量近 40%。这个系统采用了深度神经网络的自动编码技术，至今已陆续落地了50 余个个性化场景，场景转化率提高到 13 倍，极大提升了用户选择时的效率和推荐的准确率。数据显示，部署了聊天机器人的旅游品牌能有效提升预订量、辅助销售业绩和客户服务满意度。

（3）旅途场景

旅行充满了风险和摩擦，人工智能可以保证高效、无缝和更可持续的旅游方式。例如，通过同声传译促进交流，通过优化线路避免旅游者遇到困境，在不可预见事件或危险的情况下自动重新规划游览路线，通过面部识别减少安检、边防的排队等待时间，让游客更容易获

图 10-1 游云南手机 App 界面

得客户服务，支持旅途中以人为中心、便捷的人际互动方式等。

2017 年 6 月，南航在河南南阳机场启用了全国首个人脸识别智能化登记系统，系统的技术合作方百度表示，这项技术的准确率达到了 99.7%，相较于人眼识别 93% 的准确率还要高；达美航空也和美国生物识别安全公司 Clear 合作，2017 年 7 月宣布旗下会员可以不用出示纸质登机牌，直接使用指纹在华盛顿国家机场登上飞机；捷蓝航空、阿联酋航空、英国航空、荷兰皇家航空等多家航空公司，也相继测试生物识别技术在登记流程上的应用，从长远看将为旅客带来更畅顺的出行体验。

荷兰皇家航空推出一款智能语音行李牌（如图 10-2 所示），当旅客在阿姆斯特丹市内步行或骑行时，行李牌能够在正确的时间和位置提供正确的提示。行李牌甚至有实用的小贴士，包括如何给自行车上锁、何时需要提防扒手、哪里可以免费品尝当地食品等。

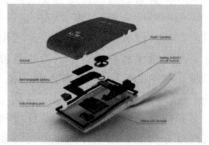

图 10-2 荷兰皇家航空公司推出的智能语音行李牌"KLM Care Tag"

而同程艺龙提出从 OTA（online travel agency）向"智能出行管家"ITA（intelligent travel assistant）转型的概念，通过大数据、AI、物联网等将出行多场景结合，并对现有产业做出智能化升级，如在智慧交通领域打造了包括"慧行"、高铁订餐等产品，在智慧酒店方面上线了包括"闪住"等产品，智慧机场、AI 客服等产品也都从更加细致的角度切入了新技术的应用。

基于人工智能的系统能通过提供陪伴和准确预判来满足安全和社会的需求，如当旅游者开车有睡着的危险时能提醒他们。人工智能为旅行提供了无数的可能性，排除许多旅行中潜在的困难，使旅游更顺利。

（4）娱乐项目场景

人工智能融入旅游观赏项目的设计。随着人工智能技术的发展，出现了真人与机器人联动的"AI剧场"。目前在声音方面的AI技术已经达到了商业化推广应用的成熟水平，比如CCTV《等着我》栏目，用机器人仿声安抚寻找战友的老兵。91岁老兵袁林昌寻找当年在战场用身体掩护过他的老排长周国民。他想找到94岁的周大哥，再给他敬个礼，叫一声"老排长"。而老排长已经去世了，他的孙子带着爷爷生前的照片，来到了现场，他代替爷爷写了一封信。《等着我》节目组通过AI人工智能模拟了老排长的声音，两位老人的隔空对话，令全场泪目——"林昌，你好吗？我是你的战友周国民！70年前，咱俩还是20多岁的小伙子"，"今天老大哥来不了了，你一定好好活着！老大哥给你敬礼了"！与技术更迭同步的设计创作理念，从阿皮亚提出的光影表现，到斯沃博达的影像表达再到后来萨宾纳剧院和陆帕等实验的舞台与电影语言的融合。以现实人物、虚拟人物和机器人交互表演的AI剧场发展得蒸蒸向上。

（5）景区场景

我国很多景区已经持续推进"智慧景区"的建设进程。例如，四川九寨沟是我国第一个"智慧景区"，应用了基于射频识别技术的"时空分流"导航模型和基于人脸识别技术的人流量视频分析系统进行景区管理；2019年，南京夫子庙景区在中国电信助力下架构"5G智慧旅游"综合管理平台，提升智慧管理和服务水平。

很多景区在智慧旅游建设的发展中，也在不断地尝试新的应用。如：智慧官网、流量监测、语音导航、智能停车场、智慧游园、智能购票、人脸识别等技术的变革，最终目的是希望游客可以得到更好的服务，同时景区也可以提升管理效能。像闸机系统、人脸识别等技术的应用，将大大提高景区入园的效率，减少排队时间，优化体验。

在"智能化"的时代里，"虚拟化"是丰富和创造用户体验的关键要素之一。如同程旅游在2018年联合LEAPSY为春秋乐园打造AR游园，除为景点增加AR效果外，还设计了AR导航，解决园区内"迷路"等痛点问题。

（6）特殊时期下的应用场景

2020年线上文化娱乐增长较快，无论是"云放映""云展览"，还是"云演唱会""云旅游""云蹦迪"等大量涌现，重塑了文化娱乐的消费场景，既是短期的应对之策，也是数字技术、云平台技术、区块链技术等人工智能技术在旅游相关场景的运用越来越广泛地体现。

2020年，作为全国首批数字化景区试点建设单位，河南云台山景区智慧服务体系涵盖自媒体平台、语音服务机器人一键求助系统、高德地图智慧游、自助售票机、虚拟导览系统等部分，在疫情防控中有效地发挥了作用；2020年崂山景区利用物联网、云计算、大数据、人工智能等技术，上线"一部手机游崂山"，全网实名制预约购票模式把网上售票与线下售检票整合升级，为游客提供了快捷的多渠道购票与支付模式，大大降低了旅游安全风险；山西积极构建智慧旅游云服务体系，面向旅游消费者、旅游企业、政府打造智慧旅游"新引擎"；安徽积极推广5G在智慧旅游典型场景的示范应用；贵州推出了"一码游贵州"全域智慧旅游平台。

10.2.4　人工智能带来的问题与挑战

在人工智能给旅游业带来益处的同时，许多学者和业界人士也开始从多个方面思考其带来的一系列问题。

① 在世界各地，旅游业都是重要的经济发展引擎，雇用了大量的低成本、低技能劳动

力。而人工智能的出现让翻译这样的技术型劳动力的需求大大减少。显然，基于人工智能的旅游业自动化将对劳动力市场产生深远的影响。

② 服务器集群需要大量能源用于计算和冷却，因此以机器为载体的人工智能需要额外的自然资源，并会带来新的废物处理难题，亦加剧了可持续性问题，这些问题必须跟人工智能带来的能源控制、容量优化等优势共同考虑和权衡。

③ 学术研究和新闻媒体也对过于依赖人工智能而带来的广泛威胁发出警告。人工智能应用可能被黑客攻击，当它们内嵌或连接到物联网时，可能造成物理设备的损害和人类身体的伤害。除了日渐增加的技术依赖和潜在的网络犯罪，使用人工智能还会导致隐私问题。例如，使用人工智能的语音助手不仅会回应，还会主动倾听，但我们并不清楚他们会使用什么信息及用于什么目的。旅游者在这方面尤其容易受到伤害，因为当他们到陌生的地方旅行时，往往以牺牲隐私来换取安全感。

④ 关于人工智能带来的伦理问题。一方面，用以训练人工智能的许多算法仍然是基于人类智力的算法，难免受到人类偏见的影响。很多算法以令人意想不到的方式对人群进行歧视性的区分对待。另一方面，消费者通常并不了解人工智能的具体应用，因此没有认识到它对决策的影响。例如，消费者在查看旅游 App 的内容时，很可能没有意识到它们是通过识别消费者行为模式，并从中推断出使用者特定偏好或价值的算法筛选出来的。此外，人工智能是在后台运行的，但会直接影响我们的旅行和旅游体验，例如，它经常让我们走最便捷的路径，而不是风景最佳的路线。在推介旅行计划时，完美的偏好匹配并不一定是完美旅行的保证，通过引入突变的遗传算法，提供出人意料的旅行建议，给消费者以惊喜和灵感，让他们发现意想不到的机会。因为发现、挑战和惊喜是旅行中必不可少的元素。

10.3　沉浸式旅游体验

人工智能旅游在不断发展的过程中，目前技术比较成熟，应用得比较普遍的，给旅游者带来良好效果的是沉浸式旅游。

10.3.1　沉浸式旅游体验的概念和发展

（1）沉浸式旅游的概念

① 沉浸体验的概念。沉浸体验是指个体反复进行同样的活动，并且在全力以赴的过程中获得充实感和愉悦感的一种积极心理体验，在生活的各个领域均有表现。1975 年，美国心理学家米哈伊·契克森米哈在他的博士论文中首先提出了沉浸体验的概念，他访谈了数百名艺术家、运动员、攀岩爱好者、作曲家等专业人士，受访者表示自己之所以能够集中精力反复进行同样的活动是因为他们在活动过程中均享受到一种极具兴奋感和充实感的情绪体验，尤其当这些活动进行得十分顺利时，这种积极的体验就像源源不断的"水流"，契克森米哈将这种积极体验命名为沉浸体验（或翻译为"心流体验"）。DelleFave 和 Massimini 认为沉浸体验用于描述创造力和整体个人发展，是生物文化和选择进化的重要因素和心理康复实践的基础。

② 沉浸旅游的概念。近年来，在旅游产业实践中，沉浸式展览、沉浸式戏剧、沉浸式博物馆屡见不鲜，赚足了消费者的眼球，旅游景区也纷纷提出打造沉浸式互动景区。旅游领域中的应用主要是利用 VR、AR、AI 等科技形成的沉浸式场景，如沉浸式游乐场、AR/VR 主题乐园、全息主题餐厅等。因此，沉浸式旅游即以服务为舞台、以旅游产品为道具、以消费者为主角、以满足消费者体验需求为核心，通过全景式的视、触、听、嗅觉交互体验，使

游客有一种"身临其境"的感觉，创造出令消费者难以忘怀的体验所进行的一系列旅游活动的总称。文化、旅游与科技融合而成的新兴业态是文旅产业实践中极具科技性和发展潜力的新兴模式。沉浸式旅游是一种伴随体验经济出现的新的旅游方式，为旅游者创造全面的体验，通过塑造感官及思维、情感体验、吸引消费者的注意力，并引起旅游者的情感共鸣或思维认同，为旅游产品和服务找到新的价值和生存空间。

（2）沉浸式旅游体验的发展

近年来，国内外各景区、主题公园等纷纷布局沉浸式旅游体验项目，极大地丰富了游客的旅游体验，是对传统走马观花游的一种颠覆。在越来越智能化、越来越科技化的未来，沉浸式旅游体验将成为旅游产品中重要的一环。

国内最早开启"沉浸式"旅游表演项目的是大型桂林山水实景演出《印象·刘三姐》，当时的技术设备还不能满足游客参与互动的要求，编导张艺谋通过大型山水实景配合多彩灯光实现了对舞台环境的塑造，将观众带入真实的山水意境和故事情节中。

《印象·刘三姐》的成功使"沉浸式"表演开始流行，一些著名旅游景区也纷纷打造全景舞台，展示当地民俗文化特色的"沉浸式"旅游项目，比较有特色的如《印象丽江》《印象张家界》《禅宗少林·音乐大典》《长恨歌》等，这些"沉浸式"表演形式让观光者近距离了解当地历史民俗文化，并喜欢上这种融入式互动体验，在拉动景区旅游经济增长的同时也为景区做了很好的文化宣传。

随后，国内一些旅行社又开发了高校游，把北大、清华等名校作为一个旅游景点，激励孩子们考名校的决心。《桃花源记》《又见敦煌》《又见平遥》《又见五台山》等演艺作品的成功，也丰富了沉浸式旅游在我国的实践。还有部分旅行社推出了"做一天蒙古人""做一次军人"等体验游，这些都是沉浸式旅游的不断进步。

随着技术手段不断升级优化，"沉浸式"景区表演项目不只在传统固定地点进行表演，表演形式也由平面化转为立体化、数字化，在场景布置和效果上更注重真实，由观众欣赏演变为观众参与互动甚至进入剧情成为角色参演。如在水泊梁山景区打造的"沉浸式"表演中，梁山好汉与官府之间进行的攻城环节；枣庄旅游景区打造的抗日战争时期鬼子进村情节将游客融入其中，观众在炮火硝烟中感受到紧张刺激。沉浸式旅游不仅让观众获得视觉和听觉体验，也把观众带入到活动里面，是一种全新的情境体验式的旅游形式。

虽然，受制于旅游企业的营销观念滞后、旅游产品质量不高、游客可参与度低等多个因素的制约，我国沉浸式旅游的发展相较于国外，速度略显缓慢。但随着技术手段与思维的创新创意的进一步完美结合，"沉浸式"体验在国内展现出越来越强大的生命力，给人带来诸多新感觉新体验，游客参与互动体验成为"沉浸式"项目最大卖点，极大激发了游客的参与热情，使其更愿意在文化旅游中消费打卡。

案例1：上海市中心北京西路上的一幢6层小楼，在2016年底改装成"麦金侬酒店"重新亮相。但酒店对客人的服务并不是提供房间住宿，而是招待大家看"沉浸式"戏剧《Sleep No More》。这部戏剧是由中英双方创意团队联合制作并在上海成功打造的驻场舞台剧，在创编设计上，编导以东方文化视角，对这部莎士比亚名作进行大胆创新，成为吸引中外观众的一大亮点。这部"沉浸式"舞台剧表演者没有固定行走路线，整个剧情在麦金侬酒店五层楼90多个房间内进行，观众在酒店内可追随舞者行走不同房间路线，不同的房客会随着不同路线看到不同的故事结局，这种置身悬疑剧情般的体验极大地调动了观众的参与热情，很多观众都是一刷再刷参与观看体验。从2016年11月底的试演阶段开始，每天入夜，小楼入口处都会排起长队。据主办方提供的数据，演出信息在2016年7月正式发布后不到100小时，1万张预售票全数售罄。彼时距离12月的正式演出还有5个月时间，《Sleep

No More》预售票房已经超过 600 万元。与此同时，周边餐饮消费也被带动，良好的口碑吸引多家品牌赞助商赞助合作，其影响力不但遍及上海周边，很多外地观众也被吸引过来，使得因一部剧带动相关文创消费发展，这种演艺与旅游相互促进的场景塑造，为城市文化商业生态增添新的活力。

案例 2：上海利用虚拟与现实技术重新排练的"沉浸式"歌舞剧《白毛女》，突破了舞台与观众之间的界限，整个观众席都融入舞台剧情中，在高科技多媒体技术作用下，观众与演员、剧情做到实时互动，从第一视角感官角度沉浸其中，这种体验感正是众多消费者所渴求的，特别是在最后的剧情高潮阶段，当地主黄世仁被镇压时，所有的现场观众都在高呼口号与剧情形成互动。在这部沉浸感十足的现代舞剧中，高科技给观众营造了非常真实的立体虚拟影像，如漫天纷飞的大雪、寒风呼啸、大雨倾盆等自然环境变化与剧情相互烘托映衬，体现了情景交融的境界。高科技带来的体验效果，能让编剧导演发挥更大创作空间，改变了以往"剧情不够人来凑"的混乱局面。

（3）沉浸式旅游体验要素

① 沉浸式"吃"法。以全息餐桌为例，即利用 3D 投影映射技术和动作捕捉技术，把餐桌变成一场有趣表演秀的"舞台"。桌面除干净的盘子、杯子和一些餐具外，空无一物，这一切都是依靠上方的投影仪。投影的"大厨"在顾客面前的餐桌上做出一盘虚拟的大餐。

以全息环境为例，即利用 360°全息投影技术让游客可以身临其境地坐在沙漠、雪山、海底用餐，还有鸟语花香，风声海浪做伴。用餐的时候，各类鱼群甩着尾巴在四周游动、海水的波纹在餐桌上随意流泻，在水波荡漾中仿佛置身深海的蓝色梦境。

② 沉浸式"游"法。以全息投影＋数字展厅为例，即将展览品通过三维、五维数字化扫描，并通过全息投影展现，游客可全方位、360°对展品进行观赏，并获得空前的科技感体验，可极大提升游客兴趣值。同时数字化展品可通过动作捕捉技术将其活化，例如活化原始生物、古代场景等，这都将带给游客极强的感官体验。

以 AR 技术＋导览为例，即 AR 应用 App，将虚拟的形象与实景叠加，游客只需跟随手机中的虚拟形象前行，同时通过 GPS 技术实景定位，显示游客所在位置，将导览与趣味互动完美结合，提升游客旅游体验。

③ 沉浸式"住"法。以 VR 酒店—房间投影为例，即通过 VR 投影技术，将房间投影成任意一种主题世界，用户可通过智能手机应用对投影进行控制，同时将房间元素与投影同步，比如让游客感觉到房间的灯光变蓝、床在随着波浪移动等交互体验，使游客沉浸在自己打造的虚拟现实中。

④ 沉浸式"购物"。将 3D 全息技术与广告结合，使产品的视觉效果更加震撼、顾客不需要附加设备，就可以观看立体的装饰设计，同时极大提高了对产品的好感与新鲜感。

⑤ 沉浸式"娱乐"。使用激光投影、超大全息幕，结合创意及后期制作，打造超炫的全息展示，带给观众震撼生动的灯光交互体验。

10.3.2 沉浸式旅游体验的设计和实施

（1）用数字科技打造沉浸式旅游体验

运用数字科技打造沉浸式旅游体验，主要是通过场景营造，配合全息投影、AR、VR等科技手段，贴合甚或超出用户生活体验的故事性的方式，以游戏，情境感音频视频、戏剧、游乐设施、装置性空间展览等作为输出途径，最大化调动自身五感共鸣，令用户全身心多感受地沉浸在虚拟与真实交织的世界中。

沉浸式最重要的特征是在某种体验或某个故事里产生的自我迷失感，即参与者在沉浸式体验中被完全代入到环境里，以至于淡忘掉现实生活中的顾虑和责任，取而代之的是一种即时的重要性和价值感。这种迷失感会与参与者关注的任何内容产生某种情感上的联系。作为一种体验类型，沉浸式体验从手法的层面超越了荧幕、书本和舞台而取而代之地成了一种具身体验。沉浸式旅游体验的数字科技主要包含以下常见的几种：

① 全息投影技术。全息投影技术是通过干涉和衍射原理再现实物的三维图像，全息投影可以产生空中幻影，还可以实现真人互动。例如我们经常可见全息投影运用于数字展厅：将展览品通过三维、五维数字化扫描，并通过全息投影展现，游客可全方位、360度对展品进行观赏，获得空前的科技感体验，可极大提升游客兴趣值。同时数字化展品可通过动作捕捉技术将其活化，例如活化原始生物、古代场景等，这都将带给游客极强的感官体验。

② 3D裸眼技术。裸眼3D就是不借助任何辅助器具只凭裸眼将平面二维图片或视频看出三维立体的效果。例如裸眼3D灯光秀，以建筑表面为媒介，通过虚拟现实技术和裸眼3D动画制作等手段，将光影巧妙组合，结合建筑本身的线条和边缘，结合投影影像立体交互，营造出3D空间的透视效果。

③ 增强现实技术。增强现实（Augmented Reality，AR）是一种基于虚拟现实发展的新技术，是透过摄影机影像的位置及角度精算并加上图像分析技术，在屏幕上把虚拟世界套在现实世界中的技术，这种虚实结合的技术可以支持对各种信息的可视化解释和表现，并能实现用户与其之间的交互。例如可以运用增强现实技术将虚拟场景实时叠加在相关的文化旅游商品、手工艺品和其他现实环境中。AR文化旅游商品能够将景区的特色文化以可交互模型、视频等形式传递给用户，使得用户能够直接参与互动，更直观地感受景区文化内涵。

④ 5G技术。5G技术在沉浸式旅游中的应用。随着5G技术的全球化发展，高画质、多维度的VR应用将会提升未来的游览体验。借助5G技术，人们足不出户便可以观赏不同地区的即时美景。

（2）沉浸式旅游体验设计及实施

① 沉浸式旅游体验内容的设计。与真实旅游产品相比，沉浸式旅游体验产品其内容空间更大，可观赏性、可玩性更强。设计者需合理设计旅游产品的内容，为用户全方位呈现旅游景点。沉浸式旅游体验内容设计流程如图10-3。

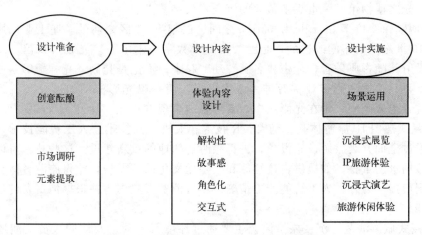

图10-3　沉浸式旅游体验内容设计流程图

② 设计准备。在体验设计之前，首先必须对设计对象进行相应的调研；其次无论是IP旅游或是演绎剧本，在布景、展现主题等方面都应该都有所取舍，因此提取关键元素显得格外重要。在这个过程中，设计人员仔细审核相关资料，并通过构思提出对设计主体的改造

建议。

1）设计内容

由于沉浸式旅游主要是通过全方位的刺激让受众有种身临其境的感觉，因此体验设计的内容主要包括以下几个方面。

① 解构性。沉浸式体验表达的不是真实的世界，通过放大、复制、扭转、叠加的方式重新定义我们所生活的环境。从根本上来说，无论是运用技术还是舞台效果，沉浸式都被用来增强或是改变人们对现实世界的感知，其目的都在于让参与者感觉自己切身处于一个与日常生活完全不同的世界。因此在进行沉浸式旅游设计之前，必须对设计对象有充分的了解和感悟，才能保证创意灵感的迸发。

② 故事感。沉浸式作品致力于在故事设定内为参与者提供一种临场感，设计者通过舞美、音乐、灯光、表演和（或）科技来达成环绕效果，现实和虚拟形成融合，让受众逐步沉浸其中。

③ 角色化。无论是通过演员表演还是由技术、布景，还是其他效果呈现，沉浸式作品都需要让观众和作品融为一体，并确保他们能感觉到自己是作品里的一部分，而不仅仅是旁观者。这就要求设计者对体验中的角色进行深入的挖掘及研究包括角色的设定、前情设计等，让受众能够尽快进入角色。

④ 交互式。沉浸式娱乐通过从多方位、全角度调动参与者的注意力来建立和创造一种前所未有的参与感和联系感，从本质上改变了参与者与作品内容互动的方式。受众与作品的互动可以是故事层面上的，也可以是精神层面上的。

2）沉浸式旅游体验设计的实施场景

① 沉浸式展览。新媒介创造了新的视觉图像，成为引导人们进入沉浸之境的重要途径。沉浸式展览中的虚拟图像不再是单纯的数字化产物，它们已经转化为艺术与科技结合的产物，拥有特殊的审美体验，由此形成了独特的美学特质。从受众方面来看，传统的看展方式中的观众拥有自主权，但是沉浸式展览中观众由于被体验故事或者逻辑框架指引向前，观看方式也在一定程度上由主动转为被动，身份的转变也带来了不同的感知体验，由视觉为中心转变为所有感官的参与。

案例：光之博物馆——世界上最大的沉浸式数字艺术展

"光之博物馆"位于 bastille 和 nation 之间、巴黎第 11 区之前的一座工业厂房内，是由一间建于 19 世纪的旧车间改造的，是巴黎第一个数字美术中心。光之博物馆，以艺术画作结合光影投射伴随古典乐音，让古典名画"动"起来。不论是梵高、克林姆等这些大师的经典名作都不再只透过油彩带观赏者进入心中世界，而是以光影流动的形式重新演绎大师作品，让观赏者走入画中，走在光影之中，新形态的呈现方式让人耳目一新，别有一番韵味。

② 沉浸式热门 IP 旅游体验。随着 VR 技术、人机交互技术、人工智能技术、全息等技术发展，通过全面升级旅游设施设备，进行旅游目的地的重新建设。这些技术可以带来真实场景和虚拟场景的重叠，如提供古迹复原和数字化文化遗产保护，使得旅游者体验和现场效果都将得到增强。另外，人工智能能更精确地获得消费者数据，并根据消费者的反应进行实时设计反馈。

③ 沉浸式旅游演艺。沉浸旅游演艺主要通过环境氛围营造及演职人员表演还原故事真实场景，为游客打造另一个时空。沉浸式演艺可以没有固定舞台，运用多媒体以及数字媒体科技，灵活地调动游客的五感，让演出真实、立体地包围游客，同时游客可以直接参与剧情互动环境，或者成为剧中人，甚至推动剧情发展。如《知音号》作为长江首部漂移多维体验剧，"十三五"期间湖北省重点发展全域旅游文旅项目，其表演场地就是一艘同名真实轮船，

它以 20 世纪初武汉民生轮船公司的"江华轮"为原型,船长 120 米。在演出过程中,它载着游客在长江上游走。随着船体本身的漂移,观众与演员之间会形成各种互动,自由进出角色。整个演艺部分观众区与表演区,船上的每个角落都是故事发生地。

在未来随着技术的发展以及沉浸式旅游演艺的深化,不能单单依靠多媒体设计以及技术去吸引消费者,更重要的应该是体验剧情塑造、口碑式的营销手段以及零距离的主客关系。一方面,在打造剧情的时候要善于讲好故事,这就要求创作方对文化历史进行深入挖掘,注意细节的安排,并充满了仪式感,让受众可以融入剧情的同时能够对文化有更深层次的体验。另一方面,由于受众的需求越来越分化,这就要求创作者在体验设计、主题内容选择、空间氛围营造等方面更加贴近他们的需求,在不断精耕的市场中打造出精品的内容。

④ 沉浸式旅游休闲体验。沉浸式旅游休闲体验主要包括旅游相关配套的住宿、餐饮、购物等。在餐饮方面,比如可以利用 360 度全息投影技术让游客可以身临其境地坐在沙漠、雪山、海底用餐,还有鸟语花香,风声海浪作伴。在购物方面,将 3D 全息技术与广告结合,使得产品的视觉效果更加震撼,同时极大提高了对产品的好感和新鲜感。同时,可以将旅游文化产品进行 IP 数字化设计,使得受众可在不受限于购物场地的情况下,能够充分感受其文化情境,并同时实现购买。在住宿方面也可以通过 VR 投影技术,将酒店房间投影成任意一种主题世界,用户可通过智能手机应用对投影进行控制,使得顾客沉浸在自己打造的虚拟现实中。这种沉浸式配套设置是为了帮助受众进入到虚拟世界和情境,以一种模糊的方式模糊虚拟和现实之间的界限。随着技术的发展,这种沉浸式景区、酒店将会让游客以最真实的感受"迷失"在特别的环境中。

本章案例

(1) 虚拟旅游景区体验

倾听安妮·海瑟薇小屋内老爷钟的钟声,悠闲地漫步于杜德尔门的海滩,或是欣赏罗斯林教堂的合唱。现在,诸如此类种种美好,不仅是来到英国后能感受的体验,海外游客甚至在到达前就可以提前享受了。英国旅游局已打造了一系列 360°沉浸式体验,以便让海外游客足不出户就能进入英国最受喜爱的景点。英国旅游局这项活动是政府已取得巨大成功的"非凡英国"旅游项目的一部分,旨在吸引更多海外游客游览英国各地。这些沉浸式体验不仅能让潜在游客在来英国之前领略英国最非凡的旅游景点,还能激发更多人前往英国旅游。

(2) 沉浸式展览

将手掌按在墙壁上,片刻后,一团鲜花便会在你的指尖骤然盛放。黑暗的空间内,"鲸鱼"从你的脚下游过,"蝴蝶"闻声飞舞,自然中的一切都仿佛与参观者心有灵犀。这个名为"涂鸦自然"的沉浸互动项目,是位于中央美术馆的"teamLab 未来游乐园"大型沉浸式新媒体艺术展览中的一个有趣的项目。与大多数把观众与展品截然分开的展览不同,观众的一举一动都是"teamLab 未来游乐园"必不可少的一环。如在"涂鸦自然""彩绘动物""彩绘城镇"三个板块中,所有出现在墙壁和地面上的动物、花朵与房屋都是需要观众亲手创作的。

(3) 沉浸式旅游演艺

近几年来,由于多媒体技术、虚拟现实技术、增强现实技术等新科技在舞台上的应用,使得旅游演艺的观演关系产生了巨大变化,直接影响观众的观演行为,并且将表演艺术、视觉艺术制造出新的花样,打造出观众体验的沉浸环境。这种高科技元素与旅游演艺的高度融合下，沉浸式体验旅游演出得以产生。沉浸式旅游演艺不是一个由传统旅游方式表达的旅游形式，它完全依靠把观众带入到活动里面，不仅是视觉、听觉体验，更是一种全新的情境体验式的旅游形式，也是演出的一个延伸、铺垫，让观众在行走的过程中，在进入场地之后、离开场地之前能感受到演出带给游客的全新体验。

（4）沉浸式热门 IP 旅游体验

VR 技术、人机交互技术、人工智能技术、全息等技术突破了原有的旅游体验局限，可以多方位地渗透到未来旅游目的地设计建设中，产生真实场景和虚拟场景的重叠，提供古迹复原和数字化文化遗产保护，让旅游者体验和现场效果都得到增强。在主题公园中，游客的身份是随着 Alpha 半人马远征公司（Alpha Centauri Expeditions，ACE）前去潘多拉星球的旅行者。如果你和主题公园中的向导聊天的话，他们会告诉你电影中的事件已经是几百年前的事情，来自地球的邪恶采矿集团 RDA 早已一去不返。如今，ACE 开始将人类运输到潘多拉星球，学习这里的生态、动植物知识，修复前人给这座蓝色星球造成的破坏。

（案例来源：http：//www.sohu.com/a/416247991_100051959.）

案例分析题：

1. 结合案例，总结英国旅游局人工智能旅游方案中可取的经验，并给出我国景点发展人工智能旅游的建议。

2. 如果你是一名游客，享受了英国旅游局提供的沉浸式旅游后，你还能为其进一步发展提供哪些建议呢？

本章小结

人工智能（Artificial Intelligence，AI）够为旅游业提供和搭建更加多元的传播载体和应用载体，互联网技术与旅游行业的结合能够更好地提升服务体验。人工智能技术在旅游业中的运用已经十分丰富，不仅能够智能推荐旅游交通、旅游目的地，并且通过技术改进可以提高旅游预测效果，从而提升游客满意度，促进旅游消费。

人工智能的研究关键着眼于人的思维和意识，并将人的这些行为通过数学工具运算与分析让机器模拟实现。人工智能通常包括机器学习和深度学习两个模块，其正在促进人类社会发生深刻的转变。麦肯锡曾预告："这种转变将比工业革命发生的速度快 10 倍，规模大 300 倍，影响几乎大 3000 倍。"人工智能旅游以人工智能技术为依托，高效整合各类旅游资源和信息，为旅游者提供各类智能化服务，以期为旅游者提供更为舒适的旅游体验，更加满足个人需求的旅游产品以及更加便捷的配套。

人工智能技术涉及了机器学习、知识获取和表达、信息检索、逻辑推理、自然语言理解、智能机器人等内容的理论研究和技术实践，可广泛地应用于旅游控制系统和旅游决策系统中，在旅游业中的推广和应用给传统旅游业带来了全新的发展契机。人工智能旅游的技术特点包括了对外感知能力、智能推理能力以及学习决策能力。

复习思考题

1. 人工智能旅游的定义及内涵分别是什么？
2. 人工智能旅游发展起来的契机是什么？

3. 人工智能旅游的应用包括哪几方面？分别表示什么？

4. 什么是沉浸式旅游？它的内涵是什么？

5. 人工智能旅游与智慧旅游的联系和区别分别是什么？

6. 人工智能旅游的应用场景有哪些？

7. 人工智能旅游在新冠疫情时期的应用场景有哪些？

8. 沉浸式旅游体验包括哪几个要素？

9. 简述沉浸式旅游体验内容设计包括的主要内容。

10. 沉浸式旅游需要哪些技术？

讨论题

1. 结合您所在的城市或周边热点旅游城市，分析其某一方面或几个方面的人工智能旅游的发展情况，并给出自己的发展建议。

2. 以所在城市的著名景点为例，讨论一个人工智能旅游的方案。

3. 结合疫情后消费者旅游的情况，分析人工智能旅游可能出现的问题并提出解决的对策建议。

4. 以小组形式讨论我国人工智能旅游的发展现状，并给出发展建议与对策。

5. 人工智能旅游对传统旅游提出的挑战是什么？

6. 人工智能旅游对周边旅游配套措施有哪些新的要求？

网络实践题

1. 以某幅名画为例，设计沉浸式体验的方案。

2. 选取一家中高档酒店，收集相关信息，为该家酒店给出沉浸式体验的方案以吸引顾客入住。

3. 选取国内已经进行沉浸式体验的经典景点，查阅相关资料，并进行比较，评价实地旅游和沉浸式旅游的优劣势。

4. 以国外某知名景点为例，查阅相关资料，结合中国消费者的特点，为其设置能够吸引中国消费者的沉浸式体验。

参考文献

[1] 杨路明，等．旅游电子商务理论及应用［M］．北京：化学工业出版社，2015.

[2] 杜文才．旅游电子商务［M］．北京：清华大学出版社，2006

[3] 巫宁，杨路明．旅游电子商务理论与实务［M］．北京：中国旅游出版社，2003.

[4] 杨路明，巫宁，现代旅游电子商务教程［M］．北京：电子工业出版社，2004.

[5] 杨路明，等．旅游电子商务［M］．北京：科学出版社，2009.

[6] 陆均良．旅游电子商务［M］．北京：清华大学出版社，2011.

[7] 陈月波．电子商务盈利模式分析［M］．杭州：浙江大学出版社，2011.

[8] 董林峰．旅游电子商务［M］．2版．天津：南开大学出版社，2012

[9] 吴应良，左文明．旅游电子商务［M］．广州：华南理工大学出版社，2012

[10] 吕宛青．旅游经济学［M］．北京：高等教育出版社，2012.

[11] 杨路明，等．现代旅游电子商务［M］．北京：电子工业出版社，2013.

[12] 杨永亮．电子商务盈利模式研究［M］．北京：中国政法大学出版社，2016.

[13] 杨路明，施礼，罗晓雯，等．健康旅游产业数字化研究［M］．北京：科学出版社，2021.

[14] 李天元．旅游学概论［M］．天津：南开大学出版社，2000.

[15] 路紫，白翠玲．旅游网站的性能及其发展态势［J］．地球信息科学，2001（1）：63-66.

[16] 杨絮飞．论旅游业网络营销的组合策略［J］．商业研究，2001（3）：128-129.

[17] 冯飞．中国B2C旅游电子商务盈利模式比较研究——以携程旅行网和春秋旅游网为例［J］．旅游学刊，2003（4）：70-75.

[18] 马梅．中国旅游网站电子商务产品与服务分析［J］．旅游学刊，2003（6）：77-83.

[19] 刘亚军．移动电子商务对旅游业的影响及对策［J］．商业经济，2004（1）：78-80.

[20] 刘四青．旅游移动电子商务发展对策研究［J］．企业经济，2005（7）：114-115.

[21] 刘国强，汤英汉．旅游网站及旅游电子商务盈利模式研究［J］．特区经济，2005（11）：153-154.

[22] 杜小慧，周玲强，断健平．移动电子商务在旅游中的应用模式与营销创新［J］．商业经济与管理，2006（7）：49-52.

[23] 林德荣，郭晓琳．旅游电子商务研究述评［J］．旅游学刊，2008（12）：87-92.

[24] 王德静．电子商务环境下旅游企业的盈利模式分析［J］．中国商贸，2010（23）：103-104.

[25] 王咏红．江苏"智慧旅游"的初探与思考［J］．旅游调研，2011（7）：38-40.

[26] 杨彦锋．互联网技术成为旅游产业融合与新业态的主要驱动因素［J］．旅游学刊，2012，27（9）：7-8.

[27] 郑巧，聂辰旭．移动电子商务在在线旅游市场中的应用探讨［J］．商业时代，2012（18）：38-39.

[28] 张凌云，黎巎，刘敏．智慧旅游的基本概念和理论体系［J］．旅游学刊，2012，27（5）：66-73.

[29] 付业勤，郑向敏．我国智慧旅游的发展现状及对策研究［J］．开发研究，2013（4）：62-65.

[30] 赵慧娟．我国旅游产品与服务中间商电子商务模式分析［J］．旅游经济，2013（18）：59-60.

[31] 郭玉海．情景感知技术在农业物联网中的应用［J］．吉林农业，2015（13）：115.

[32] 朱筱筱．移动支付安全风险及对策浅析［J］．电子商务，2015（12）：39-40.

[33] 严伟．产业链协同视角下旅游产业融合模式及机理分析［J］．商业经济研究，2016（10）：194-197.

[34] 李云鹏．"互联网＋"和共享经济是智慧旅游未来发展的催化剂［J］．旅游新报，2016（10）：17.

[35] 严伟．产业链协同视角下旅游产业融合模式及机理分析［J］．商业经济研究，2016（10）：194-197.

[36] 杨静．中国旅游电子商务发展现状、存在问题及升级途径［J］．对外经贸实务，2016（1）：84-87.

[37] 周波．电子商务对旅游供应链的影响及应对策略研究［J］．新丝路，2016（11）：27-28.

[38] 何菲菲．国内旅游供应链发展现状及对策［J］．江苏经贸职业技术学院学报，2016（6）：21-23.

[39] 胡卫伟．国内外旅游电子商务的发展现状与对策研究［J］．农村经济与科技，2016，389（9）：

112-114

[40] 丁雪，蒋晨辉，周曼．在线旅游服务商盈利模式研究［J］．中国市场，2017（13）：133-135.

[41] 叶淑婷．人工智能时代的旅行是什么样子［EB/OL］．时代财经，2017-07-30.

[42] 罗庆永，马少钰，李小林．国内外智能旅游发展现状研究与启示［J］．教育现代化，2018，5（22）：218-221，240.

[43] 赖月云．电商环境下的旅游客户关系管理设计［J］．旅游纵览（下半月），2018（8）：22.

[44] 刘治彦，季俊宇，商波李，等．智慧旅游发展现状和趋势［J］．企业经济，2019（10）：68-73.

[45] 刘晓艳，董坚峰，罗香龙，等．基于云计算的旅游个性化定制服务研究［J］．电脑知识与技术，2019，15（4）：286-288.

[46] 季铁，闵晓蕾，何人可．文化科技融合的现代服务业创新与设计参与［J］．包装工程，2019，40（14）：45-57.

[47] 湛研．智慧旅游目的地的大数据运用：体验升级与服务升级［J］．旅游学刊，2019，34（8）：6-8.

[48] 沈涵．人工智能的旅游"重塑力"［J］．检察风云，2019（15）：28-29.

[49] 黄先开．区块链技术在旅游业的应用创新及未来发展［J］．北京工商大学学报（社会科学版），2020，35（5）：1-10.

[50] Ulrike GRETZEL，向征．人工智能时代的旅游［J］．旅游学刊，2020，35（1）：1-3.

[51] 韩生．融入生活的舞台艺术观念和形态——数字媒体和文旅产业语境下的舞台美术思考［J］．戏剧艺术，2020（1）：148-154，5-6.

[52] 宋扬．传统旅行社发展旅游电子商务的现状及对策探讨［J］．现代商贸工业，2020（30）：67-68.

[53] 杨晓东，崔莉．疫情防控形势下加快激发数字文化产业新动能［J］．社会科学家，2020（1）：132-136.

[54] 丁佩佩．电子商务网站后台数据库开发过程中的安全问题与防范对策研究［J］．科技创新与应用，2020（33）：140-141.

[55] 李丹，石晶晶．区块链技术在旅游产业发展中的应用探索［J］．旅游纵览，2021（22）：45-47.

[56] 胡永倩，侯玲，陈刚，等．浅析大数据形态下网络支付个人信息安全［J］．广西质量监督导报，2021（3）：61-62.

[57] 徐岸峰，任香惠，王宏起．数字经济背景下智慧旅游信息服务模式创新机制研究［J］．西南民族大学学报（人文社会科学版），2021，42（11）：31-43.

[58] 王池美慧．市场经济环境下的商品电子商务网站设计现代营销［J］．现代营销（经营版），2021（2）：26-27.

[59] 邹建琴，明庆忠，史鹏飞，等．智慧旅游研究：历程、主题与趋势［J］．资源开发与市场，2022，38（7）：850-858.

[60] 乔向杰．智慧旅游赋能旅游业高质量发展［J］．旅游学刊，2022，37（2）：10-12.

[61] 李麦泥．基于人工智能技术的生态农业特色旅游的研究［J］．南方农机，2022，53（4）：112-115.

[62] 胡超凤．智慧旅游管理发展趋势与未来展望研究——基于 CiteSpace 的知识图谱可视化分析［J］．价格理论与实践，2022（10）：103-106，213.

[63] 庞秋奔，李银．基于 Web Service 多源异构系统增量同步的实现［J］．计算机应用与软件，2018，35（5）：178-182.

[64] 袁霞．基于 SQL Server 数据库的性能优化浅谈［J］．信息安全与技术，2016，7（3）：74-75.

[65] 陈尧妃，陈焕通．SQL Server 数据库技能测评方案的设计与实现［J］．计算机应用与软件，2009，26（11）：147-149.

[66] 罗有平，周炳然．统一通信应用服务器软件架构研究［J］．计算机与网络，2018（1）：58-60.

[67] 陈建美．数据库服务器故障分析与处理［J］．电脑知识与技术，2017（35）：33-35.

[68] 刘朝晖．从服务地方经济谈特色馆藏建设［J］．图书馆，2000（2）：54-55.

[69] 肖晓亮，孔月．高校图书馆地方特色文献的整合与利用——以泰山文化为例［J］．文化产业，2023（9）：121-123.

[70] 陶长江，甘霖露．张家界市 USP 定位及旅游形象设计探讨［J］．湖南财经高等专科学校学报，2010，

26（3）：39-42.

[71] 余力，刘鲁，罗掌华. 我国电子商务推荐策略的比较分析 [J]. 系统工程理论与实践，2004（8）：96-101.

[72] 邓爱林，朱扬勇，施伯乐. 基于项目评分预测的协同过滤算法 [J]. 软件学报，2003（9）：1621-1628.

[73] 周惠宏，柳益君，张尉青，等. 推荐技术在电子商务中的运用综述 [J]. 计算机应用研究，2004（1）：8-12.

[74] 杨路明，陈昱. 电子商务对旅游市场中间商的影响分析 [J]. 思想战线，2014（2）：152-157.

[75] 劳本信，杨路明，李小花，等. 电子商务环境下的旅游价值链重构 [J]. 商业时代，2005（23）：78-80.

[76] Cukier, Kenneth. How AI shapes Consumer Experiences and Expectaions [J]. Journal of Marketing，2021，85（1）：152-155.

[77] Jung, chansung. The Effect of Rural Tourism Experience and Rural Tourism Image on Tourists' Immersion and Visit Satisfaction [J]. Journal of Tourism Management Research，2019，23（6）：447-475.

[78] Bec A, Moyle B, Timms K, et al. Management of Immersive Heritage Tourism Experiencs: A Conceptual Model [J]. Tourism Management，2019，72（6）：117-120.

[79] Van Nuenen T, Scarles C. Advancements in Technology and Digital Media in Tourism [J]. Tour Studies，2021，21（2）：2-14.

[80] Martins J R, Gonçalves F, Branco, et al. A Multisensory Vir-tualExperience Model for Them Tourism: A Port Wine Tourism Applic-ation Proposal [J]. Journal of Destination Marketing and Man agement，2017，6（2）：103-109.

[81] Sedarati P, Serra F, Jakulin T. Systems Approach to Model Smart Tourism Ecosystems [J]. International Journal for Quality Research，2021，16（5）：757-780.

[82] Correa S, Gasling M. Travelers' Perception of Smart Tourism Experiences in Smart Tourism Destinations [J]. Tourism Planning & Development，2020，18（2）：1-20.

[83] Jahanya S, Shafiee S, Ghatari A. Smart Tourism Destinations: A Systema-tic Review [J]. Tourism Review，2021，76（3）：505-528.

[84] Lee P, Hunter William, Chung N. Smart Tourism City: Developments of Transformations [J]. Sustainability，2020，12（10）：39-58.

[85] Pencheva E, Atanasov I. Engineering of Web Services for Internet of Things Applications [J]. Information Systems Frontiers，2016，18（2）：277-292.